요한계시록의 소아시아 일곱교회

| 박홍무 지음 |

쿰란출판사

머•리•말

밧모 섬은 에베소에서 약 40마일 떨어진 에게 해 가운데 있는 작은 돌섬인데 예로부터 로마의 국사범들을 잡아다가 대리석 광산에서 험한 채석 일을 시켰다.

로마 황제 숭배는 공식적으로는 칼리쿨라(Gaius Caligula) 황제가 전(前) 황제인 티베리우스(Tiberius) 황제를 숭배하기로 결정한 데서 시작되었다. 칼리쿨라 황제는 로마 시민이 아닌 사람들에게도 황제 숭배를 강요하였는데 예루살렘 성전에다 자신의 상을 세우고 숭배하도록 명했으나 실제로 그 자신은 명령이 시행되기 전에 사망하고 말았다. 그 후 여러 황제 때에도 황제 숭배가 공공연히 행해지다가 도미티안(Domitian) 황제 때에 가서는 그 법령이 강화되었다. 도미티안 황제는 스스로 "주와 신(Dominus et Deus)"으로 칭하면서 자신을 숭배하지 않는 자들에 대해서는 큰 핍박을 가했다. 사도 요한이 에베소 교회에서 쫓겨나 밧모 섬으로 유배를 갔던 것이 바로 이 당시였다.

요한이 그리스도 때문에 밧모 섬에 수감되었던 어느 주일에 성령의 감동으로 환상을 보기 시작한다. 이것이 환상의 첫 장면인데, 재림 예수 그리스도의 환상이다. 찬란하고 신비스러운 모습으로 나타난 예수의 존엄성과 위엄에 압도된 요한은 그 앞에 엎드려져 죽은 자 같이 되었다. 그러나 요한은 지금 보기 시작한 객관적인 환상을 기록하라는 명령을 예수에게서 직접 받고 다시 일어나게 되었다.

계시록의 환상은 세 부분으로 구분된다. 첫째, "인자 같은 이의 환상"(1:13-16), 둘째, "일곱 교회 환상"(2:1-3:22), 셋째, "천계의 환상"(4:1-22:5)이다. 본문의 순서에 따라 분류한 것이라 하겠으나 환상의 성격 차이로 구별된다고 할 수 있다.

첫 번째 환상은 재림 메시아의 모습을 환상으로 보여준 것이고, 두 번째 환상은 당시 소아시아 일곱 교회의 실황을 그대로 소개하는 서신 형식으로 기록한 것이다. 그러므로 교회 환상은 현상학적인 환상이라고 할 수 없다. 세 번째 환상인 천계 환상부터 본격적으로 신비스러운 환상이 전개된다. 2~3장의 일곱 교회로 보내는 편지를 "환상"이라고 하는 것은 묵시문학의 격식을 갖추기 위해서 하는 말이다. 일곱 교회로 보내는 편지와 제1 환상과는 성격적인 차이가 분명하지만 아주 무관한 것은 아니다. 제1 환상에서 보여준 재림 메시아의 성격을 묘사하는 여러 모습들이 각 교회에 나누어서 나타나 말씀하시는 것으로 되어 있기 때문이다.

이 책은 예수 그리스도의 계시다. 이 계시의 근원은 하나님이

머 • 리 • 말

다. 하나님이 그리스도에게 주시고, 그리스도가 그의 천사(사자)를 그의 종 요한에게 보내어 그로 하여금 자기가 본 것을 증거하게 하신 것이다. 이 계시의 내용은 요한 자신이 본 것으로서 그것은 하나님의 말씀이며 예수 그리스도의 증언인데 꼭 속히 일어날 일들이다.

요한계시록 1장 19절의 말씀을 보면 "그러므로 네 본 것과 이제 있는 일과 장차 될 일을 기록하라"고 되어 있다. 이 세 마디 말씀이 계시록 전체 내용 범위를 규정하는 것으로 볼 수 있다. "네 본 것"은 지금 본 "사람의 아들 환상"(제1 환상, 1장)이고, "이제 있는 일"은 현존하는 소아시아 일곱 교회 현상이며(제2 환상, 2~3장), "장차 될 일"은 천계의 환상(제3 환상, 4~22장)을 지적하는 것으로 이해하는 것이 일반적인 견해이다.

"본 것"에 해당하는 요한계시록 1장은 과거로서 예수님이 다시 나타남을 보여주는 것이며, 2~3장의 소아시아의 일곱 교회에 대한 계시는 현재의 일이다. 나머지 부분인 4장부터 22장까지는 장차 될 일이다.

천년왕국설(Millenarianism)은 요한계시록을 주석함에 있어 매우 중요한 사항으로 이에는 다음 세 가지 설이 있다.

첫째, 후천년설(Postmillenarianism)

그리스도의 재림이 천년 왕국 이후에 있다는 학설이다. 다시 말하면 예수님의 복음이 전파되어 평화시대를 이루고 복음이 왕국을 통치하게 된다는 설이다.

둘째, 무천년설(Amillenarianism)

이는 문자적인 천년설을 부정하고 이를 우화적으로 또는 영적으로 해석하는 학설이다. 다시 말하면 20장에 그 근거를 두고 있는 설(說)로 천 년의 기간을 상징적으로 보아 실제적인 천년왕국이란 없다고 주장한다.

셋째, 전천년설(Premillenarianism)

천 년을 문자적으로 취급하여 그리스도는 먼저 재림하시고 그후에 천년왕국이 건설된다는 것이다. 다시 말하면 이는 7년 대 환난 이후에 변화된 지상에서 예수님이 천 년 동안 왕노릇 한다고 믿는 설(說)이다.

천년왕국에 대한 위와 같은 몇 가지 견해 외에 요한계시록을 해석하는 방법에도 여러 가지가 있지만 그 중에 중요한 것은 다음과 같은 네 가지 설이다.

첫째, 과거적인 해석법

본서 21, 22장을 제외하고는 본서에 기록된 사건들이 본서가 쓰여질 당시(AD 100년까지)에 다 이루어졌다고 보는 해석법이다.

머•리•말

즉 요한계시록의 모든 예언과 사건을 요한 당시에 관한 것으로 보고 그렇게 해석하는 것이다.

둘째, 역사적 해석법

본서의 환상들을 저작 당시로부터 세상 종말까지에 이르는 전 역사의 축도로 보는 해석법이다. 계시록에 나오는 모든 사건들은 그리스도의 초림부터 재림까지의 연대 순서대로 기록되었으므로 그 사건들이 어느 시대에 해당하는지를 알아내기만 하면 그리스도의 재림 날짜도 문제없이 알아낼 수 있다고 보는 것이다.

셋째, 영적 해석법

본서의 사실들이 문자적으로 실현된다고 보지 않고 다만 하나님께서 인류역사에 대해 행하시는 원리를 제시한 책으로 보는 해석 방법이다. 즉 요한계시록 전체의 역사적 사건이나 예언을 여자(如字)적으로 해석하지 않고 영해(靈解)하고 상징적으로 해석한다.

넷째, 미래적 해석법

본서의 내용을 1장 19절에 따라 "네 본 것(1장)과 이제 있는 일(2~3장)과 장차 될 일(4~22장)"로 나누는 것이다. 즉 4장 이하 본서의 본론은 아직 성취되지 않았으며 그리스도의 재림 직전 종국에서 이루어질 것으로 본다. 이 학설의 지지자들은 천년왕국설과 무천년설로 나뉘어진다. 전자는 그리스도의 공중 재림(살전 4:17)

과 지상 재림 사이에 간격을 두고 본서의 내용은 대체로 그 사이에서 일어날 대 환난기를 묘사한 것으로 보며, 후자는 두 가지 재림을 동일시하고 그 재림 이전에 이 환난기를 둔다.

그는 일곱 교회에 이 편지를 썼는데(1:4), 이 일곱 교회는 에베소, 서머나, 버가모, 두아디라, 사데, 빌라델비아, 라오디게아이다(1:11). 이 일곱 도시들은 대체로 황제 숭배의 중심지였으며, 편지를 회람(回覽)하기에 편리한 지역에 있었고, 요한 자신이 이 교회와 개인적으로 어떤 관계를 가지고 있었던 것으로 생각된다. 여기 일곱 편지들은 일곱 교회에 각각 한 통씩 보낸 것을 한데 모은 것이 아니고, 매 교회마다 이 일곱 편지들을 함께 보낸 것이다. 왜냐하면 이 편지들의 끝에 나오는 공통된 말은 "성령이 교회들에게 하시는 말씀을 들을지어다"이기 때문이다. 한 교회에 편지를 보내면서도 "교회"라고 하지 않고 "교회들"이라고 한 것을 보아 각 교회마다 이 일곱 편지를 함께 보낸 것임을 알 수 있다. 그러므로 이 편지들은 엄격한 의미에서 편지(letter)는 아니다. 편지는 수신자가 한정되어 있기 때문이다. 이 편지들은 어느 시대, 어느 교회, 어느 개인에게나 적용될 수 있는 메시지요, 신탁(神託)인 것이다. 모든 교회, 모든 신자는 이 일곱 교회의 모습에서 자아의 현상을 발견해야 할 것이다.

머 • 리 • 말

그래서 일곱 개의 작은 편지들을 종합해서 하나의 큰 문서로 만들었다고 하는 사람도 있다. 그 밖에 본문의 내용 및 각 교회의 형편과 연관시켜서 본질적인 교회[原敎會]의 특성을 찾아보려는 학자도 있다. 또 현 교회사를 일곱 시대로 나누어 일곱 교회가 각 시대를 대표하는 것이라고 해석하는 사람들도 있다. 우리는 이 여러 가지 해석 방법을 염두에 두고 각 교회의 특징을 찾아 종말의 때에 처해 있는 오늘의 교회의 실존적 의미를 찾아보려는 것이다.

이 일곱 편지들은 대개 공통된 형식을 갖고 있다. 그 형식은 ① "기록하라"는 명령, ② 그리스도의 모습, ③ 교회에 대한 칭찬, ④ 책망, ⑤ 경고, ⑥ 이기는 자의 상급, ⑦ 깨우치는 말이란 일곱 가지 항목으로 되어 있다. 주님은 언제나 그 교회의 형편을 잘 아시며, 그 교회의 합당한 모습으로 나타나, 합당한 말씀을 하시며, 합당한 상급을 약속하신다.

이제 우리의 과업은 내용을 분석하고, 어구 해설을 하는 것인데, 각 교회의 특성과 요구 조건과 적용 방법에 따라 관점과 해석이 똑같을 수 없다. 오늘날 이 지상의 모든 교회가 계시록의 일곱 교회와 같이 외관상으로는 다양하나 본질적으로 동일한 "하나의 교회"라 하겠다.

아직은 이 세상의 교회는 갈 길이 멀다. 현재 어떤 상황에 있는 교회이든지 인류 역사의 종국이 오는 그 날까지 지속될 것이며, 그 날이 가까이 올수록 교회 상황은 급박해진다. 그러나 임박한 종말에 살고 있는 그리스도인의 운명을 우리는 현재 지상에 있는 교회에 전적으로 의존할 수밖에 없다. 그것은 현재 하나님 우편에 계시지만 부활하사 산 인격으로 항상 우리와 함께하시는 예수 그리스도의 오른손에 우리 교회가 굳게 장악되어 있기 때문이다. 그러므로 우리가 현재 소속하고 있는 지상의 교회에 충성을 다하여 섬기며 믿음의 전투를 계속해야 한다.

본서는 여러 저자들의 주장을 나열하였으므로 중복된 내용이 있음은 저자의 의도를 분명히 표현하기 때문이다. 독자들은 글자 한 자 한 자를 주의 깊고 깊은 사색으로 숙지(熟知)하기를 바란다.

2009년 7월 1일
박 홍 무

차 • 례

머리말_2

I. 하나님의 계시와 복(1:1-3)_13

1. 하나님의 계시(1:1)_14
2. 하나님의 계시 방법(1:1)_18
3. 계시의 필연성(1:1)_22
4. 계시의 목적(1:1)_25
5. 계시를 받는 자의 태도(1:2)_29
6. 계시의 축복(1:3)_31

II. 소아시아 일곱 교회로 보내는 편지(1:4-8)_47

1. 인사(1:4-6)_48

    부록 I 완전수(성수)_74

2. 주제 선포(1:7-8)_77

    부록 II 나는 알파와 오메가(1:8)_95

Ⅲ. 저자와 첫 환상(1:9-20)_103

1. 요한이 받은 계시의 배경(1:9-11)_105
2. 인자 같은 이의 환상(1:12-16)_139
3. 이 계시의 결과(1:17-20)_162

   부록 Ⅲ 일곱 금촛대와 교회_187

Ⅳ. 일곱 교회로 보내는 편지(2:1-3:22)_197

1. 일곱 교회가 말하는 교회상_197
2. 일곱 교회의 상황(2:1-3:22)_199
3. 편지를 구성하고 있는 독특한 단위_203
4. 일곱 교회에 대한 해석_208

   ### 에베소 교회(2:1-7)_220
   1. 에베소 시(市)_223
   2. 사도 바울 당시의 에베소 교회_239
   3. 주님이 나타나신 모습(2:1)_244
   4. 칭찬(2:2-3)_249

차 • 례

5. 책망(2:4)_272

6. 권면(2:5)_286

7. 승리자가 받을 보상(2:6-7)_304

8. 이기는 자에 대한 약속(2:7)_318

　　부록 Ⅳ 사랑_332

서머나 교회(2:8-11)_344

1. 서머나 시_345

2. 서머나 교회_352

　　부록 Ⅴ 순교사_361

3. 주님이 나타나신 모습(2:8)_369

4. 칭찬(2:9)_373

5. 권면(2:10)_393

6. 약속과 허락(2:10-11)_410

　　부록 Ⅵ 마귀, 사단, 귀신_419

　　부록 Ⅶ 네가 죽도록 충성하라(2:10)_423

· 참고문헌_434

Ⅰ. 하나님의 계시와 복(1:1-3)

예수 그리스도의 계시라 이는 하나님이 그에게 주사 반드시 속히 될 일을 그 종들에게 보이시려고 그 천사를 그 종 요한에게 보내어 지시하신 것이라 요한은 하나님의 말씀과 예수 그리스도의 증거 곧 자기의 본 것을 다 증거하였느니라 이 예언의 말씀을 읽는 자와 듣는 자들과 그 가운데 기록한 것을 지키는 자들이 복이 있나니 때가 가까움이라

개요

본서의 책 이름은 "요한계시록"이지만 책의 총 주제는 "예수 그리스도의 계시"로 되어 있다. 이 계시의 근원은 하나님이시다. 이 계시는 하나님이 예수 그리스도에게 주었고 그는 천사를 통해서 요한에게 보여 준 것이다. 이 계시를 후세 독자들에게 전달하기 위해서 요한은 이 책을 기록하게 되었다. 이 계시의 내용은 요한 자신이 본 것으로서 그것은 하나님의 말씀이며 예수 그리스도의 증언인데 반드시 속히 일어날 일들이다. 이 계시가 필요한 이유는 지금 "때"가 가까웠으므로 이 계시를 읽고 그대로 지키는 사람이라야 당황하지

않고 축복에 참여할 수 있을 것이기 때문이다.

1. 하나님의 계시(1:1)

사람에게 주신 하나님의 계시

우리가 연구하려고 하는 이 책은 계시록 혹은 묵시록이라고 불러왔다(영어로는 Revelation 어떤 때는 Apocalypse). 우리 말 성경에는 "요한계시록"을 본래 "묵시록"이라고 하였다. 후에 계시록이라고 고쳐 쓰게 되었다. 그런데 근년에 나온 성경(공동번역)에 다시 "묵시록"으로 되돌아갔다. 그후 신역:영한신약전서(류형기 역)에도 묵시록으로 되어 있다. 또다시 묵시록으로 돌아가는 것 같다. 그러면 계시와 묵시는 어떻게 다른가?

한자를 놓고 볼 때, 두 말은 대조적이다. "계시"(열 啓, 보일 示)는 활짝 열어젖혀 보인다는 말이며, "묵시"(잠잠할 默, 보일 示)는 은근히 숨어서 보여준다는 말이다. 그래서 얼른 볼 때에는 대립적인 말이다. 그러나 깊이 숨어 있는 진리가 나타나는 일이나 중대한 비밀이 폭로되는 일(마 10:26)은 단순히 기계적으로 나타내 보이는 것($\phi\alpha\nu\epsilon\rho\acute{o}\omega$)과는 다른 계시의 원칙에 의한 것이다(마 11:25). 모든 묵시 문학이 그리스도교의 가장 큰 신비인 하늘나라 비밀을 간직하고 있기 때문에 가장 신중한 태도로 그 비밀을 나타내 보이고 있다(막 4:11). 그런데 문학 형태는 어디까지나 묵시적이기 때문에 묵시문학에 속하는 문헌은 그대로 묵시라고 불러야 옳을 것이다. 그런 의미에서 요한"계시록"은 다시 "묵시록"으로 돌아가야 한다고 생각한다. 그리고 "시(示) 자도 의미가 있다고 본다. 묵시나 계시에는 반드시 "시(示, 보일 시) 자를 써야 하며 "시"(視, 볼 시) 자를 쓰면 안된다. 묵시문학의 모든 내용은 누가 보여 주는 것을 받아 보는 것이지 내가 마음대로 보고 싶어 보는 것이 아니기 때문이다. 그리고 계시와 묵시는 같은 어원($ἀποκάλυψις$)에서 왔다. 아포+칼립토($ἀπὸ+καλύπτω$, off- cover)로 구성된 말인데 "씌우개를 벗긴다"라는 뜻이 있다. 그래서 "비밀을 폭로한다" 또는 "깊은 뜻을 공개 설명한다"는 말이다. "계시"는 하나님의 전 역사를 통해서 전 인류에게 어떻게 자신을 계시하시느냐 하는 계시 신학의 술어로 아주 넓은 의미로 사용하는 데 대해서 "묵시"는 계시의 일부인 하늘나라 도래의 사건을 회화적으로 표현한 문학적 술어로서 좁은 의미로 사용하고 있다. 영어 흠정역은 "예수 그리스도의 계시"라는 말로 시작된다. 그 말은 예수에 대한 계시가 아니라 예수 그리스도에게 주어진 계시라는 뜻이다.

(1) 계시의 의의

계시($ἀποκάλυψις$)라는 말은 두 단어의 합성어이다. 아포($ἀπὸ$)는 "~에서부터"요, 카립시스($κάλυψις$)는 "감춘다, 혹은 덮는다"라는 뜻이다. 그러므로 아포칼룹시스는 드러내는 것, 씌워 있던 것을 벗기는 것, 나타내보인다는 것을 의미한다. 계시는 뚜껑을 열어 속엣것을 보게 하거나 커튼을 거두어 밖이 보이게 하는 것, 씌워진 면사포를 벗겨 나타낸다는 뜻이다. 다시 말해 무엇이든 숨겨진 것,

비밀에 속한 것이 드러나게 하는 것을 의미한다.

계시라는 말은 원래 종교적인 용어가 아니었다. 그것은 단지 어떤 사실을 숨기지 않고 드러내는 데 쓰이는 말이다. 재미있는 한 가지 예를 "플루타크"에게서 볼 수 있다. 플루타크가 기술한 바에 의하면 피타고라스가 한번은 제자 한 사람을 공중 앞에서 몹시 책망한 결과 그 젊은 사람은 나가서 목을 매 죽었다. 그 일이 있은 다음부터 피타고라스는 다른 사람 앞에서는 아무도 훈계하지 않았다. 왜냐하면 과오라는 것은 몹쓸 병과 같은 것이므로 그것을 훈계하거나 지적하는 것(드러냄, $ἀποκάλυψις$)도 다른 사람이 모르게(비밀히) 해야 된다. "계시"란 숨은 것과 비밀을 드러내 보이는 것으로 기독교의 특별 용어가 되었다.

(2) 계시라는 말은 우리들이 행해야 할 하나님의 뜻을 드러내는 데 사용되었다.

하나님께서 자기 뜻을 사람에게 알게 하여 그 사람으로 하여금 자기 행동을 결정하게 하는 것이다. 바울은 말하기를 "아포칼륍시스"(계시)에 따라서 예루살렘에 올라갔다고 했다. 그렇게 하는 것이 바울에 대한 하나님의 뜻이라고 했다. 즉 하나님께서 그에게 말씀하신 것이기 때문에 간 것이다(갈 2:2).

(3) 계시라는 말은 하나님의 진리를 사람에게 계시하는 데 사용되었다.

바울이 그의 복음을 받은 것은 사람에게서가 아니라 예수 그리스도로부터의 "아포칼룹시스"(계시)에 의한 것이었다(갈 1:12). 크리스천들의 모임에 있어서 설교자의 말씀 전달은 "계시"여야 한다(고전 14:6).

(4) 이 말은 하나님께서 자신의 신비를 사람에게 계시하시되 특히 그리스도의 성육신을 통해 온 "계시"를 가리킨다(롬 16:25; 엡 3:3).

예수 그리스도가 세상에 오심은 태초부터 사람의 눈에서 가리워졌던 하나님을 계시하신 것이다.

(5) 이 말은 특별히 종말, 즉 세상 끝 날과 주의 재림 때 계시되는 하나님의 권능과 신성(거룩함)을 나타내는 데 사용되었다.

그것은 심판을 드러내는 것이다(롬 2:5). 그러나 예수 그리스도의 공로를 알고 그것을 받아들인 크리스천에게는 그것은 찬송과 영광(벧전 1:7) 그리고 은혜(벧전 1:13)와 기쁨(벧전 4:13)을 드러내는 것이다. 계시의 좀더 전문적인 용법을 살펴보기 전에 두 가지 점에 유의할 필요가 있다.

① 이 계시, 드러냄, 지식의 전달은 계시의 영(엡 1:17)이신 성령의 활동과 특별한 관계가 있다.

② 여기서 우리는 크리스천의 전체 생활 모습을 보게 된다. 크리스천의 생활은 모든 면에서 하나님의 계시의 비추심을 받지 않은 부분이 없다. 하나님께서는 그리스도인들이 무엇을 행하고 무엇을 말해야 할 것인가를 보여 주시며 또한 그리스도 안에서 하나

님은 자신을 나타내신다. 이는 예수를 본 사람은 아버지를 보았기 때문이다(요 14:9).

그리고 생은 위대한 종말과 계시를 향하여 계속 움직여 가고 있는 것이다. 그리고 마지막 날에 하나님께 복종하지 않는 자에게는 심판이 있고, 예수 그리스도 안에 있는 자에게는 은혜와 영광과 기쁨이 있는 것이다. 계시란 말은 결코 전문적, 신학적인 용어가 아니라 하나님께서 그의 말씀을 듣고자 하는 모든 사람에게 주시는 하나님의 은사이다.

2. 하나님의 계시 방법(1:1)

본문은 계시가 어떻게 사람에게 오는가를 간단히 설명한다. 진리의 계시는 하나님께서 예수 그리스도에게 계시하고, 예수님은 그것을 천사들을 통하여 요한에게 보낸 것이다.

(1) 계시는 하나님에게서 시작된다. 하나님은 모든 진리의 근원이요 원천이다.

인간이 발견하는 모든 진리는 두 가지가 동시에 일어나는데 이는 인간이 발견한 것인 동시에 하나님의 선물(은사)이다. 그러나 우리가 언제든지 생각해야 할 것은 인간은 결코 진리를 창조할 수 없고 다만 그 진리를 하나님께로부터 받는 데 불과하다는 것이다. 하나님께로부터 진리를 받는 데는 두 가지 길이 있다.

ⓐ 열심히 구하여야 한다. 하나님께서는 인간에게 마음(지성)을 주셨는데 그것은 흔히 이 마음(지성)을 통하여 하나님께서 우리들에게 말씀하시는 것이다. 그러므로 아주 게을러서 별로 생각을 하지 않는 사람에게는 하나님께서 자기의 진리를 전해 주시지 않는다는 것이 아주 분명한 사실이다.

ⓑ 경외하는 마음으로 기다리는 데서 나타난다. 그러나 동시에 하나님께서는 진지하게 생각하는 자뿐 아니라 기도와 예배 가운데 조용히 기다리는 사람에게도 하나님의 진리를 보내 주신다. 기도와 예배는 단순히 피동적인 자세만은 아니다. 그것은 진지하게 그리고 헌신적으로 마음을 집중하고 하나님의 음성을 듣는 태도이다.

(2) 하나님은 그 계시를 예수 그리스도께 주셨다.

성경은 우리들이 하나님의 위대하신 유일성을 잊어버리는 것을 결코 용납하지 않는다. 즉 성경은 예수님을 제2의 하나님으로 삼는 것을 용서하지 않는 것이다. 오히려 예수님은 온전히 하나님께 의존하고 있음을 강조한다. 예수님은 "내 교훈은 내 것이 아니요 나를 보내신 이의 것이니라"(요 7:16), "또 내가 스스로 아무것도 하지 아니하고 오직 아버지께서 가르치신 대로 이런 것을 말하는 줄도 알리라"(요 8:28), "내가 내 자의로 말한 것이 아니요 나를 보내신 아버지께서 나의 말할 것과 이를 것을 친히 명령하여 주셨으니"(요 12:49)라고 하셨다. 예수께서 사람들에게 주시는 것은 하나님의 진리이다. 그러므로 예수님의 가르침은 다른 데 비할 바가 없으며 궁극적인 것이다. 왜냐하면 그 교훈이 하나님 자신에 근거한 것이기 때문이다. 예수 그리스도가 전 우주, 전 역사를 주관하시는 전권을 하나님으로부터 위임받았다는 것을 확증하는 말이다(마 28:18).

(3) 예수께서는 천사를 통하여 그 진리를 전하셨다.

요한계시록 서두에 "그 천사"(1:1)가 나타난다. 그리고 요한계시록 끝에도 그 천사가 나타나서(22:6, 16) 계시의 전체 내용을 요한에게 전달해 주는 것으로 그의 사명을 끝냈다. 그러므로 요한계시록의 전체 내용은 그 천사에 의해서 요한에게 계시된 것이라고 할 수 있다. 그 천사는 저자 요한을 부리는 주동적인 존재로 나타나지만 이 책 자체가 "그리스도의 계시"이기 때문에 그 천사는 그리스도가 부리는 심부름꾼에 불과하다. 관사가 있으므로 그 천사는 특정 천사를 가리킨다. 그런데 그의 이름은 다니엘 10장 13절에 의해 "미가엘"(Michael)로 추정된다. 그렇지 않으면 다니엘 9장 21절의 "가브리엘"(Gabliel)일지 모른다.

그런데 본래 천사는 하나님과 인간 사이를 중재하는 영들로 초자연적 천적 존재(Celestial being)이다. 히브리서에 "모든 천사들은 부리는 영으로서 구원 얻을 후사들을 위해 섬기라고 보내심을 받은 존재"라고 하였다(1:14). 그러므로 천사는 하나님의 뜻을 사람에게 전달하는 심부름꾼에 불과하다.

그리고 하나님의 명령이 사람에게 전달되었을 때에는 천사는 스스로 사라지게 마련이다(창 32:2; 행 12:7-10). 그래서 어디까지나 천사는 하나님의 명령을 인간에게 전달하는 일방적인 사명을 띠고 있다. 그런데 요한계시록의 천사는 우주적인 사명을 띠고 전 인류의 심판을 담당할 때도 있고(8:6ff, 19:14), 하늘의 대군으로 귀신과 악마와 치열하게 전투할 때도 있다(12:7, 19:14). 이와 같이 천사는 지배적이며 복종적인 권력과 위엄을 가지고 나타날 때도 있다. 또 어떤 때에는 소아시아의 일곱 교회를 섬기는 사신으로 성도들의 기도와 분향을 돕는 평화스럽고 온유한 순종적인 사역자로 나타나기도 한다(1:20, 2:1ff, 8:3-5, cf 17:1ff, 21:9ff). 또 어떤 때는 저자 자신에게 다정한 형제와 같은 모습으로 나타나기도 한다(1:1, 22:6,16). 요한계시록에 있어서 어떤 사건에나 천사가 관여하지 않은 것이 없다. 그러므로 이 천사는 요한계시록 전체의 모든 환상의 계시자로, 전달자로, 실제적이고 인격적인 존재로 표현되어 있다(김철손).

(4) 마지막으로 계시는 요한에게 주어진 것이다.

우리가 기억해야 할 가장 감격된 일은 하나님의 계시의 전달에 인간이 개재된 사실이다. 그 하나님께서는 그의 진리를 맡길 수 있는 믿을 만한 사람을 찾으셔야 했다. 하나님께서는 그의 진리를 부어 주고 사람들에게 그 진리를 전달할 대변자를 찾으신다. 요한계시록 1장 4절에는 요한이 아시아에 있는 일곱 교회의 사자에게 편지한다고 했다. 이어서 1장 9절에는 "나 요한은 너희 형제요, 예수의 환난과 나라와 참음에 동참하는 자"라고 했다. 그는 세베대의 아들이었고 그 형 야고보와 함께 어업에 종사하는 중에 예수께

부름을 받은 자였다. 열두 제자 중 가장 젊은 제자였고, 세 사람의 수제자 중 한 사람이었다.

요한일서 1장 1절에는 "태초부터 있는 생명의 말씀에 관하여는 우리가 들은 바요, 눈으로 본 바요, 주목하고 우리 손으로 만진 바라"고 했다. 그는 이렇게 예수 그리스도 사건의 목격자임을 밝히고 있다. 실로 그는 사람 중에 복 받은 자이다. 그는 하나님이 기쁘게 쓰신 사람으로, 실로 진리의 대변자였다. 이렇게 요한계시록의 유래는 하나님이 자기 비밀을 예수 그리스도를 통하여 계시하시고, 이것이 천사를 통하여 요한에게 주어진 것이다.

이 계시는 사도 요한이 밧모섬에서 명상 중에 얻어진 산물이 아니요, 오직 예수 그리스도께서 보여 주신 계시이다.

(5) 우리에게 주어진 계시이다(1:1).

요한계시록 1장 1절에서 그 종들에게 보이시고 1장 3절에는 읽는 자, 듣는 자, 기록한 것을 지키는 자들에게 주어졌다고 밝힌다.

3. 계시의 필연성(1:1)

요한에게 전달된 계시의 내용은 "반드시 속히 될 일들"(1:1)이었다. 거기에는 두 가지 중요한 말이 있다. 하나는 "될(되고야 마는, must)"이란 말이다. 역사는 우연한 것이 아니다. 인간의 삶과 세계에는 다 목적이 있는 것이요, 그 목적은 필연적으로 수행되어

가는 것이다. 둘째 말은 "속히"라는 말이다. 요한계시록이 지금부터 수천 년 후에나 생길 신비적인 하늘의 사건의 시간표라고 생각하는 것은 아주 잘못이라는 증거가 여기에 있다. 요한이 말한 대로 요한계시록 안의 사건들은 즉시 일어날 일들이요, 이 세계에 일어날 일들이다. 요한계시록을 해설하려고 할 때는 그것이 기록된 당시의 배경을 고려하여 해석하지 않으면 안된다(바클레이, p.49). 인간 생활이나 역사는 되는 대로 흘러 가는, 목표 없는 허망이 아니라 거기에는 하나님의 목적하신 바가 있다. 그것은 꼭 (반드시 될 필연으로, 우연이 아니고) 그대로 이루어진다. 역사가 하나님의 '드라마'요, 인간은 그 '드라마'의 방관자가 아니라 연출자라는 데서 역사와 인생의 엄숙한 의미가 느껴지는 것이다. 요한계시록이 쓰인 목적은 "속히" 일어날 일을 알리려는 것이다. 대종말에 대한 계시가 없는 것은 아니다. 그러나 요한계시록의 주제는 그 당시의 사건들과 환경에 뿌리박은 것이다. 따라서 해석에 있어서도 그 당시의 정황에 비추어 그 표징들을 설명해야 한다. "속히" 일어날 일들이 본 저자의 주요 관심사였다. 이 점에 있어서 이 "계시"를 그리스도의 재림과 천년왕국에 관한 계시로서만 해석하려는 '미래파' 해석자들의 주장은 옳지 않다. 영원한 세계는 시간에서 독립되어 있는 것이 사실이다. 그러나 그것이 언제나 서로 닿을 정도로 가까이 있어서 역사에 간섭하며 때로는 '도적같이' 예기치 못한 순간에 역사속으로 뚫고 들어오는 것이다. 바울이 말한 바와 같이 세상 끝이 이미 와 있는 것이다(고전 10:11). 그러나 그것은 숨은 사실이므로 어느 때고 드러나기만 하면 되는 것이다(김재준).

벵겔(John Albert Bengel)은 "요한계시록은 특별히 반드시 속히 될 일을 보여 주시기 위한 것이다……이 책은 절대적으로 될 일들을 나타내 보이는데, 예수 그리스도의 다시 오실 때까지의 많은 세월을 통하여 일어날 사건들을 종합해서 체계적으로 나타내 보여 준다. 다니엘과 요한은 각각 자기 자신의 시대에서 예수 그리스도의 재림의 사건에 미리 도달해 본 것이다"라고 하였다. "속히"에 대한 벵겔의 해석은 "그 가까움이라는 것이 그리스도의 재림과 그에 가까운 사건들의 발생이 신속함을 느끼게 된다"라고 하였다. 즉 재림 전의 사건들이 시간적으로 빠르게 이루어질 것이라는 것이다.

"반드시 속히 될 일"이라는 말씀대로 요한계시록에 계시된 사건들은 앞으로 꼭 일어날 것이다. 우리 믿는 성도들은 미래에 대해 무지하지 않다. 속속들이 다 알지는 못해도 하나님께서 자녀들인 우리를 위해 미래에 대한 지식, 곧 계시를 허락해 주셨기 때문에 우리는 성경에 계시된 사건들이 분명히 일어나리라고 확신할 수 있다. 그리고 "속히 될 일"이라는 말은 이제 그 일이 곧 일어날 것이라는 의미가 아니라, 일단 종말의 사건이 시작되면 계속적으로 일들이 전개되기 때문에 계시되었던 사건들이 빠른 속도로 나타난다는 의미이다. 즉 긴급성을 말해 주는 것이다. 이렇듯 확실하고도 긴급한 일들이 요한계시록에 계시되어 있다(김상복).

요한계시록 전체를 통해서 볼 수 있듯이 앞으로 속히 일어날 예수 재림의 종말론적 사건을 의미한다(22:6). 그런데 속히는 돌발적인 예수 재림 사건을 묵시문학적으로 표현한 것이다. "속히"는 시기의 임박성보다는 돌발성을 강조하는 말이다(김철손).

"반드시 속히 될 일"에서 '반드시'에 해당하는 헬라어 "데이"($\delta\epsilon\iota$)는 예언적 필연성을 내포하는 것으로 하나님의 섭리대로 일이 확실히 성취될 것을 나타낸다. 한편 '속히 될 일'은 하나님의 계시가 미래에 성취될 사건임을 암시한다(4:1, 22:6; 단 2:28, 29,45). 여기서 '속히'($\epsilon\nu\ \tau\alpha\chi\epsilon\iota$, 엔 타케이)는 두 가지 견해로 나뉜다. ① 혹자는 시간적 성취의 관점으로 해석한다. ② 혹자는 종말론적 임박성을 나타내는 것으로 계시의 성취의 진행과 확실성을 나타낸다고 해석한다. 이 두 가지 견해중 후자가 타당하다. '엔 타케이'는 예기치 못한 때에 갑자기 성취되는 것을 나타낸다. 즉 '엔 타케이'는 인간의 시간적 개념이 아니라 하나님 측면에서의 시간적 개념(벧후 3:8)으로 하나님의 갑작스런 개입을 통해서 이루어지는 계시의 성취와 그 확실성을 나타낸다(호크마 p. 189).

4. 계시의 목적(1:1)

요한계시록을 쓴 목적은 "그 종들에게 보이기 위함"이라고 했다. 요한계시록 1장 1절에 "반드시 속히 될 일들을 그 종들에게 보이시려고"라고 말씀하였다. 여기에는 종이란 말이 두 번 나온다. 하나님이 보낸 계시는 하나님께서 그의 종들에게 주신 것이요, 그것은 그의 종 요한을 통하여 보내진 것이다. 종들이란 말은 일반

신자들을 의미하고 그 종이란 말은 사도 요한을 가리키는 말이다. 종을 희랍어로는 둘로스(doulos)라 하고, 히브리어로는 에베드(ebedh)라고 하는데 이 두 낱말은 둘다 완전히 번역하기 어려운 말이다. 둘로스는 보통 노예라고 번역된다. 노예는 한평생 주인에게 꼼짝 못하고 매여 있는 자이다. 종은 그가 원하는 때에 일을 그만둘 수도 있다. 종은 일정한 근무 시간과 자유 시간을 갖고 있으며 자신이 받을 보수를 위하여 일한다. 종은 자기 자신의 의지와 생각을 갖고 있으며, 언제 얼만큼의 보수를 위하여 자기의 노동을 제공하느냐를 결정할 수 있다. 그러나 노예는 이러한 것을 전혀 할 수 없다. 노예는 자기 자신의 시간이나 의지를 갖지 못한 완전한 소유물이다. 종은 "노예"다. 이것은 하나님에 대한 인간의 자세를 말한다. 창조주 앞에 선 피조물, 거룩한 자 앞에 선 죄인, 거기에는 다만 신종(信從)이 있을 뿐이다. 그런데 "하나님의 종"은 구약에서는 대체로 예언자들을 지칭하는 말로 사용했다. 그러나 신약에서는 일반 그리스도인을 가리키는 말로 사용된다. 특히 여기서는 "속히 될 일"의 계시를 받을 성도들을 가리키는 말이다. 즉 교회 안에서나 세상 직장에서나 하나님의 소명에 순종하는 생활태도를 견지하는 사람은 다 하나님의 "종"이다. 족장 아브라함(창 26:4, 시 105:42)도, 민족의 지도자 모세(출 14:31; 민 12:7; 신 34:5; 수 1:1-2, 7, 15, 8:31, 11:12; 대상 6:49; 대하 24:6; 느 1:7, 10:19; 시 105:26, 132:10, 144:10; 단 9:11)도, 야곱(사 44:1-2, 45:4; 겔 37:25), 갈렙과 여호수아(민 14:24; 수 24:9; 삿 2:8)도, 정치가, 군인, 시인, 음악가 등을 겸한 다윗(왕상 8:66, 11:36; 왕하

19:34, 20:6; 대상 17:4; 시 18편과 36편의 제목, 시 89:3; 겔 34:24)도, 엘리야(왕하 9:36, 10:10)도, 이사야(사 20:3)도, 욥(욥 1:8, 42:7)도, 선지자들(왕하 2:10; 암 3:7)도, 사도들(빌 1:1; 딛 1:1; 약 1:1; 유 1:1; 롬 1:1; 고후 4:5)도, 평신도인 에바브라(골 4:12)도 다 "하나님의 종"이라고 했다. 모든 그리스도인들은 하나님의 종들(엡 6:6)이다. 이상의 사실들을 미루어 볼 때 두 가지 결론을 내릴 수 있다.

(1) 역사상 가장 위대한 이들, 특히 종교인들은 하나님의 종 됨을 가장 큰 영광으로 여겼다.

그보다 더 높은 칭호를 바랄 수 없었다. 그들의 가장 높은 이상은 하나님을 섬기는 일이었다. 하나님의 종보다 더 큰 사람(위대한 사람)은 있을 수 없다.

(2) 하나님을 섬긴다는 이 봉사는 매우 광범위하다는 점에 우리는 주목하지 않으면 안된다.

모세는 율법수여자(입법자), 아브라함은 모험적인 순례자, 다윗은 소년 목자요, 이스라엘의 저명한 가수요, 민족의 왕이었다. 갈렙과 여호수아는 군인이요, 행동의 사람들이고, 엘리야와 이사야는 예언자이면서 하나님의 사람이었다. 욥은 불행 중에도 성실로 일관한 사람이며, 사도들은 예수의 복음을 증거한 사람들이다. 여기에 크리스천도 합쳐서 모두가 다 하나님의 종이라는 칭호를 얻을 수 있다. 만일 우리가 하나님을 위하여 복종하려고 자신을 바

I. 하나님의 계시와 복(1:1-3)

친다면 하나님께서 쓰지 못할 사람은 한 사람도 없을 것이다. 그러므로 계시록은 여자적(如字的)으로 해석하는 것보다 상징적으로 해득(解得)함이 옳다. 그러한 상징이 요한계시록에 사용된 목적은 무엇인가? ① 귀 있는 자는 들을 수 있게 하려 함이다(계 2:7; 마 13:9). 곧 성령을 받아서 신령한 귀가 있는 하나님의 자녀들만 그것을 깨닫도록 하려는 것이다. 그들에게는 미래사(未來事)가 상징으로 표시될 때에 분명히 깨달아지는 방면이 많다. ② 진주같이 귀한 진리가 천히 내던지우지 않고(마 7:6), 상징의 막(幕)으로 가리움이 된 것은 간절히 사모하는 자만이 깨닫도록 하기 위함이다. 곧 진리를 애모(愛慕)하지 않는 자들에게는 그것이 숨겨지기 위한 것이다(마 13:1-15).

그렇다면 요한계시록은,

① 아무에게나 열릴 수 있는 책이 아니라는 말이다.

② 택한 백성과 그의 사역자들을 전제하고 나타내는 축복의 계시라는 말이다.

③ 따라서 이것은 신자들에게 감춰져 있는 책이 아니라, 당신의 사역자들과 구원받기로 작정된 자들에겐 항상 보여야 한다는 사실이 계시록의 목적이다.

④ 그렇게 보이신 이유는 하나님의 백성들이 환난의 날들 속에서도 자기 갈 길을 찾고 또 무수한 고난들 속에서도 위로를 받아 힘 있게 일하도록 하기 위함이다.

5. 계시를 받는 자의 태도(1:2)

요한은 "하나님의 말씀과 예수 그리스도의 증거 곧 자기의 본 것을 다 증거하였느니라"(1:2)고 하였다. 여기 세 가지 엇구(3귀)는 동일한 내용을 가리키는 다른 형식의 표현이다. 하나님의 말씀이 예수님으로 말미암아 증거되어 나타났고, 그것이 사도 요한에게 보인 것이다. 요한은 하나님의 말씀과 예수 그리스도의 증거를 가리켜 "자기의 본 것"이라고 하였다. 간접적으로 전문(傳聞)했다거나 자기 귀로 듣기만 했다는 것이 아니라, 친히 눈으로 보았다는 데에 이른바 묵시적인 계시의 특징이 있다. 그는 환상 가운데서 하늘의 "드라마"를 본 것이었다. 그런데 그가 본 것은 무엇이었는가? 그것은 하나님의 말씀이었으며 그리스도로 말미암아 입증된 진실이었다. 환상 중에 본 것이라고 다 절대적인 것은 아니다. 그것이 하나님의 말씀이어야 한다. 다시 말한다면 전체로서의 하나님의 말씀(신구약 성경)의 테두리에서 벗어난 것이어서는 안된다. 그리고 그 하나님의 말씀이 그리스도로 말미암아 증거된 것이어야 한다. 역사적인 예수의 말씀과 그의 생활의 원칙과 그의 심정에 어긋나는 것이어서는 안되는 것이다. 말하자면 요한이 본 환상은 자기 자신의 잠재의식의 투영이나 생리적인 환각(hallucination)이 아니라 하나님의 말씀이었으며 예수 그리스도께서 입증한 것이었다(김재준).

본서에 기록된 하나님의 말씀은 곧 예수 그리스도의 증거하신 바요, 그것을 요한이 보았던 것이다. 하나님의 말씀은 성육신한 말씀(요 1:14, The Incarnated Word)이 아니라 본서에 기록된 말씀(Written Word)이다. "하나님의 말씀"은 말씀의 주체자인 하나님이 하신 것이라고 이해할 수 있으나, "예수의 증거"의 속격에 대한 해석으로 두 가지가 있다.

하나는 주어적 속격으로 "예수께서 증언하는 증거"로 이해할 수 있으며, 또 하나는 목적격적 속격으로 "예수에 관한 증거"로 해석할 수 있다. 그런데 1장 5절에서 "충성된 증인"이라고 지칭한 것으로 보아, 주어적 속격으로 해석하는 것이 일반적인 견해다. 즉 예수 그리스도에 관한(about) 증거가 아니라 예수 그리스도의(of) 증거이다. 그리고 저자는 "하나님의 말씀과 예수 그리스도의 증거"를 "자기가 본 것"의 내용으로 삼고 있다. 이것은 이미 1절에서 설명한 "반드시 속히 될 일"의 종말론적 특별 계시를 말한다. 저자는 여기서 "본 것"이라고 했는데, 종말론적 특별계시는 반드시 시각적인 현상에 관계되는 환상의 세계를 말한다. 저자는 22장 8절의 "이것들을 보고 들은 자는 나 요한이니 내가 듣고 볼 때에 이 일을 내게 보이던 천사의 발 앞에 경배하려고 엎드렸더니"라는 말씀에서 요한계시록 전체 환상을 자신이 보았다는 것을 다시 강조했다. 요한은 자기가 본 모든 환상은 절대적인 하나님의 말씀이며 진실한 예수 그리스도의 증거라고 확신하고 있다. 그리고 요한은 "본 것"을 다 빠짐없이 정확하게 증거하겠다고 고백했다(김철손). "다 증거하였느니라"는 말씀은 성경의 완전성을 잘 나타내 주고 있다. 하나님께서 필요한 것을 전부 예수님께 주시고 예수 그리스도는 천사를 통하여 요한에게 다 주셨다. 또 요한은 자기가 받은 것을 성경책에 다 기록하였다. "다 증거하였느니라"에는 요한이 자기의 사명을 완수하였다는 뜻도 있다. 하나님의 말씀을 받아 후대 만민에게 전하기 위해서 성령의 감동대로 심혈을 기울여 다 기록한 것이다. 요한처럼 자기의 사명을 다하고 하나님 앞에 가는 사람은 하나님께 복을 받을 것이다. 하나님께 사명을 받아 하나님께서 시키는 대로 일을 다 하고 가면 얼마나 좋겠는가!

사도 바울은 디모데후서 4장 7절에 "선한 싸움을 싸우고 믿음을 지켰으니"라고 하였다. 사도 바울이 말년에 이런 말을 하게 된 것은 바울이 주님께 붙잡힌 뒤에 항상 하나님께 충성을 다하였기 때문이다. 자기가 전할 것을 다 전하고 지켜야 할 것을 다 지키고 가야 한다. 오늘 해야 할 일을 하나님의 종의 위치에 서서 마땅히 다 해야 한다. 오늘 해야 할 것을 오늘 다 하고 내일로 미루지 않아야 하나님께 칭찬과 복을 받을 수 있다. 오늘 기도할 것을 오늘 다 하고 오늘 지켜야 할 말씀을 오늘 다 지켜야 한다. 하나님 앞에 마땅히 바칠 것을 다 바치고 세상에서 해야 할 일을 마땅히 다 해야 한다(이병규).

6. 계시의 축복(1:3)

"이 예언의 말씀을 읽는 자와 듣는 자들과 그 가운데 기록한 것을 지키는 자들이 복이 있나니 때가 가까움이라"(3절).

우리 민족은 조상적부터 복이라면 오복을 말한다. 즉 수(壽), 부

(富), 강녕(康寧), 유호덕(悠好德), 고종명(考終命 : 제 명대로 살다 가 편안하게 죽음)을 가리킨다. 그래서 복을 빌 때는 "수, 부, 귀, 영, 남(壽, 富, 貴, 靈, 男) 하소서"라고 빌었다.

예수께서는 일찍이 산상설교(마 5:3-12)에서 팔복을 말씀하셨고, 승천 이후 밧모섬에 유배중인 사도 요한에게 칠복을 말씀하셨다.

① 1:3 - 전체의 서론으로 하나님의 말씀을 읽고, 듣고, 지키는 자가 복이 있다.

② 14:13 - 지금 이후로 주 안에서 죽은 자들은 복이 있다.

③ 16:15 - 깨어 자기 옷을 입고 벌거벗고 다니지 아니하며 자기의 부끄러움을 보이지 아니한 자는 복이 있다.

④ 19:9 - 어린양의 혼인잔치에 초청된 자가 복이 있다. 이것은 하나님께 초대받은 손님의 복이라고 할 수 있는 자이다.

⑤ 20:6 - 첫째 부활에 참여하는 자가 복이 있다.

⑥ 22:7 - 이 책의 예언의 말씀을 지키는 자가 복이 있다. 이는 요한계시록 서두의 축복 조건처럼 환난 중에서도 모두 인내하고 극복하며 승리한 사람들에게 주시는 환희의 약속이다.

⑦ 22:14 - 두루마기를 빠는 자들이 복이 있다. 두루마기를 빠는 것은 그리스도의 보혈에 죄 씻음을 받는 것을 가리키며 큰 환난을 통과한 순교자들(7:14)과 일반 성도들을 총칭한 것이다.

복이란 히브리어로는 '아셀'이라는 말인데 '하나님께서 함께 계신다'는 의미이다. 즉 성부, 성자, 성령 되시는 삼위일체 하나님께서 임재하여 나와 함께 계실 때 그것이 복이라는 말이다. 그러므로 하나님께서 복이시며 하나님이 계시지 아니하는 개인, 가정, 사회는 불행이요, 화가 되는 것이다. 또한 복이란 헬라어로 '마카리오쓰'이다. 물질적이요, 형태적인 것으로 생기는 기쁨이 아니라 영적이요, 무형적인 것으로 일어나는 '기쁨'을 의미한다. 이는 결과적으로 하나님의 임재를 통하여 생기는 희열이다.

요한계시록은 '예언'이다. 예언과 역사를 혼동해서는 안된다. 예언은 역사적 사실들을 일일이 기술하는 것이 아니라, 역사에 대한 하나님의 의도를 계시하는 하나의 방향 설정과 같다.

그러나 역사는 하나하나의 사실과 그 경위를 주제로 한다. 예언은 마치 미래 역사의 청사진같이 생각하는 데서 요한계시록 해석에 많은 과오를 범하는 것이다(김재준).

묵시와 예언은 매우 비슷하면서도 다른 데가 있다. 둘은 다 같이 유일신관을 갖고 있다. 둘은 다 같이 하나님의 영감 받은 계시로 자처한다. 둘은 다 같이 심판과 소망, 죄와 구원을 취급한다. 둘은 다 같이 하나님의 승리와 이 세상에서의 통치를 얘기한다. 그러나 이 둘은 역사관과 그 수법이 다르다. 전자는 하나님의 우주적인 종말론적 역사를 취급한다. 그러나 후자는 언약과 역사에서의 하나님의 사역에 주로 관심이 있다. 전자는 미래에 관심이 있으나, 후자는 현재에 관심이 있다. 전자는 도덕적 교훈에 그리 관심이 없으나 후자는 관심이 아주 많다. 전자는 전 세계를 상대하나, 후자는 주로 유대인을 상대하고 있다. 전자는 답습적이나 후자는 독창적이다. 전자는 통일적이나 후자는 단편적이다. 전자는 시간관념이 아주 강하나, 후자는 그 관념이 약하다. 전자는 익명으로 발표되나, 후자는 저자 자신을 밝히 나타낸다. 전자는 원리를 비밀스런 가운데서 보여 주고, 후자는 그 원리를 천명한다. 전자는 먼저 기록되고 후에 말했으나, 후자는 먼저 말하고 후에 기록되었다. 본서는 이 두 가지를 다 포함하고 있는 책이다. 그리하여 요한계시록은 장차 될 묵시적인 사건들을 계시하고 있으면서 회개를 강조하고 있다(2:5,16, 22, 3:3, 19). '묵시' 란 말은 1회만 나오는 데 비해(1:1) '예언' 이란 말은 7회나 나온다(1:3, 11:6, 19:10, 22:7, 10, 18, 19). 또한 '선지자' 란 말도 8회나 나온다(10:7, 11:10, 18, 16:6, 18:20, 24, 22:6, 9). 이런 사실은 본서가 단지 묵시적인 글이 아닌 예언적이고 묵시적인 글임을 보여 준다(박수암).

저자는 요한계시록을 '예언의 말씀' 으로 시작해서 '예언의 말씀으로 끝낸다' (22:18-19). 계시록을 예언이라고 하는 것은 '속히 될 일' 이 아직 이뤄지지 않은 미래의 사건을 예고한다는 의미에서 하는 말이 아니라, 구약시대로부터 전통적인 예언자의 심정을 가지고 그 사명을 통감하는 말이다. 그래서 저자는 "읽는 자와 듣는 자들과 그 가운데 기록한 것을 지키는 자들이 있나니"라고 했다.

요한계시록은 하나님이 종말 사건을 환상문학으로 기록한 글이기 때문에 읽는 자가 있어야 하며 듣고 행하는 자가 있어야 한다. 그런데 본문에 '읽는 자' 라는 단수 관사가 붙어 있는 것을 보아, 어떤 특정한 개인을 지적한다고 생각한다. 그는 아마 당시 공중예배 때 공석에서 청중을 대표하여 이 글을 낭독한 사람이었을 것이라고 생각된다. 그리고 "듣는 자……지키는 자들"은 복수형으로 되어 있다. 그러므로 이 사람들은 낭독자 밑에 모여 있는 많은 청중이라고 생각된다. 당시는 성경을 구하기가 어려웠기 때문에 공중예배 때 성경을 읽고 듣는 일로 공동의 유익을 삼았다. 이는 "지키는 자"는 '깊이 유의한다', '굳게 지킨다'라는 말에서 왔다. 당시는 시대적 위기감이 매우 고조되어 있었던 때였기 때문에, 이 예언적의 말씀에 유의하고 끝까지 신앙을 지키는 사람은 특별한 축복을 받을 것이라고 약속해 준다. 그것은 예수 재림의 종말론적 "때"($\chi\alpha\iota\rho\acute{o}\varsigma$)가 임박했기 때문이다. 그리고 예수의 재림을 구속의 은총으로 받아들이는 충성된 그리스도인들에게는 최대의 축복이 된다. 그래서 그때가 임박한 것을 두려워할 것이 아니라 간절히 대망할 것이다(김철손).

혼자서 사사로이 읽는 것이 아니라, 회중 앞에서 공적으로 낭독하는 것이다. '듣는 자'는 회중이다. 예배에서의 성경 낭독은 다만 기계적으로 읽는 것이 아니라 스스로의 신앙으로 그 성경말씀을 받아 공중 앞에 고백하는 것이므로 '복' 있는 일이다. '듣는 자'도 믿음으로 그 증거를 받는 것이며 '지키는 자'는 그 받은 신앙을 생활화, 생리화하는 것이므로 다 '복' 된 사람들이다(김재준).

복을 받는 방법은 몇 가지로 나타난다. 첫째, 이 예언의 말씀을 읽는 사람은 복된 사람이다. 여기서 말하는 읽는 사람이란 혼자서 읽는 사람을 말한 것이 아니라 회중 앞에서 말씀을 읽는 사람을 말한 것이다.

"읽는 자"라는 말이 요한계시록이 기록되던 때의 성도들의 교육 수준을 엿보게 한다. 그 당시 일반 대중은 읽을 수 없었다. 그러므로 모임에서 성경은 낭독하는 사람이 필요했다. 3절의 "읽는 자"는 사적인 개인을 말하는 것이 아니고, 공적으로 읽을 것을 부탁받은 자를 의미한다. 주후 1세기 말의 "읽는 자"란 하나님의 말씀을 읽기 위하여 지명 받은 성도들일 것이다. 시간이 지나면서 "읽는 자"의 위치는 공인의 자리(an official position)로 인정되어 성직자의 회원이 되었는데, 이러한 사실을 터툴리안(Tertullian)이 처음으로 확증하였다. 예언을 읽는 것에 대한 최초의 언급은 누가복음 4장 17절과 사도행전 13장 15절에서 발견된다. 그러나 이때에 읽힌 예언은 주중이나 안식일 오후 예배에서가 아니라, 다만 안식일 아침 예배에서의 낭독만을 의미하는 것이다. 초대교회가 성경을 읽는 것을 예배의 주된 순서로 삼고 실행하게 된 것은, 유대인의 예배 모범을 본받은 것이다(참고 출 24:7; 느 8:2; 눅 4:16; 행 13:15, 15:21; 고후 3:15; 골 4:16; 살전 5:27). 특별히 성경 낭독을 예배의 가장 귀중한 순서로 삼게 된 것은, 초대 교회가 유대인들의 회당예배(the synagogue serivce)에서 큰 영향을 받은 결과로 볼 수 있다.

    성경의 낭독은 유대교 예배 가운데서 가장 중요한 위치를 차지하였으며(눅 4:14; 행 13:15), 사실 그것은 유대교 예배의 중심이기도 하였다. 당시 유대인 회당에는 성경을 대표해서 읽는 자가 고정되어 있었으며, 그들은 모두 일곱 명의 평신도로 구성되어 있었다. 그들은 예배시 회중 앞에서 성경을 읽는 특권과 의무가 부여되었고, 제사장이나 레위인들도 이 일만은 침범하지 못하게 되어있었다. 유대인의 회당 제도로부터 많은 예배 형식을 볼 때 초대

교회는 역시 성경 봉독을 아주 중요한 일로 여겨 후에는 '성경 봉독자' 란 직제를 두기까지 했다.

오늘날 설교자나 모든 평신도들은 그들의 성경 봉독시 그 일을 더욱 조심스럽게 감당해야 할 것이다. 목사나 교사나 평신도로서 성경을 읽는 사람은 다 교회생활에 있어서 성경을 회중 앞에서 읽는다는 것이 가장 큰 특권 중 하나라는 것을 잊어서는 안된다.

모든 성경은 성령의 감동으로 하나님께 받아 쓴 말씀(딤후 3:16)이기 때문에 읽는 사람도 성령의 감동으로 읽어야 한다(벧후 1:19-21 참조). 성령의 감동을 받으려면 어떻게 해야 하는가?

① 성경을 읽을 때에 하나님께서 자기에게 직접 주신 말씀으로 알고 읽어야 하고, 항상 성경을 읽으려고 힘을 써야 한다.

② 또 성경을 읽으면서 성경 말씀에 비추어 자기의 죄와 자기가 고쳐야 할 것을 깨달으려고 힘을 써야 한다.

③ 성경을 읽으면서 하나님의 뜻을 찾으려고 힘을 쓰고, 자기가 걸어 갈 길을 발견하려고 노력하면서 읽어야 한다.

성경을 읽으면서 은혜를 받고 성령의 감동으로 깨닫는 자가 복이 있다. 성경은 읽으면서 은혜를 받으면 말씀이 꿀보다 달고 자기를 인도하는 등불이 된다(시 119:105).

성경을 읽으면서 성령의 감동을 받으면 하나님의 말씀이 자기를 이끌어 주고(딤전 1:18-19), 꿀보다 단 영적 양식이 되어 금보다 귀하다(시 19:10).

성경 말씀을 읽을 때에는 감동을 받아 기쁘고 즐거우며 꿀보다 단 그 맛을 느껴야 한다. 성경을 읽을 때에 마음과 정성을 들여서 읽고, 그 말씀에 비추어 자기 죄를 회개하며 그 말씀 앞에서 두려움을 느끼며 읽어야 한다. 그리하여 읽은 하나님의 말씀이 자기의 신령한 영적 양식이 되어야 복이 있다. 무디 선생은 이렇게 말했다. "기도하는 것이 우리의 말씀을 하나님께 올리는 시간이라 한다면 성경을 읽는 시간은 우리가 하나님에게 말씀을 듣는 시간이다. 우리가 하나님께 말씀하는 것보다는 하나님께로서 듣는 일이 더욱 귀중하다." 우리의 신앙생활에는 두 가지 요소가 있다. 이는 은혜와 진리이다. 은혜가 주로 기도를 통하여 이루어진다고 하면 진리는 주로 말씀을 통하여 이루어지는 것이다.

둘째, 이 예언의 말씀을 듣는 사람은 복이 있다. 부모에게 효도하는 자녀는 부모의 하시는 말씀 한 마디라도 땅에 떨어질세라 조심조심 귀담아 듣는다. 하나님의 말씀을 들을 때에 사람의 말로 듣지 말고 하나님의 말씀으로 들어야 한다(살전 2:13). 성령의 감동으로 말씀을 듣고 영의 양식으로 말씀을 받아야 한다(살전 1:6). 하나님의 말씀을 전하는 사람은 하나님의 능력을 힘입어 성령과 확신으로 전해야 한다. 듣는 사람도 자기를 다 부인하고 어린아이와 같이 순전한 마음으로 받되 마음의 문을 활짝 열어 성령의 감동으로 받고 기쁨으로 받아야 한다. 하나님의 말씀을 성령의 감동으로 받을 때에 큰 역사가 일어난다.

슬픔이 변하여 기쁨이 되고 낙망이 변하여 소망이 된다. 하나님의 말씀을 성령의 감동으로 받을 때에 인격이 변하여 새 사람이 된다. 말씀을 은혜 가운데 받으려면 미리 기도를 많이 해야 된다. 하나님의 말씀을 다 듣기 위해서는 첫째, 교회의 각종 집회에 열심히 출석해야 한다. 둘째는, 하나님의 말씀은 성령의 감동으로 기록한 말씀인 까닭(딤후 3:16)에 성령의 감동과 조명이 없이는 우이독경(牛耳讀經 : 쇠귀에 경 읽기)이 될 수밖에 없다. 요한계시록에 아시아 일곱 교회에 말씀을 주시고 마지막에는 "반드시 귀 있는 자는 성령이 교회들에게 하시는 말씀을 들을지어다"라고 하셨다. 성령의 감동, 성령의 조명, 성령충만을 기도하면서 이 예언의 말씀을 읽고 들을 때에 복이 될 것이다. 그러면 어떻게 들을 것인가?

① 묵상하면서 들어야 한다(시 1:2).
② 갈급하게 사모함으로 들어야 한다(시 119:82, 19:10).
③ 영적 귀가 열림으로 들어야 한다(계 2:7).
④ 하나님의 말씀으로 들어야 한다(살전 2:13).
⑤ 믿음으로, 순종함으로 들어야 한다(시 119:42; 눅 8:21).
⑥ 일심으로 들어야 한다(잠 2:2; 히 5:12).

사무엘은 "여호와여 말씀하옵소서 주의 종이 듣겠나이다"(삼상3:10)라고 하였다.

셋째, 이 예언의 말씀을 지키는 자들이 복이 있다. 하나님의 말씀을 듣는 것은 분명히 특권이며, 복종하는 것은 의무이다. 하나님의 말씀을 듣고서 곧 잊어버리거나 혹은 이를 듣고도 고의로 무시하는 사람은 진정한 그리스도인이 아니다. 특권에는 그에 상응하는 책임이 따른다. 하나님의 말씀을 듣는 특권에는 그것을 기억하고 지키는 책임이 따른다.

야고보 사도는 "영혼 없는 몸이 죽은 것같이 행함이 없는 믿음은 죽은 것이니라"(약 3:26)고 말씀하셨고, "이러므로 사람이 선을 행할 줄 알고도 행치 아니하면 죄니라"(약 3:17)고 하였다.

　읽고 듣기만 하는 데 끝나고 만다면 이는 죽은 믿음, 위선적인 신앙이 될 것이다. 주를 위한 핍박과 환난, 순교란 무엇인가? 이는 말씀에 대한 순종과 실천에 의한 과실(열매)인 것이다. 말씀을 지키려고 힘쓰는 자는 복이 있다. 마태복음 5장 19절에 "누구든지 이 계명 중에 지극히 작은 것 하나라도 버리고 또 그같이 사람을 가르치는 자는 천국에서 지극히 작다 일컬음을 받을 것이요 누구든지 이를 행하며 가르치는 자는 천국에서 크다 일컬음을 받으리라"고 하였다. 하나님의 말씀을 생명보다도 귀히 여기며 그 말씀대로 지키려고 힘쓰는 사람은 주님이 능력의 손으로 붙들어 주신다. 자기의 있는 힘을 다하여 말씀을 지키고 나아가면 피곤하여 쓰러질 때에도 하나님께서 크신 능력으로 붙들어 주신다. 말씀을 지켜야 신앙의 열매가 맺히고 하늘나라의 상급이 하나씩 생기게 된다. 말씀을 지키면서 예수를 믿는 사람은 받은 증거가 많아진다. 히브리서 11장 1절에 "믿음은 바라는 것들의 실상이요 보지 못하는 것들의 증거니"라고 하였다. 말씀을 지키며 믿는 사람들에게는 보지 못하는 것들의 증거가 생기고 바라보는 것들의 실상이 이루어진다. 그러므로 말씀을 지킬 때에 세상이 알지 못하는 즐거움이 있고 영적 유익이 풍성하며 신앙인격이 만들어져 간다. 하나님의 말씀을 지키면 그만큼 하늘나라가 커진다. 예수 그리스도를 믿기만 하면 누구나 구원을 받는다. 그러나 상급은 하나님의 말씀을 지켜야 받게 되고 지키지 않으면 상급이 없다. 성도가 일생동안 예수를 믿었다고 하여도 말씀을 지키지 않았으면 모래 위에 집을 지었다가 홍수가 나서 무너진 것과 같이 마지막에는 실패요 낙망뿐이다. 그렇지만 빌라델비아 교회는 주님의 말씀을 지킴으로 주님의 칭찬을 받았다. 계시록 14장 12절에는 "성도들의 인내가 여기 있나니 저희는 하나님의 계명과 예수 믿음을 지키는 자니라"고 했다.

시편 저자는 "내가 주의 모든 계명에 주의할 때에는 부끄럽지 아니하리이다 내가 주의 의로운 판단을 배울 때에는 정직한 마음으로 주께 감사하리이다 내가 주의 율례를 지키오리니 나를 아주 버리지 마옵소서"(시 119:6~8)라고 했다. 그렇다면 말씀을 어떻게 지킬 것인가?

① 여인이 정절을 지키듯 지켜야 한다. 여인에게 정절은 생명이다.

② 파수꾼이 성을 지키듯 지켜야 한다. 파수꾼에게 성벽은 생명선이다.

③ 사람이 보화를 지키듯 지켜야 한다. 보화는 그 가족에게 생명이다.

이러한 지킴에는 순교까지 불사하였음이 기독교의 역사이다. 때가 가까움이다.

"때"는 $Kαιρός$에서 보통 말하는 시간($Xρόνος$)이 아니라, 하나님께서 특별한 경륜을 나타내기 위하여 작정하신 "기회"이다. 그런데 여기서는 종말을 의미한다. 초대교회에서의 '때의 감각'은 놀랄 만한 바가 있다. 이 '때의 감각'이 명료한 데서 사람들은 역사의 무늬(紋)를 알고, 그 종말을 향한 방향에서 역사의 선(線)을 안다. 종말에서 오는 빛 가운데서 역사의 의미는 심판을 받는다. '때가 가깝다'는 것은 종말이라는 역사의 한계선에 접근하고 있음을 의미한다. '종말'에서 보면 '때가 찼다'(滿) 할 것이요, '역사' 편에서 보면 '때의 황혼'이 다가오는 것이 된다.

인간 역사의 때가 끝나는 순간 새로운 하나님의 날이 밝아 오는 것이다. 이 '중간 시간' 안에 사는 우리는 종말, 즉 이 '때', '하나님의 때'가 가까울수록 준비를 서둘러야 한다. 그래서 이 요한의 증언을 읽고, 듣고, 지키는 자, 그래서 잘 준비하는 자에게 복이 있다는 것이다. 지금 이 요한계시록을 '읽지 않는 자가 복 있는 자'인 것같이 되어 있는 것은 슬픈 현상이라 하겠다(김재준).

때가 가깝다 했으니 이는 이 말씀을 기록할 때를 기준으로 해서 앞으로 다가올 종말의 시기가 가깝다는 말이다. 즉 마지막 때의 임박함을 알려준다(단 8:17). 마지막 때는 성도들에게 두 가지의 의미로 해석될 수 있다. 그 하나는 역사의 종말이다. 역사의 종말은 우리 주님의 지상 재림으로 완성되고 땅 위의 모든 피조물은 심판을 받게 될 것이다.

또 하나는 각 개인들이 세상을 떠나는 것이 역사의 종말일 수 있다. 모든 사람은 한번 죽는 것이 정한 것이며(히 9:27), 주님이 오실 때 부활하게 되는 것이다. 믿음으로 주 안에서 살다가 죽은 자들은 생명의 부활을 하게 될 것이요, 주님을 거역하고 믿음 밖에서 죽은 자들은 심판의 부활로 다시 일어나게 될 것이다. 사람이 개인적으로 이 세상을 떠난다고 하는 것은 그 개인에게 있어서는 역사의 종말이 분명하다. 그러므로 모든 사람은 오늘의 역사적 시간이 종말의 과정 속에 살고 있음을 자각해야 하겠다. 세상의 형편과 진행과정이 주님의 도래시기가 임박하였음을 여러 모양으로 암시해 주고 있다(마 24:3-14). 또 개인적으로도 누구나 자기 인생이 백 년도 못 되는 짧음 속에 갇혀 있음을 부인할 수 없을 것이다. 우리는 이 종말의 임박함을 자각하고 경성하면서 주님이 주시는 종말의 복음인 요한계시록의 말씀을 읽고, 듣고, 지키어서 하나님의 복을 받는 사람들이 되어야 하겠다(이종열).

우리는 옛날 사도들의 사상에서 "때가 가까웠다"는 종말관(終末觀)을 볼 수 있다. 양식사(Formfeschichte) 학파에서는 이것을 가리켜 "재림시기에 대한 사도들과 초대교회의 착각"이라고 한다. 그러나 성경이 말한 대로 주님의 재림이 가까웠다 함은 진리대로 가르친 말씀이다.

성경은 인생들의 표준대로 말하지 않고 하나님의 표준대로 말한다.

하나님께서는 아브라함을 갈대아 우르에서 불러 내실 때에 400년 후에 될 일을 생각하시고 그렇게 하신 것이다(창 15:13,14). 하나님께서는 1,000년을 하루와 같이 보신다(벧후 3:8).

우리는 성경에 주님의 재림이 가까웠다고 한 말씀을 보고 그것이 우리 표준대로 단시일 안에 될 일이라고 생각하면 안된다. 하나님께서 시간을 측량하시는 척도는, 우리의 것보다 크고 길다. 우리는 그의 척도에 맞추어 살아야 된다. 그것이 신앙이다. 여호와 하나님의 원대하신 생각에 신종(信從)하지 않으면 우리는 실족하며 탈선할 수밖에 없다. 선지자 이사야는 말하기를 "여호와의 말씀에 내 생각은 너희 생각과 다르며 내 길은 너희 길과 달라서 하늘이 땅보다 높음같이 내 길은 너희 길보다 높으며 내 생각은 너희 생각보다 높으니라"고 하였다(사 55:8~9).

신약시대는 벌써 천국내림(天國來臨)의 한 계단이므로 말하자면 이 시대는 벌써 일종의 그 말단인 것이다(히 1:1). 예수님께서 말씀하시기를 "죽은 자들이 하나님의 아들의 음성을 들을 때가 오나니 곧 이때라 듣는 자는 살아나리라"고 하셨다(요 5:25). 신약의 교훈은, 이렇게 신약시대를 말세로 보았고 주님의 재림은 이 시대에 될 일인 만큼 아주 긴박한 것으로 생각한 것이다(빌 4:5). 리델보스(Ridderbos)는 종말관에 있어서 주님의 초림(初臨)과 재림(再臨)을 서로 격리시키지 않고 그들을 일체시(一體視)한다. 곧 주님의 초림사역(使役)은 바로 장차 나타날 그의 재림의 선구자인 것만큼, 그 둘은 일체에 붙여 생각될 것이라고 한다. 우리는 신약시대에 살고 있으므로 그만큼 세상 끝 날의 긴박성을 느껴야 된다. 그것을 느끼는 것이 진리에 합당한 사색이다. 진리를 알던 옛날의 사도들은 이것을 느꼈던 것이다. 그러므로 그들은 주님의 재림이 "가까웠다"라고 하였으니, 그것은 진리 그대로의 표현이다. 우리도 주님의 재림의 긴박성을 느끼면서 살아야 된다. 그렇게 하는 것이 진리의 생활이다. 불원한 장래 어느 시간에 주님이 오실는지, 그 후에 오실는지 그것은 하나님만 아신다. 그러나 우리는 시대 성격에서 호흡하며 생각할 뿐이다. 시대 성격은 세상 끝 날의 색채를 보이고 있다.

하나님께서 정하신 시간이므로 지루함을 느끼지 않고 그 시간을 가장 이상적(理想的)인 것으로 여긴다. 디모데전서 6장 15절에 "때가 찬 경륜"이란 말은 재림시기에 대해 사용된 말이다. 신자는 그때를 지루하거나 멀게 생각하지 않는다. 그는 재림시에 합당한 자로서 칭찬 받기 위하여 자기의 미성품(未成品) 된 것을 탄식하며 책임 완수에 진력한다. 그 책임은 천 가지 만 가지이다. 그는 바쁘다. 따라서 그에게는 주님의 재림을 앞두고 시간적 여유가 없다. 책임의식이 강한 그에게는 시간처럼 빠른 것이 없다. 재림과 그의 현재 생활 사이에는 가슴 뛰는 프로그램으로 꽉 차 있다. 그는 이 책임을 기쁘게 실행한다. 아브라함은 가나안에 와서 그 땅을 받지 못하고 400년 후에 받게 될 것을 지루하게 생각하지 않고 장막생활을 하였다.

주님의 재림에 대한 긴박성을 느끼는 자는 어떠한 자세를 취하게 되는가?

(1) 기도한다(벧전 4:7 — 만물의 마지막이 가까웠으니 정신을 차리고 근신하여 기도하시오).

(2) 사랑한다(벧전 4:8 — 무엇보다도 먼저 서로 열렬히 사랑하시오. 사랑은 허다한 죄를 덮어 준다).

(3) 기뻐한다(빌 4:4 — 주 안에서 항상 기뻐하시오. 다시 말합니다, 기뻐하시오.)

(4) 용서한다(빌 4:5 — 여러분의 관대함을 모든 사람에게 보이시오. 주께서 가까이 오셨습니다).

(5) 죄를 벗어버린다(롬 13:11-14 — 또한 너희가 이 시기를 알

거니와 자다가 깰 때가 벌써 되었으니 이는 이제 우리의 구원이 처음 믿을 때보다 가까웠음이라 밤이 깊고 낮이 가까웠으니 그러므로 우리가 어둠의 일을 벗고 빛의 갑옷을 입자 낮에와 같이 단정히 행하고 방탕하거나 술 취하지 말며 음란하거나 호색하지 말며 다투거나 시기하지 말고 오직 주 예수 그리스도로 옷입고 정욕을 위하여 육신의 일을 도모하지 말라).

(6) 세상의 것을 취함에 있어서 그 정당한 것이라도 절제한다(고전 7:29-31 ― 형제들아 내가 이 말을 하노니 그 때가 단축하여진 고로 이후부터 아내 있는 자들은 없는 자같이 하며 우는 자들은 울지 않는 자같이 하며 기쁜 자들은 기쁘지 않은 자같이 하며 매매하는 자들은 없는 자같이 하며 세상 물건을 쓰는 자들은 다 쓰지 못하는 자같이 하라 이 세상의 외형은 지나감이니라).

(7) 참는다(약 5:7 ― 주께서 오실 때까지 인내하십시오. 보시오. 농부는 이른비와 늦은비가 땅에 내리기까지 인내로 땅의 귀한 소출을 기다린다). (박윤선).

Ⅱ. 소아시아 일곱 교회로 보내는 편지(1:4-8)

요한은 아시아에 있는 일곱 교회에 편지하노니 이제도 계시고 전에도 계시고 장차 오실 이와 그 보좌 앞에 일곱 영과 또 충성된 증인으로 죽은 자들 가운데서 먼저 나시고 땅의 임금들의 머리가 되신 예수 그리스도로 말미암아 은혜와 평강이 너희에게 있기를 원하노라 우리를 사랑하사 그의 피로 우리 죄에서 우리를 해방하시고 그 아버지 하나님을 위하여 우리를 나라와 제사장으로 삼으신 그에게 영광과 능력이 세세토록 있기를 원하노라 아멘 볼지어다 구름을 타고 오시리라 각인의 눈이 그를 보겠고 그를 찌른 자들도 볼 터이요 땅에 있는 모든 족속이 그를 인하여 애곡하리니 그러하리라 아멘 주 하나님이 가라사대 나는 알파와 오메가라 이제도 있고 전에도 있었고 장차 올 자요 전능한 자라 하시더라

1. 인사(1:4-6)

개요

본서의 서문이 끝나자 저자는 편지 형식으로 이 책을 쓰기 시작한다. 초대교회의 편지형식은 발신인, 수신인, 수신지 그리고 인사말이 있다. 여기에서 발신인은 요한이라는 것이 확인되었고, 수신지는 소아시아의 일곱 교회로 되어 있다. 요한은 일곱 교회에게 정중하게 편지형식의 인사말을 쓴다(김철손).

요한계시록 전체가 하나의 편지이다. 초대교회의 편지형식은 발신인, 수신인, 은혜의 인사, 감사 기도의 네 부분을 갖추고 있다. 그러나 발신인, 수신인은 간결하게 이름만 표시하고 하나님과 그리스도와 그들이 하시는 일에 대한 감사와 감격을 주제로 삼았다. 발신인은 요한, 수신인은 아시아의 일곱 교회, 영원하신 하나님과 충성된 증인이며 부활의 첫 열매이며 만왕의 왕이신 그리스도로부터의 은혜와 평강이 있기를 빌고 우리를 죄에서 속량하셨을 뿐 아니라, 항상 사랑하시고 우리로 하여금 왕과 제사장 되게 하신 주님께 영광과 권능이 세세토록 있기를 축원했다(김재준).

(1) 편지와 목적지

동양 전체를 포함하는 의미에서의 아시아가 아니라 당시 로마 제국의 한 주(州)로서의 아시아, 지금의 소아시아를 주로 한 지방을 의미한다. 이 아시아는 기원전 129년에 페르가몬의 마지막 왕인 아탈로스 3세(Attalos III, 133년 사망)의 유언에 의해 로마에 영입된 로마의 영토인 아시아다. 아우구스투스 치하의 새 질서에서 이 아시아는 원로원 선출지역이 되었다(기원전 27년). 아시아 도는 소아시아의 서쪽 해안과 오지의 브루기아(Phrygia), 무시아(Mysia), 카리아(Caria), 루기아(Lycia) 등을 포함했으며, 그 수도는 버가모였다. 그리하여 신약의 아시아는 소아시아의 작은 부분을 가리켰다. 그는 일곱 교회에 이 편지를 썼는데, 이 일곱 교회는 11절에 기록된 대로 에베소, 서머나, 버가모, 두아디라, 사데, 빌라델비아, 라오디게아이다. 이 교회들만이 아시아에 있었던 것은 결코 아니다. 이 외에도 골로새(골 1:2), 히에라볼리(골 4:13), 드로아(고후 2:12; 행 20:5), 밀레도(행 20:17) 등에 교회가 있었고, 안디옥의 감독 이그나시우스(Ignatius)의 편지에 말한 대로 마그네시아(Magnesia)와 트랄레스(Tralles)에도 교회가 있었다. 그러면 어째서 요한은 아시아 지방 전체 가운데서 이 일곱 교회만을 뽑아냈을까? 거기에 대하여 몇 가지 이유를 생각할 수 있다.

(ⅰ) 이 일곱 교회는 일곱 우편 배달 구역의 중심이라고 생각할 수 있고, 이 지방 대지를 도는 순환도로에 접해 있었다. 그래서 이 도시들에 배달된 우편물은 각기 그곳을 중심부로 하고 있는 그 지방에 회람되는 것이다. 드로아는 동떨어져 벽지에 있었지만 히에라볼리와 골로새는 라오디게아에서 걸어서 갈 수 있는 거리에 있었다. 그리고 트랄레스, 마그네시아와 밀레도는 에베소에 인접하여 있었다. 그래서 이 일곱 도시에 배달된 편지는 쉽사리 그 주변에 있는 지방에 회람되었을 것이다. 인쇄술이 발달되기 전이라 편지들을 손으로 써야만 했기에 될 수 있는 대로 많은 수의 사람들

이 읽을 수 있을 중심지로 편지를 보냈다.

(ii) 당시 로마 정부의 지배 하에 있는 소아시아 서부에 있는 일곱 교회를 선택한 것은 특별한 의미가 있다. 지도상에서 에베소로부터 시작하여 서머나, 버가모, 두아디라, 사데, 빌라델비아, 라오디게아로 선을 그어 다시 에베소로 연결시켜 보면, 그곳들은 아시아의 중심일 뿐만 아니라 요충을 이룬다. 그래서 지리적으로도 중요하지만 교회사적으로도 중요한 의미를 가진다.

(iii) 요한계시록의 어디를 읽든지 요한이 7이라는 숫자를 즐겨 쓴 것을 볼 수 있다. 사실 7이란 숫자가 54회나 기록되어 있다. 일곱 촛대(1:12), 일곱 별(1:16), 일곱 등불(14:5), 일곱 인(5:1), 일곱 뿔과 일곱 눈(5:6), 일곱 우레(10:3), 일곱 천사와 일곱 재앙과 일곱 금대접(15:6-8) 등이다. 옛 사람들은 7을 완전수로 생각했는데 그것을 본서에서 볼 수 있다. 요한이 일곱 교회에 편지한 것은 곧 전체 교회에 한 것이라 했다. 예컨대 무라토리 정경(Muratorian canon)은 각 책에 간단한 설명이 붙었는데, 요한계시록에 대해서는 "요한은 일곱 교회에 편지를 써 보내고 있지만 그것은 사실을 전 교회에 보낸 것"이라는 설명이 붙어 있다.

이 말은 요한이 "귀 있는 자는 성령이 교회들에게 하시는 말씀을 들을지어다"(2:7, 11, 17, 29, 3:6, 13,22)를 되풀이한 것으로 보아 그렇게 생각할 수도 있다. 그가 비록 일곱 교회에 편지하노라 했으나 사실은 온 교회를 상대한 것이며 오늘의 우리들에게 해당되는 것이라고 생각할 수 있다.

(iv) 일곱 교회를 택한 데 대해 위에서 예증으로 든 이유가 사

실일지 모르나, 요한이 일곱 교회를 택한 이유는 그보다 더 간단할지도 모른다. 요한이 그 일곱 교회를 택한 이유는 그 교회들 안에서는 자기의 글이 특히 회람되었고, 그들간에는 요한이 특별한 위치를 차지하고 있으며 특별한 영향력과 특별한 권위를 가지고 있었기 때문일 수도 있다. 이 교회들은 특별한 의미에서 그의 교회였다. 그래서 저자는 자기를 잘 알고 사랑해 주는 교회에 먼저 사연을 보내고 그 교회들을 통하여 모든 곳에 있는 모든 시대의 교회를 향하여 말하고 있는 것이다.

(2) 축복과 그 근원(1:4-6)

인사말에서 요한은 바울이 흔시 사용하는 말인 "은혜"와 "평강"(이 두 낱말은 헬라어 본문에는 4절에 있다)이란 단어를 사용하고 있다. "은혜"란 헬라인들의 인사말이고 "평강"이란 말은 히브리인들의 인사말이다. 인사말은 저마다 그 민족의 이상을 나타낸다. 사막의 위험과 기습의 위협을 받고 있는 아람인은 "평강"(평화)을 원하고, 오랫동안 유랑생활을 한 히브리인도 인사로 "평강"을 갈망한다. 대자연에 미소짓는 그리스인은 인사로 "기쁨"을 소망한다. 그러므로 상대에게 평화와 기쁨(카리스=은혜, 은총이라는 단어에는 기쁨도 내포하고 있다)을 갈망하는 신약성서의 저자들은 그리스와 근동의 관습을 합쳐 인사했다. "은혜"($\chi\acute{\alpha}\rho\iota\varsigma$)는 심미학적인 용어로 "아름답다, 보기좋다"라는 뜻을 가진 말이다. 그러므로 본래 은혜는 하나님이 이 세상을 창조하시고 지으신 세계를 보시고 "좋았더라"(창 1:4,18)고 하는 데서 시작된다. 그러므로 은혜를 베푸는 분은 하나님이며 그에게서 받은 모든 삶의 근원은 다 좋은 것이며 은혜가 되는 것이다. 특히 여기서는 예수 그리스도를 통하여 구속함을 받았다는 것을 가장 큰 은혜라고 한다(고후 6:2). 은혜는 아무 자격도 없는 자에게 베푸시는 하나님의 사랑(총애)의 선물이다. 곧 죄를 사하고 영원한 생명을 주시는 일이다.

평강($\epsilon\iota\rho\eta\nu\eta$): 'Shalome'은 그리스도 안에서 누리는 참 평화를 말한다. 이 평화는 육체적, 심리적, 정신적 평안과 사회적 평화와 안녕이 다 포함되어 있다. 즉 "평강"은 그리스도 안에서 하나님이 계셔서 그리스도 안에 들어오는 자와 화목하심으로 말미암아 하나님과 인간관계에 평화가 성립됨을 의미한다. 이 "평강"은 하나님이 주신 은혜의 결과(결실)이다.

그러면 이 은혜와 평강은 어디서 오는가?

이것은 인간과 인간관계의 평화도 가능케 하며, 자기 실존 안에서의 이율배반도 해소하여 마음의 평강을 얻게 한다. 모두가 다 삼위일체 하나님으로부터 받는 선물이다. 그것을 위한 유일한 조건은 그리스도 신앙이다. 저자는 바울이 빌립보 교회에 "그리하면 모든 지각에 뛰어난 하나님의 평강이 그리스도 예수 안에서 너희 마음과 생각을 지키시리라"(빌 4:7)고 한 심정으로 일곱 교회에 문안인사를 했다. 삼위일체 하나님이란 "이제도 계시고 전에도 계시고 장차 오실 이"(성부)와 "그 보좌 앞에 일곱 영"(성령)과 "또 충성된 증인으로…… 머리가 되신 예수 그리스도로 말미암아"(성자) 주어진다.

(ⅰ) 이제도 계시고 전에도 계시고 장차 오실 이(성부)

본래 하나님의 자존성과 존엄성을 나타내는 말인데, 유대교에서 하나님의 존엄성을 증언하는 말인 "나는 스스로 있는 자"(출 3:14, I am what I am or I will be what I will be)라는 말에서 영향을 받은 것이라고 생각된다. 랍비들은 풀이해 말하기를 "나는 있었다. 나는 지금도 있다. 나는 장차도 있을 것이다"라고 했다. 히브리서 13장 8절에 "예수 그리스도는 어제나 오늘이나 영원토록 동일하시니라"고 했다. 온 세계에 어떤 존재라도 다 원인이 있으나 하나님만은 원인이 없으시고 따라서 그 하나님은 참 하나님이시고 불변자이시며 영원자이시며 신실하신 분이심을 보여 준다.

헬라인들은 그들의 제우스 신을 향하여 "제우스는 있었고, 제우스는 있고, 제우스는 있을 것이다"라고 고백하였으며 이시스(isis)신도 같은 찬송을 받았다. 그러나 이런 이방 신들의 이름과 여기에 나오는 하나님의 이름은 차이가 있다. 하나님은 단순히 "전에도 계셨고, 지금도 계시며 장차 계실 이"가 아니다. "장차 오실 이", 인류의 구원을 위해 역사상에 나타나실 이인 것이다. 그는 초월적인 세계에 계신 분일 뿐 아니라 역사 가운데 오시는 분이시다. 이런 하나님의 명칭은 세상 어떤 종교에서도 볼 수 없는, 그리스도교의 유일한 명칭이다. 이런 명칭을 사용한 사실 가운데 당시에 환난중에 있던 일곱 교회를 위로하려는 요한의 세심한 배려가 보인다.

그런데 요한계시록은 고대 헬라어나 LXX와는 다른 표현을 하고 있어 하나님의 존재 양상에 대한 해석이 달라진다(LXX-출 3:14 "나는 스스로 있는 자"(ἐγώ εἰμι ὁ ὤν) ↔ 계 1:4 "이제도 계시고"(ὁ ὤν). 구약의 신은 존재론에 중점을 두는 데 반하여 요한계시록에서는 신의 활동성에 중점을 두고 있다. 그러므로 하나님은 영원부터 영원까지 존재한다는 것이 아니라, 이제 종말 역사에 개입해서 활동한다는 것이 중요하다. 여기에 현재 천상에서 '존귀함을 받고 있는 그리스도'(The exalted Christ)의 재림사건(Parousia)이 거침없이 이뤄질 것이다.

(ii) 그 보좌 앞의 일곱 영(성령)

일곱 영은 성령을 말한다. "일곱"은 완전수이며 완전하신 성령이라는 뜻이다. "일곱 영"은 요한계시록 3장 1절, 4장 5절, 5장 6절에서 다시 언급되는데 일곱 별, 일곱 등불, 일곱 뿔, 일곱 눈으로 비유하여 재설명하였다. 이들의 의미하는 바는 다음과 같다.

(ㄱ) 일곱 영(seven spirits): 7은 하나님의 완전수이므로 성령의 완전성을 의미한다.

(ㄴ) 일곱 등불(seven lamps): 완전한 빛의 사명을 뜻하고 보좌 앞에는 어두움이 조금도 있을 수 없다.

(ㄷ) 일곱 뿔(seven Horns): 완전한 권세를 의미하고 하나님의 보좌는 완전한 권세와 주권을 가지고 있다.

(ㄹ) 일곱 눈(seven Eyes): 완전한 지혜를 뜻한다. 하나님의 보좌 앞에는 숨길 수 없고 모든 것을 다 통찰하시며 꿰뚫어 보신다.

지금까지 하나님과 그리스도를 밀착시켜서 설명했는데, 여기에서 "일곱 영"이 처음 나타나 삼위일체 신관의 근거를 발견하게 된다. 하나님의 존재 양상의 완전성은 여기 삼자 배열에서 확립된다고 할 수 있다. "일곱 영"은 4절의 하나님과 5절의 예수 그리스도 사이에 있는 제2위의 신적 존재라고 하겠다. 이 영은 하나님과 그리스도를 연결시키는 "영" 즉 "성령"이라고 크라프트(kraft)는 주장한다. ⓐ"일곱 영"은 종교사적 배경으로 보면 바벨론의 "행성신화"에 기원을 둔 것으로 페르시아를 거쳐 유대교로 전래된 것이라고 한다. ⓑ"일곱 영"은 하나님과 그리스도와 동등한 반열에 속하는 "일곱 천사"들로 볼 수 있다고 한다(kraft p. 54). 그런데 천계 환상(4:5)에서는 하나님의 보좌 바로 앞에 "일곱 등불"이 켜져 있다고 했는데 이 등불을 "하나님의 일곱 영"이라고 했다. 그리고 "일곱 영"은 천계에서 하나님과 그리스도와 같은 반열에 속하는 "일곱 천사"(8:2, 6)와 연관이 있다고 본다(특히 구약 위경에 많이 나온다. Tobit 12:15; IEnoch 9:21, 20:1-8; Hermas 목자서에 보면 일곱 천사의 이름을 Michael, Gabriel, Raphael, Raquel, Sariel, Uriel, Remiel이라고 했다).

그러면 "일곱 영"이란 도대체 누구일까? 여기에 대하여 세 가지 대표적인 해석을 소개해 본다.

ⓐ 구약외전에 자주 나오는 하나님의 보좌 앞에 모시고 있는 일곱 천사를 의미한다는 학자도 있다(에녹1서 9:21, 도빗 12:15 참조). 이 천사들은 천사장들로서 그 이름이 반드시 통일된 것은 아니지만 흔히 불리는 이름으로서 우리엘, 라파엘, 라구엘, 미가엘, 가브리엘, 사이가엘, 예레미엘(uriel, Rafael, Raguel, Michael, Gabriel, Saiquael, Jeremiel)이라 한다. 이 천사들은 수(물), 화(불), 풍(공기), 토(땅) 등의 세계의 요소를 맡아 보고 책임지며 국가를 수호하는 역할을 하고 있다. 그들은 또한 하나님의 종 가운데서도

가장 명예가 있고 하나님께 가까운 것이었다. 필경 이 천사의 기원을 캐어본다면 그 시대는 유일신이 아니라 일곱 신을 섬기던 원시적 사상의 시대로 소급되며 그 예는 바벨론 사람들이 일곱 별의 신을 숭배한 것과 같다. 또 원시 종교에까지 올라가면 이 일곱 명의 천사도 그 기원을 같이하고 있다. 이미 언급했듯이 유대교에서는 그들 일곱 천사는 누구보다도 하나님에게 가까운 존재이며, 그것이 여기서 말하는 일곱 천사라고 말하는 사람이 있다. 그러나 이러한 설이 옳다고 생각되지는 않는다. 왜냐하면 천사는 아무리 위대하다 할지라도 피조물에 지나지 않으며 축복의 근원은 천사가 아니라 어디까지나 피조물이 아닌 하나님이기 때문이다.

ⓑ 제2의 설명은 이사야 11장 2절에 근거한 것이다. " 여호와의 신(영) 곧 지혜와 총명의 신이요 모략과 재능의 신이요 지식과 여호와를 경외하는 신이 그 위에 강림하시리니 그가 여호와를 경외함으로 즐거움을 삼을 것이며"라는 약속이 있다. 이 구절과 결부시켜 "일곱 영"을 이해하고자 한다.

이것은 70인역, 즉 구약 성경의 희랍어 역에 의한 것으로서 이 성구가 하나님의 영의 7가지 은사라는 위대한 사상의 바탕이 되고 있다. 다음 찬송가는 그러한 사상을 노래한 것이다.

"성령이여 오셔서 우리들의 마음을 감동케 하소서
하늘에서 내리시는 불로 비추소서
주는 기름 부으시는 영이시며
일곱 가지 은사를 내려 주시는 분이로소이다"
비아투스(Beatus)가 말한 바와 같이 이 영은 이름은 하나이나 일곱 가지의 덕을 갖추고 있다. 그렇다면 만일 우리가 이 영의 일곱 가지 은사를 생각한다면 이 영을 각기 큰 은사로 사람에게 주는 일곱 영이라고 생각하기 어려운 것이 아니다. 그래서 저 유명한 영의 일곱 가지 은사 개념이 하나님의 보좌 앞에 있는 일곱 영의 개념을 낳게 하였다고 말해지고 있다.

ⓒ 제3의 설명은 일곱 영의 개념을 일곱 교회와 관련시킨다. 히브리서 2장 4절에서 하나님이 "성령의 은사"를 나눠 주신다고 했다. 나눠 주신 것(은사)이라고 번역된 말은 희랍어로 '메리스모스'(merismos)로서 그 본래의 뜻은 마치 하나님께서 성령의 분깃을 각 사람에게 주시는 것과 같은 뜻의 분깃이다. 그래서 여기서 일곱 영은 하나님께서 일곱 교회에 각기 주신 성령의 분깃을 의미하는 것이 된다. 그것은 성령의 임재와 오심과 권능과 인도 없이는 그리스도인의 교제도 모임도 있을 수 없다는 의미로 받아들일 수 있는 것이다. 그러나 여기의 "일곱 영"은 역시 그 활동과 감화가 완전하신 성령, 일곱 교회에 은사를 나누어 주는 성령을 표시하는 것이라고 생각된다(바클레이). 일곱은 완전수다. 구약 외전에 자주 나오는 하나님의 보좌 앞에 모시고 있는 일곱 천사를 의미한다는 학자도 있다(에녹1서 9:21, 도빗 12:15 참조). 이 천사들은 천사장들로서 그 이름이 반드시 통일된 것은 아니지만 흔히 불리는 이름으로는 우리엘, 라파엘, 라구엘, 미가엘, 가브리엘, 사이가엘, 예레미엘이다. 그러나 여기 기록된 '일곱 영'이 이 천사들일 수는 없다. 왜냐하면 아무리 천사가 높다 해도 하나님과 그리스도의 중간에 기록되어 마치 삼위일체의 한 위(位)처럼 다루어질

수는 없을 것이며, 은혜와 평강을 우리에게 주는 주체일 수도 없을 것이기 때문이다. 또 어떤 이는 이사야 11장 2절의 말씀에 따라 "여호와의 신 즉 지혜와 총명의 신, 모략과 재능의 신, 지식과 경건의 신, 그리고 여호와를 경외하는 신이 임재하는 사람으로 된다"는 내용과 결부시켜 '일곱 영'을 이해하려고 한다. 그러나 여기의 일곱 영은 역시 그 활동과 감화가 완전하신 성령, 일곱 교회에 은사를 나누어 주는 성령을 표시하는 것이라고 생각된다(김재준).

(iii) 충성된 증인으로…… 머리가 되신 예수 그리스도(성자)

예수 그리스도에 대한 삼중의 칭호가 그의 인격과 사명을 단적으로 표현한다.

그의 삼직(三職), 곧 예언자(선지자), 제사장, 왕의 직분을 다 감당하셨다. 본문에 "충성된 증인이란 예언자로서 그의 책임을 완수하신 것을 표현한 말이고 "죽은 자들 가운데서 먼저 나시고"라는 말은 대제사장으로서의 성격을 표현한 것이며 "땅의 임금들의 머리가 되신다"는 말은 왕중 왕으로서의 예수님을 뜻한다. 여기 예수 그리스도께서 세 가지 칭호를 붙였다.

ⓐ 그는 믿을 수 있는 "충성된 증인"이다.

요한복음에서 즐겨 쓰는 말 가운데 예수님은 진리요 하나님에 관한 일에 증인이라는 말이 있다. 예수님은 니고데모에게 말씀하시기를 "진실로 진실로 네게 이르노니 우리 아는 것을 말하고 본 것을 증거하노라"(요 3:11)고 하셨다. 또 빌라도에게 말씀하시기를 "네 말과 같이 내가 왕이니라 내가 이를 위하여 났으며 이를 위하여 세상에 왔나니 곧 진리에 대하여 증거하려 함이로라"(요 18:37)고 하셨다.

증인은 무엇보다도 본질적으로 직접적으로 알고 있는 일을 말하는 사람이라야 한다. 증인은 눈으로 보고, 귀로 들은 것을 말하는 사람이다. 이것이 곧 예수는 하나님의 증인인 이유이다. 왜냐하면 그는 하나님께로부터 왔고, 그는 하나님의 뜻에 합치하는 생활을 하셨기 때문에 세상의 아무도 할 수 없는 것을 그는 하나님과 하나님의 진리에 대하여 아는 바를 직접 말씀하실 수 있다. 예수님이야말로 하나님에 대하여 유일무이한 직접적인 지식을 가지신 분이다(바클레이).

요한계시록에서 예수에 대해서 "증인"이라고 표현한 곳은 3장 14절밖에 없다. "증인"은 단순히 어떤 사실을 확언하는 말이 아니라, 진리를 증거하다가 죽는 데에까지 이르는 사실을 말한다. 그래서 증인($\mu\acute{\alpha}\rho\tau\upsilon s$)은 "증언"(witness)과 "순교"(martyr)의 어원이 되어 있다. 예수 그리스도는 이 세상 생존시에 충성스러운 진리의 증언자였으며(요 3:32-33, 18:37), 요한계시록 전체 내용의 충성스러운 증언자이다(계 22:20). 그리고 구속론적인 의미에서 충성스러운 증인으로 '죽은 자'가 되셨다고 할 수 있다(김철손).

예수는 하나님의 아들이시고 말씀이 육신이 되신 분이시므로 하나님과 그 뜻에 대한 직접적인 계시자이며, 절대적인 증인이다. 그를 본 자는 아버지를 본 자다. 그가 곧 생명이요, 진리요, 길이다. 제3자적인 소개자가 아니라 하나님 자신의 계시이다. 그는 아버지께서 시키는 그대로 말하고 살고 죽었다. "증인"은 어휘가

"순교자"와 통한다. 그의 증언은 피로 증거하는 증언이다. 여기서 그리스도의 십자가가 암시되어 있다(김재준).

요한계시록에서는 예수님을 가리켜 "충성된 증인으로"(1:5)라고 표현했다. 예수의 전 생애가 충성된 증인의 생애였다. 요한계시록 3장 14절은 예수를 가리켜 "충성되고 참된 증인"이라고 했다. 요한복음 8장 37절에는 "진리에 대하여 증거하러 왔다"고 하면서 진리의 증거라고 하였다. 디모데전서 6장 13절에 "선한 증거로 증거하신 그리스도"라고 하였다. 시편 89편 37절에 "궁창의 확실한 증인 달같이 영원히 견고케 되리라"고 하였다. 이사야 55장 4절에는 하나님이 예수를 "만민에게 증거로, 인도자로와 명령자"로 세웠다고 하였다.

과연 그는 충성된 증인으로서 선지자의 사명을 다하였다. 어떻게 사명을 다했는가?

① 예수님은 하나님의 명령을 전하는 것을 전부로 삼았다. 요한복음 12장 49-50절에 "내가 내 자의로 말한 것이 아니요 나를 보내신 아버지께서 나의 말할 것과 이것을 친히 명령하여 주셨으니 나는 그의 명령이 영생인 줄 아노라 그러므로 나의 이르는 것은 내 아버지께서 내게 말씀하신 그대로 이르노라"고 했다.

② 그는 아버지께 영광을 돌리는 것을 전 생애의 목적으로 삼았다. 요한복음 17장 4절에 "아버지께서 내게 하라고 주신 일을 내가 이루어 아버지를 이 세상에서 영화롭게 하였사오니"라고 했다. 요한복음 13장 31절에 "지금 인자가 영광을 얻었고 하나님도 인자를 인하여 영광을 얻으셨도다"라고 했다.

③ 그는 아버지를 보여 주려고 했다. 요한복음 14장 9절에 "나를 본 자는 아버지를 보았거늘"이라고 했다.

④ 그는 하나님의 참뜻만 행하려고 했다.

요한복음 6장 38-39절에 "내가 하늘로서 내려온 것은 내 뜻을 행하려 함이 아니요 나를 보내신 이의 뜻을 행하려 함이니라 나를 보내신 이의 뜻은 내게 주신 자 중에 내가 하나도 잃어 버리지 아니하고 마지막 날에 다시 살리는 이것이니라"고 했다(석원태).

ⓑ 그는 "죽은 자들 가운데서 먼저 나신(처음 난) 이"시다.

'먼저 나신'이란 희랍어로 프로토토코스($\pi\rho\omega\tau\acute{o}\tau o\kappa o\varsigma$)로 이 단어는 두 가지 의미가 있다.

① 문자 그대로 처음 난 것을 의미할 수 있다. 그런 의미로 사용되었다면 부활을 의미한다. 그의 부활을 통하여 예수께서는 죽음을 이기시고 자기를 믿는 모든 사람이 누릴 수 있는 새로운 승리를 거두신 것이다.

② 처음 난 자는 아버지의 명예와 권세를 계승하는 아들이므로 프로토토코스는 권세와 명예를 갖는 자, 최고의 자리를 차지하는 자, 여러 사람들 가운데 왕자를 의미하게 된 것이다. 바울이 예수에 대하여 모든 창조물보다 먼저 나신 자(골 1:15)라고 말할 때, 예수님은 우주의 주인이라는 뜻을 말한 것이요, 그에게는 최고의 명예와 다른 데 비할 수 없는 영광이 있음을 말한 것이다. 우리가 만일 이 말을 그런 의미로 취한다면 예수는 산 자의 주이신 것처럼 죽은 자의 주라는 뜻이 있는 것이다. 이 세상에서나 장차 오는 세상, 그리고 생사간에 있어서 예수가 주가 되지 않는 곳이라곤 없

는 것이다. 그러므로 살아서나 죽어서나 우리를 그에게서 떼어 놓을 수(끊을 수) 있는 것은 없다(바클레이).

죽음이 생명에 삼킨 바 된 첫 사건이며, 죽은 자 가운데서 삶으로 탄생한 '처음 난 이', '장자' 이다. 바울은 그리스도가 '모든 창조물보다 먼저 나신 자' (골 1:15)이며 따라서 그는 우주 만물의 주가 되신다(골 1:16-17)고 했다. '죽은 자 가운데서 맨 처음 나신 이' 라면 죽은 자의 주도 되신다. 그리스도는 산 자와 죽은 자의 주가 되시는 것이다. 그러므로 사나 죽으나 우리는 그리스도의 사랑에서 분리될 수 없는 것이다(김재준).

그리스도는 죽음의 권세를 깨뜨리시고 부활의 길을 여셨으며 그를 믿는 자들도 부활하게 하셨다. 그리스도의 부활은 그의 신분(하나님의 아들, 롬 1:4)을 말하고 십자가는 그의 일(만민을 대속하신)을 말한다. 이 양면은 그리스도의 필수조건이다(이상근).

"죽은 자들 중의 그 먼저 난 자"라고 함이 적역(適譯)인 것이다. 그렇다면 그 의미는, 모든 죽은 자들의 선봉적 부활자(先鋒的 復活者)란 것이다. 그것은 그가 먼저 그의 백성을 위하여 죽음을 이기시고 죽음을 소멸하셨기 때문에 그의 백성들은 그의 공덕으로 말미암아 부활의 영광에 들어가게 됨을 가리킨다. 예수 그리스도께서 부활의 선봉이라 함은, 그가 사망을 이기시고 몸 된 교회를 이끌고 부활계(復活界)로 들어가 머리 되심을 가리킨다. 머리 되신 그리스도께서 부활에 들어가셨으므로 그에게 연합한 몸 되는 교회는 동일한 부활에 끌려 들어간다. 그리스도께서 사심으로 우리가 살게 됨이 성경의 부활 교리이다(요 14:19, 엡 2:5-6 참조)

(박윤선).

'먼저 난 자'(πρωτότοκος)는 유대교적, 전통적 사상(삼하 7:14; 시 89:27)에 의하면, 단순히 출생의 순위에서 먼저 난 자라는 말이 아니라 절대적 주권을 가지고 왕의 자리에 즉위하는 것을 의미한다. 이와 같이 예수 그리스도는 죽음에서 첫 열매가 되셨으며(고전 15:20), 천상의 왕위에 오르신 분이라는 것을 증언하는 말이다(골 1:18 참조) (김철손).

ⓒ 그는 땅의 임금들의 머리가 되신다.

여기에서 두 가지 주목할 것이 있다.

① 시편 89편 27절에 "내가 또 저로 장자를 삼고 세계 열왕의 으뜸이 되게 하며"라고 한 말이 회상된다. 이 말은 유대인 학자들로 하여금 언제나 오실 메시아에 관한 말로 취하게 하였던 것이다. 그러므로 예수를 세상의 군왕들의 머리라 함은 그가 곧 하나님이 약속하신, 사람들이 오래 기다린 메시아라는 말이다.

② 스위트(Swete)는 예수님의 이 칭호와 광야의 시험과의 관계를 아름답게 지적하고 있다. 광야의 시험에서는 마귀가 예수님을 높은 산으로 데리고 올라가서 땅 위의 여러 나라와 그 영광을 보인 다음 "만일 내게 엎드려 경배하면 이 모든 것을 네게 주리라"(마 4:8-9; 눅 4:6-7)고 하였던 것이다. 땅 위의 왕국들은 그의 권한에 맡겨진 것이라는 것이 마귀의 주장이었다(눅 4:6). 그리고 만일 예수께서 마귀와 타협하고 거래한다면 한몫 나누어 주겠다는 것이 그의 암시였다. 그런데 놀라운 것은 이 마귀가 예수님께 약속한 것, 그러나 절대로 줄 수 없던 것을 예수님 자신이 십자가의 수

난과 부활의 권능으로 얻으셨다. 부활하신 그리스도는 그의 십자가의 공로로 땅 위의 여러 왕들의 지배자가 되신 것이다. 왜냐하면 예수께서 십자가에 달리신 때야말로 모든 사람을 그에게로 이끄신 때였기 때문이다(요 12:32). 마귀와의 타협이 아니라 하나님께 대한 철저한 충성과 십자가를 받아들인 굽힐 줄 모르는 사람이 예수님을 온 우주의 주가 되게 한 것이다(바클레이).

부활하신 그리스도는 만물 위에 뛰어나시며 모든 권세자를 지배하신다(빌 2:9-10). 그중에는 로마의 황제도 포함되어 있다. 이는 본서의 중심사상의 하나로서(6:15, 17:4, 19:16) 로마의 황제예배의 박해에 직면한 초대신자들에게 무한한 격려가 되었을 것이다(이상근).

예수님의 광야 시험에서 사단에게 절하면 온 천하의 왕권을 준다는 유혹을 단호하게 물리치고 십자가의 길을 걸은 결과 하나님이 "지극히 높여 모든 이름 위에 뛰어난 이름을 주시고…… 모든 무릎을 그의 이름에 꿇게"하셨다(빌 2:9-11). 예수께서는 십자가에 죽으심으로 하나님께서 부활하게 하시고 하늘에 오르사 하나님 우편에 앉게 하신 것이다.

하나님 자신의 통치권을 가지신 그는 "땅의 임금들의 머리", "만왕의 왕"이 아닐 수 없다. "증인"과 "왕권"이 지상에서 재회(再會)한다. 이것은 예수의 재림을 암시한다. 이 신앙은 실제에 있어서 로마제국의 '임금'과 대결하게 된다. 그래서 심한 핍박과 고난에 처해 있는 것이 그 당시 교회의 현실이었다. 그러므로 그런 교인들에게 그리스도 자신이 피의 증언자, 최대의 순교자였음과 동시에 최대의 승리자, 최고의 통치자로 높임을 받았다는 사실을 들어 격려한 것이다(김재준).

바울 서신에서는 죽음에서 부활한 그리스도가 교회의 머리가 되고 만물의 으뜸이 된다고 했다. 그런데 요한계시록에서는 "땅의 임금들의 머리"가 된다고 했다. 요한계시록에서 땅의 임금들의 지배권에 대해서는 이해하기 곤란하다. 현 역사적으로는 "땅의 임금"을 로마 황제의 정치적 권력으로 이해하기 때문이다. 그러므로 이 칭호는 부활, 승천한 그리스도가 현실적으로 로마 황제의 권력을 완전히 제압한다기보다는 부활, 승천하셔서 천상의 왕권을 장악하시고 천상천하의 모든 악의 세력을 무찌르며 승리한 것을 확신하는 신앙고백적 칭호로 받아들이는 것이 좋겠다(김철손).

'머리'(ὁ ἄρχων)는 메시아의 통치라는 일반적인 메시아의 사상을 나타내는 말이다. 예수 그리스도께서 메시아의 왕국에서 왕의 왕이시고, 주의 주이시다(계 17:14, 19:16). '땅의 임금들의 머리' 곧 셋째 통칭은 시편 89편 27절이 함축하고 있는 내용이다. 이 말은 그리스도께서 왕의 왕이 되실 것을 미리 바라본 표현이다(계 17:14, 19:16). 자신의 부활로 말미암아 정당함을 입증하시고(vindicate), 그로 인해 완전한 성취(consummation)가 이루어질 때, 그리스도께서는 궁극적인 통치자(supreme ruler, 빌 2:10-11)로서 우주적인 인정을 받게 될 것이다. 예수 그리스도의 세 가지 통칭인 '충성된 증인', '먼저 나신 이', '임금들의 머리'는 요한계시록의 세 겹의 목적에 대한 응답이라고 할 수 있다. 요한계시록의 세 가지 목적은 '신적 증언'(a divine testimony), '부활하신 주의 계시', '역사의 문제들(issues)에 대한 예고(forecast)' 등이다. 다시 말하자면 요한은 이 세 겹의 통칭을 사용하여 성도들이 그들의 믿음으로 인해 받게 될 심한 핍박을 이겨 나가도록 격려할 의도를 가지고 있었다. 따라서 이러한 통칭들로 예수 그리스도께서 십자가에서의 죽으심과 승리로 그들 앞에 길을 열어 주실 것임을 성도들에게 기억시키려는 것이었다. 이렇게 요한이 예수 그리스도의 세 가지 통칭을 소개한 데에는 특별한 이유가 있었던 것으로 보인다. 그 당시 로마제국은 황제를 신으로 만들어 놓고 그에게 경배하는 황제 숭배가 시작되고 있었기 때문이다. 줄리어스 시저(Julius Caesar), 아우구스투스(Augustus), 클라우디우스(Claudius), 베스파시안(Vespasian), 티투스(Titus) 등이 죽은 후 그들을 신으로 삼기로 로마제국 상임위원들(the Roman senate)이 선언했다. 마지막 세 황제들은 그들 스스로 자신을 신이라는 이름으로(Divus) 동전에 넣어 그것을 사용할 것을 국민에게 요청했다. 요한계시록이 쓰일 때의 황제 도미시안(Domitian)은 자기를 '주와 신' (Dominus et Deus)으로 불러 주기를 국민에게 요구했다. 위협과 박해에 처한 교회에서 요한이 기억시키고자 한 것은 이러한 인간의 모든 정치적 권위 뒤에, 권력을 휘두르는 이 땅의 왕들 위에 지금 육안으로는 보이지 않지만 실제로 예수 그리스도의 주권이 서 있다는 사실이다(참고 롬 13:1-7; 시 8:15; 요 19:11; 딛 3:1) (홍창표).

(3) 예수께서 사람들을 위하여 하신 일

예수가 사람을 위해 하신 일을 여기서처럼 훌륭히 그려내는 것도 쉽지 않다.

(ⅰ) 예수는 "우리를 사랑하사 그의 피로 우리 죄에서 우리를 해방하시고"(5b절).

5a절에서는 주로 예수의 인격에 대한 확언이 있는데 5b-6절에서는 그리스도의 사명이 증언된다. 그의 사명은 먼저 우리를 사랑하는 것이며 그 결과로 우리를 죄에서 해방시키는 일이다(김철손). '사랑하사'의 헬라어 '아가폰티'($\dot{\alpha}\gamma\alpha\pi\hat{\omega}\nu\tau\iota$)는 현재 분사로 계속되는 사랑을 나타낸다. 이 '사랑' 때문에 그리스도께서는 인간의 죄를 위해 십자가에서 죽으셨다. 한편 '해방하시고'에 해당하는 헬라어 '뤼산티($\lambda\acute{\upsilon}\sigma\alpha\nu\tau\iota$)'는 부정 과거 분사형으로 그리스도께서 단번에 십자가에 죽으심으로 그리스도인들을 죄에서 해방하신 공효(功效)를 시사한다(5:9; 마 20:28; 요 8:34-36; 갈 3:13; 딤전 2:6; 히 9:12; 벧전 1:18-19; Moffatt, Mounce, Lenski). 이제 그리스도의 희생으로 죄에서 해방된 그리스도인들은 그리스도께서 승리하신 바와 같이 마귀와의 싸움에서 승리하며 그리스도의 승리에 동참하게 된다(12:11)(호크마).

우리를 사랑하신다는 동사는 현재형이고 이 말은 또한 그리스도 예수 안에 있는 하나님의 사랑은 계속적이며 영원까지 계속되는 것을 의미하다. 우리를 해방한다($\lambda\acute{\upsilon}\sigma\alpha\nu\tau\iota$)는 부정 과거로서 과거에 완성된 행위를 나타낸다. 따라서 우리들의 죄에서의 해방은 십자가상의 단 한 번의 행위에 의하여 완성된 것이 된다. 다시 말하면 십자가상의 사건은 역사상의 행위인 동시에 하나님의 계속적인 사랑의 표현이다. 역사상의 어떤 시점에 십자가 위에서 일어난 사건은 영원하고 변치 않으며 또한 그칠 줄 모르는 하나님의 사랑을 들여다 볼 수 있는 창구 구실을 하는 것이다(바클레이).

사랑은 속죄의 기본이다. 사랑이 없는 곳에는 희생이 없다. 죄인인 우리를 대신하여 죽으신 그리스도의 죽으심은 사랑의 극치(極致)이다. 사랑은 보수적(報酬的) 행위가 아니고 순희생적 행위인 것이다. "피"는 생명과 같은데 죗값은 오직 "피", 곧 생명의 지불로써야 성립되는 것이다. 다시 말하면, 우리의 죗값은 피(생명의 지불, 사망)로써만 물어줄 수 있다(창 9:4; 히 9:22). 그리스도의 피는 하나님의 아들의 "피"인 만큼, 그 많은 택한 백성들의 죗값을 담당하고도 무한히 남는 귀한 "피"인 것이다. 하나님은 그리스도의 피밖에는 우리를 구원하실 길이 없음을 이렇게 힘있게 약속하셨다. 우리로서는 그리스도의 피를 그만큼 힘있게 믿어야 된다.

바울은 신자들을 속죄하여 주시는 그리스도의 보혈을 힘있게 믿는 의미에서 말하기를, "내가 너희 중에 예수 그리스도와 그의 십자가에 못 박히신 것 외에는 아무것도 알지 아니하기로 작정하였습니다"라고 하였다. 루터(Luther)는 말하기를 "하나님의 아들은 나를 사랑하여 자기 자신을 나에게 주셨으니 그것은 율법과 및 인간의 행위의 의(義)에 대하여 터진 뇌성벽력 같은 반대이다. 만일 네가 하나님의 아들을 비교할 수 없는 보화로 여길진대 네 모든 종교의식과 행위와 공로는 지옥으로 던져라. 그 이유는 네가 하나님 아들의 죽음밖에 하나님의 진노를 멈추어 화해시키는 것이 없다고 생각하기 때문이다"라고 하였다. "해방하시고"는 헬라 원어로 뤼산디(λύσαντι)라고 하는데 이는 알렙(ψ)과 알렉산드리아 사본(寫本)의 사구(寫句)이고, 어떤 사본(RQ)에는 루우산티(λούσαντι)로 되어 있으니, 그 뜻은 "씻으시고"라고 한다. 크레다너스와 기타 유명한 주석가들은 첫째를 택하였다. 모파트(Moffatt)도 그리하였다. 죄는 우리를 멸망의 형벌에 매는 줄인데, 그리스도는 그의 죽으심(피)으로 이 무서운 줄을 끊으시고 멸망의 형벌에서 우리를 해방시키셨다. 기독 신자들은 예수 그리스도의 보혈로 말미암아 이 형벌을 면하게 되었으니 어찌 찬송하지 않으랴(박윤선)!

"사랑하사"는 현재 분사형(ἀγαπῶντι)을 사용했는데 그것은 그의 사랑이 언제나 현재적으로 계속되고 있다는 뜻이다. 그리고 그리스도인의 사랑의 행위는 그 절정에 이르러 피를 요구할 때가 있다. 그래서 그리스도는 우리를 위해서 피를 흘리셨다(그리스도의 죽음과 피: 1:18, 5:6, 9, 12, 7:14, 12:11, 19:13 이상 7회, 성도가 흘린 피: 6:10, 16:3,6 2회 17:6, 18:24, 19:2 이상 7회 , 형용사적 용법의 "피": 6:12, 8:7,8 11:6, 14:20, 16:3,4 이상 7회).

"피 흘림"은 본래 구약의 제의적 배경을 가진 말이기 때문에 제단에 드리는 제물의 피를 암시한다. 이것은 전 인류의 죄를 대속하기 위해서 흘린 그리스도의 피이며, 이로 인해 우리가 죄의 사슬에서 해방을 얻게 되었다. 왜냐하면 예수 그리스도를 구주로 믿는 사람은 다시 정죄함을 받지 않고 영원한 자유자가 되기 때문이다(갈 5:1)(김철손).

(ii) 예수가 우리를 나라와 제사장으로 삼으셨다(6절).

"하나님"을 예수 그리스도의 아버지라고 호칭한 것은 여기뿐이다. 예수 그리스도는 그의 피로 우리를 죄에서 해방시키셨을 뿐 아니라, 이제는 우리를 나라와 제사장으로 삼아 하나님 앞으로 나아갈 수 있도록 구속적 사랑을 보여 주었다. "나라와 제사장"이라는 말은 출애굽기 19장 6절의 "너희가 내게 대하여 제사장 나라가 되며 거룩한 백성이 되리라"는 구절에서 온 것 같다. 하나님은 본래 그의 백성(이스라엘)을 한 나라로 삼고 제사장을 통해서 그의 나라와 긴밀한 관계를 가지고 특별히 보호해 주었다.

이와 같이 신약시대에는 성도들이 예수 그리스도를 중보로 하여 하나님께 나아갈 수 있게 되었다(히 4:16, 10:19-22; 마 27:51 참조). 그래서 베드로전서 2장 9절에 성도들을 "오직 너희는 택하신 족속이요 왕 같은 제사장들이요 거룩한 나라요 그의 소유된 백성이니"라고 했다(김철손). "나라"는 왕권을 의미하고, '제사장'은 교권을 말한다. 베드로전서 2장 9절에는 "왕 같은 제사장"으로 되어 있다. 여기서는 $\beta\alpha\sigma\lambda\epsilon\iota\alpha$(바실레이아), $\iota\epsilon\rho\epsilon\hat{\iota}\varsigma$(히에레이스)에서 '나라와 제사장' 들이다.

우리가 우주와 역사의 주재자이신 하나님의 자녀요, 만왕의 왕이신 그리스도에게 속한 자일진대 왕권의 소유자임은 틀림없는 것이며, 우리 그리스도인 각자가 직접 하나님 앞에 나아갈 수 있을진대 제사장이 아닐 수 없다. 구약에서 제사장은 하나님 앞에 직접 나아갈 수 있는 특권의 소유자였다. 보통 이스라엘 사람은 이방인의 뜰, 여자들의 뜰, 이스라엘인들의 뜰까지 들어갈 수 있으나 제사장의 뜰에는 들어가지 못한다. 제사장은 자기들의 뜰에서 지성소에 나아갈 수 있다. 하나님 앞에 나아갈 수 있는 사람은 제사장뿐이기 때문이다.

　십자가 위에서 그리스도가 운명하시는 순간에 "성소 휘장이 위로부터 아래까지 찢어져 둘이 되고"(마 27:51)라는 기사는 의미심장하다. 신자는 누구나 그리스도의 이름으로 하나님 앞에 직접 나아갈 수 있다는 점에서 다 제사장인 것이다(히 4:16, 10:19-22 참조) (김재준).

　예수가 우리를 나라와 제사장으로 삼으셨다. 이것은 출애굽기 19장 6절의 "너희가 내게 대하여 제사장 나라가 되며 거룩한 백성이 되리라"는 말을 인용한 것이다. 예수께서는 우리들을 위하여 두 가지 일을 하셨다.

　ⓐ 우리들에게 왕의 신분을 주셨다. 예수님을 통하여 우리는 하나님의 참 자녀가 될 수 있다. 우리가 만일 왕의 자녀가 된다면 우리는 그보다 더 높은 자리를 생각할 수 없다. 우리는 불가불 왕이 될 처지에 있는 것이다.

　ⓑ 그는 우리를 제사장으로 삼으셨다. 여기서 생각할 점은 옛 언약(규정) 밑에서는 제사장만이 하나님께 나아갈 수 있었다. 성전에 들어가는 유대인들은 이방 사람들의 뜰, 여자들의 뜰을 지나 이스라엘 사람들의 뜰까지는 갈 수 있었으나 그 안에 있는 제사장의 뜰에는 갈 수 없었으며 지성소는 물론 들어갈 수가 없었다. 그런데 여기 주목할 만한 것은 이사야가 장차 올 큰 날에 대한 환상을 보고 말하기를 "오직 너희는 여호와의 제사장이라"(사 61:6)고 한 말이다. 그날에는 모든 사람들이 제사장이 되고 모두가 다 하

나님께 가까이 나아가게 될 것이다. 요한이 여기서 말하려고 하는 것은, 그리스도의 공로에 따라 하나님 앞에 나아갈 수 있는 특권은 좁은 의미의 제사장에게만이 아니라 모든 사람들에게 널리 열린 길이라는 것이다. 이 모든 사람이 다 제사장이다. 여기에 만인제사장설이 있다. 우리는 담대히 은혜의 보좌 앞에 나아갈 수 있는 것이다(히 4:16). 왜냐하면 우리에게는 하나님 앞으로 나아가는 새롭고 살아 있는 길이 열려 있기 때문이다(히 10:19-22). 예수께서는 우리들에게 하나님의 자녀가 갖는 왕권을 주셨으며, 또한 언제나 열려 있는 하나님 앞으로 나아가는 제사장의 길을 열어 주신 것이다(바클레이).

"영광과 능력이 세세토록 있기를 원하노라 아멘"(계 1:6).

영광($\delta\delta\xi a$)은 원래 "의견(opinion)"이라는 뜻이었다. 그 후 이는 사람을 "명예롭게 하는 것"으로 전용되었고(에 3:1 LXX), 또다시 혹은 사람이 하나님을(레 10:3), 혹은 하나님이 사람을(롬 8:30) 영화롭게 한다는 뜻으로 발전하였다. 이와 같은 어휘적 배경과는 달리 그 관념적 배경은 구약의 여호와 임재(shekinah)의 영광에서 쉽사리 찾을 수 있다(출 33:9; 겔 1:28). 이런 두 가지 배경을 받아 신약에서 영광은 성삼위의 것에 적용되었고, 그 영광에 참예하는 사람의 영광에도 적용되었다. 영광은 본질적으로 하나님의 것이다.

태양의 7색이 합하여 빛이 되는 것처럼 영광은 하나님의 속성의 총체인 것이다. 본문의 경우에는 관사와 함께 사용되어 하나님의 신적 속성에 관한 찬양과 공경의 의미를 함축하고 있다. 그리고 능력(κράτος)은 인간이 갖는 권리나 내적 능력보다 하나님의 주권적 통치의 능력을 나타낸다(벧전 4:11). 한편 '세세토록'에 해당하는 헬라어 "εἰς τοὺς αἰῶνας τῶν αἰώνων"은 문자적으로 '세대들의 세대들에' 라는 의미로 '영원성'을 나타낸다(1:6,18, 4:9,10, 5:13, 7:12, 10:6, 11:15, 15:7, 19:3, 20:10, 22:5). 모든 성도를 죄에서 해방시켜 주고 하나님 아버지 앞에 나아갈 수 있도록 우리의 대속자가 되신 그리스도에게 영광과 능력을 기원하는 것은 당연하다. 아멘은 일반적으로 "그렇다"라는 긍정적 응답으로 유대교와 그리스도교가 공통적으로 사용하는 말이다(22:21). 요한계시록에서는 예전적 용어로 사용된 것이 많다(1:6, 5:4, 7:12a,b, 19:4). 그리고 예수 그리스도의 칭호로 사용된 예가 한 번 있다 (3:14).

부록 I. 완전수(성수)

● ● ● ● ● ● 일곱 숫자는 하나님께서 쓰시는 성수(聖數)이다. 성경에 나타난 7수는,

(1) 정결과 헌신의 숫자이다.

레위기 4장 6절에는 제사장이 성소에 들어갈 때 손가락에 7회 그 피를 뿌릴 것이라고 하였다(레 4:17, 8:11,33).

민수기 19장 12절에는 사람의 시체를 만진 자는 제3일과 제7일에 정결한 잿물을 뿌릴 것이라고 하였다.

(2) 모든 승리와 은혜와 축복을 주었다.

언약에서 이 숫자가 흘러나오고 그 외의 모든 경우 등에서 계속적으로 7수가 표시되었다.

이스라엘 백성은 요단강을 건너 여호수아의 지도 아래 여리고 성을 7일 동안에 7회 에워쌌다. 제7일에는 일곱 번 돌아 이 여리고 성은 하나님께서 이스라엘 손에 주신 바요, 그 승리는 하나님의 약속대로 된 것이라고 하였다(수 6:4-20).

문둥이 나아만 장군은 요단강에서 엘리사의 지시대로 일곱 번

목욕함으로 문둥병으로부터 깨끗함을 받았다(왕하 5:14).

이렇게 7숫자는 하나님의 언약에 충실한 자에게 보응하는 숫자이다(삼상 2:5; 신 28:7).

반면에 이 7수는 그 언약에 완고한 자(레 26:21, 24, 28; 신 28:25)에게, 그것으로 백성을 해치는 자(창 4:15, 24; 출 7:25; 시 79:12)에게는 형벌, 즉 자기 진노의 숫자이기도 하다.

이스라엘의 모든 절기는 7이나 7의 7배(7×7)의 숫자로 결정하였다. 안식일이 일곱째 날이요 맥추절, 오순절이 유월절 절기부터 7×7(주일)에 해당되는 날이요, 희년이 7×7(년)의 해이다.

(3) 이 7수는 신약에서도 거룩한 수요, 축복의 수였다.

요한계시록에 7복을 말씀했고, 주기도문은 절을 구분하여 "① 하늘에 계신 우리 아버지 ② 이름을 거룩히 여김을 받으시오며 ③ 나라에 임하옵시며 ④ 뜻이 하늘에서 이룬 것같이 땅에서도 이루어지이다. ⑤ 일용할 양식을 주옵시고 ⑥ 죄를 사하여 주옵시고 ⑦ 시험에 들게 하지 마옵시고 다만 악에서 구하여 주옵소서"라는 일곱 가지 기원이 있고 주님의 천국 비유인 마태복음 13장에도 일곱 비유의 말씀이 있다.

① 씨뿌리는 비유 ② 가라지 비유 ③ 밭에 감추인 보화의 비유 ④ 누룩의 비유 ⑤ 진주의 비유 ⑥ 그물의 비유 ⑦ 겨자씨 비유가 그것이다.

또 십자가에 하신 말씀의 7언(言)은 "① 죄의 용서 ② 나와 함께 낙원에 있으리라 ③ 어머니, 보소서 아들이니다 ④ 엘리엘리 라마

사박다니 ⑤ 목마르다 ⑥ 다 이루었다 ⑦ 아버지여 내 영혼을 부탁하나이다"였다.

또 초대 교회 일곱 집사는 ① 스데반 ② 빌립 ③ 브로고로 ④ 니가로느 ⑤ 디몬 ⑥ 바메나 ⑦ 니골라였다.

일곱 은사(롬 12:6-8)는 ① 예언 ② 섬기는 일 ③ 가르치는 일 ④ 권면하는 일 ⑤ 구제하는 일 ⑥ 다스리는 자 ⑦ 긍휼히 여기는 은사를 가리킨다.

일곱 지혜(약 3:17)는 ① 성결 ② 화평 ③ 관용 ④ 양순 ⑤ 긍휼 ⑥ 선한 열매 ⑦ 거짓 없음을 가리킨다.

이처럼 일곱 수에 대하여 성서에 많이 나타나고 있으나 요한계시록에 나타나는 7수는 더욱 뚜렷하다. ① 보좌 앞의 일곱 영(1:5) ② 일곱 교회(1:5) ③ 일곱 등대(1:12) ④ 일곱 별(1:16) ⑤ 일곱 교회 사자(1:20) ⑥ 보좌 앞의 일곱 등불(4:5) ⑦ 책의 일곱 인(5:1) ⑧ 어린양의 일곱 뿔과 일곱 눈(5:6) ⑨ 일곱 우레(10:3) ⑩ 일곱 천사와 일곱 재앙과 일곱 금대접(15:6-8)이 있다.

여기에서 아시아 일곱 교회에 편지 보낸다고 하였으니 여기 일곱 교회는 성수요 완전수이기 때문에 그대로 모든 시대의 모든 교회의 대표로 보인다. 따라서 이 책은 어떤 특수한 개인이나 개교회를 상대로 보낸 것이 아니라 공동교회를 상대하고 발신한 예수 그리스도의 공적(公的) 계시이다. 그러므로 이 요한계시록은 사사로이 풀거나 사견에 의하여 독단적인 주장을 펴는 것을 삼가야 할 것이다.

2. 주제 선포(1:7-8)

개요

이제 요한은 대담하게 본서의 주제를 선포한다. 그리스도의 재림이 그것이다. 그리스도께서 다시 오실 때 고난 중에 있는 그리스도인들은 잔인한 원수의 손에서 구출된다. 하나님의 적(원수)은 언젠가는 반드시 멸망당하고 하나님의 친구들은 조만간 반드시 영광에 들어간다는 것이 요한의 확고한 신념이다. 그는 구약성경의 예언에 의하여 메시아의 내림 광경을 그린다. 그는 구름 속에서 오신다. 그를 찌른 자들도 본다. 그리고 통곡한다. 이어서 하나님 자신의 자기 선포가 있다. 현재의 주, 과거의 주, 미래의 주, 전능하신 이로 선포된다.

1) 종말 통고(1:7)

"볼지어다 구름을 타고 오시리라 각인의 눈이 그를 보겠고 그를 찌른 자들도 볼 터이요 땅에 있는 모든 족속이 그를 인하여 애곡하리니 그러하리라 아멘"(1:7).

(1) 구름을 타고 오신다고 하였다.

재림 예수의 미래상을 말하기 때문에 4-6절에서 말한 "과거-현재적" 그리스도와 상관관계가 있다고 본다. "구름을 타고 오신다"라는 표현은 복음서의 "소묵시록"(막 13:26, 14:62; 마 24:30,

26:64; 눅 21:27)에도 나오다. 이 구절은 본래 다니엘 7장 13절에 기인한 것이라고 생각된다. 거기에는 "인자 같은 이가 하늘 구름을 타고 와서"라고 되어 있는데, 묵시문학적으로 재림 메시아와 동반하는 "구름"은 반드시 복수형을 사용했다. 물론 본문에도 복수형으로 되어 있다. 복수형은 초자연적, 영적인 세계 현상을 묘사하는 것이다. 그런 의미에서 예수 승천 때(행 1:9-11) 동반한 "구름"과는 구별된다. 그것은 단수형으로 사용되었기 때문이다. 예수의 승천 사건은 현실적, 역사적 지상의 사건이고 미래적, 묵시적 의미가 없다는 것을 확증한다(김철손).

요한의 재림에 대한 묘사는 다니엘의 환상에서 얻은 것이다. 다니엘은 이 세계를 지배하는 네 가지 짐승의 권력의 환상을 가졌다. 그 환상은 다니엘 7장 1-14절에 있다. 독수리의 날개를 가진 사자와 같은 정권은 바벨론(7:4)이고 흉악한 곰과 같은 정권은 페르시아(7:5), 날개돋은 표범과 같은 희랍(7:6), 표현할 수 없을 만큼 무서운 쇠, 이〔齒〕를 가진 야수인 로마(7:7)이다. 그러나 이 같은 야수 같고 야만적인이요 비인간적인 제국들은 다 끝장이 나고, 지배권은 인자와 같이 친절하고 온화한 자의 속으로 옮겨지는 것이다. 우리 하나님은 이 친절하고 온유한 자에게 주권을 맡기시는 것이다. "내가 또 밤 이상 중에 보았는데 인자 같은 이가 하늘 구름을 타고 와서 옛적부터 항상 계신 자에게 나아와 그 앞에 인도되매 그에게 권세와 영광과 나라를 주고 모든 백성들과 나라들과 각 방언하는 자로 그를 섬기게 하였으니"(단 7:13-14).

구름타고 오시는 인자에 대한 묘사(막 13:26, 14:62; 마 24:30,

26:64)는 다니엘의 기록에서 온 것이다. 다니엘의 환상에서 그 시대의 요소를 제거하면 변함없는 영원한 진리, 곧 예수가 만물을 주관하시는 날이 올 것이라는 것이다. 이 희망 속에서 그리스도인들은 오늘날까지 환난이 계속되는 생활속에서도, 순교의 죽음 가운데서도 힘과 위안을 얻어온 것이다(바클레이).

구름은 무엇을 상징하는가? 여자적(如字的)으로 자연계의 구름인가? 크레다너스는 이것을 하나님의 영광의 가견적(可見的) 계현(啓現)이라 하였다(출 13:21, 14:16,19 참조). 그렇다면 이 "구름"은 보통 구름이 아니고 기이한 구름인 것이다. 모세가 미디안 광야에서 가시덤불에 붙은 불을 보았는데 그 불은 자연계의 불이 아니었다. 그 불이 가시덤불에 붙었으나 가시덤불이 타지 않았던 기이한 불이었음과 같이 여기 "구름"도 그러한 기이한 구름이 아닐까(행 1:9-11 참조)? 그러나 이 구름은 문자적으로 자연계의 것으로 보아서 틀릴 것 없다(Lange). 그가 승천하실 때에는 구름이 그를 가리운 일도 있었고(행 1:9), 그가 다시 오실 때에 그가 같은 모양으로 오실 것이라고 하였다(행 1:10) (박윤선).

다니엘 7장 13절에 배경을 두고, 예수께서도 친히 밝히셨고(마 24:30, 26:64), 바울도 입증한(살전 4:17) 재림의 모습이다. 하나님께서는 "구름 가운데서" 임재하신 적이 많았다. 시내산의 구름(출 19:9), 구름기둥(출 13:21), 세키나의 영광(출 16:10), 변화산의 구름(마 17:5) 등 구름은 하나님의 영광을 상징한다. 그러나 재림을 상징화하는 것은 위험하다. 이는 일단 문자적으로 취해 둘 것이다. 그러나 그때의 양상은 구체적 설명을 피하고 신비로운 대로 남겨

두어야 할 것이다.

"오실 자"는 요한계시록 1장 4절에서는 하나님이었고 여기서는 그리스도시다. 하나님은 그리스도 안에서 오시는 것이다(이상근).

이것은 구약 다니엘 7장 13절과 스가랴 12장 10절에서 유래한 것이다. 다니엘 7장 13, 14절을 보면 "인자 같은 이가 하늘 구름을 타고 와서 옛적부터 항상 계신 자에게 나아와" 그에게서 "영원 불멸의 권세와 영광과 나라"를 받는다는 내용이 나온다. 이 "인자 같은 이"는 이스라엘을 인격화한 것이요, 개인적 메시아는 아니다. 그러나 모든 메시아의 예언이 그리스도에게서 이루어졌다는 의미에서 신약 기자들은 서슴지 않고 인용했다. "구름을 타고"에서 '구름'이란 단어 앞에 쓰이는 전치사는 $\mu\epsilon\tau\grave{\alpha}$, $\epsilon\pi\acute{\iota}$, $\epsilon\nu$ 등 여러 가지인데 여기서는 $\mu\epsilon\tau\grave{\alpha}$가 쓰였다. 이는 '구름과 함께', '구름에 싸여서'로 번역된다. 본뜻에 큰 차이가 생기는 것은 아니다. 이것은 종말 광경에서 흔히 쓰이는 표현이어서 마가복음 13장 26절, 14장 62절, 마태복음 24장 30절, 26장 64절, 누가복음 21장 27절, 제2에스드라스 13장 3절 등에 나타난다. 구름은 흔히 하나님의 영광의 상징으로 사용된다. '오시리라'는 미래가 아니라 현재로 되어 있다. '오고 있다'는 것이다. 이는 재림이 임박한 것을 암시한다. 스가랴 12장 10절에는 "그들이 그 찌른 바 그를 바라보고 그를 위하여 애통하기를 독자를 위하여 애통하듯 하며 그를 위하여 통곡하기를 장자를 위하여 통곡하듯 하리로다"라고 했다. 스가랴의 뜻은 이스라엘이 선한 목자를 학대해서 죽였는데 후에는 알고 자기들의 잘못과 그 목자의 비참함 때문에 통곡한다는 것이다. '그들이 찌른 바 그'는 선한 목자다. 여기서는 예수의 십자가의 죽음에 적용했다(김재준).

주께서는 구름을 타고 오시게 된다. 여기서 구름을 타고 오신다는 데에는 두 가지 의미가 있다. 첫째는 약속 성취의 의미가 있다. 사도행전에 보면 예수께서 구름을 타고 승천하시는 장면이 기록되어 있다. 주님이 승천하시는 모습을 제자들이 멍하게 바라 보았다. 바로 그때 천사들이 "너희가 본 그대로 오리라"고 말씀한다. 이 말씀의 성취인 것이다.

"올라가실 때에 제자들이 자세히 하늘을 쳐다보고 있는데 흰옷 입은 두 사람이 저희 곁에 서서 가로되 갈릴리 사람들아 어찌하여 서서 하늘을 쳐다보느냐 너희 가운데서 하늘로 올리우신 이 예수는 하늘로 가심을 본 그대로 오시리라 하였느니라"(행 1:10~11).

우리 성경에는 그냥 '구름 타고' 오신다고 기록하고 있지만 킹 제임스역(KJV)이나 원어를 분석해 보면 '구름에 싸여서' 오실 것을 말씀하고 있다. 큰 구름에 싸여서 오신다는 얘기이다. 초림예수는 마굿간 말구유에 오셔야 했다. 그러나 재림 예수는 어떻게 오시는가? 볼지어다 모두가 볼 수 있도록, 구름에 휩싸여 오신다. 영광스러운 심판주의 모습으로 오신다. 본문이 주는 또 하나의 의미는 우리 주님이 '영광 중에 재림하신다'는 것이다. 성경에서 구름은 영광의 상징이다. 초림 예수는 짐승이 살았던 곳으로 비참하게 오셨다. 그러나 재림의 모습은 전혀 다르다. 영광스럽게 구름에 싸여 오시기 때문이다. 예수님의 마지막 약속이 이것이다(이광복, 계시록 강해(상)].

(2) 각인의 눈이 보고 그를 찌른 자들도 볼 터이요 땅에 있는 모든 족속이 그를 인하여 애곡하리니(7절)

"각인의 눈이 그를 보겠고"라고 했는데 이것은 예수 재림의 사건이 종말론적 대환난이 다 지나간 뒤에 새 세계, 새 질서속에서 이뤄질 것이기 때문에 그때는 누구나 다 함께 영적인 안목으로 볼 수 있다는 말이다. 그런데 예수 재림은 충성된 그리스도인에게는 감격과 환희의 영광스러운 날이지만, 어떤 사람에게는 두려움과 비참한 저주의 날이 될 것이라고 했다.

그들은 그를 찌른 자와 땅에 있는 모든 족속이라고 했다. 그런데 "그를 찌른 자", "그로 인하여 애곡하는 자"라는 표현은 스가랴 12장 10절의 "그들이 그 찌른 바 그를 바라보고 그를 위하여 애통하기를 독자를 위하여 애통하듯 하며 그를 위하여 통곡하기를 장자를 위하여 통곡하듯 하리로다"에서 유래한 것으로 본다.

"땅에 있는 모든 족속"이라는 말은 스가랴에는 나타나지 않았지만, 스가랴 12장 12-14절을 집약해서 표현한 것으로 본다. 그런데 스가랴에서는 당시 바벨론 왕들의 비통함을 말하고 있고, 요한계시록에는 "땅"($\gamma\eta$)이라는 말이 첨가되어 있으며 모든 족속으로 확대된 전 인류에게 미치는 사건으로 되어 있다. 그런데 그중에 특히 "그를 찌른 자"가 있다고 했다. 복음서에 보면 예수가 십자가에 달렸을 때 실제로 그의 가슴을 찌른 로마 군인이 있었다(요 19:37). 그런데 "그를 찌른 자"를 어떤 개인 한 사람으로 단정한다는 것은 올바른 해석이 아니라고 생각한다. 그보다는 그리스도의 십자가 사건 자체를 상징적으로 표현한 것이라고 이해하는 것이 좋겠다. 저자는 여기서 다니엘 7장 13절, 스가랴 12장 10절, 마태복음 24장 30절을 종합해서 나름대로 결론을 내리고 있는데, 예수가 반드시 재림하셔서 그의 대적자들을 심판할 것을 확언하는 말이다(김철손).

재림은 개별적으로 또는 어느 한구석에서 은밀한 중에 나타나는 것이 아니라 천하만민에게 공개적으로 나타날 것이기 때문에 각 사람이 다 보게 된다. 그를 찌른 자는 유대인일 것이며 또 빌라도가 대표한 로마인도 포함될 것이다. 크게 생각하면 전 인류라고 말할 수 있다. 그러므로 땅에 있는 모든 족속이 그를 인하여 애곡하리라고 했다. 이것은 마태복음 24장 30절과 통한다. 그것이 본래는 스가랴 12장 12절에서 유래된 것일 것이나, 요한은 마태복음에서 인용한 것으로 보인다. "애곡하다"라는 것은 예수를 동정해서라거나 자기들의 잘못을 회개해서가 아니라 자기들의 잘못이 드러난 데 대한 절망적인 두려움에서 통곡하는 것이다. 가룟 유다의 최후와 같다(김재준).

초림의 주는 은밀히 오셨으나 재림의 주는 모든 사람에게 오실 것이다. 그를 찌른 자들(요 19:34-37 참조)은 스가랴 12장 10절의 성취이나 요한만이 이 사실을 전했다. 그러나 이는 그 당시 직접 예수를 찌른 로마 군병이나, 그 배후에 있던 유대인만이 아니라 전 세계 전 시대의 박해자들을 가리킨다고 볼 것이다. "땅에 있는 모든 족속"은 일반 불신자들이다. 적극적인 박해자뿐 아니라 소극적인 무관심자 또는 불신자들도 종말에 가서 당황하며 애곡한다. 불신에 대한 후회와 심판에 대한 두려움에서 오는 애곡일 것이다(이상근).

이것을 보면 주님의 종말적 내림(來臨)은 조금도 숨김 없어서 누구나 볼 수 있게 오신다. 그것이 어떻게 그와 같이 되는지에 대하여는 우리가 예측하기 어렵다. 그렇게 그것이 초자연적 사리(事理)에 속하는 한, 우리의 자연적 지식으로써 예측하기 어려운 것이 오히려 마땅한 것이다. "그를 찌른 자들은 누구누구냐?" 이들은 그를 십자가에 못 박은 자들이며, 그의 옆구리를 창으로 "찌른 자들"이라고 한다. 그러나 여기서는 주님을 박해하는 자들에게 대한 통칭(通稱)이다. 그리스도께서 처음 오셨을 때는 그를 주(主)로 알아보지 못한 자들이 많았다. 그러나 그가 다시 오실 때에는 가장 악한 원수들도 그를 하나님으로 알고 떨게 된다.

모파트(Moffatt)는 "그를 찌른 자"란 말이 유대 민족을 가리킨다고 하였으나 적합한 해석이 아니다. 그들이 "애곡"(哀哭)하는 이유는 (1) 그렇게 종말이 이르기 전에 회개하지 못한 것을 뉘우쳐(회개는 아님-마 27:3) 통분히 여기는 까닭이며 (2) 이제 오신 주님으로 말미암아 무서운 심판 받을 것을 두려워하는 까닭이다(마 8:12) (박윤선).

불신자들, 곧 예수의 원수들에게 그리스도의 재림은 두려움이다. 이것을 증명하기 위하여 요한은 다시 구약성경을 인용한다. "그들이 그 찌른 바 그(주)를 바라보고 그를 위하여 애통하기를 독자를 위하여 애통하듯 하리로다"(슥 12:10)라는 스가랴의 말의 배후에는 다음과 같은 사상이 들어 있다. 하나님께서는 그 백성에게 훌륭한 목자를 주셨는데 사람들은 불순종하는 어리석음으로 그를 죽이고, 그 대신 이기적인 악한 목자를 받아들였다. 그러나 언젠가는 하나님의 은혜 가운데서 자기들이 한 일을 심히 슬퍼하고 회개하며 자기들이 찔러 죽인 선한 목자를 생각하고 자기들이 한 짓에 대하여 슬피 울고 통회할 날이 올 것이다. 요한은 이 이야기를 예수님께 적용하여 말하였다. 사람들은 예수님을 십자가에 못 박았으나 그들이 다시 그를 쳐다볼 날이 올 것이며 그때는 예수님은 이미 사람들의 믿음의 희생물이 아니라 온 우주의 지배권을 받은 자로서 빛남과 영광의 왕이 되는 것이다. 그리스도를 십자가에 못 박은 사람이 빛나는 그의 영광을 우러러 볼 때 얼마나 두려울 것인가 하는 것은 우리는 생각할 수 있다. 이 사람들에게는 그리스도의 재림이야말로 공포요 위협이다. 물론 이러한 말들은 옛날 그리스도를 직접 십자가에 못 박은 유대인들과 로마 사람들에 대하여 한 말이다. 그러나 어느 시대이든지 범죄하고 예수 그리스도를 무시하는 자는 예수를 다시 십자가에 못 박는 것이다. 예수 그리스도를 무시하고 예수 그리스도를 적대하는 사람들은 언젠가는 자기들이 관심을 두지 않더라도 예수 그리스도가 온 우주의 주, 만물의 심판주로 오시는 날을 보게 될 것이다(바클레이).

  주께서 다시 오실 때는 모든 사람들이 볼 수 있도록 오신다. 각인의 눈이 그를 본다는 것이 그것이다. 심지어 그를 찌른 자들도 본다는 것은 곧 세상 모든 사람이 예외 없이 다 보게 된다는 것이다. "찌른 자들"의 비참한 결과는 역사가 보여 주고 있다. 역사적으로는 주님의 십자가 죽으심에 동참한 유대의 종교 지도자들과 로마의 총독과 군병들을 포함하고 있다. 또 신앙적으로는 주의 재림이 가까울수록 더욱 악하여져서 주님을 배척하는 모든 불순종하는 자들은 물론 은혜를 받고도 다시 타락한 모든 자들까지 포함한다. 다시 말하건대, 찌른 자는 로마 병정이다. 그런데 마지막 때까지 로마 병정은 살아 있지 않다. 그러므로 마지막 때는 로마 병정같이 예수님을 핍박한 자들이다. 예수를 핍박한 자는 곧 교회를 핍박한 자들이다. 요한계시록 17장에는 음녀로 나오는 적 그리스도 세력이다.

"땅에 있는 모든 족속이 그를 인하여 애곡하리니"(7절).

이는 영광의 주님이 재림하실 때에 이 땅 위에서 일어나는 상황을 보여 준다. 영광의 모습으로 예수님이 재림하시면 전 세계 모든 사람들이 일어나 황홀한 모습에 취해 경배와 찬양을 올려야 마땅할 것이다. 그러나 성경은 그렇게 말하지 않는다.

신분을 초월하여 전 세계인들이 애곡한다. 애곡의 원인은 주의 재림으로 인함이고 범위는 땅에 있는 모든 족속으로 소개된다. 애곡은 두 가지를 내포하고 있는데 믿지 아니한 후회의 통곡이고, 주님의 심판으로 유황불 지옥으로 떨어질 것에 대한 두려움의 통곡이다. 이는 가장 슬프고 가장 두려운 최대의 시간이 아닐 수 없다. 예수님을 믿지 않아서 후회하는 탄식의 소리이기 때문이다.

주님의 재림으로 나타나는 두 가지 양상은 땅에 있는 자들로서 애곡하는 자가 있는가 하면 구름속으로 끌어 올려져 천사장의 호령과 영광 중에 오시는 주님을 맞이하여 감사의 눈물을 흘리는 성도가 있게 된다. 하나님 앞에서의 회개의 눈물은 얼마나 아름다운 것인가? 그러나 여기서 말하는 '애곡'은 결코 좋은 의미가 아니다. 기쁨의 울음 소리도 아니다. 그것은 비통한 슬픔과 원망이 담긴 절규이다(이광복).

"그러하리라, 아멘"의 두 감탄사로 끝냈다. "그러하리라"는 헬라어의 *ναί*, 거기에 히브리어의 "아멘"(amen, *ἀμήν*)을 붙인다. 같은 뜻을 강조하기 위함이다. 이런 예는 고린도후서 1장 20절의 "하나님의 약속은 얼마든지 그리스도 안에서 예가 되니 그런즉 그로 말미암아 우리가 아멘하여 하나님께 영광을 돌리게 되느니라"에 또 한 번 나타나는 것뿐이다.

이 점에 있어서 크레다너스(Greidanus)는 말하기를 "요한은 여기서 그리스도의 종말적 내림(終末的 來臨)의 확시성에 대하여 두 나라 말로 이중(二重) 확보(確保)를 표시한 것이다. 이렇게 그가 이중 확보한 이유는, 주님의 종말적 내림이 그 약속하신 대로 불변함을 강조하려는 까닭이다. 또한 요한은 헬라어와 히브리어를 병용함으로써 그것이 몹시 준엄한 사건임을 특별히 강조하고 있다.

2) 종말의 확실성(1:8)

"주 하나님이 가라사대 나는 알파와 오메가라 이제도 있고 전에도 있었고 장차 올 자요 전능한 자라 하시더라"(계 1:8). 우선 본절을 이해하기 쉽게 다시 번역한다면 다음과 같다. "지금 계시고 전에도 계셨고 장차 오실 전능하신 주 하나님께서 나는 알파요 오메가다"라고 할 수 있다. "나는 처음이요 나중이다." 이 구절은 하나님이 자신을 소개하는 형식으로 되어 있다. 그런데 내용을 분석해 보면 하나님이 직접 말씀하신 부분과 저자가 하나님께 대해서 설명한 부분이 구분된다. 주 하나님은 요한계시록에 있어서 가장 많이 쓰이는 하나님에 대한 칭호다(4:8,11, 11:17, 15:3, 16:7, 18:8, 19:6, 22:5,22). 당시 도미티아누스 황제가 이 칭호를 도입해서 자신의 칭호로 삼아 '주와 하나님'(Dominus et Deus)이라고 했다. 그리고 "지금 계시고 어제도 계셨고 장차 오실 이"라는 표현은 하나님의 존위(尊位)를 증언하는 말이다. 하나님의 현존성과 영존성에 대해서 4절에서 설명한 바 있지만, 4장 8절과 11장 17절, 16장 5절에도 나온다. 이 표현은 모두 하나님의 존엄성을 증거하는 말이다. 그래서 여기서도 이 구절을 하나님의 존귀성을 증언하는 말로 이해하는 사람이 많이 있다. 여기에 "전능하신 이"라는 수식어가 부가되어 있어서 한층 더 하나님의 존귀성이 강조된다. 전능한 자(ὁ παντοκράτωρ)는 만물을 창조하고 인류 역사를 주관하며 만국을 지배하는 절대자 하나님을 가리키는 말이다. 그러므로 현재 로마의 정치적인 권력도 장차 하나님의 절대적인 대권 아래 정복당할 것임을 암시하고 있다. 이 말은 요한계시록에 9회(1:8, 4:8, 11:17, 15:3, 16:7,14, 19:6,15, 21:22) 그 밖에 고린도후서 6장 18절에 한 번 나타나는데, 대체로 하나님의 속성을 증언하고 찬양하는 데 사용되었다. "나는 알파와 오메가라"는 하나님 자신의 발언으로 되어 있다. 하나님의 영존성과 관계 있는 말이기 때문에 하나님 자신의 신성성과 절대성을 강조하는 말이라고 이해하는 사람이 많다. 특히 "나는"(ἐγώ εἰμι)이라는 표현은 구약에서는 하나님 자신을 지칭할 때 사용한 말이다(첫 발언, 출 3:14 참조. 제2이사야에 흔히 나온다. 사 41:4, 44:6, 48:12). 그런데 요한계시록에도 같은 표현이 있는데 대체로 예수 그리스도 자신의 영존성을 증언하는 말로 사용되었다. 그러므로 본절에서도 하나님의 발언이라기보다는 예수의 발언으로 볼 수 있다는 주장도 있다. 또 하나 고려할 점은 요한계시록에서 하나님의 발언은 1장 13절 이하의 환상에서 시작되기 때문에, 이 책의 서문인 8절까지는 재림 예수의 존위를 찬양하는 것이라고 이해하는 것이 좋겠다. 특히 7절과 연결시켜 볼 때 8절을 그리스도론적으로 해석하는 것이 타당할 것 같다. "알파와 오메가"는 헬라어 철자의 첫 글자 A와 마지막 글자 Ω를 말한다. "처음과 나중"(1:17, 2:8, 21:6, 22:13)과 같은 말로 인류 역사의 창조자이고 섭리자이시며 완성자라는 뜻을 나타낸다(김철손).

요한계시록 1장 8절은 우리들이 믿는 하나님이 어떠한 분인가를 말해 주는 진리이다. 그러나 우리들이 믿는 하나님은 우리 인간 자신으로서는 알 수 없다. 오직 하나님 자신이 우리에게 알려 주는 계시(자연계시, 특별계시)에 의하여 알 수 있다. 어떤 하나님이실까?

(1) 알파와 오메가이신 하나님이시다(완전하신 하나님).

알파(A-alpha)는 헬라어의 처음 글자요, 오메가(Ω-Omega)는 마지막 글자이다. 하나님이 처음이요, 나중이라 함은 하나님의 절대 완전을 의미한다. 하나님은 시작이요, 마침이신 주권자이시다. 그는 역사의 시작인 동시에 역사의 마지막이시다. 그는 창조자이신 동시에 종말자(심판자)란 말이다.

그가 처음이요 나중이라 할 때,
① 그는 스스로 계신 하나님이라는 뜻이 있다(출 3:14).
② 역사 세계의 시작을 가리키고 있다(시공은 창조물임).
③ 피조세계는 우연의 산물이 아님을 알 수 있다.
④ 인간의 기원을 알 수 있다.
⑤ 피조세계가 하나님의 통치와 섭리 속에 진행됨을 알 수 있다.
⑥ 피조세계의 종말은 목적 설정이 있는 방향으로 움직이고 있음을 알 수 있다. 결코 우주와 그 가운데 있는 인간 역사는 무의미의 회전이나 반복이 아님을 보여 주는 것이다.

따라서 어떤 피조물도 결코 우주와 역사의 영원한 주인이 될 수 없다는 사실을 암시하고 있는 것이다. 그는 시작이시요, 완성이신 완전하신 하나님이시다(석원태).

하나님은 절대로 완전하시며, 그분에게는 결함이 없으시다. 하나님은 그 자신 가운데 H. B 스위트가 말한 "모든 것을 포용하시며, 모든 것을 초월하시고, 무한한 생명을 갖고 계신" 것이다. 우리가 믿는 하나님은 그 안에 모든 것이 있는 분이시며 어떠한 결함도 없으신 분이시다(바클레이).

(2) 이제도 있고 전에도 있었고 장차 올 자이다(영원하신 하나님).
이는 하나님의 절대 영원성을 나타내는 말이다.

① 그는 살아 계신 인격적인 하나님이심을 말하고 있다.

② 그는 모든 현상 세계 배후에 살아 계실 뿐 아니라 현재 역사 속에서도 직접, 간접으로 간섭하고 계시는 분이심을 말하는 것이다.

③ 이는 하나님의 불변하심을 나타내는 말이다(시 102:29,27; 약 1:17). 히브리서 13장 8절에 "예수 그리스도는 어제나 오늘이나 영원토록 동일하시니라"고 하였다(석원태).

하나님은 영원하시다는 말이다. 그는 시간이 시작되기 전에도 계셨고, 지금도 계시며, 시간이 끝나는 날에도 계신다. 하나님은 오늘날까지 그를 믿는 모든 사람들의 하나님이셨으며 지금 우리들이 믿을 수 있는(의지할 수 있는) 하나님이시며 장래에 어떠한 사건이나 시간도 이 하나님으로부터 우리를 떼어 놓을 수 있는 것은 없다(끊을 수 없다). 죽음도, 생명도, 세상도, 지옥도, 시간을 파멸시키는 세력도(모든 것을 삼켜버리는 시간의 흐름도) 하나님의 마음에서 우리를 지워버릴 수 없으며 하나님의 사랑을 변케 할 수는 없다. 다가오는 장래의 일각일각이 과거를 축복했듯이 축복할 것이며, 세상이 시작될 때부터 우리를 사랑하신 하나님은 세상 끝 날까지 사랑하신다(바클레이).

여기서 하나님의 영원성을 말할 때 '이제도 계시고 전에도 계시고 장차 오실 이' 라고 했다. 시간의 순서로 말한다면 과거, 현재, 미래여야 할 것이나 성경에서 현재를 먼저 쓴 것은 숨은 뜻이 있는 것 같다. 하나님은 현재를 중시하신다. "지금이 그때이다", 기회는 지금이라고 하는 것이 성경의 교훈이다. 하나님은 영원한 현재이시며, 우리도 언제나 현재를 살려야 할 것이다(김재준).

"이제도 있고 전에도 있었고 장차 올 자요." 이 성호는 4절에도 있는데 출애굽기 3장 14절의 "영원 자존자"란 말의 히브리어인 여호와(יהוה)의 해설적 번역임에 틀림없다. "영원 자존자"의 의미는 창조를 받지 않고 자존(自存)하사 영원불변하시고 만사 만물을 그 기쁘신 뜻대로 주재(主宰)하시며 또 때가 이르면 그것들을 임의로 심판하사 정리하시는 자라는 뜻을 가진다. 이 해석적 번역에 있어서 "장차 있을 자"라고 하지 않고 "장차 오실 자"라고 의역(意譯)하여 옮긴 것은 여호와(יהוה)란 성호가 포함한 재림의 뜻을 의식적으로 적발(摘發: 숨어 있는 사물을 들추어 냄)함이다(박윤선).

(3) 전능하신 하나님이시라 했다.

전능자(판토크라톨-παντοκράτωρ)는 하나님께서 모든 것을 지배하시고 통치하시며 장악하시는 분이란 뜻이다. 창세기 17장 1절에 "아브람에게 나타나서 그에게 이르시되 나는 전능한 하나님이라"고 하였다. 출애굽기 6장 3절에 "내가 아브라함과 이삭과 야곱에게 전능의 하나님으로 나타났으나"라고 하였다. 요한계시록 19장 6절에는 "주 우리 하나님 곧 전능한 이가 통치하시도다"라고 하였다.

① 하나님의 전능은 그의 창조에서 나타났다.
② 하나님의 전능은 그의 통치와 섭리에서 나타났다.
③ 하나님의 전능은 그의 구속운동에서 나타났다(사활).
④ 하나님의 전능은 그의 엄위로운 심판에 나타났다.
⑤ 하나님의 전능은 그의 영원한 왕국 통치에서 나타났다(석원태).

흥미 있는 사실은 이 말(전능한 자)이 신약성경에 모두 10회 사용되어 있다. 1회는 고린도후서 6장 18절에서 구약의 인용문에 나타났으며 나머지 9회는 요한계시록에 있다(1:8, 4:8, 11:17, 15:3, 16:7,14, 19:6,15, 21:22). 그러므로 이 말은 요한의 전용어라고 할 수 있다. 여기서 요한이 이 책을 기록하던 당시의 시대적 배경을 살펴보기로 하자.

로마는 그 힘을 가지고 그리스도의 교회 탄압에 나섰다. 지금까지 로마에 대항할 수 있었던 나라는 없었으며 모든 것을 정복하는 전능의 권세였다. 그 로마 앞에 작고, 주로 영향력 없고 미약한 노예로 구성된 그리스도의 교회가 견뎌 나갈 힘이 어디 있었겠는가? "죄가 있다면 그리스도를 믿는 죄밖에 없는 이 허덕이며 밀려 다니는 무리들"이 어떻게 로마에 대항할 수 있었을까? 인간적으로 볼 때 그리스도의 교회는 절망적이었으며, 오직 전멸만이 남아 있는 실정이었다. 그러나 인간들이 가장 중요한 요소를 인정치 않고 빠뜨렸다면 그것은 판토크라토오르, 즉 전능하신 분이며 그 장중에 모든 것을 장악하신 하나님을 빠뜨린 것이다. 이 판토크라토오르는 헬라어 구약성경에서 "안식일의 주", "만군의 주"(암 9:5, 호 12:5)를 표현할 때 쓰는 단어이다. 이 말은 또 요한이 "주 우리 하나님 곧 전능하신 이가 통치하시도다"(계 19:6)라는 저 위대한 성구에서 사용하고 있는 단어이다. 만일 누구든지 이와 같은 하나님의 손 안에 있다면 아무도 그 사람들을 그 손에서 빼앗아 낼 수 없다. 만일 그리스도의 교회의 배후에 이와 같은 하나님이 계신다면 교회가 주님께 충성하는 한 아무것도 이 교회를 멸할 수는 없다.

로마는 교회를 파괴하려고 할 것이다. 그러나 로마 역시 이 전능하신 하나님(판토크라토오르) 손에 있었다. 나의 시간은 당신의 손에 있으니 내가 언제나 당신을 믿고 의지하리이다. 죽은 후에는 당신의 오른편에 영원히 있겠나이다(바클레이).

부록 II 나는 알파와 오메가(1:8)

• • • • • • "주 하나님이 가라사대 나는 알파와 오메가라 이제도 있고 전에도 있었고 장차 올 자요 전능한 자라 하시더라"(계 1:8).

알파와 오메가라는 말은 요한계시록에 세 번 나온다. 먼저 요한계시록 1장 8절에 "주 하나님이 가라사대 나는 알파와 오메가라 이제도 있고 전에도 있었고 장차 올 자요 전능한 자라 하시더라" 하였고, 두 번째로 요한계시록 21장 6절에 "이루었도다 나는 알파와 오메가요 처음과 나중이라 내가 생명수 샘물로 목마른 자에게 값없이 주리니"라고 하였다.

세 번째는 요한계시록 22장 13절에 "나는 알파와 오메가요 처음과 나중이요 시작과 끝이라"고 했다. 본래 헬라어의 알파벳 24자 가운데 "알파"는 처음 글자 이름이요, "오메가"는 마지막 글자 이름이다. 가령 우리 한글로 말한다면 "ㄱ"이 처음이요, "ㅎ"이 마지막 글자인 것처럼 "ㄱ"과 "ㅎ"이라는 말과 같다. 즉 처음과 끝이라는 뜻이다. 여기 1장에 있는 말씀과 또 21장에 있는 말씀에서는 하나님께서 친히 "나는 알파와 오메가"라고 말씀하셨고, 마지막 장인 22장 13절에는 그리스도께서 "나는 알파와 오메가"라고 말씀하셨다. 그리스도께서 하나님의 아들로서 삼위일체의 한 분으로서 또한 말씀하신 것이다.

"나는 알파와 오메가요, 처음과 나중이요, 시작과 끝이라." 그것은 무슨 뜻일까?

첫째, 하나님은 처음과 나중이신 영원무한한 존재라는 것이다. 우리가 믿는 하나님은 처음과 나중이 없으신 영원하시며 시작과 끝이 없으신 스스로 존재하신 하나님이시다. 다만 하나님은 알파와 오메가의 창설자요 주관자시란 뜻이다. 성경에 보면 시편 90편 2절 "산이 생기기 전, 땅과 세계도 주께서 조성하시기 전, 곧 영원부터 영원까지 주는 하나님이시니이다", 하박국 1장 12절에는 "여호와 나의 하나님 거룩한 자시여 주께서는 만세 전부터 계시지 아니하시나이까"라고 말씀하고 있다.

시편 139편 8절에서는 "내가 하늘에 올라갈지라도 거기 계시며 음부에 내 자리를 펼지라도 거기 계시나이다"라고 노래한다. 하나님은 무소부재하신 무한에서 무한까지 계시는 하나님이시다. 다시 말하면 하나님은 처음과 나중이요, 시작과 끝이요, 하나님은 안 계실 때가 없으시고 하나님은 안 계신 곳이 없다. 그리스도도 마찬가지이다. 히브리서 13장 18절에 "예수 그리스도는 어제나 오늘이나 영원토록 동일하시니라"라고 말씀하고 있다. 그러므로 이렇게 우리는 항상 계시는 하나님 앞에서 사는 것이다. 하나님께는 어제도 없고 내일이 없고 항상 오늘이다. 하나님은 과거가 없고 미래가 없고 언제나 현재에 계시는 하나님이시다. 하나님은 먼 데가 없고 가까운 데가 없고 동이 없고 서가 없고 어디나 계시는 하나님이시다. 우리는 이같은 하나님 앞에서 사는 인간들이다.

둘째, 하나님은 알파와 오메가요, 시작과 끝이라는 의미는 하나님이 만물의 시작과 끝이 되신다는 말이다. 이 말은 하나님이 알파와 오메가의 창설자요 주관자시란 말이다. 즉 우주의 기원이 하나님께 있고 우주의 종국이 하나님께 있다. 창세기 1장 1절의 "태초에 하나님이 천지를 창조하시니라"는 말씀대로 맨 처음에 하나님이 이 천지를 창조하심으로 이 우주가 존재한다. 그러나 요한계시록 20장 11절에 보면 "또 내가 크고 흰 보좌와 그 위에 앉으신 자를 보니 땅과 하늘이 그 앞에서 피하여 간 데 없더라" 하는 말씀이 나온다. 이 우주의 종국도 결국은 하나님께 있는 것이다. 하나님은 우리 인생의 알파와 오메가가 되신다. 인생을 지으신 이도 하나님이시요 인생을 불러가시는 이도 하나님이시다. 시편 90편 3절의 "주께서 사람을 티끌로 돌아가게 하시고 말씀하시기를 너희 인생들은 돌아가라 하셨사오니" 하는 말씀대로 돌아 가게 하시는 이도 하나님인 것이다. 따라서 인간 역사의 알파와 오메가가 되시는 하나님이시다. 인간 역사의 시작이 하나님께 있는 것이요, 결국 인간 역사의 종국도 하나님께 있는 것이다. 한 국가의 흥망성쇠, 온 세계의 최후 페이지도 결국은 하나님께 있는 것이다. 옛날 진시황은 1만 명의 인부를 강제동원하여 만리장성을 쌓고, 아방궁을 지으며 자신에게 시작하여 만세천자를 이을 것을 계획하였으나 불과 3대 15년에 그 나라가 멸망하였다(로마와, 해가 지지 않는 영국).

개인의 생명이 늙어서 병들어 죽든지 또 갑자기 사고로 죽는 것처럼 국가의 오메가도 그렇게 다가오는 것이다. 그리스도와 하나님은 우리 인간의 알파와 오메가가 되신다. 은혜 줄 자에게 은혜를 주시고 긍휼히 여길 자에게 긍휼을 베푸시는 하나님이시다. 우리가 구원을 얻는 것도 하나님께 있는 것이다. 그러므로 히브리서 12장 2절에는 그리스도를 "믿음의 주요 또 온전케 하시는 이"라고 했다.

하나님의 알파는 그의 창조를 말한 것처럼 하나님의 오메가는 그의 심판을 가리킨다. 그리스도의 재림과 세상의 종국이요 그 종국에 있을 의와 불의를 갈라 놓을 하나님의 심판을 가리킨다. 요한계시록 전편이 바로 천지의 오메가에 있을 하나님의 심판에 관한 예언이다. 셋째로 하나님은 시종이 여일하신(변화없는) 하나님이라는 뜻이 있다. 처음과 끝이 다름이 없는 하나님이라는 말이다.

(1) 하나님의 사랑은 알파와 오메가의 사랑이다.

처음과 나중이 같은 사랑이다. 그러나 우리 인간은 처음 사랑은 있으나 끝이 없을 때가 있다. 친구간의 사랑을 보아도 처음에는 피차에 서로 사랑하고 가까이하지만 마지막에는 점점 멀어져서 오메가가 없는 우정을 종종 본다. 부부간의 사랑도 알파의 사랑은 끔찍하다. 그러나 어떤 가정을 보면 사랑이 식어가서 오메가의 사랑은 없다. 마지막에는 심지어 서로 헤어지는 가정의 비극도 보는 것이다. 하나님의 사랑은 처음과 나중이 같은 사랑이다. 시작과 끝이 같은 사랑이다. 예레미야 31장 3절에 "내가 무궁한 사랑으로 너를 사랑하는고로 인자함으로 너를 인도하였다"라고 말씀하고 있다. 이처럼 하나님의 사랑은 무궁한 사랑이다.

요한복음 13장 1절에 예수께서도 "세상에 있는 자기 사람들을 사랑하시되 끝까지 사랑하시니라"고 말씀하고 있다.

그러기에 로마서 8장 35절에 "누가 우리를 그리스도의 사랑에서 끊으리요 환난이나 곤고나 핍박이나 기근이나 적신이나 위험이나 칼이랴"고 하였다. 그리스도의 사랑은 세상의 무엇으로도 끊을 수 없다. 그리스도의 사랑은 알파와 오메가의 사랑인 까닭이다.

(2) 또한 하나님의 공의도 알파와 오메가이다.

시편 145편 17절에 보면 "여호와께서는 그 모든 행위에 의로우시며 그 모든 행사에 은혜로우시다"라고 말했다. 또한 시편 11편 5절에 보면 "여호와는 의인을 감찰하시고 악인과 강포함을 좋아하는 자를 마음에 미워하시도다"라고 말했다. 하나님의 공의는 옛날이나 오늘이나 변함이 없다. 하나님의 공의에 기초를 둔 자연법칙은 옛날 아브라함 때나 지금이나 변함이 없다. 하나님의 공의에 기초를 둔 도덕법칙은 옛날 모세 때나 오늘 우리가 사는 이때나 조금도 변함이 없다. 세상의 법률은 조변석개(朝變夕改)하나 하나님의 공의는 알파와 오메가로서 변함이 없는 것이다. 그러므로 옛날에도 악인을 벌하시고 오늘에 와서도 악인은 벌하신다. 옛날에도 죄를 참으로 회개할 때에 미쁘고 의로우사 죄를 용서해 주셨고 오늘날에도 죄를 참으로 회개할 때에 미쁘고 의로우사 죄를 용서해 주신다. 하나님의 공의는 변치 아니하시므로 언약을 하였으면 옛날에도 지켰고 오늘도 지켰다. 사람처럼 언약해 놓고 이렇게 변하고 저렇게 변하지 아니한다. 하나님의 공의는 알파와 오메가의 공의이다. 하나님은 이와 같은 알파와 오메가인 까닭으로 하나님께서 시작하신 일은 반드시 마치신다.

데살로니가전서 5장 24절에 "너희를 부르시는 이는 미쁘시니 그가 또한 이루시리라" 하신 말씀이 있다. 하나님께서 아브라함을 갈대아 우르에서 불러내어서 가나안 복지로 인도하시기를 시작한 후에는 끝까지 인도해서 가나안 복지에 도달하게 하실 뿐더러 아브라함의 일생을 주장하여 주시고 축복하여 주시고 인도하여 주신 것이다. 하나님께서는 이스라엘 백성을 애굽에서 모세를 통하여 건져서 홍해를 일단 건너게 하신 후에 오래 광야에 머무르게 했지만 그냥 내버려 두시지 않았다. 마지막에 여호수아를 모세의 후계자로 삼아 그로 하여금 그 백성을 가나안 복지로 인도하시고야 만 것이다. 이와 같이 알파와 오메가의 하나님은 우리에게도 알파와 오메가의 신앙을 요구하신다. 시종이 여일한 신앙을 요구하신다. 사도 바울이 갈라디아 교회 교인에게 "너희가 성령으로 시작하였다가 육신으로 마치고자 하느냐? 너희가 전에는 달음박질 잘하였더니 오늘날 어떻게 이 모양이 되었느냐?"라고 질책했다. 하나님께서는 처음과 나중이 같은 신앙을 요구한다. 우리 중에 과거에는 달음박질 잘하다가 오늘날 쉬는 이는 없는가? 우리 사자성어에도 용두사미(龍頭蛇尾: 시작은 좋은데 나중은 나빠진다)란 말이 있다. 용의 머리에 뱀의 꼬리 같은 신앙을 가진 사람은 없는가? 마라톤 선수가 달릴 때 어느 때에 달음박질은 잘하지 않겠는가. 그러나 제일 마지막 시간에 달음박질을 잘해야 그 경주에 승리를 한다. 그러기에 '승리는 최후의 5분간' 이란 말이 있지 아니한가?

젊었을 때에는 오히려 주의 일을 열심히 하고 모든 일을 잘하다가 나이 많은 가운데서 오히려 많은 경험과 지식을 가지고 주를 위해서 더 봉사할 수 있으련마는 오메가, 즉 끝마무리가 미미한 신앙을 가진 자는 없는가?

부활하신 주님께서 에베소 교회에 보낸 편지에 "내가 너희에게 책망할 것이 하나 있다. 그것은 다른 것이 아니고 너희가 처음 사랑을 버린 일이다. 처음에는 주님을 끔찍이 사랑하고 하나님을 사랑하고 주님의 몸 된 교회를 사랑하였지만 그 사랑이 점점 식어져 버렸다"라고 책망했다. 알파의 사랑은 있지만 오메가의 사랑이 없다는 의미이다. 하나님께서는 알파의 사랑을 귀하게 여기시지만 오메가의 사랑을 더 귀하게 여기신다. 끝까지 우리가 주를 사랑해야 되겠다. 데마처럼 세상을 사랑해서 데살로니가로 가는 사람은 없는가? 하나님께서는 알파와 오메가의 사랑을 요구하신다. 알파와 오메가의 하나님은 우리에게 역시 알파와 오메가의 봉사를 요구하신다. 우리는 얼마 전에, 몇 해 전에 주를 위해 봉사했는가? 교회에서 잘 봉사했는가? 지금은 어떠한가? 주님께서는 오메가의 봉사를 요구하신다. 처음 직분을 맡았을 때에 우리는 열심으로 잘하였다. 그러나 몇 해 지나서 지금은 어떠한가? 하나님은 끝이 깨끗한 오메가의 봉사를 원하신다. 1년의 첫 주일을 알파의 주일이라고 하면 그해 마지막 주일은 오메가의 주일이다. 오메가의 주일을 맞을 때마다 내가 과연 알파와 오메가의 신앙을 가졌는가, 봉사를 잘하는가를 깊이 생각해야 할 줄 안다.

우리가 세상에 난 날, 생일이 알파의 날이라고 하면 우리에게는 언제든지 죽는 오메가의 날이 온다고 하는 것을 유념해야 한다. 오메가의 날에 대한 나의 준비가 어떤가를 돌아봐야 한다.

이 세상도 알파가 있으면 종말 심판의 오메가가 있다. 주님께서 오메가의 심판의 날이 속히 임한다고 하셨다. 우리는 알파와 오메가의 신앙, 사랑, 봉사를 하기 바란다(한경직).

Ⅲ. 저자와 첫 환상(1:9-20)

나 요한은 너희 형제요 예수의 환난과 나라와 참음에 동참하는 자라 하나님의 말씀과 예수의 증거를 인하여 밧모라 하는 섬에 있었더니 주의 날에 내가 성령에 감동하여 내 뒤에서 나는 나팔 소리 같은 큰 음성을 들으니 가로되 너 보는 것을 책에 써서 에베소, 서머나, 버가모, 두아디라, 사데, 빌라델비아, 라오디게아 일곱 교회에 보내라 하시기로 몸을 돌이켜 나더러 말한 음성을 알아 보려고 하여 돌이킬 때에 일곱 금촛대를 보았는데 촛대 사이에 인자 같은 이가 발에 끌리는 옷을 입고 가슴에 금띠를 띠고 그 머리와 털의 희기가 흰 양털 같고 눈 같으며 그의 눈은 불꽃 같고 그의 발은 풀무에 단련한 빛난 주석 같고 그의 음성은 많은 물 소리와 같으며 그 오른손에 일곱 별이 있고 그 입에서 좌우에 날선 검이 나오고 그 얼굴은 해가 힘있게 비취는 것 같더라 내가 볼 때에 그 발 앞에 엎드러져 죽은 자 같이 되매 그가 오른손을 내게 얹고 가라사대 두려워 말라 나는 처음이요 나중이니 곧 산 자라 내가 전에 죽었었노라 볼지어다 이제 세세토록 살아 있어 사망과 음부의 열쇠를 가졌노니 그러므로 네 본 것과 이제 있는 일과 장차 될 일을 기록하라 네 본 것은 내 오른손에 일곱 별의 비밀과 일곱 금촛대라 일곱 별은 일곱 교회의 사자요 일곱 촛대는 일곱 교회니라

개요

　예수 그리스도의 계시의 전달자 요한은 그리스도 때문에 밧모 섬에 수감되었던 "주의 날"에 성령의 감동으로 환상을 보기 시작한다. 이것이 환상의 첫 장면인데 재림 예수 그리스도의 환상이다. 우선 나팔 소리와 함께, 아시아 일곱 교회에 그가 본 것을 써 보내라는 명령을 받는다. 그는 부활하신 영광 중의 그리스도가 일곱 금촛대 사이에 서 계신 것을 본다.

　찬란하고 신비스러운 모습으로 나타난 예수의 존엄성과 위엄에 압도된 요한은 그 앞에 엎드려져 죽은 자같이 되었다. 그러나 그리스도의 인자하신 손이 얹어지며 두려워 말라고 격려하시고 지금 보기 시작한 객관적인 환상을 기록하라는 명령을 예수에게서 직접 받자 요한은 다시 일어나게 되었다. 이제 이 책 저자의 실제적인 기록 목적이 밝혀진다. 그리고 여기에 "인자 같은 이의 환상"이 제1환상으로 보이기 시작한다. 여기에서 계시를 주신 자와 받은 자의 사정을 밝힌다. 즉 계시를 받은 요한의 사정(9-11절)에 이어 계시자이신 예수의 나타나신 모양(12-16절)과 그가 요한에게 명하신 말씀(17-20절)을 기록한 것이다.

　이 문단은 저자의 형편(9-11, 17-20)과 제1환상 곧 "인자 같은 이의 환상"(12-16)과 구별해서 고찰하는 것이 이해가 빠르겠다.

1. 요한이 받은 계시의 배경(1:9-11)

사도 요한이 계시를 받은 곳은 밧모섬이며, 때는 주일이고, 상태는 성령에 감동되어서였다. 사도 요한이 예수 그리스도의 계시를 받은 배경은 두 가지라고 한다. 그것은 육신의 배경과 영적 배경이다. 성경에는 공식이 있다. 그것은 육신의 환경이 나쁠수록 영적 환경이 영화롭게 나타나는 것이다. 그 이유는 신앙과 사명 때문에 성도들이 고난을 당하면 그만큼 하나님께서 그를 사랑하시고 영적인 면에서 육적인 결핍을 채워 주시기 때문이다. 사도 요한의 경우도 이와 똑같다. 그가 목숨을 걸고 믿음을 지키고 사도의 사명을 감당하고자 하니 환난이 왔고, 그러자 주께서 그에게 이러한 엄청난 계시를 보여 주셔서 하나님께서 그를 얼마나 사랑하시는지를 실증하신 것이다. 본문을 통해 우리는 사도 요한이 처한 상황을 알 수 있게 된다. 사도 요한은 요한계시록의 직접적이고 일차적인 수신자인 소아시아 일곱 교회의 성도들에게 자신이 한 형제임을 말함으로 자신을 소개하고 있다.

(1) 환난과 나라와 참음(계 1:9)

요한 자신이 자기를 소개한다. 그는 사도, 장로, 또는 감독이었다는 아무 언급도 없다. 그는 어떤 교직의 권위를 내세우거나 그 권위로 이 글을 써 보내는 것이 아님을 말하고 있다. 그는 수신자들과 똑같은 형제요, 수난의 동참자라는 것이다. 당시 고난받고 있는 일반 그리스도인과 자신과의 관계를 "형제"라고 했으니(19:10,

22:9) 자신의 신분이나 직위는 밝히지 않았다. 그들과 친형제와 같은 동지의식과 생활방식으로 살아왔다는 것을 암시하고 있다.

누가 형제인가? 주의 말씀을 주목하라. "누구든지 하늘에 계신 내 아버지의 뜻대로 하는 자가 내 형제요 자매요 모친이니라 하시더라"(마 12:50).

우리는 피를 나눈 자들을 형제라고 한다. 부모가 같아야 형제라고 한다. 영적으로 '형제'는 주 안에서 하나 된 자임을 의미한다. 보혈을 함께 지닌 자, 하나님 아버지를 모시고 있는 우리가 형제인 것이다.

형제의 자격은,

① 주님의 뜻대로 하는 자(마 12:50)

② 동일한 근원에서 나온 자(히 2:11)

③ 위급할 때 돕는 자(잠 17:17)

④ 연합(동거)하는 자(시 133:1)

⑤ 서로 우애하는 자(벧후 1:7)이다.

그에게 말할 자격이 있다면 그것은 그가 그 편지를 받을 사람들이 겪게 될 고난을 경험했기 때문이다. 교직으로서 임명을 받았기 때문이 아니라, 공통된 경험을 가졌다는 점에서 요한은 말할 자격을 얻은 것이었다. 에스겔은 "이에 내가 델아빕에 이르러 그 사로잡힌 백성 곧 그발강 가에 거하는 자들에게 나아가 그중에서 민답히(悶沓, 두려워 떨며) 칠 일을 지내니라"(겔 3:15)고 말하였다. 이 말씀을 공동번역에서는 "나는 내 겨레가 사로잡혀 와서 살고 있는 그발강 가 델아비브에 이르렀다. 나는 얼빠진 사람이 되어 칠 일간 그들 가운데 앉아 있었다"라고 기록하였다.

안락의자에 앉아서 인내의 덕을 가르치거나 자신의 안전을 꾀하면서 영웅적 용맹을 가르치는 사람의 말에 귀를 기울이지 않는다. 자신의 체험을 통해서만 같은 처지에 있는 사람들을 도울 수 있는 것이다. 인간의 경험을 모르는 책상 물림은 아무리 지식이 많아도 사람들을 감화시킬 수 없다. 즉 교역자는 인생경험의 대학을 마치지 않고서는 어떠한 학문적인 간판이 있어도 소용이 없는 것이다. 인도 격언에 "짚신을 신고 하루 길을 걸어본 자가 아니고서는 다른 사람을 비평할 자격이 없다"는 말이 있는데 요한이나 에스겔이 발언한 것은 그들이 다른 사람들과 같은 처지에 처해 보았기 때문에 그러한 것이다. 사도 요한은 예수의 환난과 나라와 참음에 동참한 자로 자기를 소개하고 있다.

"예수의"는 '예수 안에서' 또는 '예수 때문에', '예수를 믿는 믿음 안에서'라는 의미로 볼 수 있다. 그러므로 "예수의"란 말은 "환난", "나라", "참음"이라는 세 단어를 공통적으로 연결한다. 그러면 그것은 "예수의 환난", "예수의 나라", "예수의 참음"을 의미한다. "예수의"란 말은 헬라원어로 엔 예수($ἐν\ Ἰησοῦ$)이니, "예수 안에"란 말이다. 예수 안에 환난과 나라는 예수와 연합한 관계로 참예할 환난과 천국이요, 예수 안에 참음은 예수께서 모본으로 보여 주시고 또 힘 주시어 함께 하시는 참음이다. 환난은 나라에 이르는 길이요, 참음은 그 길을 걷게 하는 힘이다. 요한은 환난과 나라와 참음이라는 세 가지 말을 함께 묶어 놓고 있다.

환난은 들립시스($θλῖψις$)이다. 이 말은 본래 단순히 압력이라는 뜻으로서 예컨대 몸 위에 큰 돌이 올라 있을 때의 중압감을 나타내는 말이다. 처음에는 문자 그대로 사용되었으나 신약성경은 사건, 즉 박해의 압력을 기술하게 되었다(바클레이).

"환난"은 요한계시록에는 이단적 행위에 대한 형벌로 받는 고난도 있지만(2:22), 대체로 신앙을 지키기 위해서 받는 고난을 의미한다(2:9,10, 7:14). 그런데 그리스도인에게서 환난은 으레 있는 것으로 단정하고 무조건 수용하려는 소극적이며 부정적인 태도는 건전한 신앙이라고 할 수 없다. 건전한 그리스도인은 신앙의 정수(精髓)를 확증하기 위해서 인내($ὑπομονή$)가 요청된다. 여기에서 인내는 인간적으로 억울한 일을 억지로 참는 소극적인 태도를 말하는 것이 아니라, 신앙의 확립을 위해 담대하게 대응하는 적극적인 태도를 말한다. 특히 요한계시록에서는 종말적 환난에 대비하는 신앙적 결단으로 이해하는 것이 좋겠다(3:10, 13:10, 14:12)(김철손).

환난은 십자가의 고난에 동참하는 것이다. 영어의 트리블레이션(tribulation)으로서 신약에 21회가 나오는데 라틴어의 트리블룸(tribulum)에서 나온 말이다. 이는 잔뜩 쌓아 놓은 밀 이삭을 도리깨질 하듯 까부르는 데 사용하던 로마의 타작기구이다. 이 기구로 밀 이삭을 까부르면 껍질에서 밀알이 빠져 나온다. 이렇게 해서 겨와 섞인 밀을 모아놓고 키질을 하면 겨는 날아가고 밀만 남는다. 주로 환난은 외부로부터 오는 곤경이다. 그리스도인에게 환난은 필수적이다. "제자들의 마음을 굳게 하여 이 믿음에 거하라 권하고 또 우리가 하나님 나라에 들어가려면 많은 환난을 겪어야 할 것이라 하고"(행 14:22).

이것은 부질없는 고생이 아니다. 환난을 지나면 하나님의 위로가 따른다(이광복).

"예수의 환난"이란 것은 예수님을 따르는 자가 반드시 환난을을 받기 때문에 생긴 명칭이다. 그뿐 아니라 누구든지 이 환난을 받을 때에 확실히 예수님을 만나기 때문에 "예수의 환난"이라고 한 듯도 하다. 신앙의 열매를 맺을 수 있는 유리한 환경은 환난이 있는 그곳이다.

① 인간은 고생을 통하여 바로 된다.

시편 119편 67절에 말하기를 "고난당하기 전에는 내가 그릇 행하였더니 이제는 주의 말씀을 지키나이다"라고 하였다. 또 시편 119편 69-72절에 말하기를 "교만한 자가 거짓을 지어 나를 치려 하였사오나 나는 전심으로 주의 법도를 지키리이다 저희 마음은 살쪄 지방 같으나(마음이 둔하여 기름에 잠김 같으나) 나는 주의 법을 즐거워하나이다 고난당한 것이 내게 유익이라 이로 인하여 내가 주의 율례를 배우게 되었나이다 주의 입의 법이 내게는 천천 금은보다 승하니이다"라고 하였다. 스펄전(Spurgeon)은 성경을 바로 해석하여 말하기를 "평안은 곤고(困苦)보다 우리에게 더 힘 있는 시험거리가 된다. 여름날의 한 시간 일광은 긴 겨울날 종일보다 더욱 물건을 부패케 한다"라고 했다. 그러므로 성 버나드(Bernard)는 기도하기를, "주여 나에게 노하소서"라고 하였다. 인간은 양과 같이 미련하다. 양은 일기가 좋으면 각처로 흩어져 길을 잃어버린다. 그러나 비가 오고 바람이 불면 집으로 찾아온다.

이와 같이 신자는 고난을 받아야 "믿음"으로 돌아온다. 인간은 곤고를 당하여야 선행을 연성(鍊成)하고 또 발휘한다.

이는 마치, 가장 아름다운 꽃들이 바람이 센 높은 산꼭대기에 많음과 같다.

② 고생이 있은 후에 평안이 오는 것은 보통 섭리이다.

우리는 천하 만사에 있어서 고통 없이 평화가 오는 것을 보지 못한다. 러스킨(Ruskin)은 말하되 "평화는 운명의 산물이 아니다. 그것은 우리를 위하여 기다리고 있는 것이 아니다. 우리는 죄와 수치를 정복함으로 그것을 얻는다. 압제자와 부패케 하는 것을 이김으로 얻는다"라고 하였으니, 그것은 성경의 교훈을 바로 해석한 말이다.

③ 환난 중에서도 하나님이 도와주심으로 우리는 염려할 것 없다.

스퍼전은 성경을 바로 해석하여 말하기를 "우리는 여섯 번 도와주신 하나님을 아는데 일곱 번째 만나는 환난 중에 두려울 것이 무엇이냐? 일곱 번째의 환난에서 그가 우리를 버리시랴?"라고 하였다. 루터가 웜스회의에 참석하러 가는 도중에 그를 무력으로 보호하던 스팔라틴(spallatin)이란 관원이 사람을 루터에게 보내어 웜스시는 위험하니 들어 가지 말라고 하였다. 그때 루터는 대답하기를 "웜스시의 가옥들의 기왓장들 수효와 같이 마귀가 거기 많이 있어도 나는 거기 들어 간다고 스팔라틴에게 말하라"고 하였다. 그가 임종시에 남긴 말은 "나는 아무것도 두려워하지 않았노라"였다(박윤선).

요한이 당시 아시아의 일곱 교회 성도들을 형제들이라 하면서 이 편지를 쓸 때 그 정황은 환난과 핍박이 처절했던 시기였다. 아마 1세기에 악질적인 최고의 통치자를 든다고 하면 네로 황제와 도미시안 황제를 들 수 있을 것이다. 네로는 일종의 환상주의적 변태 성격자였던 것 같다. 그는 이상한 충격에 의하여 로마시가에 불을 질렀다. 사나운 불길 속 아비규환의 아수라장으로 많은 시민들이 불타죽고 도시는 잿더미로 변하여 폐허가 된다. 그때 네로는 불탄 도시를 찬미하여 즉흥적으로 시를 읊고 백성이 불쌍하다고 애탄을 하며 그의 눈물단지에 눈물을 받아 역사에 길이 간직하라는 모습을 보인다. 그러나 백성들의 원성과 여러 귀족들의 질책의 소리가 높아지자 로마에 불을 지른 이유는 황제를 경멸하고 정부에 대항하는 이교도 그리스도인들 때문이었다며 자신의 방화 책임을 그리스도인들에게 전가하게 된다. 여기서 무자비한 기독교인 학살극이 벌어지게 되었던 것이다. 그러나 네로 황제보다도 더욱 잔인하고 악질적인 핍박자가 있었다. 그가 바로 도미시안 황제였다. 도미시안은 황제 숭배의 칙령을 기독교인들이 어겼다고 해서 무자비하게 성도들을 학살, 처형했다. 그런데 이렇게 극심한 도미시안 황제 박해시대에 사도 요한은 환난을 감수하면서 말씀과 예수의 증거를 인하여 붙잡히는 몸이 되었고 마침내는 이 밧모섬에까지 유배되었던 것이다(이종열).

사도 요한은 로마 황제로부터 무자비한 박해를 겪고 있는 초대교회의 일원으로서 환난을 당하고 있었다. 로마 황제는 이미 베드로와 바울 그리고 여러 사도들의 생명을 빼앗은 때였다.

우리가 정말 예수를 바로 믿으려면 핍박과 환난을 각오해야 한다. 예수님께서 이미 말씀하셨다. "세상이 너희를 미워하면 너희를 미워하는 것이 아니라 나를 미워함인 줄 알라." 왜 세상이 예수를 미워하는가? 예수님은 세상의 빛이기 때문이다. 요한복음 1장 9-11절에 "참빛 곧 세상에 와서 각 사람에게 비취는 빛이 있었나니 그가 세상에 계셨으며 세상은 그로 말미암아 지은 바 되었으되 세상이 그를 알지 못하였고 자기 땅에 오매 자기 백성이 영접지 아니하였으나"라고 하였다. 참빛이 세상에 왔다. 그러나 불행하게도 세상은 참빛을 알지도 못하였을 뿐 아니라 영접하지 않았다. 좋아하지 않았고 싫어했다. 왜냐하면 그 대답이 요한복음 3장 19-20절에 있다. "그 정죄는 이것이니 곧 빛이 세상에 왔으되 사람들이 자기 행위가 악하므로 빛보다도 어두움을 더 사랑한 것이니라 악을 행하는 자마다 빛을 미워하여 빛으로 오지 아니하나니 이는 그 행위가 드러날까 함이요." 여름철에 산 속에 흐르는 골짜기 물에 발을 담그고 더위를 식히다가 옆에 있는 바윗돌을 한번 들어보라. 수많은 벌레들이 서식하고 있다가 바위를 들어 빛이 비치면 그 벌레들은 다 도망가느라고 야단이다. 어두운 환경 가운데서 사는 생물은 빛을 싫어한다.

마찬가지로 어두운 세력에 매여 사는 사람들은 빛을 싫어하고 미워한다. 그래서 내몰기 위해 핍박한다. 역사를 통해서 불의를 행하는 정부치고 하나님의 교회를 핍박하지 않은 정부가 없다. 다른 말로 하나님의 교회를 핍박하는 정부는 불의를 행하는 정부이다. 교회는 빛 가운데 거하는데 불의를 행하면 그 빛이 불의를 드러내기 때문에 그것이 싫고 미워서 그렇게 한다. 교회뿐만은 아니다. 개인도 마찬가지이다. 부정과 부패가 가득 찬 어떤 기관에 양심적으로 사는 어떤 사람이 있으면 그 사람은 그 기관에서 말하자면 빛의 역할을 하기 때문에 그 기관에서 그 사람을 싫어하고 미워한다. 그리고 귀찮게 생각한다. 그래서 그 사람을 멀리하고 고립시킨다. 그러다가 기회를 보아서 몰아내고 만다. 왜 양심적으로 사는 사람이 이런 어려움을 당해야 하는가? 세상이 불의해서 그렇다. 그래서 예수님은 "너희가 세상에서 핍박을 받는다고 조금도 이상하게 여기지 말라. 그것은 당연한 것이다. 너희 앞에 간 선지자들도 이런 핍박을 받았느니라"고 했다.

"의를 위하여 핍박을 받은 자는 복이 있나니 천국이 저희 것임이라 나를 인하여 너희를 욕하고 핍박하고 거짓으로 너희를 거스려 모든 악한 말을 할 때에 너희에게 복이 있나니 기뻐하고 즐거워하라 하늘에서 너희 상이 큼이라"(마 5:10~11)고 했다.

이처럼 사도 요한은 "예수의 환난에 동참한 자"였다. 디모데후서 3장 12절에도 "무릇 그리스도 예수 안에서 경건하게 살고자 하는 자는 핍박을 받으리라"고 했다(박조준).

"나라"는 환난과 인내와 전혀 무관한 것이 아니다. 특히 이 구절을 종말론적 관점에서 볼 때 연관이 있다. 여기의 "나라"는 "하나님의 나라"를 의미한다. 하나님의 나라는 이 세상에서 환난과 인내로써 악착스러운 현실을 극복하는 자에게만 가능하다. 특히 "예수 안에서" 이뤄지는 하나님의 나라는 이 세 가지 요소가 다 긴밀한 관계를 가지고 있다. 그래서 일찍이 예수는 "핍박을 겸하여 받고 내세에 영생을 받지 못할 자가 없느니라"(막 10:30)고 말했으며, 바울은 "우리가 하나님 나라에 들어가려면 많은 환난을 겪어야 할 것이라"(행 14:22)고 했다(살후 1:5; 딤후 2:12 참조) (김철손).

"나라"는 "그리스도가 통치한 그리스도의 왕국", 곧 천국을 가리키는데 이것이 그리스도인의 최고, 최대의 소망이며 "인내"(참음)는 천국의 소망에 있어서 그 때문에 당하는 환난을 참고 이겨 나가는 과정을 말한다(이순한).

"참음"은 휘포모네($\iota\pi o\mu o\nu\eta$)이다. 휘포모네는 두손을 맞잡고 머리를 숙인 채 앉아 있고 그저 피동적으로 시류에 몸을 내맡기는 것이 아니라, 용감하게 곤란을 극복하고 전진하고, 고난을 영광으로 바꾸는 기개(氣槪)를 말하는 것이다. 당시의 그리스도인들은 트립시스, 즉 고난을 당하고 있었고 요한이 이해한 대로 세상 끝 날 전에 일어날, 세상을 뒤흔들고 영혼을 상실시키는 사건의 한복판에 처해 있었다. 당시의 그리스도인들은 바실레이아(basileia) 즉 천국을 기다렸고 나라에 들어가기를 열망했으며 그 나라에 그들의 마음을 두었다. 이러한 처지에서는 트립시스(환난)에서 바실레이아(나라), 즉 고난에서 영광으로의 길은 오직 휘포모네(참음) 즉 대담하게 용기를 갖고 고난을 극복하는 인내뿐이다. R. H 찰스가 말한 대로 휘포모네는 트립시스를 바실레이아로 바꾸는 연금술이다. 모든 것을 극복하는 이 참음이야말로 고난을 영광으로 바꾸는 유일한 길이다. 예수는 "끝까지 견디는 자는 구원을 얻으리라"(마 24:13) 하시고 바울은 "우리가 하나님 나라에 들어가려면 많은 환난을 겪어야 할 것이라"(행 14:22)고 했고, "참으면 또한 함께 왕노릇 할 것이라"(딤후 2:12)고 기록했다. 하나님의 나라에 들어가는 길은 용기와 인내이다. 안락과 쾌락을 구하는 자, 비겁한 자, 겁쟁이, 몸과 마음이 유약한 자는 감격에 찬 여로를 다 마치지 못하였다. 하나님의 나라를 향한 나그네 길이야말로 최고의 것이요, 그러므로 최대의 인내를 요하는 것이다. 이 구절을 마치기 전에 한 가지 우리가 주의해야 할 일이 있다. 그 인내라는 것은 그리스도에게서 발견된다는 것이다. 그리스도는 끝까지 참고 견디셨다. 그러므로 그는 그와 같은 인내를 하고 같은 목적을 추구하기 위해 자기와 함께 걷는 자들에게 그렇게 할 수 있는 힘을 주실 것이다(바클레이).

우리나라 천문대에도 별을 관측하는 망원경이 있지만, 외국에서의 관측용 망원경은 굉장히 크다고 한다. 이 망원경을 통해서 별을 보면 육안으로 볼 수 없는 천체의 비밀을 굉장히 많이 볼 수 있다. 마찬가지로 성도들에게는 눈물의 망원경이 있어야 한다. 주님 때문에 고난을 당해 보지 않고 믿음을 지키기 위해서 환난의 눈물을 흘려보지 않은 사람이 진실로 주님의 십자가 고난을 어찌 음미할 수 있겠으며 십자가의 의미를 모르는 사람이 그리스도의 복음을 어찌 전할 수 있겠는가? 별은 낮에는 보이지 않는다. 캄캄한 밤에라야 더욱 선명하게 보인다. 그와 같이 환난과 역경과 고난속에서 우리는 그리스도의 의미를 더욱 확실하게 보고 믿을 수 있는 것이다.

요한은 본문에서 "예수의 환난과 나라"라고 했다. 예수님은 참으로 그 일생이 우리를 위한 환난의 삶이었다.

① 어릴 때는 말구유에 탄생하여 자라셨고,

② 애굽으로 피난을 하는 환난을 겪으셨으며,

③ 종교 지도자들의 많은 핍박을 받으셨고,

④ 민족적으로도 동족에게서 배반을 당하셨으며,

⑤ 십자가에서의 죽으심 등이 모두 환난의 극한적 연속이었다.

그래서 사도 바울은 "내가 이제 너희를 위하여 받는 괴로움을 기뻐하고 그리스도의 남은 고난을 그의 몸 된 교회를 위하여 내 육체에 채우노라"(골 1:24)고 하였다.

그러나 요한이 환난을 감수하는 신앙은 단순히 고난으로 끝나는 환난이 아니었다. 환난은 하나님의 나라가 도래함을 알리는 조명의 기구와 같은 것이었다.

그래서 환난을 통하여 다가오는 하나님의 나라를 보게 하고 소개한다. 환난은 실패가 아니요 어두움과 사망의 음침한 골짜기 같은 그곳에서 밝은 새 하늘과 새 땅이 다가오는 여명의 기쁨을 맛보는 것이었다.

사람들은 환난이 있을 때 더욱 평화를 그리워하게 된다. "병든 자에게라야 의원이 쓸 데 있느니라"(마 9:12). 병든 자가 아픔의 고통 중에 소망하는 건강에 대한 열망은 얼마나 크고 절실한 것인가! 그것은 건강한 사람으로서는 이해할 수 없는 열망이다. 우리는 환난 중에서 믿음으로 예수님의 나라를 볼 수 있다. 스데반 집사는 갖은 모욕과 핍박의 잔악한 돌매를 맞았다. 그래서 어찌 되었는가? "스데반이 성령이 충만하여 하늘을 우러러 주목하여 하나님의 영광과 및 예수께서 하나님 우편에 서신 것을 보고 말하되 보라 하늘이 열리고 인자가 하나님의 영광과 예수께서 하나님 우편에 서신 것을 보노라"(행 7:55-56)고 감격적인 고백을 하였다. 요한은 예수의 환난과 나라와 참음에 동참한다고 하였다. 우리도 이를 위하여 참음의 역사가 있어야 한다. 참음은 성령의 열매이다. 성령으로 충만한 성도는 주님을 위해서라면 모든 것을 참는다. 베드로전서 4장 12절 이하에 보면 환난은 두 가지 의미로 해석된다. 우리들이 예수의 이름 때문에 욕을 받고 참으면 그것은 참으로 즐거움과 기쁨을 더하는 승리의 계기가 될 것이다. 그러나 도덕적으로 패륜아가 되어서 살인이나 도적질이나 악행이나 남의 일을 간섭하는 자로 고난을 받으면 그것은 참으로 부끄럽고 수치스러운 고난일 것이다.

사도행전 14장 22절에 "제자들의 마음을 굳게 하여 이 믿음에 거하라 권하고 또 우리가 하나님 나라에 들어가려면 많은 환난을 겪어야 할 것이라"고 하였다. 여기에서 하나님 나라에 들어가려면 많은 환난을 겪어야 하리라고 했으니, 사도들의 메시지의 주제는 하나님 나라에 들어가기 위하여 환난을 참고 견디라는 것이다. 환난을 통한 수다한 모험과 갈등과 박해가 우리 앞에 있을 수 있다. 그러나 그때마다 주님은 더 크신 사랑으로 우리를 인도하여 참고 견디는 자에게 보배롭고 영화로운 하나님 나라를 이루어 주시는 것이다. 환난은 예수님의 나라에 이르는 길이요 참음은 이 길을 잘 갈 수 있게 하는 힘과 능력이다. 그러므로 환난 중에서 예수님을 만날 수 있으며(눅 12:32; 행 7:54-56; 고후 1:7), 상아 침상에 누워서는 예수님을 만날 수 없는 것이다(이종열).

예수 안의 환난과 나라는 예수와 연합한 관계로 참예할 환난과 천국이요, 예수 안의 참음은 예수께서 모본으로 보여 주시고 또 힘 주시어 참게 하시는 참음이다. 환난은 나라에 이르는 길이요, 참음은 그 길을 걷게 하는 힘이다(박윤선).

"환난"이란 것은 본래의 압력, 무슨 큰 돌멩이에 눌리는 것 같은 정황을 의미하는 것이나, 기독교에서는 점차 이것을 핍박의 사건들에 적용했다. "오래 참음"이란 말은 다만 소극적으로 "받아 감당한다"는 뜻만이 아니라, 적극적인 소망 중에 그 환난을 통하여 하늘의 가치를 창조하는 의미에서의 "참음"인 것이다. 고난이 참음을 통하여 나라 즉 그리스도의 왕권을 실현하게 된다(마 24:14; 행 14:22; 딤후 2:12 참조). 그런 일에 한몫을 담당한 이가 사도 요한이다. 이러한 신비 경험이 그를 더욱 겸허하게 하고 있다는 것을 기억해야 한다(김재준).

"환난"은 "압박한다"는 말에서 난 것으로 신앙의 연고로 밖에서 받던 고난이며, "나라"는 "왕국"으로 그리스도를 왕으로 섬기는 천국, 그리고 "참음"은 "아래($\dot{v}\pi o$) 머문다($\mu\acute{\epsilon}\nu\omega$)"는 뜻으로 남들이 떠나간 후에도 그대로 어려운 환난의 중압 아래 머물러 있는 것을 가리킨다. 즉 나라를 목표하여 현재의 환난에서 인내하는 자들이다. 요한은 다른 성도들과 같이 이 상태에 동참한 자였다(이상근).

(2) 유배의 섬: 밧모섬(계 1:9)

"하나님의 말씀과 예수의 증거를 인하여 밧모라 하는 섬에 있었더니"(9b).

요한의 밧모섬 행(行)에 대한 견해는 세 가지이다.

① 혹자는 요한이 하나님의 말씀을 전파하기 위해 갔다고 주장한다.

② 혹자는 하나님의 말씀, 곧 계시를 받기 위해 갔다고 주장한다.

③ 혹자는 복음 전파에 대한 박해로 말미암아 유배되었다고 주장한다. 즉 하나님의 말씀과 예수의 증거를 전했기 때문에 잡혀서 밧모섬에 갇히게 되었다는 것이다.

세 가지 견해 중 마지막(③) 견해가 가장 타당하다. 왜냐하면 사도 요한이 도미시안 황제때 에베소 지방에서 전도하던 중 밧모섬에 귀양갔다가 후에 귀환(歸還) 하였다고 역사가와 교부들이 전하기 때문이다(lrenaeus, clement, Eusebius) (호크마). ① 하나님의 말씀(복음)을 전하기 위해 ② 하나님의 말씀(본 계시)을 받기 위해 등의 해석이 있으나 ③ 하나님의 말씀(복음)을 전했기 때문(즉 아시아에서 전도하다가 정배갔다는 뜻)으로 보는 편이 지배적이다. 그것은 사도 요한이 에베소 지방에서 전도하다가 도미시안 황제때 밧모섬에 귀양 갔으며 도미시안이 죽고 넬바 황제때 다시 에베소로 귀환하였다는 초대의 전설과 일치한다. 또한 도미시안 황제가 그리스도교 신자라 해서 자신의 질녀 도미틸라(Flavia Domitilla)를 포리아(pontia)섬에, 갸라(Gyara)와 세리퍼스(Seripbus)를 역시 다도해로 정배보낸 기록들을 보아서도 넉넉히

긍정이 된다(이상근).

　여기 하나님의 말씀과 예수의 증거는 1장 2절의 하나님의 말씀과 예수의 증거와는 다른 것이다. 1장 2절에서는 "자기의 본 것"(본서의 계시)이란 풀이가 붙어 있고 여기서는 그런 설명구가 붙어 있지 않다. 그러므로 이는 보다 일반적인 요한이 전파했던 선포의 내용을 가리킨다. 1장 2절에서 요한은 이 말로 요한계시록의 내용을 가르쳤다. 요한이 전한 메시지는 하나님께 기원을 둔 것이고 예수께서 증거하신 것이었다. 그가 밧모섬에 간 것은 무슨 계시를 받기 위해서가 아니라, 그가 전한 그리스도의 복음의 내용 때문이었다. 그리스도의 복음에 합당한 생활은 그로 하여금 복음을 증거하게 했고, 그 결과 그는 밧모섬에서 귀양살이를 하게 된 것이다. "예수의 증거"는 "예수에 대한 증거"가 아닌, "예수가 증거한 증거"이다. 그러나 이 둘은 서로 관계가 있다. 후자는 전자를 포함한 것이다. 왜냐하면 예수는 자신에 대해 증거했기 때문이다(요 3:11,32) (박수암).

　요한은 자기가 밧모섬에 있을 때 하나님의 계시의 환상이 나타났다고 한다. 그가 도미시안 황제 때 밧모섬에 유배되었다는 데 대해서는 초대교회의 전승이 일치하고 있다. 터툴리안은 "사도 요한은 섬에 유배되었다"라고 말하였고, 오리게네스는 "전승에 의하면 로마 황제는 요한이 진리의 말씀을 증거하였기 때문에 밧모섬에 유배보냈다"라고 했으며 알렉산드리아의 클레멘트는 "압정자가 죽은 후에 요한은 밧모섬에서 에베소로 돌아왔다"라고 했다. 제롬은 말하기를 요한은 네로 황제가 죽은 지 14년경에 유형을 당했고 도미시안 황제가 죽자 석방되었다. 그러니까 요한은 주후 94년에 밧모섬에 유배되었다가 96년에 석방된 것이 된다.

밧모라는 섬은 에게해상 스포라데스(Sporades) 군도 중의 하나로 지금은 패트머스(Patmos), 페티노(Patino)라고 하는데, 중세기에는 팔모네스(Palmones)라고 했다. 해안에서 서쪽으로 약 65킬로미터 떨어져 있는 작은 섬으로 암석뿐인 불모(不毛)의 땅이다. 길이 16킬로미터, 너비 8킬로미터의 초생달 모양을 이루고 동쪽으로는 초생달 끝 같은 모양을 하고 있다. 초생달 모양이기 때문에 이 섬은 천연적으로 좋은 항구를 이루고 있다. 그것은 소아시아 앞바다 63킬로미터에 위치하고 로마에서 에베소로 향하는 마지막 기항지요, 역코스로 말하면 에베소에서 로마로 가는 해로의 첫 항구이다. 로마의 국사범들을 유배시켜 광산개발에 부역을 시켰던 곳으로 알려져 있다. 멀리 떨어진 한적한 섬에 죄수를 유배 보내는 것은 로마에서는 흔한 체형의 형태요 보통 정치범에 대한 형벌이었던 것이다. 형벌로서는 가장 중한 형벌은 아니었으나 그 형을 받는 사람은 시민권을 박탈당하고 최저생활에 필요한 돈을 제하고는 전 재산을 몰수당하였다. 유형지에 있는 죄인은 학대받는 일은 없고 섬 속에 있는 감옥에 갇히는 법도 없이 한정된 지역 안에서의 자유 행동이 허락되었다. 이상이 정치범의 취급방법인데 요한의 경우는 이것과 매우 달랐다. 그는 그리스도인들의 지도자요, 그리스도인들은 죄인이었다. 그런데 요한이 즉시 처형당하지 않은 것은 이상한 일이었다. 요한은 유형당한 섬 채석장에서 중노동을 했을 수도 있다. 윌리엄 램지(William Ramsay)는 요한이 당했을 형을 생각하여 다음과 같이 기록하였다. "먼저 채찍으로 맞고, 풀 수 없는 착고를 채우고, 옷이라고는 겨우 몸을 감싸는 정도의 것이었으며, 음식은 보잘것없고 부족했으며 깔개도 없이 땅바닥에서 자고, 컴컴한 감방에서 지냈으며, 감시병의 채찍을 맞으며 일했다." 밧모섬에서의 요한의 생활은 진정 괴로운 것이었다. 밧모섬은 요한의 계시록에 그 흔적을 남기고 있다. 오늘날까지 요한이 계시록을 기록했다는 절벽(낭떠러지)의 바다를 내려다 보는 동굴을 그곳 사람들은 구경온 사람들에게 보여 준다. 현재 그 남쪽 부분에 "계시의 굴"(The Grotto of the Apocalypse)이라는 굴이 있고 거기에는 사도 요한의 수도원이 서 있다. 밧모섬에서의 바다를 내다보는 전망은 장엄한 것으로서 스트라한(strahan)이 기록한 대로 요한계시록은 "망망한 바다의 경치와 그 소리로 가득 차 있다." 바다라는 말인 탈라싸(thalassa)가 요한계시록에는 적어도 25회나 나오는 것이다. 스트라한은 기록하기를 "밧모섬에서처럼 음악적인 '바닷물소리'는 다른 아무데서도 들을 수 없으며 일출(아침해), 일몰(저녁놀)이 이곳보다 더 장엄한 '불타는 유리바다'를 이루는 곳은 없다. 그러나 그만큼 육지와 섬을 갈라 놓는 바다가 없기를 열망하는 마음도 여기처럼 절실한 곳은 없었다"라고 했다.

요한이 밧모섬에 간 것은 하나님의 말씀 때문에 고난과 고통, 유형의 고독과 중노동을 당하기 위함이었다. 그 원문은 세 가지로 해석할 수 있다.

① 요한이 하나님의 말씀을 전(선포)하기 위해 밧모섬에 간 것

이다.

② 요한이 하나님의 말씀을 듣고, 계시의 환상을 받기 위해서 밧모섬에 홀로 머물게 되었다고 할 수 있다.

③ 그러나 요한의 주께 향한 불요불굴의 충성과 하나님의 말씀을 증거한 것 때문에 광산의 고역으로 정배 간 것이었으리라 한다(바클레이).

이렇게 외로운 고도에 유배된 몸이니 요한은 얼마나 쓸쓸한 고독에 싸여 있었겠는가?

사람은 참으로 고독을 맛보지 아니하고서는 참된 사랑의 의미를 알 수 없는 것이다. 그러므로 요한은 진정으로 주님께 기도했다. 또한 그리운 사람들(교회의 성도들)을 위해 기도했을 것이다. 때로는 예수를 믿고 예수의 사역을 하는 것 때문에 고독할 수 있다.

모든 가족과 친족과 세상적인 친구들로부터 버림을 받는 아픔이 있을 수도 있다는 것이다. 주님이 바로 그랬다. "여우도 굴이 있고 공중의 나는 새도 거처가 있으되 오직 인자는 머리 둘 곳이 없도다"(마 8:20). 또한 사람은 고독할 때 참되고 진실해지며 간절한 기도를 드리게 된다. 고독해 보지 아니하고 위기에 처해 보지 않은 자는 참된 간절한 기도의 의미를 모를 수가 있다. 마침내 요한은 기도의 응답을 받았다. 기도의 응답은 바로 주님의 모습을 본 것이었다.

세례 요한은 광야에서 초림을 준비시켰고, 바울은 고독과 핍박 속에서 바울서신을 기록했고, 루터는 생명의 위협속에서 독일어 성경을 번역했으며, 존 번연은 국법을 어기고 복음을 설교한 죄로 베드포드 감옥에 갇혀 12년간이나 옥중에 있으면서 영감으로 가득 찬 〈천로역정〉을 써서 세상을 빛으로 인도했다. 요한도 이 고통 속에서 세계를 측량할 수 없이 축복해 온 요한계시록을 내놓은 것이다. 유배지의 하늘과 땅은 죽음의 하늘과 땅이었지만, 그는 새 하늘과 새 땅을 보는 믿음과 신앙을 가졌다. 요한은 밧모섬에서 믿음을 인정받아서 요한계시록을 쓰게 되었다.

(3) 주의 날(계 1:10)

앞서 본문에 "주의 날에 내가 성령에 감동하여"라고 했다. 성경에 "주의 날"이란 세 가지로 해석되고 있다.

① 주의 날(여호와의 날)

세대주의 학파에서 주장하는 견해로, 심판으로 오시는 주의날(여호와의 날)로 보는 이론이다. 말세에 주님이 재림하시어 세상을 심판하실 때를 가리킨다. 이런 심판의 날로 모든 악은 파멸되고 새로운 세상이 되는 날을 주의 날이라 했다.

② 안식일(토요일)

안식교 계통에서 주장하는 견해로, 구약 율법의 토요일로 주장하는 이론이다.

③ 주의 첫날

개혁주의 신학자들은 일반적으로 주의 첫날, 즉 일요일을 의미한다고 본다.

칼빈은 "이제 주의 날은 모든 다른 사람들이 더 선택하게 되었는데 그 이유는 우리 주님의 부활이 율법의 그림자를 폐했기 때문이다"라고 하며 "주의 날"이 "주일"을 언급하는 것이라고 주장하였다. 핸드릭슨은 "주의 날, 즉 일곱 날 중 첫날은 우리가 주님의 부활을 기념하는 날이다"라고 하였다. 본문의 주의 날은 안식교에서 주장하듯 이스라엘 민족들이 지키는 안식일이나, 세대주의 학파에서 주장하는 주의 심판의 날(욜 3:14; 말 4:15; 살전 5:2; 벧후 3:10)이 아닌, 초대교회로부터 이미 교회가 성일(聖日)로 준수해 왔던 "매주의 첫째 날"(행 20:7; 전 16:2)로 본다(이광복; 계시록 강해 난해 해설 Ⅰ p.114-116).

역사적으로 이 구절(10절)은 몹시 중요한 것이다. 이것은 "주의 날"에 관한 증거로 문헌에 처음 나오는 곳이기 때문이다. 성경에 "주의 날" 곧 "여호와의 날"이라 하여, 하나님이 세상에 내려오사 죄악의 현세를 멸하시고 만민을 재판(심판)하시는 공포의 날을 가리켰다. 이 "주의 날"도 "여호와의 날"로 해석하여 요한이 장차 있을 현세의 멸망과 내세의 출현을 환상으로 본 것이라는 이들도 없지 않으나 그런 해석자들은 적다. 요한이 여기 말한 "주의 날"은 우리가 말하는 "주의 날"이 분명하다. 따라서 "주의 날"이란 말은 기독교 문헌에 여기서 처음 나온다. 그러면 그리스도 교회가 어떻게 안식일을 폐지하고 "주의 날"을 지키게 된 것일까?

안식일은 한 주일의 마지막 날인 토요일이요, '주의 날'은 한 주일의 첫날인 일요일이다. 안식일은 천지창조 다음에 하나님께서 쉬신 것을 기억하는 날이요, 주의 날은 예수께서 죽음에서 부활하신 것을 기념하는 날이다(바클레이). 이 구절(주의 날)은 신약에서 이곳에만 보이고 그 외에는 "안식일 후 첫날"(막 16:2; 행

Ⅲ. 저자와 첫 환상(1:9-20)

20:7; 눅 23:56; 요 20:19) 또는 "매주일 첫날"(고전 16:2)로 표현되었다. 본문 다음으로 주일에 대한 최초의 기록으로서 다음 자료를 들 수 있다.

① 12사도의 교훈(The teaching of the twelve apostles: AD 80년경에 기록된 문헌)

"매 주일마다 모여서 떡을 떼고 감사하라"(제7권, p. 381)

② 사도들의 교훈(The teaching of apostles: AD 105년)

"매주 첫날에 예배를 드리고 성경을 읽고 성찬식을 행하라. 왜냐하면 주의 첫날에 우리 주님이 세상에서 다시 살아나셨고 하늘에 승천하셨기 때문이다"(제8권, p. 668).

③ 이그나티우스(Ignatius: AD 30-107)

폴리갑과 함께 사도 요한의 제자인 안디옥의 감독인 이그나티우스는 "모든 크리스천 형제들은 주의 날을 축제일로, 부활의 날로, 한 주간 중 모든 날의 여왕의 날로 가장 중요한 날로 지키도록 하라. 이날에 우리 생명이 죽음을 이기는 승리의 예수 그리스도 안에서 다시 소생케 될 것이다"(제1권, p. 63-82).

또 마그네시아인들에게 편지하면서 유대교적 배경을 지닌 기독교인들을 이렇게 기술하고 있다. "그들은 더 이상 안식일을 준수하지 않고 주일을 준수하면서 살아가는 새 희망을 소유하게 되었다. 이 주일에 우리들의 생명도 그리스도와 그의 죽음으로 말미암아 다시금 용솟음쳤다"(Magnesia X9:1-3).

④ 디다케(Didache :130년)

2세기 초반경에 기록된 사도 교부 중의 하나인 디다케는 "매

주일 주의 날에 모든 교인들이 함께 모여 떡을 뗄 것이며, 각자의 죄를 고백한 후 주께서 감사를 드리라. 이것이 바로 너희가 신령하고 온전한 예배이니라"(Didache 14:1).

⑤ 순교자 저스틴(Justin Martyr: 100-165)

"일요일에는 도시와 시골에 사는 모든 사람들이 한 장소에 모여서 사도들의 글이나 선지서를 읽었다. 왜냐하면 이날은 우리 주님이 죽음에서 부활하신 날이기 때문이다(이광복, 계시록 강해 난해 해설 Ⅰ p. 138-140 참조).

주께서 부활하신 "주의 날"을 기념하고 모인 것은 사도시대부터 곧 시작된 일이나 이날이 유대교의 안식일(토요일)에 대칭되어 그리스도교의 성일이 된 것은 2세기였다. 안디옥 감독 이그나티우스(107년경 순교)의 서신 중에는 "안식일은 이제 지키지 않고 주의 날에 그들의 생을 새롭게 한다"라고 하였고, 사데의 멜리테(Melite, 170년경)는 "주의 날에 관하여"라는 논문을 썼다. 고린도의 디오니시우스(Dionysius, 175년경)는 로마로 보낸 편지 중에 고린도에 있는 교회는 주의 날을 성일로 지킨다고 하였다. 이로써 2세기 초부터 안식일이 폐지되고 주의 날을 크리스천의 날로 지키도록 되어 있었던 것이다. 또한 어째서 주의 부활을 매주일 기념하게 되었는가(일 년에 한 번 하지 않고)에 대해서는 당시 매월 첫날 또는 매주의 한 날을 "황제의 날"로 지킨 데서 자극되어 그리스도인은 이날을 주께 바쳐 예배일로 고정했다는 유력한 학설이 있다(이상근).

'주의 날'이 처음으로 예배의 날이 된 것은 소아시아였다고 볼 수 있다. 여기서 로마 황제의 날이라고 하여 한 주일의 하루를 그 행사에 바치는 일이 있었으므로 그리스도인은 안식일 아닌 '주의 날'을 지켜 그날은 그리스도에게 바친 것이다. 신학적으로 말할 때에 안식일이 첫 창조를 기념한 의미(창 2:2-3)였다면 '주의 날'은 둘째 창조를 기념하는 축복된 날이다. 주후 321년에 콘스탄티누스 대제가 일요일을 휴식과 예배의 날로 성별할 것을 법적으로 공포했으며, 처음으로 일요일과 안식일을 한 날로 지킨 것은 청교도들이었고, 1647년 웨스트민스터 신조에서도 안식일과 주일을 같은 날로 간주하여 안식과 예배를 그날에 겸행하도록 공인했다. 이것은 율법과 복음의 구분을 제대로 밝히지 못한 데서 생긴 과오가 아닐까 한다. 안식일은 옛 계약의 끝이요, 주일은 새 계약의 시작이다. 안식이 생명의 소극적인 표현이라면 주일은 생명의 힘찬 부활을 표시하는 적극적인 활동인 것이다(김재준).

저자는 영적 체험을 한 그날을 명시하고 있다. '주의 날'(신약 중 여기뿐)은 이 세상의 최후 '심판의 날'과 구별되며, 또 로마 제국의 '황제의 날'과도 구별하기 위해서 $\kappa\upsilon\rho\iota\alpha\kappa\tilde{\eta}$ $\dot{\eta}\mu\acute{\epsilon}\rho\alpha$라고 했다. 그 날을 "주의 날"이라고 했는데, 주님을 위해 성별된 날, 주께 예배드리며 성만찬을 시행하는 그날 성일, 주일(主日), 오늘의 일요일(日曜日)이다. 유대교는 "주의 날"은 7일 한 주간의 마지막 날인 토요일, 안식일을 성일로 정했다(출 35:2). 그리스도교는 유대교의 율법의 잔재물인 안식일을 따르지 않고 예수가 부활한 주간의 첫날을 주일로 정한 것이다. 예수 당시부터 이미 거룩한 예배의 날로 지켜 왔다(마 28:1; 막 16:2,9; 눅 24:1; 요 20:1; 행 20:7).

교회사적으로 일요일을 "주일"로 지키게 된 것은 57년 이후(고전 16:2)부터라고 생각한다. 현재 주일(일요일)은 321년 콘스탄티누스 대제가 법정 공휴일로 선포한 이후에 확립되었다.

요한은 이날을 기억하고 있었으며, 소아시아의 여러 교회들이 주일 예배를 드리고 있는 것을 연상하며 글을 쓰게 되었다(김철손).

(4) 성령의 감동(계 1:10)

요한은 자신의 영적 체험을 처음 말한다. 표현은 간단하다. "성령에 감동하여"라고만 했는데 성령이 요한에게 직접 관여하여 환상을 보게 하거나 행동을 지시한 사실이 계시록에 여러 번 나온다(4:2, 14:13, 17:3, 21:10). 이 체험은 보통 사람이 자의적으로나 의식적으로 경험할 수 있는 것은 아니다. 이것은 특별한 종교적 영적 체험을 말한다.

저자가 보고 들은 환상은 처음부터 끝까지 자신의 신비적 체험에 의한 것이라고 하였다. 그런데 이 신비적 체험은 결코 자신의 주관적인 심리적 이상 상태에서 온 것은 아니다. 그가 본 환상은 자의적인 추리에서 만들어 낸 형상도 아니고 정신이 몽롱한 상태에서 눈앞에 떠오른 환영을 본 것도 아니고 초이성적인 상상(imagination)도 아니며 심령술에 의한 현상도 아니다. 이 사실은 하나님의 영이 요한에게 직접 보여 주신 계시를 말한다. 그리고 이 계시에 대해서 응답해야 할 책임의식을 가지고 환상을 보기 시작했기 때문에, 그가 본 환상에 대한 기억력과 신앙적인 판단력이 조금도 흐리지 않도록 신중한 마음 자세를 갖추어 모든 환상을 대하게 되었다. 그래서 요한계시록에는 요한의 영적 체험에 대해서 "황홀경"이라는 표현도 없고 도대체 "환상"이라는 말도 나오지 않는다(김철손).

여기서 '성령에 감동하여'라는 말은, 헬라원어로 에게노멘 엔 프뉴마티(ἐγενόμην ἐν πνεύματι)라고 한다. 이 말의 여자역(如字驛)은 "내가 성령 안에 있어서"라고 할지니 그것은 그의 전체가 성령의 감동속에 있음이다. 이 세상에는 영감 받는 자가 자의식(自意識)을 완전히 잃고 착각으로 받는 거짓 영감이 많다. 성경에 있는 영감은, 성령의 감동이 그 주동세력이지만, 이 세상 사리(事理)에 대한 인간의 자의식의 정지(停止)를 불가결의 조건으로는 하지 않는다. 사무엘은 하나님의 부르시는 소리를 듣고 엘리가 부르는가 하여 그를 찾아 갔으니, 그것은 그가 계시 받는 중에 외계(外界)에 대한 의식의 정상적 사용을 그대로 가지고 있었던 증거이다. 바울이 삼층천에 갔던 경험은 그가 자의식을 잃고 신비적 입신(入神)상태에 빠졌던 듯이 보인다. 그러나 그것은 그 계시를 보는 때에 있어서 식별력이 부족하였다는 것뿐이고, 식별의 노력을 안하였거나, 자의식을 소유하지 못하였다는 것이 아니다. 그의 체험에 관하여 성경은 말하기를 "몸 안에 있었는지 몸 밖에 있었는지 나는 모르거니와"(고후 12:2)라고 하였는데 그것은 그의 의식이 순연(純然)히 꿈꾸는 상태와 같이 피동적이었다는 말은 아니다. 그가 삼층천(三層天)에 가서 "말할 수 없는 말을 들었으니", 그것은 그가 그때에 기계적 인식을 가진 것이 아니었고, 자비판(自批判)이 있는 능동적 의식을 가진 증표이다.

이와 반면에 신비주의자들은 신비적 체험을 할 때에 그 의식이 전연 피동(被動)이 되어 의식의 자주성을 잃고 신인화합(神人化合)의 묘경(妙境)에 들어가서 아주 취한 듯이 된다고 한다. 썬다싱은 어느 날 나무 아래에서 입신(入神)했다가 깨었는데 깨어나서 보니, 벌들에게 쏘여서 몸이 퉁퉁 부어 있었다. 그러나 그는 그 입신된 동안 그것도 알지 못하였다고 한다. 또 그는 어떤 교회의 기도회를 담임한 일이 있었는데 시간은 오전 8시로 정하였던 것이다. 그날 새벽에 그는 오전 5시부터 기도하다가 입신되어 버리니, 집회시간은 지나갔고 회중은 기다리다가 다 헤어졌다고 한다. 이것은 썬다싱과 기타 신비주의자들이 가지는 경험이었으나, 성경의 계시 원리에 부합하지 않는 것이다. 성경의 원리는, 계시를 받는 자가 성령의 지배 아래 있으면서도 자의식은 잃지 않고 영감(靈感)을 무오류(無誤謬)하게 받아 전함이다. 바빙크(Bavinck)는 다음과 같이 말하였다. "자의식을 상실한 것같이 된 상태는, 헬라의 신비주의자들이 그 신비체험에서 가지는 것이다. 선지자들이 계시를 받은 것은 자는 때에 된 것이 아니었고, 깨어 있는 때에 된 것이니, 홀로 있는 때만 아니라 다른 사람들과 같이 있는 때에 된 것들도 있다"(겔 8:1; 출 4-6장, 32:7; 사 6장)(박윤선).

"성령에 감동하여"는 헬라원어로 에게노멘 엔 프뉴마티($ἐγενόμην\ ἐν\ πνεύματι$)로 "성령이 내 안에 있다"라는 뜻이다. 로마이어(Lohmeyer)는 말하기를, "성령이 내 안에 있다"라는 말은 항상 함께하시는 관습적인 상태가 아니요, 그렇다고 입신의 상태도 아닌 황홀한 영계에 옮겨진 상태라고 했다(계 4:1; 고후

12:1).

크레다너스는 "이때의 요한은 잠이 들었던 것도 아니요, 정신을 잃은 혼수상태에 빠진 것도 아니며 반면에 그 정신이 똑똑하여 자주의식을 가지고 있었던 것이 분명하다"라고 하였다. 결국 요한은 온전한 의식 중에 있으나 실상은 성령 안에 감동되어 있는 상태였고 그것은 참으로 진중한 성령충만의 상태였던 것이다. 성령으로 충만한 감동의 사역이 없이는 하나님의 말씀을 옳게 영접할 수 없다. 그래서 사도 바울은 "너희는 술 취하지 말고 오직 성령의 충만함을 받으라"(엡 5:18)고 하였다. 성령의 충만함을 받으려면 어찌 하여야 하는가?

① 말씀을 묵상하고 상고할 때 성령이 임한다(눅 24:32).

주님의 말씀을 우리는 항상 묵상해야 한다. 그리고 말씀을 공부하고 가르치고 배우는 모든 시간들 위에 그리고 심령 안에 성령이 찾아드는 것이다.

② 회개하여 죄 사함을 받을 때 성령이 임한다(행 2:38).

죄는 예수님을 믿지 않는 것이다. 그러므로 우리의 생명을 구원할 분은 오직 예수님이요, 또한 우리의 삶을 주장하실 분도 오직 예수님임을 믿고 그분을 영접하여 믿을 때에 성령이 임재하신다.

③ 간절히 기도할 때 성령이 임한다(눅 11:13).

주님은 사도행전 1장 4-5절에서, "예루살렘을 떠나지 말고 내게 들은 바 아버지의 약속하신 것을 기다리라…… 너희는 몇 날이 못되어 성령으로 세례를 받으리라"고 말씀하셨다. 제자들이 이 말씀에 순종하여 전혀 기도에 힘썼을 때에 과연 오순절날 마가의 다락방에서 성령이 불같이, 바람같이 임하였다. 우리도 "성령이여, 임하옵소서!"라고 간절히 기도하고 구함으로 성령의 충만한 은총을 받아야 할 것이다.

④ 성령은 순종하는 사람에게 임한다(행 5:32).

사무엘은 순종이 제사보다 낫다고 하였다. 주의 뜻에 순종하는 것은 주 안에서 살아가는 모든 삶의 기본이 되는 것이다. 조지 맥도널드는 그의 저서 〈Marguis of Lossie〉에서 "순종은 모든 문의 열쇠"라고 했다. 순종하는 믿음의 사람에게는 주의 성령이 감동으로 임하는 것이다.

⑤ 성령은 주님의 사역을 수행하기 위한 직능의 안수를 받을 때와 또 축복의 안수를 받을 때에 역사한다.

예수님은 안수하심으로 많은 죄인들의 병을 고쳐 주셨고 축복하셨으며 사도들도 안수함으로 성령의 사역을 감당했음을 볼 수 있다. 우리는 항상 성령 안에 거하며 그 능력을 힘입을 수 있도록 진실과 정성으로 사모하는 심령이 되도록 노력해야 하겠다(이종열).

"성령에 감동하여"는 계시를 받은 상태를 말한다. 원문은 "성령안에 있게 되었다"로서 성령 안에 사는 삶(롬 8:9)이나, 자의식을 잃어버린 입신상태가 아닌 의식이 분명한 황홀상태(깨어 있으면서 환상을 보는 상태)를 가리킨다. 우리는 성경에서 이런 피계시자의 상태를 많이 볼 수 있다(단 10:5; 행 7:55; 눅 1:11-20; 고후 12:2-4 등) (박수암).

요한은 성령에 감동되어 있었다. 이 표현은 요한이 시간과 공간을 초월하여 황홀 상태 가운데 하나님의 나라, 영원한 나라로 이끌려 올려 갔던 것을 의미하는 것이다.

요한은 밧모섬에 있었다. 그는 성령에 감동되어 있었다. 이 두 마디는 서로 뗄 수 없는 관계가 있는 것이다. 우리는 밧모섬의 상태와 요한이 경험한 고통과 쓰라림을 이미 배웠다. 사람이 어디 있든 간에, 또한 그의 생활이 아무리 괴롭든 간에, 사람이 어떠한 일들을 겪든지 간에 그는 성령에 사로잡힐 수가 있다. 그리고 그가 만일 영에 사로잡히기만 한다면 비록 밧모섬 속에서라도 하나님의 영광과 그 메시지는 그에게 오는 것이다. 우리들이 어떠한 생활을 하고 있든 간에 성령이 우리에게 말씀하지 못할 경우는 없는 것이요, 성령이 말씀하실 때에 우리는 비록 밧모섬에 있을지라도 하나님의 영광을 보게 되는 것이다(바클레이).

예수님의 초림 때 마리아는 성령으로 잉태되었고(마 1:18), 요셉은 성령의 지시를 받았다(마 1:20). 시므온은 주의 그리스도를 보기 전에 죽지 아니하리라 하는 성령의 지시를 받고 성령의 감동으로 성전에 들어가 마침내 주님을 만났다(눅 2:25-27).

재림의 주님을 만나는 요건도 성령의 감동을 받고 성령의 지시대로 사는 것이다. 초대교회 첫 순교자 스데반 집사와 같이 오직 성령의 충만을 받아야 한다(행 6:3-10). 성령충만하지 않고는 누구든지 순교 반열에 설 수 없기 때문이다.

오늘날 지식과 학문만 가르치고 성령을 강조하지 않은 채 신학 공부를 한 사람은 하늘나라 일을 모른다. 고린도전서 2장 11절을 보면 "사람의 사정을 사람의 속에 있는 영 외에는 누가 알리요 이와 같이 하나님의 사정도 하나님의 영 외에는 아무도 알지 못하느니라"고 기록되어 있다. 이와 같이 성령을 힘입지 않고는 하나님의 비밀을 단 한 치도 내다 볼 수 없는 것이다. 그러므로 하나님은 사도 요한에게 그의 깊은 비밀을 보여 주기 위해 성령으로 감동시키셨다. 그래서 요한이 성경을 기록할 때 인간의 지혜와 경험을 바탕으로 하지 않고 성령 안에서 충만한 감동을 받아 기록했기 때문에 그 계시의 말씀은 조금도 오류가 없는 하나님의 말씀이 되었다.

(5) 나팔소리 같은 음성(계 1:10)

사도 요한은 그의 뒤에서 나는 "나팔소리 같은 큰 음성을 들었다"라고 했다.

"나팔소리 같은" 것이고 나팔소리는 아니다. 옛날에는 민중을 깨워 부를 때에 나팔을 사용했다(민 10:2). 그러므로 이 "소리"는 깨우는 영음(靈音)임에 틀림없다(박윤선).

구약성경의 사건들이 이에 메아리치고 있다. 모세가 율법을 받을 때의 광경(출 19:16)에서도 같은 것을 볼 수 있으며 신약에서도 마태복음 24장 31절, 고린도전서 15장 42절, 데살로니가전서 4장 16절 등이 그러하다. 그리스도의 음성이 나팔소리로 상징되는 것은 크고 똑똑하게 명령한다는 성질이 내포되어 있다. 군대에서 지시하는 나팔소리를 듣는다는 것은 그가 그대로 복종하지 않을 수 없는 '위기'(危機)를 가져온다(김재준).

구약에서 나팔을 분 경우는 ① 백성을 불러 모을 때(민 10:2) ②

파수꾼이 경고할 때(겔 33:6) ③ 전쟁 때(겔 7:24) ④ 절기 때(레 23:24) 등이었고, 신약에서는 그리스도 재림의 때이다(살전 4:16; 마 24:31). 이 소리는 천사의 소리가 아니라 그리스도의 소리로 볼 것이다(이상근).

요한은 영적 상태에 있었다고 하지만, 하나님의 영은 감각적으로 의식할 정도로 구체적으로 나타났다. 우리 본문에는 (나팔)"소리"와 큰 "음성"을 구별했으나, 원문에는 "음성"($\phi\omega\nu\eta$)뿐이다(우리말에서 "음성"은 인격적인 발언으로 쓰이고 "소리"는 비인격적 음향으로 쓰인다). 여기에는 음성의 주인공이 누구인지 밝혀지지 않았다. 유대교 묵시문학에는 대체로 천사가 주인공으로 되어 있다. 그러나 1장 12절 이하에서 전개되는 "인자 같은 이"의 환상에서는 그리스도의 직접적인 명령의 음성으로 이해하는 것이 타당할 것 같다. 여기서 음성의 주인공을 밝히는 것이 중요한 문제가 아니라, 음성 자체가 신적 권위를 보장한 하늘의 음성이라는 것에 유의해야 하겠다.

나팔은 본래 전쟁터에서 군인들에게 작전지시를 알리는 신호와 경고로 사용했다. 출애굽기 19장 16절에는 모세가 하나님의 명령을 받을 때 나팔소리가 울렸다고 하였다. 신약성경에는 이 세상 마지막 심판의 날에 나팔소리가 하늘로부터 울려 올 것이라고 한다(마 26:16; 고전 15:42; 살전 4:16). 요한계시록에서는 장차 제2단계 심판이 나팔 재앙을 통해서 실현될 것이라고 했다(8:2-11:14). (김철손).

이는 꼭 나팔이 아니라 나팔 같은 큰 음성인데 하나님은 자기의 계시의 음성을 들려주실 때 여러 가지 음성으로 나타내셨다. 예컨대 요한계시록 1장 15절에는 "많은 물 소리"라고 했고 요한계시록 8장 5절에는 "뇌성"이라고 했고 요한계시록 1장 10절, 4장 1절은 "나팔 같은 음성"이라고 했다. 출애굽기 19장 19절에는 "나팔소리가 점점 커질 때에 모세가 말한즉 하나님이 음성으로 대답하시더라"고 했다. 이 나팔은 회합시에 불었다(왕상 1:39; 마 24:31; 민 16:6). 또한 파수꾼이 경고할 때 불었고(겔 33:6), 절기 때 불었으며(레 23:24), 전투시에 불었다. 또 전투병사를 모집할 때나, 전투를 개시할 때, 전투를 끝마쳤을 때 불었다(렘 4:19; 겔 33:6). 전투 경보의 나팔을 듣고 있는 병사는 마음이 해이해지거나 방심할 수 없다. 또 심판시에 나팔소리가 들려올 것이라 하였다. 고린도전서 15장 51절에 "보라 내가 너희에게 이 비밀을 말하노니 우리가 다 잠잘 것이 아니라 마지막 나팔소리에 순식간에 홀연히 변화하리니"라고 하였다. 그렇다면 나팔은 모두 비상성을 띠고 있는 경우에 불린 것이다. 중대한 사건이 벌어지고, 대변동이 일어나는 경우에 불린다. 이 나팔소리 같은 큰 음성은 사도 요한을 깨우는 영음(靈音)임엔 틀림없다. 계시자이신 예수님이 사도 요한에게 나타나기 직전에 그에게 각성과 주의를 환기시키는 음성이었다. 이 나팔 같은 큰 음성이 요한에게 들리는 순간 그가 깨어 정신을 차릴 수 있었고, 모든 주의를 집중시킬 수 있었다. 이 소리는 밧모섬의 적막을 깨뜨리는 소리요 사도 요한에게 주의를 집중시키는 소리니 바로 성경의 음성이 우리에게 들려오는 나팔소리이다(석원태).

(6) 요한은 그가 본 환상을 기록하라는 명령을 받았다(계 1:11)

요한은 영적 상태에서 신비체험을 했는데, 이 체험을 자기 만족의 재료로 삼고 홀로 간직하고 있을 수 없게 되었다. 그가 체험한 내용을 책에 기록하여 아시아의 일곱 교회에 전달하라는 명령을 하늘 음성을 통해서 받았다. 일곱 교회의 선택의 중요성에 대해서는 1장 4절에서 설명하고 있지만 좀더 설명을 부연한다면 이 일곱 도시들은 대체로 황제 숭배의 중심지였으며, 편지를 회람하기에 편리한 지역에 있었고, 요한 자신이 이 교회와 개인적으로 어떤 관계를 가지고 있었던 것으로 생각된대본래 유대인 집회시에 성경을 낭독하는 예배 규례가 있었으며(눅 4:16; 행 13:15; 고후 3:15) 또 가까운 이웃 교회끼리 회람한 서신도 있었다(골 4:16)].

요한은 하늘의 음성을 통해 받은 명령에 즉각 순응하기 위해서 마음과 몸의 자세를 바로잡고 이제부터 전개되는 계시에 집중하게 되었다. 이 순간 보인 첫 환상은 재림 예수 그리스도(인자)의 환상이다(김철손).

하나님의 메시지는 받아서 혼자 간직하라는 것이 아니다. 그것을 전달하라는 것이다. 자기만 믿고 그 믿음을 남에게 전하지 않는 사람은 명령에 대한 불복종을 범하는 것이 된다. 전하는 방법으로는 기록에 의한 것이 가장 정확하고 항구적이다.

소아시아에도 교회가 많은데 왜 일곱 교회만을 택했는가? ① 이 도시들이 황제 예배의 주요 도시들이라는 것 ② 회람 편지를 다른 교회들에게 전달하기에 편리하다는 것 ③ 일곱이란 완전수를 상징으로 사용하기 위한 것, 따라서 완전수는 결국 모든 시대의 전 세계 교회, 말하자면 전체로서의 교회를 의미한다. ④ 요한 자신이 가장 친밀하게 또 몸바쳐 봉사하던 '자기 교회'들이라는 것 등을 그 이유로 들 수 있다(김재준).

여기 선택된 일곱 도시는 지리적 조건으로 보나 역사적 배경으로 볼 때 오늘날 이 지상의 모든 교회가 본질적으로 하나의 교회라는 것을 암시해 준다고 하였다.

2. 인자 같은 이의 환상(1:12-16)

개요

드디어 계시의 부여자가 나타나셨다. 그는 일곱 촛대 사이에 선 인자로서 교회 가운데 계신 그리스도이시다. "촛대 사이에 인자 같은 이"는 에베소 교회에 나타나신 모습과 같고(2:1), "눈이 불꽃 같고 그 발은 풀무에 연단한 빛난 주석" 같은 것은 두아디라 교회에 나타나신 주님과 같고(2:18), 그 입에 날선 검이 나오는 모습은 버가모 교회에 나타나신 모습 같고(2:12), 일곱 별을 가지신 모습은 사데 교회에 나타나신 모습 같으며(3:1), 처음이요 나중이란 진술은 서머나 교회에 나타나서 하신 진술과 같다(2:8). 그러나 일곱 교회 순으로 배열되지 않고 현재대로 되어 있는 데는 신학적인 이유가 있다. 그것은 먼저 계시자의 신분을 밝히고, 그의 직무를 밝힌 후, 이어 이 신분과 직무의 영원성을 보이기 위한 것이다.

(1) 일곱 금촛대(1:12)

이제까지는 뒤에서 나오는 음성만을 들었다. 이제 그는 몸을 돌이켜 듣는 데서 보는 데로 옮겼다. '묵시'는 보는 계시다. 들으며 보는 것이다. 하나님의 계시는 눈으로 보는 동시에 귀로 듣는 것이다. 지금까지 요한은 음성을 들었다. 그런데 이 음성이 기록하라는 명령으로 들렸기 때문에, 요한은 계시를 보고 확인하여 확신을 얻은 다음에 그 내용을 기록하기에 이르렀다. 그러므로 하나님의 계시사건은 보고 들음에서 이뤄진다.

그가 처음으로 본 것은 무엇이었던가?

그는 이제 반원(半圓)을 그린 시선의 범위 안에 전개된 무대를 본다. 그가 뒤에서 나는 음성을 확인하려고 몸을 돌이켰을 때, 제일 먼저 일곱 금촛대가 보였다. 금촛대는 양초의 대(a candle stick)가 아니다. 그 당시에는 지금 우리가 사용하는 양초가 없었다. 이것은 등불(λύχνος, lamp)로 들고 다니는 것이었으며 대 위에 놓여 있었다. 이는 일곱 등잔을 말함인데, 기름을 담아 심지를 적시고 성전에 불을 밝히는 등잔을 이르는 것이다.

일곱 촛대의 환상은 세 가지 자료와 배경을 갖고 있다.

(ⅰ) 성막의 금촛대

중앙에 한 촛대가 있고 좌우에 각기 세 개의 촛대가 가지처럼 되어 일곱 촛대가 한 줄거리에 나란히 서 있는 것이다(출 25:31-37). 요한의 환상의 일부는 여호와가 광야에서 그 백성을 만나시던 성막에서 왔다.

(ⅱ) 솔로몬의 성전: 거기에는 좌우 양편에 각기 다섯 개의 순

금촛대가 서 있었다(왕상 7:49).

(iii) 스가랴의 환상: 스가랴는 그의 환상 가운데서 ⒶR순금 등대가 있는데 그 꼭대기에 주발 같은 것이 있고 또 그 등대에 일곱 등잔이 있으며 그 등대 꼭대기 등잔에는 일곱 관이 있는 것Ⓒ을 보았다(슥 4:2) (바클레이).

일곱 촛대가 한 줄거리에 가지처럼 붙어 있는 것은 "교회"가 여러 지교회로 나뉘어 있으나 하나로 연합된 한 "몸"임을 의미한다. 촛대는 빛과 영광을 상징한다. 그리스도인들은 "세상의 빛"이다(마 5:14; 빌 2:15). 그러므로 교회는 "촛대"이다. 그 존재 목적은 하나님의 빛과 영광을 세상에 비추는 일이다(kepler). 그런데 로마 황제를 예배하는 의식에서도 이런 촛대를 사용하고 있었으므로 요한은 그런 것에서도 인상받은 것이라 한다(Hanns Liljie). 그리스도는 황제의 황제이기 때문에 이런 것은 당연히 그리스도의 것이어야 한다는 의식에서 그럴 수도 있을 것이다. 그러나 요한의 계시록에서 근원적인 것은 언제나 구약을 배경으로 했다는 사실을 잊어서는 안될 것이다. 여기서 일곱 촛대는 일곱 교회를 상징한다(김재준).

본래 일곱 촛대 기물은 하나님이 모세에게 명하여 만들게 한 금촛대(출 35:31-40, 37:17-24; 민 8:4)에서 유래했다고 할 수 있다. 그 후 유대교 성전 제단용으로 사용되어 왔는데, 로마 황제 디도(Titus)가 예루살렘 성전을 파괴할 때(AD 70) 전리품으로 로마로 가져다 '디도의 촛대(Arch of Titus)'로 변형시킨 일이 있다(김철손).

(2) 요한이 받은 계시의 내용(1:13-16)

여기 나타나신 예수 그리스도의 모습은 두 가지인데, 그 하나가 전체적으로 본 예수님의 모습이고, 또 하나가 부분적으로 본 주님의 모습이다. 전체적으로 본 주님의 모습은 그가 어떤 분이신가를 전해 주고 부분적으로 본 주님의 모습은 그의 속성이 어떠하신가 하는 것을 주로 보여 준다.

① 전체적으로 보이신 주님 (1:13)

"촛대 사이에 인자 같은 이가 발에 끌리는 옷을 입고 가슴에 금띠를 띠고"(13절).

과연 주 예수는 어떤 분이신가에 대하여 해답을 주는 말씀이 바로 전체로 보이신 주님의 모습이다. 주를 믿는 그리스도인의 입장에서 주님이 어떤 분이신지 안다는 것은 극히 중요하다.

제일 먼저 나타나는 주님의 모습은 "일곱 촛대 사이에 인자 같은 이"(일곱 금등잔대 사이에 다니시는 인자 같은 이)라고 한다. 여기 "일곱 금등잔대"는 1장 20절을 보니 "일곱 교회"라고 하였고 그 사이에 다니신다고 하는 것은 그의 "내재성"을 말하며, "인자 같은 이"라는 표현은 구약 다니엘 7장 13-14절을 배경으로 한 것인데 예수님의 인성을 강조하실 때에 쓰신 주님 자신의 표현(마 8:20)이다.

"인자"는 예수의 메시아적 자칭어로서 다니엘 7장 13-14절에 배경을 두고 있다. "내가 또 밤 이상 중에 보았는데 인자 같은 이가 하늘 구름을 타고 와서 옛적부터 항상 계신 자에게 나아와 그 앞에 인도되매 그에게 권세와 영광과 나라를 주고 모든 백성과 나라들과 각 방언하는 자로 그를 섬기게 하였으니 그 권세는 영원한 권세라 옮기지 아니할 것이요 그 나라는 폐하지 아니할 것이니라." 이에 대하여 마태복음에는 자기 목숨을 많은 사람의 대속물로 주러 왔다(20:28)고 인자의 강림 목적을 말씀하셨다. 인자는 하나님의 아들이 사람이 되시어 오신 메시아를 뜻한다(단 7:13; 행 7:56; 히 2:6; 시 8:4) (이종열).

우리말 표현에 있어서 본절에는 "인자 같은 이"라고 되어 있고, 같은 말이 14장 14절에는 "사람의 아들 같은 이"라고 되어 있다. "사람의 아들"로 통일시켜야 할 것이다.

"같은 이"(ὅμοιος)는 묵시문학에 있어서 하나의 특수용어다. 묵시자(seer)가 본 묵시는 환상과 상징이기 때문에 언제나 무엇과 비슷한 환상을 보게 된다. 그래서 "…과 비슷한", "…과 같은" 것을 보았다고 하였다. 그런데 여기서 말한 "… 같은 이"는 보통 인간과 동형 동질성을 의미하는 동시에 묵시적으로 비동질성도 내포하고 있다. 요한계시록에만 "ὅμοιος"가 20회나 나온다. "사람의 아들"(υἱός ἀνθρώπου), "인간의 모형을 가진 자", 또는 "사람과 같은 이"라는 뜻으로 이해한다. 그러니까 관사를 사용한 말과 구별하려는 것이다(ὁ υἱός τοῦ ἀνθρώπου와 비교). 문법적으로 해석한다면 관사가 없으면 단순히 "인간성"의 문제가 된다. 그러므로 관사 없이 사용된 이 말은 묵시자가 본 환상이 "어떤 특정한 인물 모습"(like the son of man)이 아니고 "사람 같은"(like a son of man) 존재(the being)라는 의미를 가지고 있다. 묵시자는 "사람과 같은" 어떤 인격적인 존재로 본 것이 확실하다. 그런데 리츠만(lietzmann)은 이 특수한 표현에 대해서 설명하기를 '사람 같은 존재'(the being)는 묵시적으로 이해한다면 "어떤 사람"(a man)이 아니고 다니엘 7장 13절에 기원한 "어떤 사람의 아들"(a son of man)이라고 하는 것이다. 그러면 "어떤 사람의 아들"은 누구일까? 여기서 그 칭호 자체가 장차 올 메시아 자신이 아닐까 생각된다. 리츠만은 그를 하나님의 신비스러운 형상을 가진 이가 아니라, 인간 형상의 그리스도라고 하였으며, 그가 곧 "사람의 아들"(the son of man, filius homini)이라고 하였다(김철손, 요한계시록 신학 p. 166-168).

이 재림 메시아는 장차 영광과 신비에 싸여 오실 것을 상징적으로 표현한 것이다. 여기에 그 모습이 분명하게 현실적으로 나타나 보인다(김철손).

"촛대 사이에(한가운데)"라는 표현은 그리스도의 현존 신분을 설명하는 말이다. 대부분의 주석가들은 촛대($\lambda \nu \chi \nu \iota \alpha$)를 현재 지상에 산재해 있는 모든 교회를 지칭한 것이라고 한다.

영광의 그리스도, "사람의 아들 같은 이"는 이 환상 가운데 권위와 존엄스러운 왕이요, 심판자로 나타난다. 그는 장차 만인을 심판하실 것이며, 영원한 메시아 왕국을 완성시킨 것이다(김철손, 요한계시록 p.169).

우리가 다 아는 바와 같이 인자라는 명칭은 예수께서 사용하신 메시아의 호칭이다. 그래서 요한은 이 명칭을 사용함으로써 이제부터 받는 계시는 예수 그리스도 그분 자신에게서 오는 것임을 분명히 하고 있다. 요한계시록은 부활하시고 영광을 받으사 그리스도께로부터 직접 받은 메시지이다. 그 모습은 발에 끌리는 옷을 입고 가슴에 금띠를 띠고 계신 분으로 묘사되어 있다. 여기에서도 다시 우리는 세 가지 표현을 볼 수 있다.

(ⅰ) "발에 끌리는 옷을 입으신 주님"이시다.

옷이라고 한 말은 포데레스(poderes)라는 희랍어인데 이것은 발까지 닿는다는 뜻으로 희랍어 구약성서에서는 대제사장의 옷(제복)을 가리킨 말이었다(출 28:4, 29:5; 레 16:4). 요세푸스는 제사장과 대제사장들이 성전에서 예배를 드릴 때 입던 옷을 조심스럽게 묘사하고 있다. 그들은 "발에 끌리는 긴 옷을 입고 팔꿈치보다 높은 곳에 느슨하게 띠를 몸에 둘렀던" 것이다(요세푸스 "유대고대사" 3, 7, 2, 4) (바클레이).

유대인들이 생각하는 바에 의하면 제사장이란, 그 자신이 하나님께 가까이 나아갈 수 있음은 물론 다른 사람이 하나님께 나아갈 수 있도록 길을 열어주는 사람이다. 예수님은 지금도 위대한 대제사장으로서 하늘에 계시면서 그 일을 맡아 하시며 우리와 모든 사람이 하나님께 나아갈 수 있는 길을 열어 주고 계신 것이다.

(ⅱ) 그러나 제사장 외에도 긴 옷을 입고 띠를 올려 띤 사람들이 있었다. 그것은 지위가 높은 사람들이었으며 왕후, 귀족들이었다. 포데레스, 즉 발에 끌리는 옷으로서 요나단의 옷(삼상 18:24), 사울의 옷(삼상 24:5, 12), 바다의 모든 왕의 옷(겔 26:16) 등에 대한 묘사의 말이다. 부활하신 주님이 입으신 옷은 왕의 옷이었다. 예수님은 이제는 십자가에 달린 죄수가 아니라 왕으로서 영광에 빛나는 옷을 입으셨던 것이다. 그러므로 우리는 여기서 왕이신 그

리스도를 보게 되는 것이다. 그리스도는 대제사장이요, 또한 왕이시다(바클레이).

발에 끌리는 옷은 대체로 구약에서는 제사장의 제복이었다(출 28:4, 29:5; 레 16:4). 신약시대에는 황제나 군왕도 그러한 옷을 입은 일이 있다(행 12:21). 요한계시록에서 예수를 "땅의 임금들의 머리"(1:5)라고 했기 때문에 왕권소지자라고 할 수 있다. 그러나 대부분의 주석가들은 재림 그리스도는 대제사장의 옷을 입었다고 주장한다. 예수의 제사장적 성격은 신약성경 여러 곳에서 찾아 볼 수 있다(마 10:45; 히 4:14, 9:12, 10:10; 롬 3:25; 벧전 1:19). 예수는 현재 하나님의 우편에 계시지만 지금도 우리를 위하여 속죄의 기도를 드리는(롬 3:34; 히 7:25) 제사장적 임무를 수행하는 분이라고 할 수 있다. 그런 의미에서 재림 그리스도의 옷은 제사장적 제복으로 보는 것이 타당할 것이다(김철손).

(iii) 가슴에 금띠를 띠고 계시는 주님의 모습이다.

"가슴에 금띠"는 군왕의 옷이요, 제사장의 옷이다(시 110:1; 사 6:1-5). 그러므로 권세와 정의를 상징하는 옷이다(시 22:21; 욥 12:18). 예수님은 만민의 왕이시며 또한 우리를 위하여 대속의 은총을 베풀어 주신 구속자이다(이종열). 원래 제사장의 옷에는 "금방울"이 달려 있었다(출 28:34). 그리고 다니엘의 묵시에 나타난 천사의 옷에는 허리에 우바스 정금띠가 있었다(단 10:5). "우바스"는 "정금의 띠"라는 뜻이다. 따라서 이 구절은 이러한 구절들에서 영향을 받았다고 생각된다. 여기 재림 그리스도의 긴 옷에 붙은 띠는 금으로 되어 있다. 그런데 띠는 보통 허리에 띠게 되어 있는

데(왕상 2:5; 왕하 18장; 욥 38:3; 잠 31:17; 사 5:27) 가슴으로 올리는 예는 고대사에 있을 뿐 구약에는 나오지 않는다. 여기에서 가슴까지 올려 맨 금띠는 재림 그리스도의 영원성과 위엄을 상징적으로 표현한 것이다(김철손).

그러므로 이것은 하나님의 사자의 옷이다. 그리고 이 하나님의 위대한 사자는 곧 예언자요, 예언자는 하나님의 훌륭한 사자이다. 그러므로 이것은 곧 예수 그리스도가 하나님의 가장 성스럽고 뛰어난 사자라는 것을 보여 주는 것이다. 이것은 참으로 놀라운 환상이다. 우리들이 그 사상의 근원과 요한의 묘사의 근원을 찾아볼 때, 부활하신 주님의 옷 하나로 요한은 영원까지 계속되는 예수님의 세 가지의 직책을 보이려고 했음을 볼 수 있는 것이다. 그것은 즉 예언자와 제사장과 왕이다. 선지자(예언자)는 하나님의 진리를 가져오고, 제사장은 사람들로 하나님앞에 나아갈 수 있게 하며, 왕의 왕은 하나님께 영원한 보좌를 받은 것이다(바클레이).

② 부분적으로 보이신 주님(1:14-16)

본문(14-18)을 상론(詳論)하기 전에 생각할 것 두 가지가 있다.

(i) 요한계시록은 참으로 깊이 생각하고 치밀하게 기록된 문헌이라는 것을 일반적으로 모르기 쉽다. 이것은 서둘러서 단편적인 것을 주워 맞춘 것이 아니라, 치밀하게 조직되어 있고 전체적으로 통일성이 있는 예술 작품이다. 여기에는 부활하신 그리스도의 모습이 묘사 전체가 실려 있는데, 재미있는 것은 2-3장에 있는 일곱 교회에 보낸 편지에 라오디게아 교회에 보낸 편지를 제외하고는 모두 첫머리에 이곳에서 인용한 부활하신 그리스도의 모습

을 묘사하고 있는 것이다. 본장은 각 교회에 보낸 편지들의 주제를 제시하는 것같이 보인다. 이제 여섯 교회에 보낸 편지의 처음 부분을 이끌어 내서 그것이 이곳에서 부활하신 그리스도를 묘사한 점과 어떻게 대응되는가를 보기로 하자.

에베소 교회의 사자에게 편지하기를 "오른손에 일곱 별을 붙잡고"(2:1), 서머나 교회의 사자에게 편지하기를 "처음이요 나중이요 죽었다가 살아나신 이가"(2:8), 버가모 교회의 사자에게 편지하기를 "좌우에 날선 검을 가진 이가"(2:12), 두아디라 교회의 사자에게 편지하기를 "그 눈이 불꽃 같고 그 발이 빛난 주석과 같은 하나님의 아들이 가라사대"(2:18), 사데 교회의 사자에게 편지하기를 "하나님의 일곱 영"과 "일곱 별을 가지신 이가"(3:1), 빌라델비아 교회의 사자에게 편지하기를 "거룩하고 진실하사 다윗의 열쇠를 가지신 이 곧 열면 닫을 사람이 없고 닫으면 열 사람이 없는 그이가 가라사대"(3:7).

이상은 매우 고도의 문학적 수법이요 기교이다. 요한계시록에는 말씀을 소중히 여긴 요한의 기술 흔적을 볼 수 있다.

(ⅱ) 둘째로 중요한 점은 요한이 구약에 있는 하나님의 칭호를 취하여서 부활하신 그리스도께 적용하였다는 사실이다. 요한은 하나님 자신만의 것을 예수 그리스도께 부여하는 것이다.

"그 머리와 털의 희기가 흰 양털 같고 눈 같으며"는 다니엘 7장 9절에 있는 '옛적부터 항상 계신 이'의 모습으로서 다른 사람이 아닌 바로 하나님 자신이다.

"그 음성은 많은(큰) 물 소리 같고", 이것은 에스겔 43장 2절에 묘사된 하나님 자신의 음성이었다.

"그의 오른손에 일곱 별이 있고." 구약성경에서 별을 주관하시는 분은 하나님이시다. 욥기에서 욥에게 "네가 묘성을 매어 떨기되게 하겠느냐 삼성의 띠를 풀겠느냐" 하고 물으신 분은 하나님이었다(욥 38:31). 별을 지배하시는 분은 하나님이시다.

"나는 처음이요 나중이니." 예언자 이사야가 들은 하나님의 음성은 "나는 처음이요 마지막이라 나 외에 다른 신이 없느니라"(사 44:6; 참고 사 48:12)였다.

"나는 곧 산 자라." 구약성경에 있어서는 "생존하신 하나님"(수 3:10; 시 42:2; 호 1:10)이야말로 하나님의 결정적인 특색이다.

"사망과 음부의 열쇠를 가졌노라"는 랍비의 말에, 하나님께만 속하고 다른 사람에게 나누어 주시지 않는 세 가지 열쇠가 있는데 그것은 출생과 비와 죽은 사람을 부활시키는 열쇠라고 하였다.

이러한 표현은 요한이 예수님께 대하여 품고 있던 경외의 마음을 여실히 표현하고 있는 것이다. 요한에게 있어서 예수 그리스도는 최고의 존재여서 구약성경에서 하나님만의 것이 되어 있는 칭호와 권능을 예수님께 부여하지 않을 수 없었다. "하늘에 있는 가장 높은 자리는 그리스도의 것이며 의당 그의 것이다. 왕의 왕, 주의 주, 하늘의 영원한 빛이시라"(바클레이).

전체적으로 보이신 주님의 모습은 주님의 신분과 관계가 있는 것으로 나타나셨다. 그러나 부분적으로 보이신 주님의 모습은 그의 속성이 나타난다고 하는 데서 영화로우신 주님의 모습을 또 엿볼 수 있다. 일곱 가지로 주님의 면모를 보여 주셨는데, 첫째가

"그 머리와 털의 희기가 흰 양털 같고 눈 같으며"(14절)라고 한다.

"인자 같은 이"의 신체의 모습을 묘사하는데 먼저 머리와 머리털부터 시작한다. "희기가 눈 같고 양털 같다"라고 한 것은 다니엘 7장 9절에서 영향을 받은 것으로 생각된다.

"내가 보았는데 왕좌가 놓이고 옛적부터 항상 계신 이가 좌정하셨는데 그 옷은 희기가 눈 같고 그 머리털은 깨끗한 양의 털 같고……"라고 하였다(단 7:9).

그런데 다니엘에서는 옷에 대해서 설명하고, 요한계시록에서는 머리와 머리털에 대해 설명한다. 그래서 내용이 일치하지 않는다. 그러나 두 곳 다 천적 존재를 표상한 점에서는 일치한다고 할 수 있다(마 28:3). "흰색"은 흔히 순결, 결백의 뜻을 표상하는 말로 사용되는데, 구약에서 "백발"은 인생경험과 지혜와 존경의 뜻으로 나타내는 말로 사용되었다(레 19:32; 잠 16:31; 시 71:19).

요한계시록에서 흰빛은 몇 가지 특색을 나타낸다. ⓐ 신적인 현상이나 천적인 현상을 신비스러운 빛으로 표현한다(6:10, 4:4) ⓑ 신적 존엄성을 반사해 주는 빛으로 나타낸다(3:18, 19:14) ⓒ 의복의 흰색은 순결성을 나타낸다(3:4, 7:13) ⓓ 흰색의 표상물체는 승리를 상징한다(3:5, 6:2,9, 2:17). 계시록의 모든 흰색의 특징이 재림 예수의 성격을 잘 나타냈다고 할 수 있겠다(김철손). 흰 머리털은 영원(장수), 지혜(노인의) 및 성결(정결, 시 51:8, 사 1:18)을 상징한다. 결국 그리스도의 신적 성결성과 영원성을 말한다(이상근).

백발은 인생의 모든 쓰라림을 다 겪고 나면 생기는 것이 백발이므로 지혜의 극치를 의미한다. 잠언 16장 31절에 보면 "백발은 영광의 면류관이라"고 했다(정양수).

흰 머리털은 영원하신 존재로서 노인의 지혜와 성결성을 뜻한다(시 51:7).

성결은 무죄성을 말한다. 그래서 바울은 주님에 대하여 "죄를 알지도 못하신 자"(고후 5:21)라고 하였으며 히브리서 저자는 "그는 한결같이 시험을 받은 자로되 죄는 없으시니라"(히 4:15)고 하였으며, 베드로는 "저는 죄를 범치 아니하시고 그 입에 궤사도 없으시며"(벧전 2:22)라고 하였다. 주님은 성결하시므로 그와 함께 3년간이나 동행했던 제자들도 그에게서 죄를 발견하지 못하였다고 하였으며, 그를 죽이려던 원수들도 그에게서 죄를 발견하지 못했던 것이다(요 18:38). 주님은 죄 없이 참으로 성결하신 분이다.

그러므로 주님은 사람을 정결케 하실 능력도 보유하고 계시는 것이다. 즉 "너희 죄가 주홍 같을지라도 눈과 같이 희어질 것이요, 진홍같이 붉을지라도 양털같이 되리라"(사 1:18) (이종열).

둘째, "그의 눈은 불꽃 같고"(14절).

저자는 '머리와 머리털'에 이어서 '눈'에 대해서 묘사하고 있는데, 문맥으로 보면 다니엘 10장 6절에 근거를 둔 말이라고 생각된다. 그런데 "불꽃"($\phi\lambda\grave{o}\xi$ $\pi\upsilon\rho\acute{o}\varsigma$)이라는 말이 다니엘 7장 9절에 나오고, 다니엘 10장 6절에는 "눈은 횃불 같고"라고 되어 있기 때문에 표현의 정확성을 따진다면 다니엘 7장 9절에 더 가깝다고 할 수 있다. 그러나 여기의 "사람의 아들"의 모습(14-15절)과 다니엘 10장 5-6절의 천사의 모습이 매우 흡사하게 묘사되고 있으며, 그 성격도 같은 점을 찾아 볼 수 있어, 대체로 다니엘 10장 5-6절에 근거를 두었다고 하겠다. 불꽃 같은 눈은 재림 예수의 영적 통찰력을 확증하는 말이다. 이 눈으로 그를 두아디라 교회의 선행과 악행을 철저하게 감찰했다(2:18-20) (김철손).

"불꽃 같은 눈"은 공의의 눈이며 전지성을 나타내는 눈이다. 주님은 만민에게 공의로운 분이시기에 믿음이 신실한 사람은 누구든지 구원과 축복을 주시며 죄 있는 자로서 회개치 아니하는 자는 심판으로 다스리게 되는 것이다. 그래서 다니엘은 "인자의 눈은 횃불 같았다"고 환상을 통하여 본 바 대로 주님을 심판주로 기록하였다(단 10:6). 또한 주님은 전지전능하신 눈을 가지고 계시기에 사람의 속마음을 보신다(계 2:23). 사무엘은 하나님의 눈을 가리켜 "나의 보는 것은 사람과 같지 아니하니 사람은 외모를 보거니와 나 여호와는 중심을 보느니라"(삼상 16:7)고 하였다.

예수님이 사마리아 여인과 대화를 하실 때 "가서 네 남편을 불러오라" 하였더니 여자가 대답하여 가로되 "나는 남편이 없나이다"라고 했다. 그러나 예수님은 "네가 남편이 없다 하는 말이 옳도다 네가 남편 다섯이 있었으나 지금 있는 자는 네 남편이 아니니 네 말이 참되도다"(요 4:17-18)라고 하였다. 이는 곧 중심을 보시는 주님의 전지성을 말씀하고 있다.

주님의 눈은 공의와 전지성을 가지고 우리를 보고 계신다. 어떤 때는 노여움의 눈으로 슬퍼하시고(막 3:5), 또 어떤 때는 마음에 깊은 상처를 담으시고 긍휼의 눈으로 보시며(눅 22:61), 또 어떤 때는 사랑이 넘치는 눈으로(막 10:21) 보고 계신다. 엄숙하고 공의롭고 거룩한 눈이 우리를 보고 있다. 언제 어디서나 항상 보고 계신다. 우리는 이 주님의 눈을 의식해야 한다. 이 예수님을 의식할 때 인생이 달라지는 것이다(이종열).

셋째 "그의 발은 풀무에 단련한 빛난 주석 같고"(15절).

다니엘 10장 6절에는 하나님의 사자를 "그 팔과 발은 빛난 놋과 같고"라고 묘사하였다. 에스겔 1장 7절에서는 천사에 대하여 "그 발바닥은 송아지 발바닥 같고 마광한 구리(갈아서 광을 낸 구리)같이 빛나며"라고 묘사하고 있다. 그래서 우리는 이러한 묘사 가운데서 두 가지를 볼 수 있다. ① 청동은 그 자체가 힘을 설명하는 것이며 하나님의 부동하신 확실성을 타내는 것이요 ② 빛나는 빛은 빠름(속도), 즉 하나님의 백성을 돕는 일에나 죄를 벌하시는 데 있어서 하나님의 발 빠름을 나타내고 있다(바클레이).

그런데 이 문장 역시 다니엘 10장 6절의 "발은 빛난 놋과 같고"와 연관이 있다고 본다.

다니엘 10장 6절에서 "팔"이 언급되어 있으나 여기서는 생략되었다. 본문에서는 풀무불에 단련된 주석이라고 했는데, 이는 용광로에서 매우 강한 열도로 제련되어 나온 합성강철 놋쇠를 말한다. 놋쇠는 금, 은 다음가는 쇠붙이로 성전의 제단용품, 가정의 기물, 특히 강하게 제련된 놋쇠는 눈부신 광채가 나며 고귀한 금속으로 인정된다. 강철과 같은 재림 예수의 발은 이제 십자가에 달린 연약한 발이 아니라, 원수를 질그릇같이 쳐부술 강철 같은 발이다 (12:5, 19:15).

재림주의 강력한 의지와 엄격한 심판권을 상징적으로 표현한 것이다(김철손). 풀무에 단련된 빛난 주석 같다고 하였으니 이는 모든 환난과 역경과 핍박을 통과한 빛나는 발이다. 빛난 주석과 같다는 발의 묘사는 복음을 전하여 주신 아름다운 사랑의 발을 의미한다. 아가 5장 15절을 보면 "다리는 정금 받침에 세운 화반석 기둥 같고"라고 하였다. 이는 술람미 왕비가 솔로몬의 아름다운 다리를 묘사한 말이다. 풀무에 단련된 빛난 주석은 그 발의 아름다움을 묘사한 말씀이다. 왜 아름다운 발일까? 첫째로 복음을 가지고 오신 발이기 때문이다. "좋은 소식을 전하는 자의 발이여"(롬 10:15) 하였으니 주님의 발은 아름다운 소식을 가지고 세상에 오신 발이었다. 둘째로 십자가에 못 박히신 발이기 때문이다. 그 발에서 흘리신 보혈로 우리가 죄 씻음을 받고 구원을 얻었기 때문이다.

주님의 발은 권세와 영광을 가지고 세상을 심판하는 승리의 발이라는 뜻이다(단 10:6; 겔 1:7). 예수님의 초림시는 육신의 몸을 입으시고 오신 연약한 모습이었다. 비천과 외로움에 쫓기어 다니시면서 배고픔과 고독 속에서 살았으며 후에는 두 손과 발에 못박힘을 당하는 처참한 모습이었다. 그러나 다시 오시는 재림의 주님은 영광과 권능과 권세와 심판의 주님이시기 때문에 원수들을 밟으며 그 발 아래 원수들을 복종케 하시는 승리의 주님이시다(사 63:2-6; 마 22:44; 계 19:15, 14:19) (이종열).

넷째 "그 음성은 많은(큰) 물 소리와 같으며"(15절).

이 문장도 역시 다니엘 10장 6절의 "그 말소리는 무리의 소리와 같더라"고 한 구절에 기인한 것 같다. 그리고 "많은 물 소리 같은"이라는 표현은 에스겔 1장 24절의 "······내가 그 날개 소리를 들은즉 많은 물 소리와도 같으며"와 43장 2절의 "하나님의 음성이 많은 물 소리 같고"에도 있다. 이와 비슷한 표현은 시편 19편 4절의 "그 소리가 온 땅에 통하고 그 말씀이 세계 끝까지 이르도다"라는 구절과 시편 29편 3절 "여호와의 소리가 물 위에 있도다"에서도 찾아볼 수 있다. 본서에도 같은 표현이 있는데(14:2, 19:6), 재림 예수의 음성과 구별되며 10장 2절의 천사의 소리와도 구별된다. 여기 재림 예수가 말하는 음성은 천하를 진동시키는 위엄과 경외에 넘치는 장엄한 음성이다. 이 음성으로 이 세상의 최후의 심판이 선고될 것이다(김철손).

요한은 외로운 고도 밧모섬에서 수없이 암벽에 몰아쳐 깨어지는 대해(大海)의 파도 소리를 듣고 있었다. 그런데 작았다가 다시 크게 들려오는 에게해의 파도 소리를 들으면서 주님의 음성이 꼭 그와 같다고 설명하고 있는 것이다. 바다에서 파도치는 물 소리는 불가항력적인 주님의 권위와 엄위하심을 뜻한다. 어떤 때 작은 파도 소리는 부드러운 음악 소리나 정다운 여인들의 속삭임과도 같다. 그리고 어린 아기를 잠재우는 어머니의 사랑스럽고 안온한 자장가와도 같다. 그러나 바람이 불고 거센 물결이 요동칠 때, 들려오는 큰 파도 소리는 죄악을 꾸짖는 노호성(怒號聲)으로 책망하시는 위엄이 깃든 무서운 소리이다. 이는 말세를 당하여 심판을 경고하시는 음성일 수 있다. 우리는 지금 은혜의 시대에 살고 있다. 조용히 들려오는 주님의 호소를 듣고 깨달아 후회함이 없는 인생, 은혜에 보답할 수 있는 삶을 살아야 할 것이다(마 11:28-29; 왕상

19:12) (이종열).

"그 음성은 많은 물 소리와 같으며"는 에스겔에 묘사된 하나님의 목소리다(겔 43:2). 그러나 요한이 밧모섬에서 들은 물결의 소리의 반영일 수도 있다. H. B 스위트는 "에게해의 바닷물 소리가 예언자의 귀에 들렸다"고 기록하였다. 아마 요한이 큰 파도 소리를 들었을 때 하나님의 음성을 상기하였는지도 모른다. 스위트의 상상은 여기에 매우 아름답게 표시되어 있다. 하나님의 음성은 단일한 곡조가 아니라 어떤 때는 울부짖는 큰 물결이나 파도처럼 무서운 소리이며, 또 어떤 때는 희랍어 구약성경이 표현하는 대로 산들산들 부는 미풍(微風)과 같은 작은 소리가 된다(왕상 19:12). 하나님의 음성은 주위를 압도하는 무서운 책망처럼 들릴 때도 있고, 또한 상처를 입은 어린애를 쓰다듬어 주고 위로하는 어머니의 다정한 목소리일 수도 있다(바클레이).

이것은 힘 있는 소리여서 어떤 때는 모든 죄 있는 인간들을 두렵게 하는 회개의 도전(挑戰)이기도 하지만 세상 끝 날에는 심판 선고의 무서운 말씀이다(박윤선). 요동하는 큰 물의 깊고 웅장한 소리, 큰 강이 폭포로 되어 내리 흐를 때 속 깊이 울리는 음향 같은 것이다. 전능자의 발언이 엄위하여 깊은 외경(畏敬)을 자아 내는 것을 표시한다. 이상의 여러 가지 묘사는 다니엘 10장 5-6절의 천사의 모습을 영광 중의 그리스도 묘사에 적용한 것이다. 그 천사의 "오랜 후의 일"(단 10:14)에 대한 예언이 그리스도에게서 성취됐다는 견해였으므로 아무 무리도 느끼지 않은 것이라 추측된다(김재준).

다섯째, "그 오른손에 일곱 별이 있고"(16절).

구약에서 하나님의 오른손은 하나님의 능력을 상징한다(출 15:6).

하나님은 오른손으로 복종하는 자를 보호하며(시 17:7) 배반하는 자를 벌한다(시 21:8). "오른손에" 일곱 별이 있다고 했는데, 일곱 별은 일곱 교회의 사자로 실제로 일곱 교회를 지시한다(1:20). 그러므로 그리스도는 하나님 우편에 계신 초월자이며 현재 지상에 있는 교회를 그의 능력의 손으로 관장하는 내재자이다. 13절에서 그리스도가 일곱 촛대 사이를 배회하는 것처럼 말했으나, 16절과 20절을 연결시켜 보면 그리스도와 교회와는 "초월적 내재"(transcendental immanence)의 밀접한 관계가 있다는 것을 알 수 있다(김철손). 초월성은 주님의 절대 주권을 말하고 내재성은 주님의 절대 사랑을 보여 주는 까닭이다. 하나님의 교회에 대한 절대적인 주권을 주께서 행사하시고 또한 그 교회에 대하여 주께서 절대적인 사랑으로 대하여 주시는 한, 구원의 영광은 확실하다고 해도 과언이 아닐 것이다(이순한).

일곱은 우주적인 숫자요, 완전을 의미한다. 별은 주의 사자, 즉 주의 종들을 예표한다(계 1:20). 주님은 교회의 영적 흐름을 유지하기 위하여 주의 종들을 세워서 다스리게 했다. 그런데 주의 종들을 잡고 있다는 오른손은 무슨 뜻을 가지고 있는가?

오른손은 일하는 손이요, 힘 있는 손이요, 붙잡는 손이다. 또 오른손은 사람들과 악수를 나누는 화해의 손이요, 교제의 손이요, 사랑의 손이다. 오른손은 보호하고 축복하는 귀한 손이다(사 62:2-3;

요 10:28, 17:12). 그러므로 주님은 시대마다 능하신 권능과 사랑과 보호와 축복의 손으로 일하시며 교회를 장중에 붙잡고 통치하고 있음을 말씀하고 있다. 우리는 주님의 손에 붙들려 보호받고 있으니 참으로 무슨 원수의 악한 세력이나 궁핍과 질고가 엄습해 온다 할지라도 두려워할 것이 없는 것이다. 그리고 주의 종들은 주님의 손에 의하여 임명된 것을 알고 마땅히 성도들은 주님을 섬기듯 받들고 존경하며 함께 고락을 나누어야 할 것이다. 어느 교회든지 주의 종을 존경하고 순종하며 받드는 화목과 성실이 있는 교회에는 모두 평안이 있고 부흥이 함께한다.

"너희를 인도하는 자들에게 순종하고 복종하라 저희는 너희 영혼을 위하여 경성하기를 자기가 회계할 자인 것같이 하느니라 저희로 하여금 즐거움으로 이것을 하게 하고 근심으로 하게 말라 그렇지 않으면 너희에게 유익이 없느니라"(히 13:17)(이종열).

"오른손"은 권능의 손으로서(출 15:6), "일곱 별"은 일곱 교회의 사자를 상징한다(1:20). 그는 현재 지상 교회의 사역자들을 힘있게 붙잡고 계신다. 그는 하늘 보좌 우편에만 계시는 초월적인 그리스도만이 아니고, 역사 속에 들어와 현재 위기에 처해 있는 교회의 사자들과 함께 하시는 그리스도이시다. 여기서 초월적이면서도 내재적인 그리스도를 본다(박수암).

여섯째, "그 입에서 좌우에 날선 검이 나오고"(16절).

"검"은 트라키안(Thracian) 문헌에 의하면 "긴 칼"로 사람의 키만큼 길고 양손으로 사용하는 무기라고 한다. 그래서 "창"으로 번역한 곳도 있다(시 35:3). 한편 "단검"으로 해석하는 사람도 있다(눅 2:35). 옛날 다윗이 골리앗의 머리를 자른 칼(삼상 17:51) 같은 것이다. "칼이 입에서 나온다"라는 말은 또 있다(2:12, 16, 19:15, 21). 이 말은 말씀의 날카로움과 엄격성을 비유적으로 하는 말이다. 구약 이사야 49장 2절에서는 "내 입을 날카로운 칼같이 만드시고"라고 했고, 시편 64편 3절에서는 "저희가 칼같이 혀를 연마하며 화살같이 독한 말로 겨누고"라고 했다. 또 신약의 히브리서 4장 12절에는 "하나님의 말씀은 살았고 운동력이 있어 좌우에 날선 어떤 검보다도 예리하여"라는 구절이 본문 주석에 도움이 될 것이다.

여기의 말씀의 주인공은 그리스도인데, 그가 일곱 교회를 주관하고 보호하여 그의 대적자와 이단자와 악인들을 가차없이 심판할 것을 강조하는 말이다(김철손).

여기서 '검'이란 것은 '단도'를 의미한다. 짧고 그 형상이 혀와 비슷하다. 그 말의 능력을 표시한 것이어서 성경에는 이런 표현이 많이 사용되고 있다(사 49:2; 히 4:12; 살후 2:8).

이 권능의 말씀은 악자(惡者)에 대한 심판만을 의미함이 아니라 회개, 갱신, 용서, 재창조에도 함께 역사한다. 그런 의미에서 심판과 갱신의 양편 날이 한 칼에 붙어 있다고 할 수 있다. 진실로 그리스도의 말씀은 강력하기만 한 것이 아니라, 심판의 강함과 속량의 온유함이 함께 역사하는 '좌우에 날선 검'인 것이다(김재준). 이것은 사람의 심혼골수(心魂骨髓)를 쪼개며 또한 죄악을 날카롭게 판단하는 하나님의 말씀을 가리킨다. 이 말씀이 영적 병자 곧 죄인을 해부하여 구원하며(히 4:12), 또 끝까지 회개하지 않는 자들을 정죄하며 심판한다(계 19:20; 요 12:48) (박윤선).

일곱째, "그 얼굴은 해가 힘있게 비취는 것 같더라"(16절).

재림 그리스도의 신체의 마지막 모습은 얼굴이다. 지금까지 보여 준 부분적인 모습을 종합해서 '얼굴'로 표현했다. 헬라어로 얼굴(ὄψις)은 '외모' (요 7:4)라는 의미로 흔히 쓰인다. 얼굴은 전체 외모를 대표하는 부분이기 때문에 얼굴에는 그 본체 본성이 더 잘 나타난다고 할 수 있다. 복음서에 보면 예수가 산상에서 변모될 때 "얼굴이 해같이 빛났다"(마 17:2)라고 했다. 여기서 얼굴은 신체적 용모(πρόσωπον)를 사용했다(4:7, 9:7, 10:1). 그런데 변화산에서 보여 준 그의 얼굴빛은 순간적이며 잠시적이었지만, 지금 여기에 보여 준 재림 그리스도의 얼굴은 영원한 하늘의 영광, 화평, 자비, 위엄을 총체적으로 보여 준 재림 메시아 자신의 얼굴이다. "해가 힘있게 비친다"라는 표현은 사사기 5장 31절의 "주를 사랑하는 자는 해가 힘있게 돋음 같게 하시옵소서"라는 말에 영향을 받은 것 같다. 그런데 사사기에는 하나님께 충성한 자에게 하늘의 영광을 기원하는 말씀이 있다. 그런데 신약에는 "의인들이 하늘나라에서 해같이 빛나리라"(마 13:43)고 했다. 그러므로 여기에 구원받은 모든 그리스도인들이 장차 하늘나라에서 그리스도의 영광에 동참할 수 있다는 것을 암시해 주고 있다(김철손). 햇빛은 일곱 색으로 조성되어 있다고 한다. 그러므로 빛 중에는 가장 완전한 빛을 상징한다. 주님의 섭리로 보내어 세워진 의인(13:43)이나 천사들의 얼굴은 해처럼 빛이 난다고 했다. 얼굴은 사람의 인격을 나타나는 부분이다. 그러므로 주님의 얼굴이 "해가 힘있게 비취는 것 같다" 하심은 태양의 빛처럼 사람들에게 따뜻함과 성장의 은총과 보호의 기능을 갖는 사랑의 모습이요, 또한 영광의 얼굴이기도 하다는 뜻이다. 이 그리스도의 빛에 직면했을 때 죄인들은 회개하고 성도들은 은혜를 입게 된다(행 9:3, 26:13). 주님은 변화산에서 해처럼 빛을 발하시었고, 또 다메섹에서 바울에게 보이실 때에도 공중에서 빛으로 나타나셨다. 이 햇빛 같은 주님의 얼굴은 우리를 향하신 주님의 사역기능의 총합된 영광된 모습이었다(눅 18:13; 막 4:1-2; 히 12:29) (이종열).

얼굴의 각 부분을 묘사한 후 그 전체의 인상으로 결론을 맺는다. 태양의 7색이 태양빛이 되는 것처럼 그리스도의 모든 위엄은 햇빛이 최고도로 비칠 때와 같았다(행 26:13 참조). 의인(마 13:43) 또는 천사(10:1; II Enoch 1:5)의 얼굴도 해처럼 빛난다고 하였다. 이때 저자는 변화산에서의 그리스도의 얼굴을 연상했을지 모른다(마 17:3). "그가 변화산에서 순간적으로 미리 체험한 영광이 이제는 그리스도에게 영속하는 것을 보았던 것이다"(이상근).

엄동설한(嚴冬雪寒)이 지나고 양춘가절(陽春佳節)이 돌아와 해가 힘있게 비취면 모든 만물이 살아난다. 해가 힘있게 비친다는 것은 넘치는 생명력을 의미한다. 누구든지 예수 그리스도 앞에 나오면 그 얼굴에서 흘러 나오는 광채를 받아 마음에 생명이 넘치고 충만한 기쁨을 맛보게 된다. 예수 그리스도는 우리의 기쁨이요 생명이시다(조용기).

이상에서 본 바와 같이 오늘 우리 가운데 와 계신 예수님은 발에 끌리는 제사장과 재판관의 옷을 입고 가슴에 만왕의 왕을 표시하는 순금 띠를 띠셨으며 순결하고 전지(全知)한 흰 양털 같은 머리와 불꽃 같은 눈으로 우리를 지켜 보시며 빛난 주석 같은 발로 심판을 예비하시고 창조주의 음성을 발하시며, 오른손에는 일곱 별을 그리고 입에는 말씀의 검을 가지시고 힘있게 비취는 해와 같은 얼굴로 지금 바로 이 자리에 우리와 함께 계시는 것이다(조용기).

이는 요한 사도를 통하여 주께서 직접 계시하여 주신 예수의 모습이다. 우리는 이 영광과 엄위와 순결과 심판과 그리고 삶의 말씀으로 빛과 같이 임재하시는 주님의 모습을 보면서 참으로 경건한 심령으로 주님 앞에 무릎을 꿇고 신앙을 완성시켜 말세에 승리하며 살아가야 하겠다(이종열).

3. 이 계시의 결과(1:17-20)

개요

첫 번 환상을 본 저자 요한은 이제 예수 그리스도에게서 직접 지시를 받으며 본 "계시"에 대한 소명의식을 재확인하게 된다. 과거에 모든 예언자들이 이러한 경험을 했다(수 5:14; 겔 1:28; 단 8:17, 10:15; 사 6:5; 행 9:4-9 바울).

요한이 받은 주님의 계시의 결과는 세 가지로 구분된다. 그 첫째가 요한의 반응(1:17상), 둘째가 그리스도의 위로(1:17하-18), 셋째가 그리스도의 명령(1:19-20)이다.

(1) 요한의 반응(1:17상)

기독교가 로마제국의 박해를 받을 때에 사도 요한은 90세가 넘는 노인이었다. 요한은 이때 지중해 가운데 있는 "밧모"라는 작은 섬에 정배 받아서 가 있었다. 그는 밧모섬 광산에서 광부의 노예 생활을 하며 주님의 은총을 증거하다가 고생도 하였다.

이때 사도 요한은 (1) 주님이 살아 계실 때에 하시던 일생의 사업을 생각하였다 (2) 주님의 품에 안기어서 사랑을 받던 일도 생각하였다 (3) 주님과 동고동락하면서 전도하던 일도 생각했다. 동지 신도들이 순교하던 일도 생각하였다. 이 모든 일들을 생각하며 하루하루를 지내던 중 요한 사도는 주님의 영광된 광경을 보았을 때 그 경이감, 그리고 감격은 차라리 주님 앞에 죽음같이 엎드러질 수밖에 없었던 것이다. 주님이 생존하셨을 때 요한은 직접 육신의 눈으로 보고, 듣고 그 품에 기대기도 하면서 사랑을 경험한 사람이었다(요일 1:1-2).

그러나 막상 환상을 통하여 하늘에 계신 주님을 뵈올 때 그 모습은 매우 위대하고 장엄한 영광이라 감히 육신의 눈으로 외람되이 볼 수조차 없는 광경이었던 것이다. "내가 볼 때에 그 발 앞에 엎드러져 죽은 자 같이 되매"(1:17상). 이것은 하나님께서 에스겔에게 말씀하실 때 그가 경험한 것이다(겔 1:28, 3:23, 43:3).

다니엘이 하나님의 거동 앞에 이렇게 엎드렸던 일이 있었다(단 8:17). 또한 다니엘은 하나님의 음성을 들었을 때에도 그 앞에 엎던 일이 있었다(단 10:9). 베드로가 게네사렛 호수에서 밤새도록 고기를 잡았으나 고기를 잡지 못하고 새벽녘에 그물을 씻던 중 주님이 나타나서 "깊은 곳에 한 번만 더 그물을 던지라"고 하셨을 때 순종하여 그물을 던진 후 고기가 두 배에 채워지는 기적을 체험하였다. 그 후 베드로는 믿음의 눈이 열리어 주님을 보고 영광의 모습에서 감히 자기와 같은 죄인은 함께 범접(犯接)할 수조차 없음을 깨닫고 그 앞에 엎드려져 "주여 나를 떠나소서 나는 죄인이로소이다" 하고 두렵고 떨리는 고백을 하였던 것이다(눅 5:1-11). 변화산상에서 예수의 제자들은 하늘에서 나는 음성을 들었을 때 그러했다(마 7:6). 사도 바울은 부활하신 주님의 영광을 보자 역시 그 앞에 엎드러졌고 주님의 영광에 압도당하여 눈이 멀었다고 한다(행 9:4,8). 그래서 그는 후일에 아그립바 왕 앞에서 자기가 받은 은혜를 간증할 때 땅에 엎드렸다고 했다(행 26:14).

요한이 경험한 이 체험 자체가 감격스러운 사실이다. 그리고 존엄스럽고 신비스러운 "사람의 아들 같은 이" 앞에 나서게 된 것은 매우 두려운 일이며 놀라운 일이어서 그 발 앞에 엎드러질 수밖에 없었다. 요한은 본래 유대인의 신 사상인 "하나님을 보고 살 사람이 없었음이니라"(출 33:20)는 말씀을 기억하고 있었을 것이다. 그런데 그는 단지 공포와 전율적인 감정을 억제하지 못하고 졸도한 것이 아니라, 인간적인 감정을 초월한 영적인 경외감에 압도되어 정신적으로 위축되어 있었다는 말이다(김철손).

예수님의 사도인 요한이 이처럼 주님을 뵙자 엎드러졌고 죽은 자같이 되었다고 하는 것은 주님의 영광이 얼마나 영화롭고 거룩하며 두려운가를 잘 보여 준다. 이것이 참 계시를 받은 결과라는 것이다.

① 항복의 의미가 있다. 승자 앞에 패자가 취하는 자세이다.

② 영접의 의미가 있다. 그를 주로, 왕 중 왕으로 환영함을 뜻한다.

③ 자기 복종의 의미가 있다. 육과 죄악의 사람을 쳐서 복종시키는 자세이다.

④ 주님의 자기 분부를 기다리는 태도도 된다. 어명을 받는 태도이다.

⑤ 자기 겸손과 애원의 뜻도 된다.

⑥ 예배하는 의미로 나타내고 있다.

인생은 그 앞에서 이렇게 녹아지고 깨어질 줄 알아야 한다. 그것이 인생의 본래요, 인생된 의미이며 참으로 행복이다. 이것이야말로 인생 본래의 모습이 아닌가(석원태)?

(2) 그리스도의 위로(1:17하-18)

사도 요한이 그리스도를 보고 그 발 앞에 엎드러져 죽은 자같이 되었다고 하는데 그리스도께서는 이에 대하여 놀라운 위로를 그에게 주셨다. 그것은 죽은 자같이 되어 버린 그에게 참으로 적절한 방법으로 위로하신 주님의 모습이다.

① 그 하나가 행동으로 위로하시는 주님이시다. 그것은 "그가 오른손을 내게 얹고"라고 하는 것이다. 그 주님의 "오른손"은 힘 있는 손이요, 일하는 손이다. 일곱 별을 붙잡는 손이다. 병든 자는 고쳐 주고 어린아이들은 안고 축사하던 손이요, 십자가에 못 박혀 피흘린 손이요, 부활 후 도마에게 보여 주던 증거의 손이다. 요한

의 어깨에 그 오른손이 얹어졌다. 신약에서 손을 얹는 일(안수)은 대체로 ⓐ 교회에서 직임을 임명할 때(딤전 4:14; 딤후 1:6; 행 6:6, 13:3) ⓑ 병자에게(약 5:13; 막 7:33; 마 9:3) ⓒ 성령 충만을 기원할 때(행 8:17, 9:17, 19:6) 하는 행동으로 나타나는데, 여기서는 하나님의 특별하신 위로와 격려와 축복을 약속하는 행동으로 나타난다. 영광의 주께서 다정하게 안수하시며 위로하시는 참으로 아름다운 모습이다.

② 또 하나는 말씀으로 위로하신 주님이다.

요한은 육체적으로 죽은 자 같은 상태에 있었으나, 영적 감각은 살아 있어서 예수의 오른손의 접촉을 감촉할 수 있었으며 "두려워 말라"는 그의 부드러운 음성을 들을 수 있었다.

요한은 예수가 세상에 있을 때 가끔 들려준 그 음성(마 4:27; 막 6:50; 마 17:7)을 연상하며 확인할 수 있었다. 바다 위를 걸어오는 주님을 보고 놀란 제자들에게 "내니 두려워 말라"(마 14:27; 막 6:50)고 하였고, 변화산에서 하나님의 목소리에 놀란 제자들에게 "두려워 말라"(마 17:7)고 하셨다. 우리가 접근할 수 없는 하늘의 영광에 나아갈 때에도 주께서 우리에게 "내가 여기 있으니 두려워 말라" 하신 것이다. 그런데 여기서 중요한 것은 이 세상의 모든 두려움을 순간적으로 해소시킬 수 있는 하늘의 음성이라는 것이다.

왜 요한에게 그런 두려움이 임하였는가? 그것은 그가 인간이니만큼 연약하고 죄도 있는 까닭이었다. 크레다너스(Greijdanus)는 말하기를 "그가 그렇게 된 것은, 그의 연약성 때문이라기보다 오히려 죄 때문이었겠다"(사 6:5 참조)라고 하였다.

그러면 무엇에 근거하여 "두려워 말라"라고 금령을 주신 것인가? 그 이유의 첫째가, "나는 처음이요 나중이니"라는 것이다. 8절의 "나는 알파와 오메가라"는 말과 같은 것이다. 본래 하나님의 영원성과 절대 주권을 주장하는 말인데(사 41:4, 44:6, 48:12), 요한계시록에는 그리스도 자신의 증언으로 되어 있다. 특히 여기서 종말론적인 해석에 의하면 영원한 하늘나라의 주권자인 하나님과 예수 그리스도가 하나라는 것을 확증하는 말이다(김철손). "처음과 나중"이란 말씀, 곧 온 우주의 창조자요 그 완성자라고 하시는 이 표현은 이사야에서 여러 번 하나님께 적용하였는데(사 41:4, 44:6, 48:12), 요한계시록 1장 8절에서도 하나님께 적용하였고 여기서는 그리스도에게 적용하고 또한 요한계시록 2장 8절과 22장 13절에서도 역시 그리스도에게 적용하였다. 이것은 주 예수 그리스도가 하나님이심을 보여주며 또한 주 예수는 창조자이신 동시에 완성자이심을 보여주는 것이다(이순한). "나는 처음과 나중이라. 창조를 통해 처음이요, 심판을 통해 나중이라. 내 앞에 신이 없었기 때문에 처음이요, 내 후에도 신이 없기 때문에 나중이라. 만물은 내게서 나갔기 때문에 처음이요, 만물은 내게로 돌아오기 때문에 나중이라. 나는 시작의 원인이기 때문에 처음이요, 나는 심판자이며 종말이기 때문에 나중이라"(이상근).

그 이유의 둘째가 "곧 산 자라 내가 전에 죽었노라"라고 하신 말씀이다. 여기 "산 자"라는 말씀은 부활하신 분이라는 것이고 "전에 죽었노라"라고 하신 것은 그가 우리의 죄를 대속하기 위하여 십자가에서 죽으신 것을 보여준다. 주님의 십자가의 죽으심은 우리의 죄를 속하시기 위함이었고 그가 죽음의 세력을 꺾으시고 부활하신 일은 우리가 죄 용서를 받고 영원한 의를 얻게 되었다고 하는 표로써 하신 일이다. 그러니까 그리스도께서는 우리를 위하여 두 가지 일을 하여 주셨는데, 그것이 죄를 사함 받도록 대신 죽으신 것과 또한 의를 얻은 보증으로 죽음의 권세를 꺾으시고 부활하신 사실이다. 이 두 가지 일은 우리 그리스도교의 생명적인 교리요 교훈의 핵심이라고 할 것이다. 그러니까 이미 우리는 믿고 죄 사함을 받았고 또한 영원한 의를 얻었으니 주 앞에서나 사람 앞에서 두려워할 하등의 이유가 없는 것이다(이순한).

십자가와 부활의 역사적 사실을 가리킨다. 이 둘은 역사적 예수의 마지막을 장식한 2대 사건이며 초대교회의 선교 제목이었다. 그리고 그것은 영원히 그리스도교의 중심 교리가 되어야 하는 것이다. 부활은 그리스도의 신분(person)을 입증하고(롬 1:4) 십자가는 그의 구령속죄의 사역(work)을 말한다(막 10:45). 이 두 가지는 언제나 균형되어야 한다. 어느 한편에 기울어질 때 상대방만 잃어버리는 것이 아니라, 그 편 자체도 무의미하게 되는 것이다(이상근).

"산 자"(ὁ ζῶν, The Living one)는 구약에서 "영원히 살아 계신 하나님"(수 3:10; 시 42:2, 84:2)을 지칭했으나 신약에서는 예수 그리스도에게 전용되었다(마 16:16; 창 14:15; 롬 9:26; 계 4:9,10, 7:2, 10:6, 15:7).

그런데 여기서 "내가 전에 죽었노라…… 이제 세세토록 살아 있다"라는 말은 한 번 죽었다가 부활하신 그리스도의 영존성을 증언하는 말이다. 요한계시록에는 1장 5절과 22장 8절 외에는 예수의 죽음과 부활을 암시하는 구절이 없다. 그러므로 예수 그리스도는 하나님과 동일한 "산 자"가 되는 것이다. 그래서 예수가 일찍이 "아버지께서 자기 속에 생명이 있음같이 아들에게도 생명을 주어 그 속에 있게 하셨고"(요 5:26)라고 했다. 그런데 예수의 경우는 한 번 죽은 일이 있다는 데 특성이 있다. 그는 인간의 죄를 대속하기 위해서 십자가에서 죽었다가 부활하셨다. 요한은 여기서 부활을 강조하기 위해서 "볼지어다"라고 독자들에게 주의를 환기시켰다. 부활하신 그리스도는 지금 하나님 우편에 앉았다가 장차 "사망과 음부의 열쇠"를 가지고 죽은 자와 산 자를 심판하실 주권자로 다시 오리라는 것을 확증해 준다(김철손).

그 이유의 셋째가 "볼지어다 이제 세세토록 살아 있어 사망과 음부의 열쇠를 가졌노니"라고 하신 말씀이다. "세세토록 살아 있어"라고 하신 말씀은 다시는 죽으실 수 없는 "신적 영존 상태"를 뜻하는 말씀이고 "사망과 음부의 열쇠를 가졌노니"라고 하신 말씀은 사람을 죽이거나 살리는 일, 사람을 심판하여 영원한 저주에 던지는 것이나 구원하여 영원히 영생을 얻게 하시는 일을 가리키는 말이다. 그러니까 여기서 "열쇠"는 절대적인 주권을 가리킨다(이순한).

우선 예수의 죽음과 부활 사건을 "사망과 음부의 열쇠"로 표상할 수 있다. 그리고 모든 그리스도인의 최종 운명도 죽음과 부활로 결정된다고 할 수 있다. 그것은 예수가 사망과 음부의 열쇠를 가지고 있기 때문이다. 그런데 이 열쇠($κλεῖs$)는 사망과 음부로 들어가는 "지옥문의 열쇠"로 생각해서는 안된다. 이것은 예수가 사망과 음부를 주관하고 지배하는 전권을 장악하고 있다는 것을 확증하는 말이다. 여기에서 예수의 음부행의 문제가 제기된다.

우리나라 개신교의 사도신경에는 "장사한 지 사흘만에 죽은 자 가운데서 다시 살아나시며"라고 되어 있는데 본래 그리스도교 신앙고백 원형에는 "장사하여 음부에 내리셨다가"(descenditad inferna)라는 항목이 들어 있다. 그래서 학자들 가운데는 예수의 음부행을 주장하는 사람들이 있다. 예수의 음부행의 성서적 근거는 베드로전서 3장 19절의 "저가 또한 영으로 옥에 있는 영들에게 전파하시니라"에 두고 있다. 예수가 음부에 내려가서 예수 이전에 죽은 영혼들에게 복음을 전파해서 그들에게도 구원의 기회를 주었다는 것이다. 이 사상을 뒷받침할 수 있는 성구는 베드로전서 4장 6절 "죽은 자들에게도 복음이 전파되었으니", 빌립보서 2장 10절 "땅 아래 있는 자들로 모든 무릎을 예수 이름에 꿇게 하시고", 에베소서 1장 20절 "죽은 자들 가운데서 다시 살리시고"에도 있다(김철손).

"열쇠"는 주권을 의미하는데 사망과 음부(陰府: 죽은 자가 있는 곳)의 주권을 "가졌다"는 것은 그가 친히 죽음을 이기시고 부활하셨으니 이제부터는 사망의 지배 아래 있는 자들을 그의 권세로 석방하실 수 있다는 것이다.

"음부"는 무엇인가? 그것은 헬라원어로 하데스($ᾅδης$)이니, 구약의 스올($\cdot$)에 해당한다. 신약에서는 이것이 회개하지 않은 자들이 죽은 후에 가는 흉한 곳을 의미한다. 그러나 구약에서는 스올이란 말이 육신의 죽음 상태와 무덤을 의미하기도 하나, 별세한 영혼들이 가는 곳을 가리키는 말로도 사용되었다. 특별히 선한 사람이나 악한 사람이 다 갈 수 있는 곳을 가리킨다(왕상 2:2,9; 욥 3:13, 30:23; 시 89:48; 사 14:9; 겔 32:28). 거기 간 사람들이 서로 이야기할 수 있다고 말한다(사 14:9). 델리취(Delitzsch)는 이 장절을 다음과 같이 말하였다. 곧 "여기 음부에 대한 견해가 비록 신화적인 성격을 가지나 두 가지 진리에 근거하고 있다. 그것은 (1) 인간이 무덤 이편에서 어떻게 생활한 것이 무덤 저편에서 사라지지 않는다는 것 (2) 하나님이 주신 환경에서 인간의 비물질적인 형태가 그 자결정(自決定)으로 이루어진 내용이 거울에 드러나는 것과 같이 드러남을 보여 준다"라고 하였다. 헬만 바빙크(Herman Bavinck)는 말하기를 "구약에서 '음부'에 대하여 말할 때에 죽은 자들이 거기 가서 존재하며 산다 하고, 또한 그들은 땅에서처럼 서로 알며 서로 만남으로 정서(情緒)도 움직여진다"라고 하였다. 우리는 다음과 같은 사실을 구약의 '스올'이란 말에서 결론할 수 있으니 (1) 스올은 무덤과 언제나 동일한 것이 아니라는 것 (2) 스올이란 말로써 악인이 가는 곳을 의미하는 동시에, 의인이 가는 곳을 의미하기도 하였다는 것이다(창 37:35). 그렇다면 문제가 생긴다. 어떻게 악인과 선인이, 사후에 같은 곳에 갈 수 있을까? 그것은 신약 사상에는 물론 안 맞거니와 구약 사상에도 맞지 않는다(시 16:11, 17:15; 마 8:11,12). 그러면 이 문제를 어떻게 해결할 것인가? 구약에서 "스올"이란 말이 어떤 때는 단지 육신의 무덤을 의미하는 것으로 그친다고 할 수 있다. 그리고 또한 이것은 사후의 세계를 가리키기는 하나, 그 세계의 성격에 대하여는 길흉화복(吉凶禍福)을 아직 포함시키지 않은 중세적(中世的)인 것으로서 그저 내세를 가리킨다(창 37:35). 로레인 뵈트너(Boettner)도 같은 의미로 말하기를 "구약에서 의인이나 악인이 다 '스올'에 간다고 한 것만큼 스올이란 말이 반드시 상(賞)이나 벌(罰)에 대한 개념을 가진다고 할 수 없다"라고 하였다. 그러나 스올이란 말은, 신약에 와서는 헬라어 하데스($ᾅδης$)로 번역되고(행 2:27), 내세의 흉한 처소를 의미하고 있다(눅 16:23). 악한 자들은 거기에 가서 고통을 받도록 되어 있다(박윤선).

"음부"($ᾅδης$)는 히브리어로는 '스올'(Sheol)인데, 옛날 유대교에서는 모든 죽은 자가 영원히 거할 지하 깊은 함정으로 알고 있었다(욥 7:9; 시 89:48). 그런데 후에 의인의 부활사상이 유대교에 들어와서 음부에 있던 의인이 어느 시기에 부활할 것을 기대하게 되었다(사 26:19). 그날이 예수가 음부에 내려가던 때라고 하는 것이다. 그 후에는 음부사상이 변하여 의인이 가는 곳은 "낙원"(눅 23:43, $παράδεισος$)으로, 악인이 가는 곳은 "음부"(눅 16:23)로 갈라지게 되었다. 그리고 우리는 지금 그리스도가 장악했다는 사망과 음부의 열쇠를, 위에서 말한 바와 같이 근시안적으로 해석하는 데 그칠 것이 아니라, 좀더 넓고 근본적으로 해석하는 것이 필요하다고 생각한다. 그리스도는 "죽은 자들 가운데서 먼저 나시고"(5절), "죽었다가 살아 났으며", "세세토록 살아 계신 이"로서 그의 손에 사망과 음부의 열쇠가 주어졌다. 그러므로 예수를 구주로 믿고 고백하는 우리는 두려워할 것이 전혀 없다. 일찍이 그를 구주로 고백한 베드로는 예수로부터 하늘나라 열쇠를 위임받았으며, "음부의 권세가 이기지 못하리라"(마 16:18)는 약속을 받았다. 이와 같이 오늘날 우리도 "사망을 폐하시고 부활하신 그리스도의 영생의 축복"(딤후 1:10)을 약속받을 수 있다(김철손).

"음부"는 우리나라로 말하면 "황천(黃泉)"이란 말과 비슷하다. 그것이 어떤 장소이고 거기로 들어가는 데는 문이 있고 그 문에는 열쇠가 있으며 그 열쇠의 주인이 있는 것같이 묘사한다(시 9:13, 107:18; 사 38:10). 베드로전서 3장 18-20절에 예수께서 몸이 무덤에 계실 동안 "음부에 내려갔었다"고 했고, "죽은 자들에게도 복음이 전파되었다"고 했다(벧전 4:6).

초대교회의 신앙고백이 그런 것이었으므로 사도신경에도 그 구절이 있다. 그것은 그리스도가 산 자와 죽은 자를 심판하실 주이시며, 천상천하의 모든 권세가 부활 승천하신 그리스도에게 주어졌다는 사실(마 28:18)에 호응하는 것이다. 즉 사망과 음부의 열쇠도 그리스도의 것이라는 말이다. 그런 이가 우리 주님이시라면 우리에게는 두려울 것이 없다. 그러므로 "두려워 말라"는 것이다. 마태복음 16장 18-19절에 보면 베드로와 같이 바르게 그리스도를 고백하는 신앙을 가진 교회에게 천국 열쇠가 주어지고 음부의 권세가 그 교회를 이기지 못할 것을 예수께서 약속하셨다. 그것은 그리스도가 '승리자'이기 때문이다(김재준).

음부의 구약적 낱말은 "스올, sheol"이다. 이는 의인과 악인의 차이가 없이 사람이 사후에 내려가는 거처이다. 스올은 단순히 무덤 또는 죽음으로 이해되어야 할 것이다. 유대인의 스올관은 두 부분으로 나누어 하나는 유대인들 즉 율법을 충실히 준수한 자들이 가고, 하나는 이방인들이 가게 되어 있다. 그리고 전자는 메시아가 오실 때 놓여 나와 낙원으로 옮겨지나 후자는 그대로 거기 머물게 된다. 스올에 해당하는 신약의 낱말은 "하데스"($ᾅδης$)이며 "음부"로 번역되고 있다.

하데스도 스올처럼 선악의 구별 없이, 죽은 자의 거처로 표현되는 경우가 있다. 그 현저한 예로써 그리스도께서 죽으신 후 음부로 내려가셨다는 것이다(행 2:27, 31). 이는 초대교회에서부터 싹트기 시작하고 중세 때에 가서 완성한 가톨릭의 학설로서 구약의 성도들이 그리스도의 부활을 기다리고 있던 음부에 주께서 내려가셔서 그들을 구원하셨다는 것이다.

즉 하데스는 두 부분으로 나뉘어 있으며 구약의 성도들이 머문 방은 "조상의 변방"(The linbus patrum)이라 불린다. 이는 "아브라함의 품"(눅 16:23) 또는 낙원(눅 23:43)과 동일시 된다. 이 외에도 가톨릭에서는 영세를 받지 못한 어린이들이 가는 "어린이의 변방"(The limbus infantum), 완전치 못한, 신자들이 가서 연단속에서 정결함을 받는다는 "연옥"(purgatory) 등 중간지대를 주장하고 있는 것은 스올 또는 하데스의 중간적 성격에 의한 것이다. 그러나 구약의 스올과는 달리 하데스 또는 음부는 결정적으로 형벌의 처소이다(마 11:23; 눅 16:23 등 참조). 스올이 하늘(샤아마임, shamayim)과 대조되는 것처럼(욥 11:8; 시 139:8) 하데스는 "낙원, $παράδεισος$"(눅 23:43; 고후 12:4; 계 2:7)과 구별된다. 동시에 이는 영원한 형벌의 곳인 지옥과도 구별되고 있다. 요약해서 음부란 관념이 중간지대적인 데에는 구약과 신약이 공통된다. 구약의 스올은 선악의 구별을 초월한 죽음 또는 무덤을 가리킨다. 신약에 와서 하데스는 일보 전진하여 결정적 형벌의 장소가 되므로 스올의 일부를 차지하고 나머지 일부는 낙원으로 발전되었다(이상근, 특주 1. 음부와 지옥 참조).

예수께서 음부에 내려가사 그곳을 정복하셨다는 것은 초대교회 이래의 신조로 여러 신앙고백서에 남아 있다. 그러나 위와 같은 어휘적 배경에서 그것은 단순히 그리스도의 죽음을 가리킨다고 볼 수 있고 따라서 그리스도는 십자가에서 죽으시고 부활하심으로 사망과 음부의 권세를 이미 정복하신 것으로 볼 것이다(고전 15:54-55 참조, 마 16:18) (이상근).

"사망의 문"이 있다(시 9:13, 107:18; 사 38:10). 그리스도는 그 문의 열쇠를 갖고 계시다. 예수께서 음부에 내려가신 것을 의미한다고 생각하는(벧전 3:18-20) 사람들이 있었다. 오늘날도 그렇게 해석하는 사람들이 있다. 초대교회에서는 예수께서 음부 즉 죽은 사람들의 세계에 내려가셨을 때, 문의 자물쇠를 열고 아브라함을 비롯하여 이전에 충성된 생애를 보내고 죽은 이전 세대 사람들을 다 인도해 내사 낙원에 두셨다고 믿었다.

그러나 우리는 한걸음 더 나아가 죽음을 이기신 예수께서 사망을 폐하시고 그의 복음을 통해 생명과 영생을 가져 오셨다고 말할 수 있다(딤후 1:10). 그가 사셨기에 우리도 살 수 있으며(요 14:19) 그래서 우리들과 우리가 사랑하는 자들에게는 죽음의 슬픔은 영원히 사라진 것이라고 하는 것이다(바클레이).

(3) 그리스도의 명령(1:19-20)

① 네 본 것과 이제 있는 일과 장차 될 일(1:19)

주께서 사도 요한을 위로하시는 일 가운데 중요한 한 가지가 요한에게 중대한 사명을 맡기신 일이다. 그리스도인은 언제 어디서나 주의 일을 할 수 있다는 좋은 증거이다. 요셉은 억울하게 팔려 누명까지 쓰고 옥중에 있으면서도 중대한 일을 맡아 영광스럽게 감당하였고, 다니엘은 전쟁포로였으나 세계의 주권이 폭군에게 있는 것이 아니라 하나님께 있다는 놀라운 사실을 증언하는 위대한 예언자가 되었다. 그러면 요한에게 명령하신 주님의 분부는 무엇인가? 그것은 주께서 계시하는 내용을 문서화하라고 하시는 명령이다.

요한계시록은 과거와 현재와 미래에 이른 전 역사의 기록이라는 것이다. 그것을 본문 19절이 자해(스스로 해석)하고 있다.

㉠ "그러므로 네 본 것과": "네 본 것"의 내용은 성육신으로 오셔서 구속사업을 이루시고 부활하신 주님의 영화롭게 된 모습을 보는 것으로 과거의 내용을 담고 있다 즉, 우리를 사랑하사 예수 그리스도의 보혈로 말미암아 우리를 죄에서 해방시켜 천국시민권(빌 3:20)을 소유케 하시며 만인의 제사장으로 삼아 주신 부활의 첫 열매 되시는 주님(고전 15:23)의 환상을 담고 있는 것으로, 이는 곧 재림하실 영광스런 모습이기도 하다.

㉡ "이제 있는 일과": "이제 있는 일"의 내용은 문자적으로는 소아시아의 일곱 교회에 주신 말씀이나, 개인적으로는 들을 귀 있는 자에게 주시는 축복의 말씀으로, 이기는 자에게 주시는 약속의

말씀이다. 예언적으로는 사도 요한이 계시를 받은 시점으로부터 영광스러운 그리스도의 재림이 있을 이 세계의 종말에 이르기까지 교회 역사의 전 과정을 묘사하고 있다고 본다.

ⓒ "장차 될 일" : 일곱 인을 떼는 그때부터 시작되는 대환난기의 내용이 전개되며 백마를 타고 재림하시는 만왕의 왕 되시는 주님을 영접함으로 성도들은 영화로운 복락원의 자리에 들어간다. 요한계시록 4장 1절을 보면 "이 일 후에 내가 보니"라고 했고 이어서 "이후에 마땅히 될 일을 내가 네게 보이리라"고 하였다(이광복). 이 세 마디 말씀을 요한계시록 전체 내용 범위를 규정하는 것으로 볼 수 있다. "네 본 것은" 지금 본 "사람의 아들 환상"(제1환상, 1장)이고, "이제 있는 일"은 현존한 소아시아의 일곱 교회 현상이며(제2환상, 2-3장), "장차 될 일"은 천계의 환상(제3환상, 4-22장)을 지적하는 것으로 이해하는 것이 일반적이다.

그런데 이 세 부분의 내용이 반드시 시간적으로 연속성을 가지고 있다고 할 수 없으며 환상과 환상 사이에 어떤 통일성이 있다는 것도 아니고 분량에 있어서 균형이 잡혀 있지 않다. 그러나 이 환상들은 요한이 직접 본 것이기 때문에 내용에 착오가 있을 수 없으며 인위적인 조작도 있을 수 없다. 그래서 이 책은 역사적 신빙성과 묵시문학적 가치가 보장되어 있다고 하는 것이다. 원래 묵시는 보는 것으로 의미가 있다. 그런데 여기서는 "기록하라"는 명령을 받았다. 11절에서도 "너 보는 것을 책에 써서 일곱 교회로 보내라"는 지시를 받은 바 있는데, 여기서 또다시 "기록하라"는 명령을 받았다. 그래서 요한은 지금까지 객관적으로 받은 계시와 장차 될 일을 정확하게 기록할 결심과 각오를 재확인하고 다짐하게 되었다(김철손).

㉠ "네 본 것과": 이는 문맥상으로 지나간 일들을 의미한다(과거계시). 요한계시록 1장의 전 내용은 요한이 환상을 통하여 볼 때 이미 지나간 시기에 있었던 것을 본 것이다. 그러므로 요한계시록 1장은 과거계시에 속한다.

㉡ "이제 있는 일과": 이는 현재계시이다. 요한계시록 2장과 3장은 아시아에 있는 일곱 교회를 향하여 쓰신 서신이다. 일곱의 항존하는 교회의 모습을 계시한 것이니 현재계시에 해당한다.

㉢ "장차 될 일을 기록하라": 장차 될 일은 미래계시에 속한다. 요한계시록 4장을 보면 "이 일 후에 내가 보니"라고 했고 이어서 "이후에 마땅히 될 일을 내가 네게 보이리라"고 하였다. 그러므로 요한계시록 4장에서부터 22장까지는 미래계시라 할 수 있다.

요한계시록의 시간적 구조가 이렇게 구분되면서 역사의 전 기간을 계시하고 있으므로 과거는 현재의 거울이요, 미래는 우리에게 예언이 될 수 있다. 역사 안에서 살고 있는 모든 인생들이 이 책을 읽어야 될 이유가 여기에 있는 것이다.

요한계시록이 전 역사의 기록인 것과 같이 예수님도 우리의 전 역사 안에 살아 일하고 계시고 있음을 믿어야 하겠다(이종열).

② 일곱 교회의 사자(1:20)

주께서는 20절에 "네 본 것은 내 오른손에 일곱 별의 비밀과 일곱 금촛대라 일곱 별은 일곱 교회의 사자요 일곱 촛대는 일곱 교회니라"고 말씀하셨다(개역 한글). 새번역에서는 "네가 본 내 오른손의 일곱 별과 일곱 금촛대의 비밀은 이러하다. 일곱 별은 일곱 교회의 심부름꾼이요, 일곱 촛대는 일곱 교회다"라고 말씀하셨다.

비밀($μνστήριον$:뮈스테리온)이란 말은 '가둔다, 닫는다'($μυν$)에서 온 낱말인데 요한계시록에 4회 기록되어 있다(1:20, 10:7, 17:5,7). 원래 바울이 즐겨 쓴 용어로서 그의 서신에 22회나 나타나 있다. 바울의 서신 중에도 에베소서와 골로새서 등에 자주 나타나 있어서 결국 이는 소아시아 지방과 관련된 낱말로 볼 것이다. 즉 원래 동방의 신비 종교에서 종교적 입문식(入門式)에 사용되었던 낱말이었다. 그 입문의 내용은 아직 분명치 않으나 종교적 비밀이나 종교정책적 교리나, 신비적 전설의 전수(傳受)로 보고 있다. 이는 그 종교의 비밀을 터득한 자에 관한 말이다. 이 낱말의 신약적 용법은 신비(마 13:11), 숨은 뜻(계 1:20), 비밀적 목적(살후 2:7) 등을 표시한다. 요는 지금까지 알려지지 않던 진리가 계시된 것을 가리킨다. 바울에 있어 이는 교리의 전체를 가리키기도 하고(엡 1:9; 고전 2:1,7; 롬 16:20), 부분적으로 성육신(딤전 3:16), 십자가(고전 2:17), 그리스도의 내재(골 1:27, 2:2), 이방인의 구원(엡 3:4, 골 1:26) 등을 표시하기도 한다. 종말적 비밀을 계시한 본서에 이 낱말이 자주 사용된 것은 자연스런 일이다. 본서에 사용된 네 번의 경우는 ① 교회의 비밀(1:20) ② 종말적 대환난의 비밀(10:7) ③ 음녀(17:5) ④ 짐승(17:7) 등 악의 세력의 비밀 등이다.

일곱 교회의 사자는 ① 유대교 회당에서 "회당의 천사"로 불리던 직분들이 교회로 전입한 것 ② 일곱 교회의 감독 ③ 일곱 교회에서 요한에게 또는 요한이 일곱 교회로 본서를 가지고 보낸 사자

④ 교회 자체 ⑤ 교회를 수호하는 천사 등의 해석이 있다. 마지막 설이 초대교회 때부터 내려오는 가장 유력한 학설이다. 수호의 천사에 관해서는 구약(단 10:13, 20, 21, 11:1, 12:1)이나 구약 외경(Tobit 5:21)에 밝혀진 것이고 신약에도 그 사상을 답습하고 있다(마 18:10; 행 12:15). 이는 결국 천적이며 우주적인 교회를 가리킨다. 일곱 촛대는 일곱 교회 자체이다. 일곱 별이 천적(天的) 교회를 가리킴에 대해 일곱 촛대는 지적(地的) 교회를 가리킨다. 그것은 교회의 양면이요 그 양면이 겸전해서 교회는 완전한 모습을 갖추는 것이다(이상근).

'신비(비밀)'($\mu\nu\sigma\tau\acute{\eta}\rho\iota o\nu$)는 신묘막측한 불가사의의 세계라는 뜻이 아니라 숨겨둔 것, 열어보이지 않으면 아무도 모르는 것, 열어 보여도 그 뜻을 깨닫지 못하는 자에게는 여전히 숨겨져 있는 것, 그 표현 방식이 상징적이기 때문에 그 속에 숨긴 뜻을 해득해야 하는 성질의 것 등을 의미한다. "사자들"($\ddot{\alpha}\gamma\gamma\epsilon\lambda o s$)은 '천사들'이라고도 번역한다. "일곱 교회의 천사들"이란 무엇을 의미하는가? 교회의 사자들(messengers)이라고 생각해 본다면 그것은 또 무엇을 의미하는가? 그 교회들로부터 선출된 대표가 요한을 밧모섬으로 방문한 경우에 그들을 교회의 '사자'라고 부른 것인가(Ebrard, Völter, Spitta 등은 그렇게 생각한다)? 그러나 신통한 해석이 못 된다. 요한이 자기들 앞에 와 있는 '사자'에게 편지할 리는 없을 것이다. 그러면 그 교회들은 치리하는 감독을 말함인가? 이 편지의 내용은 교회로서의 전체를 대상으로 한 것이요, 그 교회의 어떤 개별적인 직분을 상대로 편지한 것이 아니다. 도대체 본서에서 ἄγγελος란 말을 70번 가까이 사용하고 있으나 인간적인 사자(messenger)의 의미로 쓰인 예는 없다. 모두가 '천사'라는 의미에서 사용되었다. 그러므로 여기서도 '교회의 천사'로 이해하는 것이 타당하다. 그러면 그것은 무엇을 의미하는가?

① 그 교회의 수호천사를 의미한다고 한다. 초대교회에 수호천사 사상이 있었던 것은 사실이다. 그러나 이 편지의 내용을 보면 그 교회의 천사에게 보낸다는 것이 아니라, 그 교회 자체에게 보내는 것으로 되어 있다. ② 그러므로 그 교회의 천사란 것은 결국 그 교회를 인격화한 표현에 불과하다고 한다. ③ 그렇다면 여기서 '촛대'로 상징한 일곱 교회란 것은 보이는 조직체로서의 교회를 말함이요, 그 교회들의 '천사'란 것은 그 교회들의 보이지 않는 성격, 그 정신성을 의미함이 아닐까 한다. 그것은 그리스도의 손바닥 위에 놓여 있는 일곱 별이라 한 것이다. 즉 그리스도는 그 교회들의 정신적 내막을 손바닥 위에 올려 놓고 보는 것같이 감찰하고 계시다는 뜻일 것이다(김재준).

사자(ἄγγελος)라는 말이 요한계시록에 68회나 나타나는데, 그 의미도 다양하다. 천사(angel)라는 의미 외에 사신, 성령, 전령(messenger)의 의미가 있다. 그런데 요한계시록에서 ἄγγελος는 대체로 '천사'로 사용되었기 때문에 일곱 교회에 대해서도 '천사'로 이해하는 학자가 있다. 그렇다면 이 지상의 교회의 수호신(천사)라고 할 수 있겠다(12:7; 단 10:13,21; 마 18:10; 행 12:15 참조). 그러나 요한계시록은 교회 수호신에게 보내는 것이 아니라 교회 자체에게 보내는 것이기 때문에 교회를 인격화한 표현이라는 사람도 있다. 그런데 소아시아 일곱 교회의 천사는 '사자' 라고 번역되었다(1:20, 2:1,8,12,18 3:1,7,14; 말 2:7, 3:1 참조). 그러므로 요한계시록에서 일곱 교회 사자들은 각 교회를 주관하고 치리하는 당시의 최고 지도자인 감독이나 장로, 목사로 이해하는 것이 가장 현실적이라고 본다. 소아시아의 일곱 교회는 이미 "가시화된 교회"(visible church)로서 제도화된 지상의 교회를 이제 다시 "불가시적(천적, 영적) 교회"(Invisible church)로 돌려보낼 필요가 없다. 그런데 일곱 교회를 일곱 별, 일곱 촛대의 비밀이라고 했기 때문에 지상의 모든 교회를 대표하는 일곱 교회는 하늘의 "별"과 같은 천상적인 성격과 땅의 촛대와 같은 지상적인 성격을 겸비한 이상적인 교회라고 하겠다(김철손).

다음과 같이 보충 해설할 수 있다.

① 요한은 사면이 바다로 둘러싸인 한 작은 섬에 갇혀 있다. 그는 복음을 위하여 넓은 육지에서 마음대로 활약했었다. 그는 주일마다 많은 성도들과 함께 경건하고 엄숙하고 환희에 넘치는 예배를 드리고 있었다. 그러나 지금은 옆으로 활동할 수도 없고 성도들과 함께 예배할 수도 없게 되었다. 그는 외로웠다. 그러나 그에게 맡겨진 하나님의 말씀은 갇히지 않았다. 그것이 옆으로 뻗지 못하는 대신에 위로 올라갔다. 그는 하늘의 예배에 동참하여 하늘의 소리와 빛과 드라마를 보는 것이었다. 우리에게 성령의 능력이 내주하는 때 환경이 우리를 결정적으로 지배하지 못함을 여기서 볼 수 있다(1:9).

② 요한의 예언은 역사 안에서의 어떤 사건들을 예언한다는 것

보다도 종말적인 입장에서 역사적 사건들을 보았다고 하는 데에 의미가 있는 것이다(1:18).

③ 요한이 이 책 전체를 쓴 것은 전체 환상을 본 얼마 후의 일이라 생각된다. 하나하나의 환상을 보면서 그 즉석에서 그 환상을 기록한 것은 아니다. 그러므로 치밀한 구상과 표현 자료와 문학 형식에 정연한 질서가 잡혀 있다(1:19). 그 일례로, 일곱 교회에 보내는 편지 첫머리에 나오는 그리스도의 모습은 1장 14-17절에 있는 영광의 그리스도 묘사에서 각기 한 구절씩 인용한 것으로도 짐작할 수 있다. 감격적인 환상이 명철한 지성에 의하여 정리된 자취를 볼 수 있는 것이다(김재준).

④ 요한계시록 1장 12-20절에 있는 그리스도에 대한 묘사는, 새로운 재료로 된 것이 없고 모두 구약의 재료를 다시 사용한 것뿐이니 다음과 같다.

1. 나팔소리(출 19:19; 민 10:1-10)
2. 큰 음성(겔 3:12)
3. 일곱 금촛대(출 25:32; 슥 4:2)
4. 인자(단 7:13)
5. 발에 끌리는 옷을 입고 가슴에 금띠를 띠고(출 25:7, 28:4)
6. 그 머리와 털의 희기가 흰 양털 같고 눈 같으며(단 7:9)
7. 그의 눈은 불꽃 같고(단 10:6)
8. 그의 발은 풀무에 단련한 빛난 주석 같고(겔 1:7)
9. 그의 음성은 많은 물 소리와 같으며(겔 43:2; 시 29:3)

10. 그 오른손에 일곱 별이 있고(사 62:3; 단 12:3)

11. 그 입에서 좌우에 날선 검이 나오고(사 11:4; 히 4:12)

12. 그 얼굴은 해가 힘있게 비취는 것 같더라(마 17:2)

13. 그 발 앞에 엎드러져 죽은 자같이 되매(출 33:20; 단 8:27 참조) (박윤선)

일곱 촛대는 일곱 교회를 표시한다. 크리스천이 지니는 위대한 칭호 중의 하나는 신자는 세상의 빛(마 5:14; 빌 2:15)이라는 것이다. 옛 헬라 주석가의 말대로 교회는 그 자체가 빛이 아니라, 촛불을 놓는 촛대에 불과하다. 교회 그 자체는 빛을 발할 수 없기 때문이다. 빛의 근원은 예수 그리스도이며 교회는 그 안에서 빛이 나는 그릇, 즉 빛을 지니고 있는 용기에 불과하다(교회는 예수가 주시는 빛을 받아 보존하며 그 빛을 세상에 비춘다). 크리스천의 빛도 언제나 예수에게서 받은 빛이다. 자기의 빛이 아니요, 예수 그리스도의 빛을 반사한 것이다.

주님의 오른손의 '일곱 별'은 "일곱 교회의 사자"라고 하셨다. 요한계시록이 제시하는 큰 난제 중의 하나는 교회의 사자(angels)란 말이 무엇을 의미하느냐 하는 것이다. 일곱 교회에 보낸 편지는 교회의 사자에게 보낸 것이다. 그렇다면 도대체 이 사자란 과연 누구일까? 여기에 대하여 몇 가지 설명이 있다.

(i) 앙겔로스(angel, ἄγγελος)엔 두 가지 뜻이 있다. "앙겔로스"에는 "천사"란 뜻도 있으나 헬라어론 대개는 "사자"(messenger)란 뜻이 있다. 이것은 보통 후자를 뜻하는 말로 원래

사용되었다. 이 의미는 모든 교회의 사자들이 요한이 있는 곳에 모여들어 사신(使信, 편지)을 받아 그것을 자기 교회에 갖고 돌아갔다고 생각할 수 있다. 희랍어에서는 이것은 논리적으로 전적으로 가능한 일로서 의미도 잘 통하나 다만 문제가 되는 것은 "앙겔로스"라는 말이 요한계시록에서는 여기와 일곱 교회에 보낸 편지 외에 50회나 사용되어 그것이 다 "천사"라는 뜻으로 사용되어 있다는 점이다. 요한이 "앙겔로스"라고 할 때는 사자가 아니라 분명히 "천사"를 의미하는 것이다.

(ⅱ) "앙겔로스"라는 말은 교회의 감독들을 의미한다는 해석이다. 감독들이 한 곳에 모여 요한의 편지를 받았거나 요한이 그 편지를 감독들에게 보냈으리라는 것이다. 이 의견의 뒷받침으로 말라기 2장 7절의 "대저 제사장의 입술은 지식을 지켜야 하겠고 사람들이 그 입에서 율법을 구하게 되어야 할 것이니 제사장은 만군의 여호와의 사자가 됨이어늘"이라는 구절을 인용한다. 말라기에 제사장을 "앙겔로스"라 불렀으니 교회의 감독들과 지도자들도 "사자"로 부를 수 있는 것이라 함이다. 그런 의미에서 앙겔로이(aggeloi: 앙겔로스의 복수)는 교회의 사자들이요, 그들에게 요한이 말하였던 것이다. 여기에 대한 난제도 (ⅰ)과 마찬가지로 "앙겔로스"를 사람에게 쓰는 것인 바 요한은 다른 데서는 "앙겔로스"를 사람에게 쓰지 않고 천사에게만 쓴 것이다.

(ⅲ) "앙겔로스"란 수호(守護)의 천사들을 가리키는 것이라 한다. 히브리 사상에서는 모든 나라마다 그 수호의 천사가 있다고 하였다(단 10:13, 20:1).

부록 III 일곱 금촛대와 교회

• • • • • • "몸을 돌이켜"에서 돌이켰다는 것은 회개하였다는 말이고 세상으로 향하였던 것을 온전히 주께로 돌이켰다는 말이다. 온전히 돌이킬 때에 그리스도를 볼 것이다.

세상을 향하여 나아가고, 사업주의로 나아가고, 우상을 찾아 나아가고, 자기를 위하여 나아가던 자리에서 온전히 그리스도께로 돌이켜서 예수 그리스도만 바라보아야 그리스도가 보이는 것이다. 교회를 자기가 붙들려고 해도 안된다. 하나님의 법궤를 손수레에 싣고 가다가 나곤의 타작마당에 이르렀을 때 소가 뛰므로 법궤가 넘어지려 하였다. 그때에 웃사가 궤를 붙잡았다가 하나님께서 진노하여 치시므로 그 자리에서 죽었다(삼하 6:6-7).

법궤는 교회의 상징인데 교회를 사람이 붙잡으려고 하면 하나님께서 진노하신다. 교회는 하나님께서 친히 해 나아가시는 것이다. 사울 왕이 망한 이유도 사울 왕이 이스라엘 나라와 자기 왕권을 유지하기에 급급하고 하나님께 바로 서려고 하지 않았기 때문이다. 사울은 끝까지 자기의 지혜와 힘으로 이스라엘 나라를 지키려고 하였으며 하나님 앞에 회개하지 않다가 아들과 함께 전쟁터에서 죽고 말았다. 이스라엘 편에서 보면 사울은 아주 충성스러운 왕이었다. 왕이 친히 전쟁터에 나가고 자기 세 아들을 다 데리고 전장에 나아갔다. 그러나 사울 왕은 이스라엘을 붙잡겠다는 사업적인 면에는 충성을 다하였으나 하나님께 바로 하겠다는 정신이 없었다. 그리하여 나중에는 벌을 받아 죽고 말았다.

오늘날도 성도에게는 "어떻게 해야 하나님 앞에 바로 할까"가 중요한 것이며 첫째이다. 다른 사람을 구원하고 교회를 잘 되게 하는 것은 그 다음이다. 교역자가 하나님 앞에 바로 행하려고 하면 교회는 하나님께서 잘 되게 해 주신다. 인간의 수단을 써서 교회를 부흥시키려고 열중하면 안된다. 교역자가 사업면으로 점점 기울어지면 영적인 면이 어두워져서 나중에는 교회 사업주의에 빠지고 만다. 거기에서 온전히 돌이켜 어린아이와 같이 겸손하여 "어떻게 해야 하나님 앞에 바로 할까" 하는 마음을 가져야 한다.

(1) 일곱 촛대는 무엇인가?

요한계시록 1장 20절에 "일곱 촛대는 일곱 교회니라"고 했다. 일곱은 하늘의 수요, 완전수이다. 그러므로 일곱 촛대는 전체 교회를 의미하며 교회는 하나님의 교회라는 뜻이다. 그런데 촛대도 일곱 금촛대라고 했다. 구약시대 성막 안의 촛대(등대)는 순금으로 쳐서 만들었다. 그러면 촛대는 교회를 말하는데 교회의 구성 요소는 순금 같은 믿음의 촛대가 있어야 한다(출 25:31).

"금보다 귀한 믿음은 참 보배 되도다. 천국의 귀한 영생복 믿음이 얻겠네."

(2) 교회가 세상과 다르다는 것은 믿음이 있다는 것이다. 금에는 몇 가지 특징이 있다.

① 금은 변하지 않는다. 금은 어디에 두어도, 시간이 흘러도 변하지 않는다.

② 금은 빛이 난다. 금은 어디서나 반짝반짝 빛이 난다.

③ 금은 보배이다. 그래서 금은 보배라서 귀하고 비싸므로 버리는 것이 아니라, 하나라도 모아다가 금고에 보관하듯이 금보다 귀한 믿음을 간직한 신자는 마지막 날 하나도 버리지 않고 주께서 거두어다가 천국 금고에 간수하시는 것을 믿자.

④ 금은 부드럽다. 진짜 순금은 부들부들하다. 이와 같이 순금 같은 믿음이 있는 성도는 온유하고 겸손하며 어디를 가나 부드러워 예수의 사랑이 나타난다.

(3) 금촛대와 같은 완전한 교회는 다음과 같다.

① 금촛대에는 깨끗하고 귀한 교회라는 뜻이 있다.

지상 교회에는 여러 가지 모순과 더러움이 있다. 초대교회 시대에도 거짓을 말하는 사람들이 있었고(아나니아와 삽비라 등) 기독교 2,000년의 역사는 온갖 비리와 음란과 폭력이 교회 안에 있었던 것을 부정할 수 없다. 그러나 그리스도의 보혈로 씻음받은 교회는 순금과 같이 깨끗하고 정결함을 설명하고 있다. 이것이 교회의 표준이다.

② 금촛대는 불변하는 강직함을 뜻한다.

교회는 영원한 그리스도의 몸이요 불사불멸의 그리스도 자신이다. 토인비는 〈역사 연구〉라는 그의 저서에서 "교회는 하나님의 사랑에 의해 세워지고 보존되어 가므로 역사속에서 역사를 초월하여 존재하며 세상 끝 날까지 소멸될 수 없다"라고 하였다. 교회는 불변하는 튼튼한 존재로서 영속할 것이다.

③ 금촛대는 교회가 유일한 표준이 되는 것을 말씀하고 있다.

교회를 금촛대라 한 것은 교회가 인류의 유일한 표준이라는 상징이다.

"많은 백성이 가며 이르기를 오라 우리가 여호와의 산에 오르며 야곱의 하나님 전에 오르자 그가 그 도를 우리에게 가르치실 것이라 우리가 그 길로 행하리라 하리니 이는 율법이 시온에서부터 나올 것이요 여호와의 말씀이 예루살렘에서부터 나올 것임이니라"(사 2:3). 이사야의 이 예언은 교회가 장차 제일 높은 산이 될 것이요, 교회에서 진리가 선포되고 하나님의 말씀이 선포될 것이란 말이요, 인류의 율법과 인류의 표준이 되는 도리가 오직 교회에 있을 것이라는 예언이다. 그러므로 교회는 역사의 표준이며 진리와 덕의 표준이 됨을 설명하고 있다.

④ 금촛대는 불을 켜는 기구이다. 그러므로 세상의 빛이 됨을 상징한다(마 5:14-16). 요한 사도가 요한계시록을 기록한 그 시대는 교회의 빛은 극도로 미약하고 희미해서 교회 자체의 존속마저도 믿을 수 없는 위태로운 때였다. 그러한 때에 환상을 통하여 교회를 일곱 촛대에 불을 밝히는 빛이라고 하신 것은 정녕 위대한 예언이었다.

교회는 인간의 고상하고 참된 요구에 응답할 수 있는 대리자로서 항상 인류에게 ㉠ 새 생명을 비추어 주었고 ㉡ 새 운동을 일으켰으며 ㉢ 새 약속을 가져왔다. ㉣ 언제나 정의를 대변했고 ㉤ 빈자를 옹호했고 ㉥ 약자를 도왔고 ㉦ 불구자의 힘이 되었고 ㉧ 폭군에게 항거했으며 ㉨ 참 자유를 위해 싸웠고 ㉩ 멸망자에게 구원을 주었고 ㉪ 모든 악에 항거하여 부패를 제거했고 ㉫ 평등을 가져오게 했고 ㉬ 아픈 자를 치료했고 ㉭ 눈먼 자를 보게 했고 ㉮ 불쌍한 자들을 돕는 선봉이 되었다.

부녀자 및 노예 해방, 고아원과 양로원의 운영, 병자 구제, 인류 형제애의 실현 등 암흑을 몰아내는 데 항상 그 힘을 다한 것이 교회이며, 교회보다 인류의 덕과 행복을 위해 큰 공적을 남긴 기관은 없었다. 교회는 가정, 국가, 사회, 나아가서 세계를 행복하게 하여 주는 참된 등대인 것이다.

⑤ 금촛대 즉 교회는 그리스도의 몸이라는 것을 말씀한다. 곧 영적 그리스도가 역사적으로 그 실체를 입증하여 주는 곳이다. 교회는 시간과 공간의 제약을 받으나 그리스도의 몸인고로 이곳에는 항상 영혼이 침투되어 있다(엡 5:22-32; 고전 12:12; 요 16:7, 16; 골 1:18-24). 교회가 그리스도의 몸이라면 그리스도는 교회의 머리이다(엡 1:22-23). 그러니 그리스도 없는 교회를 상상해 보라. 그곳은 폐허요, 굴욕이며, 물이 없는 사막이다. 정녕 교회는 그리스도를 증거하는 곳이 되어야 하며, 그리스도의 뜻을 이루어 드리는 곳이 되어야 한다.

(4) 영적 교회

금촛대로 되어 있는 이 교회는 제도적인 교회가 아니고 영적 교회를 가리킨다. 영적 교회는 세계 공동의 유일한 교회(헬라어로 ἐκκλησία)이다. 이 교회는 지금 건설 도중에 있으며 옛날이나 지금이나 천상천하에 하나로 되어 있다.

영적 교회는 금촛대와 같이 아름답다. 예수님이 피 흘려서 값주고 사신 그리스도의 몸 된 교회는 생명이 넘치고 금촛대와 같이 아름답고 보배로운 것이다. 세상에서 제일 아름답고 귀한 보배요 영원불멸의 존귀한 것이 교회이다. 하나님께서는 성도들을 붙들고 금촛대를 건설하여 나가는 중에 있는 것이다. 영적 교회는 인간적인 것이나 세상적인 것이 하나도 없으며 섞은 것이 없이 순수한 것이다. 이러한 교회가 세상에서 이루어져 나가다가 영원한 하늘나라에까지 그대로 가는 것이다. 이 영적 교회의 기초는 예수님의 십자가와 부활이다. 이 터 위에다 교회를 세우고 하나님의 말씀대로 이루어 나아가는 것이다.

금촛대(교회)는 점점 만들어져 성장하여야 한다. 그러기 때문에 하나님께서 교회 가운데 계셔서 하나님의 말씀과 영감으로 만들어 가신다. 성령의 감동과 중생한 영혼을 써서 일심정력을 다 기울여 말씀과 영감을 순종할 때에 조금씩 조금씩 금촛대가 이루어지는 것이다. 영으로 예수 믿는 것과 육으로 예수를 믿는 것과는 다르다. 육으로 예수 믿으면 영의 교회를 이루어 나가지 못하고 영으로 예수를 믿어야 영적 교회가 이루어져 나가게 된다. 육으로 믿는 신자는 중생한 영혼이 자라나지 못하여 항상 어린아이이다. 고린도 교인들은 신령한 신자들이 되지 못하고 육에 속하였다고 하였다.

고린도전서 3장 1-3절에 "형제들아 내가 신령한 자들을 대함과 같이 너희에게 말할 수 없어서 육신에 속한 자 곧 그리스도 안에서 어린아이들을 대함과 같이 하노라 내가 너희를 젖으로 먹이고 밥으로 아니하였노니 이는 너희가 감당치 못하였음이거니와 지금도 못하리라 너희가 아직도 육신에 속한 자로다 너희 가운데 시기와 분쟁이 있으니 어찌 육신에 속하여 사람을 따라 행함이 아니리요"라고 하였다.

고린도 교회는 신령한 교회로 자라나지 못하였고, 따라서 젖이나 먹는 교회였다. 육에 속한 신자는 믿기는 믿으나, 영이 자라나지 못하여 어린아이 상태에 있는 것이다. 지금도 고린도 교회와 같이 육에 속한 교회가 많다. 육의 사람으로 예수를 믿고 육의 사람끼리 모여서 친목하고 육의 사람을 서로 사랑하고, 도와주고 기쁘게 해 준다. 육에 속한 교회에 사람들이 더 많이 모인다. 교역자도 강단에서 육에 속한 신자가 좋아하는 말씀으로만 가르친다. 신령한 말씀을 가르쳐 주어도 깨닫지 못한다. 이러한 교회는 금촛대가 아니고 육의 교회만 커진 것이다. 즉 무화과나무에 잎사귀만 무성하고 열매가 없는 것과 같아서 교인만 많았지 하나님께로부터 나오는 영적 열매는 없는 것이다. 참된 영적 교회를 발견하고 또 이루어 나가려면 성도가 먼저 영에 서야 한다. 영적 세계를 발견하고 그리스도와 교통하여 영적 감동을 받는 자리에 들어가야 하며 말씀으로 날마다 영적 교회가 건설되어 나가야 한다. 참 교회를 위하여 예수님이 피를 흘리셨고 성령께서도 참 교회를 세우시려고 지금도 역사하고 계신다. 순금 촛대가 이루어져 나가는 교회가 되려면 말씀 가운데서도 좀더 단단하고 요긴한 말씀을 받아 영으로 그 말씀을 깨닫고 거기에 도달하려고 힘을 써서 영이 자라나야 한다. 이것이 영적 교회가 자라나는 것이다. 이렇게 하여 자라난 것은 금보다 귀한 보배이고 하늘나라에서 영원 무궁하도록 남아 있는 촛대가 되어 영광스러운 것이다.

(5) 촛대의 사명은 무엇인가?

촛대의 사명은 어두움을 비추는 것이다. 출애굽기 25장 37절에 "등잔 일곱을 만들어 그 위에 두어 앞을 비추게 하며"라고 말씀하셨다. 옛날 하나님의 성막에 등대(촛대)를 만들어 세워 두는 것은 성전을 장식하려고 한 것이 아니라, 그 앞을 비추게 하려는 데 그 목적이 있다.

예수께서 친히 말씀하시기를 "너희는 세상의 빛이라 산 위에 있는 동네가 숨기우지 못할 것이요 사람이 등불을 켜서 말 아래 두지 아니하고 등경 위에 두나니 이와 같이 너희 빛을 사람 앞에 비추게 하라"(마 5:14-15)고 말씀하셨다.

그러면 이 빛은 무엇인가? 마태복음 5장 16절에 "이같이 너희 빛을 사람 앞에 비취게 하여 저희로 너희 착한 행실을 보고 하늘에 계신 너희 아버지께 영광을 돌리게 하라"고 하셨다. 그러므로 이 말씀을 볼 때 촛대인 교회 성도들이 비출 빛은 곧 착한 행실의 빛인 것이다.

(6) 그러면 촛대의 사명은 완수하려면 어떻게 해야 하는가?

아무리 순금을 가지고 쳐서 촛대를 만들었다 할지라도 그 촛대 자체가 어두운 밤을 비추는 사명을 다할 수는 없다. 다만 제사장들이 감람유를 가져다가 촛대에 부어 불을 붙임으로 빛을 발할 수 있을 것이다.

그러면 감람유는 무엇인가? 이는 성령의 기름이다(출 27:20-21). 이와 같이 교회가 촛대로서의 사명을 다하려면 예배당을 화려하게 짓는 것도 좋고 많이 모이는 것도 좋으나 성령의 공급을 받지 못하면 등대의 사명을 감당할 수가 없다는 것이다. 그러므로 교회는 항상 감람유 같은 성령의 기름이 항상 부은 바 되어 꺼지지 않는 촛대의 불길이 더욱 맹렬하게 타오를 수 있기를 바란다. 입에서는 기도의 불, 전도의 불이 붙고 눈에서는 진리의 불, 사랑의 불이 붙어야 한다. 그리고 발에는 봉사의 불이 붙고 가슴에는 사명의 불이 붙을 수 있기를 바란다.

그런데 어떤 사람은 기름이 닳을까봐 불을 안 켜고 사는 사람이 있다. 세상의 등잔은 그럴지 모르나 하늘나라에서 부어 주시는 성령의 기름과 믿음의 기름은 불붙여 쓰면 쓸수록 더 부어 주신다. 그런데 오늘날 불행스러운 일은 촛대의 사명을 다해야 할 교회 가운데 불이 꺼져 버린 교회가 많다는 것이다. 이것이 현대 교회의 비극이다.

사무엘상 3장에 보면 엘리 제사장이 모년(暮年, 노년)에 촛대의 불이 꺼져 버렸다. 기도의 불, 사명의 불이 꺼져 버렸다. 그러자 두 아들 홉니와 비느하스마저 어두워져서 성전에서 나쁜 짓만 했다.

그러더니 마침내는 블레셋과 전쟁이 일어나고 그래도 깨닫고 촛대에 불을 붙이지 않는 엘리의 가정이기에 두 아들이 전쟁에서 그만 죽게 되는 불행이 오게 되었으며, 엘리도 이런 비보를 듣고 의자에서 넘어져 죽었다고 성경은 기록하고 있다. 이렇게 엘리는 불을 끄고 잠만 잤지만 나이 어린 사무엘은 제단불을 끄지 아니하고 성전에서 살았다. 어린 사무엘일지라도 제단불을 끄지 않고 촛대의 불이 비출 때에 하나님께서 "사무엘아, 사무엘아" 하시는 하나님의 음성이 들렸다.

하나님의 음성은 오래 믿었다고 들리는 것이 아니고 직분이 높다고 들리는 것도 아니다. 촛대의 불을 끄지 아니하고 빛을 비추는 자에게 하나님의 음성이 나타나며 축복하신다.

Ⅳ. 일곱 교회로 보내는 편지
(2:1-3:22)

1. 일곱 교회가 말하는 교회상

당시 "아시아"는 지중해 북부 지역 일대를 포함한 대단히 넓은 지역을 말한다. 그런데 요한계시록의 일곱 교회가 있는 지역은 대 아시아의 서남단에 있는 "소아시아"를 말한다. 이 아시아 지방에는 일곱 도시 외에도 큰 도시가 많이 있었다. 사도행전에 나온 이름 가운데 드로아, 아드라못데노, 미들레네, 사모, 밀레도, 골로새(히에라볼리) 등의 도시들이 소개되어 있다. 그밖에도 100개가 넘는 크고 작은 도시가 있었다고 한다(참고: 스위트(swete)는 500-1,000개 도시가 있었다고 한다). 그런데 저자는 그중에서 일곱 도시의 교회만 선택했다(김철손).

본문(2:1-3:22)은 요한계시록 전체의 둘째 단락에 해당되는 부분으로 현재의 일, 즉 소아시아 일곱 교회에 보내는 메시지를 담고 있다. "일곱 교회"에 대해서는 1장 4절에 이 책의 수신지로 명시되었고, 1장 11절에 일곱 교회의 명단이 나온다. 본서 1장 11절에 진술된 바와 같이 그리스도는 소아시아에 있는 일곱 개의 지역 교회들 각각에게 메시지를 보내셨다. 성경에 제시되고 있는 순서는 지리적이다. 편지의 순서는 항구인 에베소로부터 시작하여 북쪽으로 56킬로미터 가량 떨어져 있는 또 하나의 항구인 서머나를 거쳐 더 북동쪽으로 진행하여 버가모에 이른 뒤, 그 다음에는 동쪽으로 돌면서 남쪽으로 향하여 다른 네 개의 도시로 이어지고 있다(지도 참조). 지도상에서 에베소를 기점으로 순서에 따라 서머나, 버가모, 두아디라, 사데, 빌라델비아, 라오디게아로 선을 그어 다시 에베소로 연결시켜 보면 소아시아의 중심이 되며 요충을 차지하고 있다. 그리고 이 지역 모양이 마치 두 날개를 편 나비처럼 보인다. 그래서 일곱 교회는 서로 유대관계를 가지고 있는 유기체로서 통일된 하나의 형태를 형성하고 있다고 할 수 있다. 두말할 나위 없이 이들 교회는 역사를 통하여 교회가 직면할 전형적인 상황들에 대비하기 위하여 특별히 선정되었다. 따라서 바울의 서신들이 비록 당대의 개별적인 교회들에 보내졌지만 그 이후 전체 교

회를 위한 기록이듯이, 이들 일곱 가지 메시지 역시 오늘날 전체 교회는 물론 교회들 내의 개인이나 집단들에게 보내지는 개별적 교훈이기도 하다(호크마).

요한계시록에 있어서 "7"이라는 숫자는 예로부터 "완전수" "절대수" "성수" "천수"(天數)의 상징적인 숫자로 사용되었다. 그러나 일곱 교회만은 소아시아에 실재한 교회를 가리킨다. 그리고 일곱 교회로 보내는 이 서신은 각각 다른 영적 요구를 가지고 있는 개교회에 어울리는 적절한 권고와 교훈이 들어 있다. 그러므로 일곱 교회는 단지 지리적 순서뿐만 아니라 교회사에 상응하는 하나님의 섭리적인 의도가 내포되어 있는 배열이라고 할 수 있다. 그러므로 우선 일곱 교회를 역사적 상황(histoical context) 속에서 그 실정을 살피고 각 교회에 주어진 메시지(message)를 재해석하여 모든 교회를 하나의 교회로, 그리고 오늘의 교회의 참 모습을 정립하는 것이 우리의 과업이라고 생각한다. 그러므로 일곱 교회를 순서에 따라 세계사를 일곱 시대로 구분하여 대조해 보는 해석 방법은 요한계시록의 교회론 연구에 별 도움이 되지 못한다고 생각한다. 그것은 일곱 개의 편지, 일곱 개의 메시지가 다 요한계시록의 교회로 보내는 것이기 때문이다(김철손).

2. 일곱 교회의 상황(2:1-3:22)

요한계시록 1장 19절 말씀을 보면 "그러므로 네 본 것과 이제 있는 일과 장차 될 일을 기록하라"고 되어 있다. 이 내용에 근거하여 요한계시록 1장 19절에서 22장까지의 내용을 구분하면 다음과 같이 세 가지로 나눌 수 있다.

과거: 본 것(1장)
현재: 이제 있는 일(2-3장)
미래: 장차 될 일(4-22장)

"본 것"에 해당하는 요한계시록 1장은 과거로서 예수님의 다시 나타남을 보여 주는 것이며, 요한계시록 2-3장의 아시아의 일곱 교회에 대한 계시는 현재 일이다. 나머지 부분은 장차 될 일이다(이상찬). 요한계시록의 환상은 세 부분으로 구분된다. 첫째, "인자 같은 이의 환상"(1:13-16), 둘째, "일곱 교회의 환상"(2:1-3:22), 셋째, "천계의 환상"(4:1-22:5)이다. 본문의 순서에 따라 분류한 것이라고 하겠으나, 환상의 성격 차이로 구별된다고 할 수 있다. 첫째 환상은 재림 메시아의 모습을 환상으로 보여 준 것이고, 둘째 환상은 당시 소아시아의 일곱 교회의 실황을 그대로 소개하는 서신 형식으로 기록한 것이다. 그러므로 교회 환상은 현상학적인 환상이라고 할 수 없다. 셋째 환상인 천계 환상부터 본격적으로 신비스러운 환상이 전개된다.

2-3장의 일곱 교회로 보내는 편지를 "환상"이라고 하는 것은 묵시문학의 격식을 갖추기 위해서 하는 말이다. 일곱 교회로 보내는 편지와 제1환상과는 성격적인 차이가 분명하지만 아주 무관한 것은 아니다. 제1환상에서 보여 준 재림 메시아의 성격을 묘사하는 여러 모습들이 각 교회에 나누어서 나타나 말씀하시는 것으로

되어 있기 때문이다(김철손).

  2-3장은 1장의 일곱 교회를 분산시켜 각 교회에 주신 주님의 사신(使信)을 실어 놓은 것이다. 그것은 마치 햇빛을 프리즘에 분산시켜 일곱 개의 분광(分光)으로 나타나게 함과 같다. 1장에서 나타나신 주님은 전체로서의 교회를 보호, 격려하시는 주님이시다. 그러나 2-3장에 나타나시는 주님은 보다 구체적으로 개체로서의 교회를 보호, 격려하시는 주님이시다. 1장과 2-3장에 나타난 그리스도 묘사를 비교하면 다음과 같다.

교회	1장의 그리스도 묘사	2-3장의 그리스도 묘사
에베소 교회	"그 오른손에 일곱 별이 있고 촛대 사이의 인자 같은 이"(1:16,13)	"오른손에 일곱 별을 붙잡고 일곱 금촛대 사이에 다니시는 이"(2:1)
서머나 교회	"나는 처음이요 나중이니 곧 산 자라 내가 전에 죽었었노라 볼지어다 내가 세세토록 살아 있어"(1:17, 18)	"처음이요 나중이요 죽었다가 살아나신 이"(2:8)
버가모 교회	"그 입에서 좌우에 날선 검이 나오고"(1:16)	"좌우에 날선 검을 가진 이"(2:12)
두아디라 교회	"그의 눈은 불꽃 같고 그의 발은 풀무에 단련한 빛난 주석 같고"(1:14,15)	"그 눈이 불꽃 같고 그 발이 빛난 주석과 같은"(2:18)
사데 교회	"그 보좌 앞에 일곱 영과, 그 오른손에 일곱 별이 있고"(1:4, 16)	"일곱 영과 일곱 별을 가진 이"(3:1)

빌라델비아 교회	"충성된 증인으로, 사망과 음부의 열쇠를 가졌노니" (1:5,18)	"진실하사 다윗의 열쇠를 가지신 이"(3:7)
라오디게아 교회	"충성된 증인으로 죽은 자들 가운데서 먼저 나시고" (1:5)	"충성되고 참된 증인이시요 하나님의 창조의 근본이신 이"(3:14)

"일곱 교회"에 대해서는 1장 4절에 이 책의 수신자로 명시되었고 1장 11절에 일곱 교회의 명단이 나온다. 2장부터 이 명단의 순서에 따라 편지를 구성한다. 편지의 구조는 거의 다 비슷하게 현황 소개(칭찬), 권고, 경고(책망), 약속(축복)의 형식을 따르고 있는데 그 내용이 각각 다르다. 교회의 실정에 따라 예수가 적절하게 말씀했기 때문이다. 이제 우리의 과업은 내용을 분석하고 어구 해설을 하는 것인데 각 교회의 특성과 요구 조건과 적응 방법에 따라 관점과 해석이 똑같을 수 없다. 오늘날 이 지상의 모든 교회가 요한계시록의 일곱 교회와 같이 외관상으로는 다양하나 본질적으로는 동일한 하나의 교회라 하겠다. 1장 20절에서 설명한 것과 같이 교회는 지상적인 존재이며 동시에 천상적인 존재다. 이제 우리는 2-3장을 통해서 교회의 실존적 가치와 신학적 의미를 정립해야 하겠다(김철손).

여기 일곱 편지들은 일곱 교회에 각각 한 통씩 보낸 것을 한데 모은 것이 아니고, 매 교회마다 이 일곱 편지들을 함께 보낸 것이다. 왜냐하면 이 편지들의 끝에 나오는 공통된 말이 "성령이 교회들에게 하시는 말씀을 들을지어다"이기 때문이다. 한 교회에 편지를 보내면서도 "교회"라고 하지 않고 "교회들"이라고 한 것을 보아 각 교회마다 이 일곱 편지들을 함께 보낸 것임을 알 수 있다. 그러므로 이 편지들은 엄격한 의미에서 편지(letter)는 아니다. 편지는 수신자가 한정되어 있기 때문이다.

그들은 어느 시대, 어느 교회, 어느 개인에게나 적용될 수 있는 메시지요 신탁인 것이다. 모든 교회, 모든 신자는 이 일곱 교회의 모습에서 자아의 현상을 발견해야 할 것이다.

이 일곱 편지들은 대개 공통된 형식을 갖추고 있다. 그 형식은 ① "기록하라"는 명령 ② 그리스도의 모습 ③ 교회에 대한 칭찬 ④ 책망 ⑤ 경고 ⑥ 이기는 자의 상급 ⑦ 깨우치는 말 등 일곱 가지 항목으로 되어 있다. 주님은 언제나 그 교회의 형편을 잘 아시며, 그 교회에 합당한 모습으로 나타나 합당한 말씀을 하시고, 합당한 상급을 약속하신다(박수암).

3. 편지를 구성하고 있는 독특한 단위

첫째로, 각 교회의 수신자들은 그 교회의 사자들이다(2:1,8,12,18, 3:1,7,14). 성경에서 "사자"($τῷ\ ἀγγέλῳ$)는 말씀을 전하는 사람을 가리키기도 한다(마 11:10, 10:37; 눅 7:24, 9:52). 그러나 1장 20절에서 언급된 "일곱 별은 일곱 교회의 사자요"라는 말씀과 연관지어 볼 때 본문의 "$τῷ\ ἀγγίλῳ$"(토 앙겔로)는 각 교회에 대한 책임을 위임받은 하나님의 천사를 가리킨다고도 한다.

둘째로, 서신의 내용은 각기 다양하지만 발신자이신 예수께서는 자신을 꼭 밝히고 있다(2:1,8,12,18, 3:1,7,14). 말씀하시는 이의 모습을 다양하게 설명하고 있는데, 이러한 내용의 다양성은 1장에 나타나고 있는 그리스도의 모습들이 교회들마다 특성있게 나타나고 있음을 증명해 주는 것이다. 그리고 말씀하시는 이의 모습을 접한 후에는 "가라사대"라는 용어를 사용하고 있는데, 이는 구약에서 이스라엘 회중에게 하나님의 말씀을 알릴 때에 사용한 일반적인 용어이다.

"오른손에 일곱 별을 붙잡고 일곱 금촛대 사이에 다니시는 이가 가라사대"(2:1, 비교 1:13,16).

"처음이요 나중이요 죽었다가 살아나신 이가 가라사대"(2:8, 비교 1:18).

"좌우에 날선 검을 가진이가 가라사대"(2:12, 비교 1:16).

"그 눈이 불꽃 같고 그 발이 빛난 주석 같은 하나님의 아들이 가라사대"(2:18, 비교 1:14-15).

"하나님의 일곱 영과 일곱 별을 가진 이가 가라사대"(3:1, 비교 1:4,20).

"거룩하고 진실하사 다윗의 열쇠를 가지신 이 곧 열면 닫을 사람이 없고 닫으면 열 사람이 없는 그이가 가라사대"(3:7, 비교 1:18).

"아멘이시요 충성되고 참된 증인이시요 하나님의 창조의 근본이신 이가 가라사대"(3:14, 비교 1:5).

1장에서는 사도 요한에게 이러한 일곱 가지의 모습을 한번에 보여 주셨는데, 일곱 교회에 보낸 편지에는 그 모습들이 다양하게 나타나 예수 그리스도의 증거를 전해 주는 것을 볼 때에 이 편지들이 통일성과 다양성을 지니고 있는 것을 알 수 있다.

셋째로, 그리스도의 신적 지식이 담겨 있다.

각 편지마다 "내가 알거니와"라는 말씀을 언급하여 편지를 보내는 이가 각 교회의 사정을 잘 알고 있음을 증명하고 있다. 마찬가지로 이러한 증거들이 교회들에게 보내는 편지의 다양성을 증명하는 것인 바, 일곱 교회에 보내는 편지가 통일성과 다양성을 지니고 있음을 알 수 있다. 각 교회에 보내는 편지마다 그리스도께서 각 교회의 세부적인 일들과 그 교회의 성도들이 보인 충성심을 아는 것으로 묘사하고 있다. 그들의 생활과 교회의 봉사가 그리스도의 측량에 의하여 판결을 받은 모습이 각 교회마다 나오고 있다.

넷째로, 각 교회에 적절한 칭찬과 책망이 제시되어 있다(2:2-4,6,9, 13-15,19-20, 3:1,4, 8-10,15).

아시아 일곱 교회에는 각각 칭찬과 책망이 소개되고 있는데, 칭찬만 있는 교회는 서머나 교회와 빌라델비아 교회이며, 책망뿐인 교회는 라오디게아 교회이다. 또한 칭찬과 책망이 교차적으로 들어 있는 교회로는 에베소 교회, 버가모 교회와 두아디라 교회, 사데 교회가 있다. 칭찬을 통하여 주시는 교훈은 더욱 정진하여 믿음의 잠을 자지 않도록 하려는 사랑이 담겨 있으며, 책망을 통하여 주시는 교훈은 잠자는 신앙을 깨워 주는 축복이 담겨 있음을 알 수 있다.

① 에베소 교회　　칭찬 → 충성과 봉사
　　　　　　　　　책망 → 처음 사랑을 버린 것
② 서머나 교회　　 환난과 핍박을 이겼기에 칭찬만 있음
③ 버가모 교회　　 칭찬 → 사단의 박해에도 믿음을 지켰음
　　　　　　　　　책망 → 니골라 당의 교훈을 따름
④ 두아디라 교회　 칭찬 → 믿음의 인내를 지켰음
　　　　　　　　　책망 → 이세벨의 음행을 용납
⑤ 사데 교회　　　 칭찬 → 소수에게 있는 순결을 칭찬
　　　　　　　　　책망 → 죽은 이름을 지닌 교회로서 책망
⑥ 빌라델비아 교회 적은 능력으로 큰 일을 한 칭찬만 있음
⑦ 라오디게아 교회 미지근한 신앙을 책망하는 말씀만 있음

다섯째로, 영생의 명령이 있다.

각 교회들이 지니고 있는 문제점들을 구약의 인물들, 곧 발람과 이세벨 등을 사용하여 가르쳐 주고 있다. 핍박과 박해 속에 있는 교회들에게는 위로의 말씀을, 나태한 교회들에게는 신앙을 깨우는 사랑의 종소리를 울려 주고 있는 것이다. 올바른 재림 신앙으로 무장하여 이단 사설을 바르게 구별하도록 가르쳐 주고 있으며, "오직 예수, 재림신앙, 땅 끝 선교"를 통하여 복음의 사역자들이 되도록 명령하고 계신다.

여섯째, 권면이 말씀이 있다.

아시아의 일곱 교회에 보내는 편지마다 "귀 있는 자는 성령이 교회들에게 하시는 말씀을 들을지어다"(2:7,11,17,29, 3:6,13,22)라

는 말씀들이 나온다. 따라서 이 편지들은 "들을 귀"를 가진 자들만이 들을 수 있는 말씀임을 증거해 주고 있다. 동일한 권면의 말씀들이 위치만 달리할 뿐 일반적으로 마지막 부분에 자리하고 있음을 볼 수 있다. 따라서 사도 요한이 밧모섬에서 계시를 받던 그 시대의 일곱 교회에 주신 말씀이지만, 성령의 지속적인 역사로 말미암아 마지막 때를 살아가고 있는 우리들에게도 좋은 교훈을 주고 있으니, 이것이 바로 성경의 영감설로 말미암은 결과이다.

일곱째, 승리자가 받을 상급의 약속이 있다.

각 교회에 보내는 편지마다 승리자가 받을 상급에 대한 약속들이 담겨 있다(2:7,11,17, 26-28, 3:5,12,21). 이러한 승리자들에게 주는 상급의 약속은 환난과 핍박 속에서도 믿음을 지켰던 믿음의 선조들이 부여잡았던 신앙생활의 이정표와 같은 역할을 하였던 것이다.

"이기는 그에게는 내가 하나님의 낙원에 있는 생명나무의 과실을 주어 먹게 하리라"(2:7).

"이기는 자는 둘째 사망의 해를 받지 아니하리라"(2:11).

"이기는 그에게는 내가 감추었던 만나를 주고 흰돌을 줄 터인데 그 돌 위에 새 이름을 기록할 것이 있나니 받는 자밖에는 그 이름을 알 사람이 없느니라"(2:17).

"이기는 자와 끝까지 내 일을 지키는 그에게 만국을 다스리는 권세를 주리니 그가 철장을 가지고 저희를 다스려 질그릇 깨뜨리는 것과 같이 하리라 나도 내 아버지께 받은 것이 그러하니라 내가 또 그에게 새벽별을 주리라"(2:26-28).

"이기는 자는 이와 같이 흰옷을 입을 것이요 내가 그 이름을 생명책에서 반드시 흐리지 아니하고 그 이름을 내 아버지 앞과 그 천사들 앞에서 시인하리라"(3:5).

"이기는 자는 내 하나님 성전에 기둥이 되게 하리니 그가 결코 다시 나가지 아니하리라 내가 하나님의 이름과 하나님의 성 곧 하늘에서 내 하나님께로부터 내려오는 새 예루살렘의 이름과 나의 새 이름을 그이 위에 기록하리라"(3:12).

"이기는 그에게는 내가 내 보좌에 함께 앉게 하여 주기를 내가 이기고 아버지 보좌에 함께 앉은 것과 같이 하리라"(3:21).

상급에 대한 약속을 보면 "내가 ……하리라(주리라)"는 말씀으로 나타나고 있는데 이는 모든 선물과 은혜의 절대적 근원이 되시는 예수 그리스도이심을 증거하고 있다(이광복).

이처럼 예수 그리스도께서는 소아시아에 흩어져 있는 각 교회들에게 동일한 관심과 사랑을 보이셨다. 그러나 그들 개개에 대한 칭찬과 책망과 충고와 권면은 모두 달랐다. 이러한 통일성과 다양성은 예수 그리스도의 미쁘심과 더불어 이 땅에 흩어져 있는 교회들이 과연 어떤 모습으로 살아가야 할지를 보여 주는 지침이 된다고 하겠다.

4. 일곱 교회에 대한 해석

아시아의 일곱 교회에 대하여 일반적으로 세 가지의 견해가 주류를 이루고 있다. 첫째, 일곱 교회를 일곱 시대의 특성을 말하는 것으로만 보는 견해가 있으며 둘째, 일곱 가지의 특징이 어느 시대나 교회에 적용되며 각 교회가 일곱 중의 하나에 속한다는 견해가 있고 셋째, 전 세계 교회, 전 시대에 주시는 말씀으로 보는 견해가 있다. 아시아의 일곱 교회가 주는 의미를 "지역적인 측면" "교훈적인 측면" "개인적인 측면" "예언적인 측면"을 적용시키는 종합적인 의미로 본다. 즉 지역적인 측면으로 보면, 사도 요한이 생존했던 당시의 일곱 교회에 역사적으로 보낸 사실임을 알 수 있다. 교훈적인 측면으로 보면, 본서의 성격상 그리스도의 말씀을 통하여 주신 내용들이 전 시대, 어느 교회에나 주신 보편적인 말씀임을 알 수 있다. 개인적인 측면으로 보면 "귀 있는 자"라든지 "이기는 그"라는 말씀이 나타나고 있듯이 하나님의 말씀과 예수의 계명을 위하여 믿음을 사수(死守)한 성도들에게 주시는 생명의 말씀이다. 예언적으로 보면 본서가 "네 본 것과" "이제 있는 일"과 "장차 될 일"을 다루는 예언서이기에 교회사의 일곱 시대를 성격상으로 예언한 것으로 본다. 따라서 '지역적'으로는 소아시아 당시의 일곱 교회에 국한되지만, "예수의 나라와 환난과 참음"에 동참하는 자들이 누리게 될 상급의 약속이 담긴 것으로 보며, "예언적"으로는 교회사를 일곱 시대로 분류한 종합적인 것으로 본다(이광복).

이제 요한계시록에 나타나는 일곱 교회에 대한 여러 학자들의 견해와 제 상태, 그리고 제 해석에 대하여 살펴보기로 한다.

- 일곱 교회의 자의(字意)

1. 에베소(ἔφεσος): 완만
2. 서머나(σμύρνα): 씀, 쓰다
3. 버가모(πέργαμος): 중혼 또는 결혼탑
4. 두아디라(θυάτειρα): 계속적인 제사
5. 사데(σάρδεις): 남은 자
6. 빌라델비아(φιλαδέλφεια): 형제애
7. 라오디게아(λαοδίκεια): 백성의 권리, 또는 백성의 통치

- 일곱 교회의 네 형태

책망: 사데, 라오디게아
칭찬: 서머나, 빌라델비아
칭찬과 진실: 에베소, 버가모, 두아디라
책망과 칭찬: 사데

- 일곱 교회의 특징

 · John phillips, Exploring Revelation

1. 에베소 교회: 변질된 교회
2. 서머나 교회: 핍박을 받는 교회
3. 버가모 교회: 좌경(左傾)된 교회
4. 두아디라 교회: 위선된 교회
5. 사데 교회: 부실한 교회
6. 빌라델비아 교회: 약소한 교회

7. 라오디게아 교회: 유행 교회

· Gary G. Cohen, Undenstanding Revelation

1. 에베소 교회: 처음 사랑을 상실한 교회

2. 서머나 교회: 핍박을 견딘 교회

3. 버가모 교회: 위선자와 손잡은 교회

4. 두아디라 교회: 권력자와 위선자에게 지배받은 교회

5. 사데 교회: 영적으로 죽은 교회

6. 빌라델비아 교회: 선교하는 교회

7. 라오디게아 교회: 뜨뜻미지근한 교회

- **세대주의자들이 보는 일곱 교회**

· Gary G. Cohen, Understanding Revelation(p.48)

1. 에베소 교회: 사도시대 교회(AD 30-100)

2. 서머나 교회: 핍박시대 교회(100-313)

3. 버가모 교회: 국교시대 교회(313-590)

4. 두아디라 교회: 교황시대 교회(590-1517)

5. 사데 교회: 개혁시대 교회(1517-1790)

6. 빌라델비아 교회: 선교시대 교회(1730-1900)

7. 라오디게아 교회: 지교(指敎)시대 교회(1900-)

* 590년에 그레고리 I세가 교황이 되었으며 1730년에 영국의 선교운동이 전개되었고 1800년에 미국의 선교운동이 일어났으며 1790년에 프랑스 혁명이 발발하였다.

· H. L Willmington, Willmington's Guide to the Bible(p.541)

1. 에베소 교회: 사도시대 교회(AD 30-100)
2. 서머나 교회: 순교시대 교회(100-313)
3. 버가모 교회: 타협시대 교회(314-590)
4. 두아디라 교회: 로마 천주교 시대 교회(590-1517)
5. 사데 교회: 개혁주의시대 교회(1517-1700)
6. 빌라델비아 교회: 부흥시대 교회(1700-1900)
7. 라오디게아 교회: 세상주의시대 교회(1900-휴거시까지)

· J. Dwight Pentecost, Things to Come(p. 153): 이 사람은 마태복음에 나오는 일곱 가지 비유를 일곱 세대로 나누었다.

마 13장	계 2-3장	기간	특 징
씨 뿌리는 비유	에베소 교회	AD 오순절-100	씨 뿌리는 시기에 해당하는 때로 교회의 조직과 전도가 시작되는 시대
알곡과 가라지의 비유	서머나 교회	네로황제-100	핍박이 일어나고 원수가 출현한 시대
겨자씨의 비유	버가모 교회	300-800	교회와 세상과의 동맹이 이루어지고 외적인 성장이 급속히 진행되어 교회의 통치가 행해지던 시대
누룩의 비유	두다리아 교회	800-1517	국가교회가 흥하면서 교회적 부패, 허무의 팽배현상이 나타난 시대
감추어진 보화의 비유	사데 교회	1517-	개혁주의가 일어난 시대
진주의 비유	빌라델비아 교회	말세	참된 교회의 시대
그물의 비유	라오디게아 교회	말세	교회가 배도하는 시대

- 일곱 교회를 해석하는 제설

· 과거설

요한계시록 2-3장의 모든 예언과 사건이 사도 요한의 당시대에 한정된다는 설

· 일곱 교회를 시대구분으로 이해하는 세대주의자들의 일곱 시대설

1. 에베소 교회: 사도시대(AD 30-100)

2. 서머나 교회: 핍박시대(100-313)

3. 버가모 교회: 국교시대(313-590)

4. 두아디라 교회: 교황시대(590-1517)

5. 사데 교회: 개혁시대(1517-1790)

6. 빌라델비아 교회: 선교시대(1730-1900)

7. 라오디게아 교회: 배교시대(1900-)

· 적용설

1. Finis Jennings Dake, Revelation Expounded(p.36)

    요한 당시 아시아의 일곱 교회에 적용됨

    지금으로부터 휴거 때까지 예언적으로 적용됨

    신자 각자에게 적용됨

2. M.L Moser, Jr., Study Guide to the Book of Revelation(p.44)

    현재의 각지 교회에 적용됨

    전 교회에 적용됨

    현재의 신자의 전심(全心)에 적용됨

    현재로부터 휴거 때까지 예언적으로 적용됨

3. John Phillips, Exploring Revelation(p.41-47)

　　요한 당시 아시아의 일곱 교회에 적용됨

　　현재의 각지 교회에 적용됨

　　요한 시대로부터 휴거 때까지 일곱 시대로 구분되어 적용됨 (세대주의 학설)

4. Raymond Mcfalrland Kincheloe, A Personal Adventure in Prophecy

　　요한 당시 아시아의 일곱 교회에 적용됨

　　전 세계 교회에 적용됨(요한 당시로부터 휴거 때까지 일곱 시대로 구분하여 교회를 봄: 세대주의자의 주장, 요한 당시의 일곱 교회)

　　현존 교회에 적용됨(일곱 형태의 교회, 일곱 특징의 교회)

　　현재의 각 신자에게 개인적으로 적용됨

　저자는 적용설에 근거하여 일곱 교회를 해석, 연구하였다. 각 교회마다 해당되는 도시의 기원 및 역사적 배경을 다루었다(이상찬).

- 일곱 교회의 의의(意義)

　7수는 완전을 의미하므로 일곱 교회는 고래(古來)의 모든 교회를 전칭(全稱)하며 대표한다고 볼 수 있다. 스코필드(scofield)는 말하되 "일곱 교회는 교회 역사상에 재림 때까지 있을 일곱 시대를 대표한다"라고 하였다. 이 견해는 고대 교회에 없었으나 주후 1200년 경 조아킴(Joachim of Floris)이 발설하였고, 후에 화란의 비트링가(vitringa)가 조금 다르게 해설하였다. 이 의견에 의하면,

(1) 사도 요한부터 데기우스 황제의 핍박까지(AD 100-250)가 에베소 교회로 대표되고 (2) 데기우스 황제의 핍박부터 디오클레시안 황제의 핍박까지(AD 250-311)가 서머나 교회로 대표되고 (3)디오클레시안 황제의 핍박부터 AD 800년까지가 버가모 교회로 대표되고, (4) AD 800-1200년의 시대가 두아디라 교회로 대표되고 (5) AD 1200-1500년의 시대가 사데 교회로 대표되고 (6) 종교개혁의 초기가 빌라델비아 교회로 대표되고 (7) 합리주의 시대와 그 이후 시대가 라오디게아 교회로 대표된다고 한다.

그런데 이 학설에 있어서 시대 구분은 똑같지 아니하여 위의 비트링가와 다르게 하는 이들도 있다.

1. 에베소 교회: 사도시대 교회(AD 30-100)

이 시대는 성경과 교리를 보수(保守)하였으나 그것을 실행하는 사랑에 쇠약한 바 있었다. 이 시대는 요한계시록 2장 1-7절에 나타난 에베소 교회와 같이 행위와 수고와 인내와 악한 자들을 용납지 아니한 것과 자칭 사도들의 거짓된 것을 드러낸 것과 참고 게으르지 아니한 것은 칭찬을 들었으나 처음 사랑을 버린 것은 책망을 들은 것과 같다.

2. 서머나 교회: 핍박시대 교회(니케아회의 전 시대의 교회, AD 100-313)

이때의 특징은 순교인데 이는 요한계시록 2장 8-11절에 나타난 서머나 교회와 같다. 이 기간에 많은 이들이 순교의 제물이 되었다. 이그나시우스(Ignatius), 폴리갑(polycarp), 저스틴(justin), 이레니우스(Irenaeus), 오리겐(origen), 키프리안(cyprian) 등이 순교하였다.

3. 버가모 교회: 국교시대 교회(AD 313-590)

교회가 세상의 세력에 의존하였다. 이 시대에는 화상 예배(畫像禮拜), 성자 예배(聖者 禮拜) 등 우상숭배를 많이 하였다. 이는 요한계시록 2장 12-17절에 나타난 우상을 섬기고 우상의 제물을 많이 먹은 버가모 교회와 같다.

4. 두아디라 교회: 교황시대 교회(AD 590-1517)

이 시대에는 생활과 사업은 열심히 잘하였으나 교회 면에서는 타락하여 성모를 예배하는 우상숭배를 하였다. 이는 요한계시록 2장 18-29절에 나타난 우상숭배에 떨어진 두아디라 교회와 같다.

5. 사데 교회: 개혁시대 교회(AD 1517-1790)

이 시대는 세속화됨으로 정통도 죽은 정통이 되었다. 이는 살았다는 이름은 있으나 실상은 죽은 요한계시록 3장 1-5절에 나타난 사데 교회와 같다.

6. 빌라델비아 교회: 선교시대 교회(AD 1730-1900)

이때에 무디(Moody), 스퍼전(Spurgeon), 피니(Finny) 같은 위대한 설교가들이 나타나 하나님의 말씀을 강하게 전파하였다. 그 결과 주님을 믿는 자의 수가 많아졌고, 교회가 부흥하였으며, 천국이 확장되는 놀라운 역사가 일어났다.

7. 라오디게아 교회: 배교시대(1900-)

20세기의 교회는 라오디게아 교회와 같이 미지근한 상태에 있다. 차지도 덥지도 않은 상태이다. 십자가를 단 교회당으로서 옛날 라오디게아 교회와 같이 차지도 덥지도 않은 교회가 많다. 현대 교회인 듯하다고 하는 사람들이 있다.

그러나 일곱 교회를 교회사의 시대에 맞추는 것은 확실성 없는 해석이다. 그 이유는 위의 비트링가 자신이 시대를 구분한 대로도 맞지 않았다. 일례를 들면 합리주의 시대 이후를 라오디게아 교회, 곧 부패한 교회라고만 하였으니 사실상 교회 역사는 그의 말과 같지 않다. 합리주의 시대 이후에도 큰 회개운동이 있었고 선교운동도 있었다. 즈안(Zahn)은 말하기를 "일곱 교회를 교회 역사의 일곱 시대로 구분한 예언으로 보는 것은 아주 잘못되었다"고 한다. 이밖에 엘리어트(Elliott), 트렌치(Trench), 스위트(Swete) 등이 이 학설을 반대한다. 사람은 하나님이 아닌데 어떻게 정확하게 일곱 교회 서신에 맞추어 교회 역사를 구분할 수 있을까(박윤선)?

일곱 교회(1)

교회	상징적 구분	칭찬받는 미덕	책망받을 죄	권면	약속된 상급
에베소 교회 (2:1-7)	정통적인 교회	선한 행동, 인내와 수고, 악을 미워하여 드러냄, 교리에 굳건히 섬, 교회의 질서(2,3절)	처음 사랑을 잃어버림, 퇴보함(4절)	회개하고 처음 행위를 가지라 (5절)	낙원, 생명 나무의 과실 (7절)
서머나 교회 (2:8-11)	궁핍하나 부요한 교회	핍박 가운데 인내함, 변치 않는 영적 풍요함을 간직함 (9절)		장차 받을 고난을 두려워 말라. 죽도록 충성하라 (10절)	생명의 면류관, 둘째 사망을 면케 함 (10,11절)
버가모 교회 (2:12-17)	주위 환경이 나쁜 교회	나쁜 환경 가운데서도 굳건함(13절)	부패된 교리와 이단자들을 용납함 (14,15절)	회개하라 (16절)	감추인 신령한 축복, 새 이름을 기록한 흰돌(17절)
두아디라 교회 (2:18-19)	악한 여선지자가 활동한 교회	주를 위한 사업과 사랑, 믿음, 섬김, 인내가 처음보다 더욱 좋아짐(19절)	해이한 질서, 부패된 여선지자를 용납함, 우상숭배와 행음에 빠져 회개치 않는 자들이 있음 (20절)	회개하라. 처음 있는 것을 끝까지 굳게 잡으라 (25절)	만국을 다스리는 권세 (영적 통치권), 새벽별 (26,27절)
사데 교회 (3:1-6)	죽은 교회	소수에게 있는 순결을 칭찬함 (3:4)	극도의 형식주의, 절박한 영적 죽음, 실천과 행위가 없는 교회(3:1,2)	죽게 된 것을 다시 일으켜 굳게 하라. 회개하라 (3:2,3)	의로운 흰옷, 생명책에 이름이 기록되고 인정받음(3:5)
빌라델비아 교회 (3:7-13)	연약하나 충성된 교회	말씀을 지킴, 증인의 생활 (3:8)		가진 것을 굳게 잡아 면류관을 지키라(3:2,3)	하나님의 성전의 기둥이 됨. 시험을 면케 함. 새 예루살렘과 주의 이름을 기록함(3:12)
라오디게아 교회 (3:14-22)	부요하나 가난한 교회		미지근한 믿음, 영적 자만심, 부족을 모름, 영적 가난, 영적 소경, 영적 수치(3:15-17)	차든지 덥든지 하라. 회개하고 열심을 내라 (3:15,19)	하나님과 교제, 영적 보좌, 주와 동거함 (3:21)

(호크마)

일곱 교회(2)

시대상	에베소 교회 (2:1-7) 사도시대	서머나 교회 (2:8-11) 속사도시대	버가모 교회 (2:12-17) 로마국교 시대	두아디라 교회 (2:18-29) 암흑시대	사데 교회 (3:1-6) 종교개혁 시대	빌라델비아 교회(3:7-13) 선교시대	라오디게아 교회 (3:14-22) 종말시대
화폐	열매	면류관	사단의 위	주문	두루마리	열린 문	닫혀진 문짝
예수	그리스도 모습	일곱 별을 붙잡고 일곱 금촛대 사이를 다니심(2:1)	처음이요 나중이요 죽었다가 살아나신 이(2:8)	좌우에 날 선 검을 가지신 이(2:12)	눈이 불꽃, 발이 주석, 하나님의 아들(2:18)	하나님의 일곱 영과 일곱 별을 가지신 이(3:1)	거룩하고 진실하사 다윗의 열쇠를 가진 이(3:7)
칭찬	수고, 인내드러냄, 방어(2:3) 니골라당을 미워함(2:6)	환난과 궁핍(2:9) 환난(드립시스) 철저한 환난 궁핍(베네스) 상대적 궁핍	굳게 잡고 배반치 않음(2:15)	나중 행위가 처음 것보다 나음(2:19)	옷을 더럽히지 아니함(3:4)	적은 능력을 가지고 지킴. 내 이름 배반치 아니함(2:8)	
책망	처음 사랑을 버림(2:4)		간음죄, 행음(2:14) 니골라당의 교훈을 용납(2:15)	이세벨을 용납(2:20)	살았다 하는 이름 가졌으나 죽은 자의 행위(3:1)		차지도 않고, 덥지도 않음(3:15) 회개, 열심을 품으라(3:19)
권고	처음사랑 가지라 (신앙과 열심)(2:5) 회개하라 (회복하라) (2:5)	죽도록 충성하라 (2:10)	회개하라 (2:16)	내가 올 때까지 굳게 잡으라 (2:25)	회개하라 (3:3) 어떻게 받고, 들었는지 생각하라 (3:3)	가진 것 굳게 잡아 네 면류관을 빼앗지 못하게 하라(3:11)	곤고한 것, 가련한 것, 눈먼 것, 가난한 것 (3:17) 불로 연단주시고 흰옷 사서 수치 가리고 약 사서 바르라(3:18)
약속	낙원에 있는 생명나무 열매를 줌(2:7)	생명의 면류관 (2:10) 둘째 사망의 해를 면함 (2:11)	만나와 흰돌을 줌 (2:17)	새벽별을 줌(예수 그리스도)(2:28) 철장권세-심판하는 권세(2:27)	생명책에 이름을 흐리지 않음 이름을 시인함 (3:5)	성전의 기둥될 것 (3:12) 세계 곳곳 교회 세웠기 때문	더불어 먹으리라 보좌에 함께 앉게 하심 (3:21)

(이광복)

에베소 교회(2:1-7)

> 에베소 교회의 사자에게 편지하기를 오른손에 일곱 별을 붙잡고 일곱 금촛대 사이에 다니시는 이가 가라사대 내가 네 행위와 수고와 네 인내를 알고 또 악한 자들을 용납지 아니한 것과 자칭 사도라 하되 아닌 자들을 시험하여 그 거짓된 것을 네가 드러낸 것과 또 네가 참고 내 이름을 위하여 견디고 게으르지 아니한 것을 아노라 그러나 너를 책망할 것이 있나니 너의 처음 사랑을 버렸느니라 그러므로 어디서 떨어진 것을 생각하고 회개하여 처음 행위를 가지라 만일 그리하지 아니하고 회개치 아니하면 내가 네게 임하여 네 촛대를 그 자리에서 옮기리라 오직 네게 이것이 있으니 네가 니골라당의 행위를 미워하는도다 나도 이것을 미워하노라 귀 있는 자는 성령이 교회들에게 하시는 말씀을 들을지어다 이기는 그에게는 내가 하나님의 낙원에 있는 생명나무의 과실을 주어 먹게 하리라

개요

일곱 서신 중 첫째 편지는 에베소로 보낸 것이다. 당시 행정적 수도는 버가모이지만 에베소는 소아시아에서 가장 번화한 도시의 하나였다. 바울이 처음으로 에베소 교회를 개척했다고 생각되는데(행 18:18-22, AD 52), 그 후 바울은 다시 에베소를 방문하여 3년 가까이 머물러 있으면서 우상의 도시, 황제 숭배의 중심지인

에베소를 그리스도교화 시키기 위해서 필사의 노력을 했다. 그러나 그 성과는 미지수로 남긴 채 바울은 에베소에서 추방당하고 말았다(19장).

그러나 바울은 에베소로 그의 믿음의 아들 디모데를 파송하여 교회 발전을 계승했다. 그리고 후에 로마 옥중에서 에베소로 보낸 서신도 있다. 이와 같이 에베소는 바울의 선교구에 속하는 도시라고 하겠다.

요한은 "사도"의 임무를 맡아 소아시아로 파송되어 여러(7) 도시를 순회하며 전도하다가 말년에 밧모섬에 유배되었던 것이 아닌가 생각된다.

옛 전승에 의하면 요한은 에베소에서 약 5킬로미터 떨어진 메리마나(Merymana)라는 작은 집에서 예수의 어머니 마리아를 모시고 살았다. 그리고 그가 밧모섬에서 풀려 나온 뒤에 에베소 근처 아야술룩(Ayasulluk)의 언덕집에서 여생을 보내면서 복음서와 서신과 요한계시록을 기록했다고 한다.

이와 같이 에베소 교회는 바울이 개척하고 기반을 잡아 준 교회이며 디모데가 바울의 후계자로 교회를 발전시켰고, 사도 요한이 그리스도 교회의 세 번째 중심지로 만든 곳이다[제1 중심지-예루살렘(베드로), 제2 중심지-안디옥(바울), 제3 중심지-에베소(요한)].

에베소 교회로 보내는 첫 번째 편지의 중심 메시지는 크게 두 가지로 본다. 첫째는 시대적 혼탁 속에서도 그리스도교 신앙의 판단기준을 흐리지 않고 거짓 종교를 가려내고 과감하게 배격한 데 대한 칭찬이다. 즉 에베소 교회는 이단을 식별할 수 있을 만큼 신앙이 성숙하였고, 교회에서 이단을 단호히 배격할 만큼 용기와 용단이 있었다. 그래서 에베소 교회의 그리스도인들은 철저한 믿음과 인내와 과감한 행동에 대해서 칭찬을 받았다.

둘째는 에베소 교회가 처음 사랑을 잃어버린 데 대한 책망이다. 처음 사랑은 에베소 교회가 처음 신앙을 받았을 때 가졌던 영적인 순수한 사랑을 말한다. 에베소 교회가 현실적으로 정치적 박해가 가열됨에 따라 또 내부에서 발생한 이단사상의 그릇된 교훈으로 처음 순수한 사랑의 모습을 상실하게 되었다. 여기의 "처음 사랑"은 두 가지로 이해할 수 있다. 하나는 그리스도에 대한 열정이며, 또 하나는 성도들 간의 사랑의 유대관계라고 하겠다. 그런데 에베소 교회는 본래 가졌던 그리스도에 대한 개인적 신앙자세가 흐트러졌으며, 교인들 간의 사랑의 공동체 의식도 해이해져 가는 것을 저자는 잘 관찰할 수 있었다. 그래서 에베소 교회는 "사랑을 상실한 교회"의 모습을 보여 주었다고 할 수 있다.

정통을 지키느라고 사랑을 잃었다. 그러므로 어디서 언제 왜 그렇게 된 것을 살펴 엄숙한 자기 비판과 아울러 회개하고 첫사랑으로 돌아오라는 것이다. 이 말씀에 순종치 않으면 이 촛대를 옮겨 버릴 것이요, 순종하면 낙원의 생명나무 과실을 먹게 하리라는 것이다.

1. 에베소 시

(1) 지리

굴곡이 심한 소아시아의 서쪽 해안에서 많은 강이 바다로 흘러 내려 가고 있으며 이로써 형성된 계곡들은 천연적인 여행로를 이루고 있고, 또 거대한 도시들이 위치할 수 있는 좋은 입지조건이 되었다.

카이쿠스 강(Caicus river) 계곡 북쪽에 버가모(pergamus)가 자리 잡고 있으며 훨씬 남쪽으로 헤르무스 강(Hermus river), 가이스터 강(Cayster river) 그리고 마이안데르 강(Maeander river) 흐르고 있다. 헤르무스 강 어귀에 서머나(Smyrna)가 있으며 마이안데르강 어귀에는 밀레도(Miletus)가 위치하고 있다.

가이스터 강은 다른 강들보다 규모는 작지만 훌륭한 항구가 있으며, 헤르무스와 마이안데르 양쪽 계곡으로 접근할 수 있는 훌륭한 통로이다. 그러므로 여기에 위치한 도시는 모든 조건이 유리했으며 아시아 당국의 모든 도시 가운데서 으뜸가는 지역이 되었다. 이곳이 바로 에베소이다.

에베소는 그 당시 정치적으로 로마 통치하에 있는 아시아 지방의 최대도시였다. 또한 로마, 알렉산드리아, 안디옥과 함께 로마제국의 4대 도시 중 하나였다. 경제적으로는 지중해에 연한 3대 무역항(알렉산드리아, 고린도, 에베소)의 하나로 각지의 물산이 집산(集散)되는 무역항구요, 교통으로는 동서양을 연결시키는 요로(要路)이다.

에베소는 소아시아 서해안에 있는데, 여러 강물이 도시로 향해 흘러들고 있어 강변도시라고 할 수 있다. 그중에도 가이스터 강을 이용하여 축항 공사를 깊이 하였으므로 큰 배가 자유롭게 드나들 수 있는 무역과 교통의 관문이 되어 있는 곳이다.

여러 강의 하류 지역은 매우 복잡한 지형을 이루고 있다. 그 옆에는 높은 산이 곳곳에 솟아 있으며 근처에는 온천도 있는 것으로 보아 옛적에는 지진도 자주 일어났던 곳으로 생각된다. 에게해의 해안선은 굴곡이 심하고 경사가 느린 곳도 있으나 절벽진 데도 많이 있다.

교통은 바울 당시 해로와 육로가 다 잘 통하였다. 특히 해로는 발달하여 에게해의 주변 도시로의 왕래가 아주 편리했다. 그리고 이 지역에는 천연자원이 풍부해서 시민에게 좋은 생활조건이 되었다.

그리고 이 도시는 일찍이 헬라 문화가 보급되어 크게 발전하게 되었다. 그러나 후에 다뉴브 강 유역에서 남하한 고오도족의 침공과 회교도들의 침략으로 헬라 문화는 자취를 감추게 되었다. 그래도 이 도시는 헬라문화의 영향을 받아 성장한 흔적이 아직도 남아 있다. 예로부터 이 지방을 "올리브의 나라"라고 불렀는데, 오늘에 이르기까지 올리브와 무화과의 산지로 알려졌다. 그리고 특산물 가운데는 양털이 유명하다.

(2) 역사

전설에 의하면 에베소는 아마존이라는 여전사들에 의해 건설

되었다. 도시의 이름은 "대지의 여신의 도시"란 뜻의 "아르자와의 왕국"에 있는 도시의 이름인 "아파사스"에서 유래되었다고 한다. 에베소는 청동기 시대부터 사람들이 거주했다고 한다. 그러나 오랜 역사를 거치면서 여러 번에 걸쳐 그 위치가 변경되었다.

카리아인과 렐레지아인들이 이 도시의 최초 거주민이다. 이오니아인들의 이주는 BC 1200년경부터 시작되었다고 한다. 전설에 의하면 아테네 왕 코드루스의 아들인 안드로클로스(Androklos)의 지휘하에 그리스의 이주민들이 아나톨리아에 처음 정착하게 되었는데 그때 그가 현인들에게 그들의 새 도시가 어디에 세워질 것인가 물었다고 한다. 그 질문에 대한 답변은 다음과 같다.

에베소 시의 중심가에는 수천 대를 내려오는 산돼지상이 건립되어 있다. 이 산돼지상이 건립된 데에는 다음과 같은 전설이 관계되어 있다. 즉 그 시를 건설한 소아시아인들은 그 시를 건설하기 전에 생선과 산돼지가 그 시가 세워질 처소를 가르쳐 줄 것이라는 신탁을 받았다고 한다. 어느 날 건축할 자들이 한 장소에서 생선을 구워 먹고 있던 중 불똥이 튀는 바람에 옆에 있던 숲에 불이 붙게 되자, 마침 그때 그 속에 있던 산돼지가 숲속에서 튀어 나왔는데 그것을 보고 사람들은 바로 그 장소를 신께서 원하시는 장소라고 여겨 거기에 시를 세우고 그것을 기념하는 뜻에서 산돼지상을 건립했다는 것이다.

에베소의 역사는 매우 오래되었다. 도시의 기원은 주전 11세기로 거슬러 올라간다. 고대에는 에게해안에 아주 가깝게 인접해 있었는데, 가이스터 강이 메워지는 바람에 고대 도시는 폐허가 되고 내륙 8킬로미터 지점으로 옮겨졌다고 한다. BC 1087년에 아덴인이 침투해서 원주민을 내쫓고 이오니아 식민지로 만들어 도시를 재건하였다. 그러나 이전에 벌써 헬라 사람들이 이민하여 그들이 섬기던 아시아의 모성의 신을 수입하게 되었는데, 이것이 예로부터 헬라 신화에 나타난 아데미 여신(아르테미스)과 같은 신이 되고 말았다.

한편 기원전 546년 페르시아의 고레스가 크로수스(Croesus)를 패배시켰고 BC 334년에 알렉산더 대왕이 점령하고 마게도냐 영토로 병합시켰다. 그러나 대왕이 죽은 뒤, 그 후계자 리시마쿠스 장군이 다시 독립도시로 개축하게 되었다. 파우사니아스(Pausanias)는 리시마쿠스(Lysimachus)를 현대 에베소 시의 창설자라고 부른다.

BC 281년 리시마쿠스가 셀류커스(Seleucus) 1세에게 패한 뒤 에베소는 약 100년간 셀류커스 왕조의 지배하에 들어가게 되었다. 그러나 BC 190년 셀류커스 왕조의 안티오쿠스 3세는 이 도시를 로마에 빼앗기고 말았다. 그 후 소아시아 지역을 통합하여 버가모의 왕에게 통치권을 이양하게 되었다. 그러나 그 후 한때 다시 로마제국의 지배하에 들어가게 되었다. BC 88년에 일시적인 시민반란이 있었으나 곧 진압되었고 "로마의 평화"(Pax-Romana) 시대에는 지중해 통치권 내의 한 중요한 도시로서 오랫동안 그 번영을 자랑하게 되었다.

에베소는 주총독 관저의 소재지로 인구는 알렉산드리아 안디옥 다음가는 대도시로 고린도와 함께 로마식 인상이 풍기는 문화

도시 중 하나다. 바울이 에베소에 왔을 때는 자유도시로서 아니아르크스라고 하는 위원회에서 치안을 담당하고 로마의 원로원에서 임명한 총독이 그 최고 책임자가 되었다.

(3) 상업상 극히 중요한 도시(경제의 중심)

요한이 편지를 써 보낸 당시의 에베소의 역사적 사회적 형편을 우리들이 안다면 왜 에베소가 일곱 교회 중에서 맨 먼저 오는가를 쉽게 알 수 있을 것이다.

아시아 지방의 행정적인 수도는 버가모였으나 에베소는 사실상 이 지방 최대의 도시로서 다른 도시가 따르지 못하는 큰 도시였다. 로마인들은 에베소를 "아시아의 빛"이라고 부를 정도로 아시아도에서 가장 큰 도시였다. 그러면 에베소가 이런 우수성을 띠게 된 몇 가지 요인들을 살펴보기로 하자.

요한 당시에 에베소는 아시아에서 가장 큰 항구였다. 가이스터 계곡(Cayster Valley)에 있는 모든 도로는 에베소로 연결되어 있었다. 에베소는 가이스터 강 하구에 있으므로 가이스터 유역의 상업의 중심지가 되었다. 게다가 3대 도로망이 에베소로 집중되고 있었다.

유브라데와 메소포타미아에서 이르는 큰 교역로가 골로새와 라오디게아를 경유하여 지중해로 나와 에베소로 뻗치면서 동방의 물산을 에베소 시장까지 운반했다.

또 하나의 도로는 사데를 경유하여 에베소까지 이르는 갈라디아 도로로서 아시아의 교역품을 실어 나르는 길이었다.

세 번째 길은 남방으로 통하는 도로로서 메안다 계곡(Meander Valley)의 화물을 가이스터 유역에 운송하는 간선도로였다.

옛 지리학자 스트라보(Strabo)는 에베소를 가리켜 "아시아의 시장"이라고 불렀다. 요한계시록 18장 12-13절의 요한의 상품묘사가 에베소 시장을 그린 것이 아닌가 하는 이도 있다.

아시아도에 들어오는 사람들에게 에베소는 "아시아의 관문"이었다. 아시아 지방의 장관이 부임할 때는 반드시 에베소에서 배를 내려서 입국하였다는 것이 그 특색이었다. 이것은 법령으로 정해져 있었고, 에베소의 명예였다.

가이스터 계곡, 메안다 계곡, 갈라디아, 유브라데, 메소포타미아 지방에서 오는 모든 여행자와 상인들이 에베소에 모여 들었기 때문에 에베소는 로마로 가는 대로라고 했다. 후년에 순교자들이 아시아에서 끌려 나와 경기장에서 사자의 밥이 되기 위하여 로마로 갔을 때 이그나시우스(Ignatius)는 에베소를 "순교자의 길"이라고 불렀다.

에베소는 지리적인 조건 때문에 전 아시아에서 가장 부유한 대도시가 되었다. 끊임없이 사람과 상품이 흘러 들어오고 흘러 나갔기 때문에 "세계의 허영의 시장"이라는 참으로 적절한 별명이 붙었던 것이다.

(4) 정치적으로 중요한 도시였다.

에베소는 또한 정치적으로 특권이 부여되어 있었다. 에베소는 로마제국 내 자유도시들 중의 하나였는데 제국에 대한 충성과 봉사에 의해 주는 특혜였다.

자유도시는 그 도시 경계 안에서는 자치가 인정되고, 로마 군대가 상시 주둔하는 일이 없는 순회재판의 도시가 되어 있었다. 즉 로마의 지방장관이 정기적으로 관할지역을 순회하여 특정의 시나 마을에서 재판을 열고, 지방장관이 임석한 기회에 가장 중대한 사건의 재판을 하여 로마 정부의 판결을 내리도록 되어 있는 것이다. 순회재판을 하는 도시에서는 일 년에 몇 번 어떤 특정한 시기에 성장(盛裝: 옷을 화려하게 입음)한 지방장관의 도착을 축하하는 화려한 행사가 거행되었다. 더군다나 에베소에서는 일 년에 한 번씩 아시아에서 유명한 운동경기 대회가 벌어지고 이 경기가 열릴 때에는 아시아 각 지방에서 많은 사람들이 에베소에 모여 들었다.

(5) 종교적으로 극히 중요한 도시였다.

에베소 사람들의 가장 큰 자랑거리는 무엇보다도 여신 아르테미스(아데미) 신전이었다. 에베소 사람들은 희랍 신화의 최고신 제우스의 딸인 아르테미스(Artemis, 한글개역 아데미) 여신을 수호신으로 섬겼다. 그런고로 에베소는 아데미신 예배의 중심지였다. 흠정역에서는 이 여신을 에베소의 다이아나(Diana)라고 부르고 있다. 희랍 속담에는 "태양은 자기가 가는 길목에서 다이아나 신전만큼 훌륭한 것을 보지 못한다"라고 할 만큼 유명한 신전이다.

다산(多産)과 풍요를 가져다 준다는 이 여신을 위해서 그들은 일찍이 신전을 건축하였다. 그러나 주전 356년에 아르테미스 신전은 한 정신병자의 방화로 불타 버리고 말았다. 이 사건은 에베소 사람들에게 심각한 문제를 안겨주었다. "아르테미스 여신은 방화범이 자기 신전을 불태우는 것도 막지 못할 만큼 무력하다는 말인가?" 이 질문에 대해 에베소의 현인들은 이런 대답을 해 주었다. "아르테미스 여신은 바로 그때 출타 중이었다. 마케도니아 지방에서 탄생한 알렉산더를 축하하기 위해서 그곳에 간 것이다." 아르테미스 신전이 불탈 당시 마침 알렉산더가 태어났던 것이다.

세계를 정복한 알렉산더 대왕은 에베소를 방문하였다. 그는 아르테미스 신전이 불에 타 파괴된 것을 보고 자기가 신전을 복구시켜 주겠다고 제안하였다. 그러나 자존심이 강한 에베소 사람들은 자신들의 수호신인 아르테미스의 신전을 다른 사람의 손으로 재건하게 할 수는 없었다. 하지만 한편으로는 당시 세계를 호령하던 정복자의 말을 거절하는 것도 쉬운 일은 아니었다. 에베소의 현인들은 다시 명답을 생각해냈다. 그들은 알렉산더 대왕 앞에 나아가 이렇게 말했다. "대왕이시여! 당신은 인간이 아니라 신이십니다. 신이 다른 신을 위해서 신전을 짓는다는 것은 합당치 않을 일입니다."

에베소 사람들은 자신들의 힘으로 신전을 재건하였다. 그들의 목표는 희랍 아테네에 있는 파르테논 신전보다 크고 웅대한 신전을 짓겠다는 것이었다.

아데미(로마명으로는 Diana) 신전은 아덴의 파르테논(Parthenon) 신전보다 약 4배나 큰 것으로 전면의 폭이 70미터(239척), 길이가 130미터(425척)에다 높이가 20미터(66척)나 되는 거대한 규모였다. 이 건물의 둘레에는 127개의 이오니아 양식 석주(石柱)가 둘러서 있어 건축미의 극치를 보여 주었다. 사람들은 황홀한 경이의 눈으로 아르테미스 신전을 바라보았고 곧 세계 7대 불가사의의 하나로 손꼽히게 되었다. 참고삼아 세계 7대 명물들을 살펴보면 다음과 같다.

① 이집트의 피라미드 (Pyramids of Egypt)
② 로데스섬의 콜로서스 동상 (Colosus of Rhodes)
③ 올림피아의 제우스 신상 (Status of Zeus at Olympia)
④ 바빌론의 공중 정원 (the Manging Gardens of Babylon)
⑤ 알렉산드리아의 파로스 등대 (the Lightmese of Alexandria)
⑥ 하리알라서스의 마우소루스 왕릉 (Mausoleum at Haliearnassus)
⑦ 에베소의 아데미 신전이다.

신당 안에는 큰 제단이 있는데 이것을 희랍 최고의 조각가 프락시텔레스의 작품이라고 한다. 이 신전의 사제들은 메가비지(Megabyzi)라고 불리는 성기가 거세된 남자들이라고 한다. 또 멜리사(Melissae)에 여사제들이 수천 명이나 있었다고 한다. 뿐만 아니라 신전들을 청소하고 잡역을 맡는 수천 명의 노예도 있었다고 한다. 이 잡역부들은 다이아나 신전의 노예가 된 것을 자랑했고 또 모든 시민들도 그렇게 여겨 주었다.

이 신전에 전속되어 있는 수백 명의 여사제들은 신성한 창부 노릇을 하고 있었다. 혼합된 인종으로 이루어진 인구, 범죄자들이 흘러 들어오는 것, 신전의 부도덕은 에베소를 악의 도시로 유명하게 하였다. 이 아데미신 외에 요한 당시의 에베소에는 로마 황제 클

Ⅳ. 일곱 교회로 보내는 편지(2:1-3:22) 231

라디우스와 네로의 상을 모신 신전으로 유명했으며, 후년에는 다시 하드리아누스(Hadrian) 황제와 세베루스(Severus) 황제의 신전이 더해졌다. 에베소는 이교가 가장 성행한 곳이었는데, 이 다이아나 신전과 관련된 두 가지 특이 사항이 있다.

첫째, 이 신전은 도피처의 권리를 보유하고 있다. 즉 어떠한 범죄자라도 다이아나 신전 주변 300미터 이내에 들어오면 살 수 있었다. 이것을 통해 온갖 범죄의 소굴이요 수용소임을 알 수 있다.

둘째로 에베소 부적 판매소의 중심지이기도 했다. 안전한 여행이나 사업의 성공을 원하는 사람, 결혼, 자식, 불치병 치유, 올림픽 경기에서의 승리, 기타 어려운 소원을 가진 사람들은 이 신전에서 발행되는 부적을 사면 형통한다고 하는 미신술이었다.

그리하여 에베소는 온갖 부류의 범죄자, 즉 법망을 피하여 탈주한 자들이나 기피자들이 들어 왔고, 속기 쉬운 미신적인 사람들이 모여 들었던 도시였다. 그래서 당시 에베소는 세계에서 제일가는 미신의 도시라고 해도 과언이 아니었다. 이 신전은 주후 262년에 불탔으며 그 후 이 신전은 다시 복구되지 않았다. 다이아나 여신을 섬기던 것이 나중에는 황제 숭배로 발전하게 되었다.

(6) 에베소인은 불건경한 사람들이었다.

에베소인들의 성격은 좋지 못했고 변덕스럽고, 미신적이고 부도덕하다는 평판이 자자하였다. 당시 에베소 시민중 가장 유명한 철학자 헤라클리투스 (Heraclitus)는 웃지 않는 통곡의 철학자, 눈물의 철인으로 알려져 있었다. 그의 눈물에 대한 자기 설명에 의

하면 "누구든지 에베소에 사는 사람은 어디서나 볼 수 있는 부도덕에 울지 않을 수 없다"는 것이었다.

이것이 에베소의 실정이었다. 그리스도교를 심는 데 있어서 이처럼 불리한 땅이 없는 것같이 생각되나 사실은 이 에베소에서 기독교가 빛나는 승리를 거둔 것이다. R. C 트렌치(Trench)는 "하나님의 말씀으로서는 이보다도 좋은 땅은 다른 아무 곳에도 없다. 또한 여기처럼 깊은 뿌리를 내려서 믿음과 사랑의 아름다운 열매를 맺을 땅을 다른 데서 볼 수 없다"고 기록하고 있다.

바울은 다른 어느 도시에서보다도 에베소에 오래 머물렀다 (행 20:31). 디모데와 인연을 맺은 곳이 에베소였으므로 그가 에베소의 초대 감독이라고 불리었다(딤전 1:3). 무리가 브리스길라와 아굴라와 아볼로를 만나게 되는 곳도 에베소였다(행 18:19, 24:26). 확실히 바울에게 있어서 에베소 장로들보다 더 친한 사람은 없었으니 그들에게 대한 작별 인사가 아름답게 표현되고 있다(행 27:17-38).

(7) 에베소는 또한 예술과 문화의 도시였다.

① 야외 원형극장

2만 5,000명 이상의 관객을 수용할 수 있는 규모의 이 야외 원형극장은 헬레니즘시대에 처음 만들어졌다고 하나 현재 남아 있는 것은 서기 1-2세기경의 유적이다. 로마식 극장으로 재건된 것은 클라우디우스(AD 34-41) 시대를 첫 시작으로 하였고 무대의 1층과 2층 건물을 네로 황제(54-68) 때 만들어졌고, 3층은 셉티무스 세베루스(193-211) 황제 때 만들어졌다. 3단 구조의 이 야외 원형 극장의 각 단은 22개의 계단으로 이루어져 있는 거대한 로마식 야외극장이다. 총 높이가 18미터에 달하는 이곳의 실내 정면은 각종 부조와 원주, 창으로 장식되어 있고 최상위의 단인 3층 윗부분에는 다양한 동상이 세워져 있다.

② 아고라(agora, 시장터)

이 극장 오른편에는 시장구역인 아고라가 있다. 동서와 남북의 길이가 각 110미터 되는 정방형 석조 구조물로 된 시장지역이다. 3세기 초에 카라쿨라 황제에 의해 복구되었고, 4세기에 있었던 지진으로 인해 현재의 모습이 되었다. 도시에서 가장 큰 상업지였던 이곳에서 음식물을 비롯한 수많은 물건들이 매매되었다. 상점들은 주랑을 따라 있었고 상점들의 뒤쪽에는 둥근 원통형의 지붕으로 된 창고가 있었다.

해시계와 물시계가 아고라 중앙에 놓여 있었다. 지금은 에베소 박물관에 소장되어 있다. 국제적 상업도시인 에베소의 특징을 잘 보여 주는 곳이다.

③ 셀수스 도서관(Celsus Library)

에베소의 쿠레테스 거리에 위치한 이 도서관은 서기 117-120년 경 C. 아퀼라에 의해 아시아 지역의 통치자였던 그의 아버지, 셀수스 플레마이아누스(Celsus Polemaeanus) 집정관을 기리기 위한 목적으로 건설한 2층 건물이다.

이 도서관에는 세 개의 문이 있는데 각각의 상단은 지혜, 운명, 지식을 상징하는 정결한 여성상들로 장식되어 있다. 내부에는 셀수스 무덤이 있고 아름답게 장식된 그의 대리석만이 발견되어 있었다. 에베소의 도서관이었던 두란노 서원의 후신이라고 할 수 있다.

④ 하드리아누스(Hadrianus) 신전

쿠레테스 거리에서 눈길을 끄는 이 신전은 도미티안 신전 이후 두 번째로 로마 황제에게 바쳐진 신전이다. AD 138년에 지어진 이 신전은 에베소 시민들에 의해 지어져 로마 황제였던 하드리아누스 황제에게 바쳐졌다. 117-138년 사이에 로마 제국의 황제로 있었던 하드리아누스 황제는 로마의 오현제 중 하나로 추앙받는 황제였다.

정면에 네 개의 기둥이 남아 있으며 중앙의 두 기둥은 아치형을 이루고, 아주 중앙에는 이 도시의 여신 투체(Tyche)의 머리가 부조(浮彫)되어 있다. 최근에 복원된 이 신전 입구에서 안으로 들어가면 돌담 위에 신과 여신들의 부조가 가득하며 4명의 로마 황제 디오클레티안(Diocletianus), 막시미안(Maximianus), 갈레리우스(Galerius), 크로루스(Chlorus)의 상이 꼼꼼히 들어차 있다. 또한 신전 전면의 4개의 기둥 중 2개의 기둥을 잇는 아치는 에베소 유적지 중에서 가장 아름답다는 평가를 받고 있다.

⑤ 공중화장실

1세기에 세워진 에베소의 수세식 공중화장실이며 중앙에 사각형의 풀장이 있고 바닥은 모자이크로 되어 있다. 수세식 변기가 유달리 조밀한 것은 당시 대화를 중요시 하고 즐겼던 사회상을 반영하고 있다. 화장실의 사용은 남자에게 제한되었으며, 그들은 입구에서 이용료를 내야 했다.

⑥ 사도 요한의 교회(church of St. John)

예수가 가장 아끼는 제자이며 예수가 십자가에 못 박힐 때 현장에 있었던 유일한 제자였던 사도 요한은 예수가 자신의 어머니인 성모 마리아를 맡긴 사람이다.

교회 사학자 유세비우스(Eusibios)에 의하면 37-42년 사이에 예수님의 사도들은 예루살렘에서 추방되었는데 사도 요한은 기독교를 선교하면서 에베소에 왔다고 한다.

이때 사도 요한은 성모 마리아와 함께 에베소로 와서 말년을 보내다가 이곳에서 죽었다.

4세기에 기독교가 공인되고 에베소에 기독교가 널리 전파되자 그 무덤이 있던 자리에 목재로 된 교회가 건축되었다. 그 후 비잔틴 제국의 유스티니안(Justinian, 527-565) 황제가 오늘날 우리가 볼 수 있는 교회로 증축시켰다.

㉠ 사도 요한 기념교회 세례소: 대리석 바닥의 십자형 구멍이 초대 기독교 이래 거룩한 곳으로 일컬어져 오는 세례소이다. 이곳에서 개종하고 회개한 유대인과 이방인에게 세례를 베풀었다.

㉡ 에베소에 있는 사도 요한 기념교회 내부에 사도 요한의 무덤이 있다.

⑦ 성모 마리아 교회

이 교회는 에베소 교회였으나 로마 제국이 기독교를 국교화한 이후 국가에 의해 다시 기념교회로 세워진 곳이다. 431년 제3차 세계종교 회의가 이곳에서 개최되었다. 이 회의에서 예수 그리스도의 신성이 재확인되었고 성모 마리아의 신성도 함께 선포되었다.

⑧ 성모 마리아의 집

아나톨리아는 다양한 문명과 신앙이 복합되었던 곳이며 성모 마리아의 집은 인간 신앙의 발전을 보아 왔던 가장 중요한 장소 중의 하나이다. 이곳은 에베소 고대도시에 있는 마그네시안 게이트로부터 약 45킬로미터 떨어져 있으며 높이 358미터의 언덕 꼭대기에 위치하기 때문에 도보로는 접근하기가 상당히 어렵다.

이곳에서 굽어보이는 경치는 대단히 아름다우며, 또한 아주 좋은 기후 조건을 갖추고 있다. 이곳에서 들리는 유일한 소리는 새들의 노랫소리이며 고지대에 위치한 이유로 에베소 평야의 후텁지근한 열기도 이곳에서는 느낄 수 없다. 이곳에서는 지구가 푸른 하늘을 안고 있는 수평선에 이르기까지 주변의 장엄한 광경을 한 눈에 볼 수 있다.

터키군이 지키는 경비초소와 수베니어 상점이 늘어선 곳을 지나 마리아상이 있는 성소 구내에 들어서니 영국, 독일, 프랑스, 이탈리아 등 여러 나라 말로 쓴 안내 간판 가운데 놀랍게도 한글 간판도 서 있었다.

이곳을 지나 바로 왼쪽에 성모 마리아가 팔을 뻗치며 인자하고 사랑스러운 표정으로 사람들을 맞이하고 있다. 이 청동 동상은 19세기 초에 행해진 발굴 때 발견되었으며 당시 부러졌던 팔도 복구되었다. 이곳을 지나면 플라타너스 나무의 가지가 뻗쳐 있는 성모 마리아의 집에 도달하게 된다. 성모 마리아는 이곳에서 말년을 보냈으며 그녀가 하늘로 승천했는지는 여전히 학자들 간의 뜨거운 논쟁거리이다. 하지만 성모 마리아에 대한 이러한 이야기는 에베소의 고대 시민들과 지역 토착민들 사이에서 발견되는 강한 전통을 바탕으로 하여 생겨난 것이다.

돔 루이나르트(1657-1707), 바도니우스(1528-1607), 틸레몬트(1637-1698), 그리고 교황 베노이트 14세 (1675-1758)는 모두 사도 요한이 37-45년 사이에 성모 마리아를 데리고 소아시아로 왔다는 것에 동의했다.

이 지역의 기독교인들이 산 속에 숨겨진 예배당인 "파나야 카폴루"(Panaya Kapulu)를 찾아 성모 마리아를 축하하는 것은 오래된 관습이다. 그들은 이곳에 성모 마리아가 그녀의 말년을 보냈다는, 세대에서 세대로 전해 내려온 전통을 굳건히 믿고 있다. 19세기에 병상에 있던 환자인 독일 수녀 캐더린 엠메리히(Catherine Emmerich, 1774-1824)는 〈라 비에데 라 세인트 바에르게〉라는 책을 써서 신성한 영감을 주장했다. 그녀는 결코 이 지역을 방문한 적이 없지만 그녀의 책에 언덕 꼭대기에 있는 예배당의 위치를 놀라울 정도로 정확하게 묘사했으며 그 덕분에 이즈미르 폴리갑교회의 나자리스트 성직자가 이 지점을 발견했다.

이 산속에 폐허로 남아 있던 비잔틴 시대에 지은 작은 교회가 마리아가 살던 집터라는 것이다.

가톨릭 교회는 그 후 이 교회를 복원하였고 1961년 교황 요한 23세는 가톨릭 교회의 성소로 공포하였다. 그 후 교황 바오로 6세와 요한 바오로 2세도 방문하여 마리아의 집은 오늘날 전 세계 크리스천들의 발길이 끊이지 않는 성지가 되어 있다.

⑨ 누가의 묘: 누가는 헬라인으로 안디옥 출신이라 안디옥에서

복음을 전하던 바울을 만나 기독교로 개종하였고, 바울의 선교를 도우면서 일생 숨어서 섬기는 일을 했다. 그는 누가복음과 사도행전을 하나님을 사랑하는 로마의 원로인 클레멘스 집정관에게 써서 전해 주었다. 그는 데살로니가에서 복음을 전하다가 우상 숭배자들에게 붙잡혀 올리브 나무에 목매달려 죽음을 당했다. 그 후 누가의 시신을 요한 사도가 사역하는 에베소에 가져와서 안치했다고 한다.

2. 사도 바울 당시의 에베소 교회

일곱 서신 중 첫째 편지는 에베소로 보낸 것이다. 당시 행정적 수도는 버가모이지만 에베소는 소아시아에서 가장 번화한 도시의 하나다. 그 도시는 기원전 133년 이래로 로마 행정구에 들어 있는 한 자유도시로 상업과 교통의 중심지였다. 이 도시에 고대 유물에 속하는 대건물 두 개가 있다. 하나는 "대극장"이고 또 하나는 "아데미 신전"이다. 그리고 이 도시는 우상 숭배와 이교사상과 황제 숭배가 성행하여 "이교의 도시"라고 불릴 만도 했다.

에베소 교회의 기원은 확실치 않으며 오순절날에 아시아에서 경건한 유대인들이 예루살렘에 왔었다는 것(행 2:9)이 모종의 유추를 가능케 하는 유일한 성경적 근거이다. 그러나 저들이 복음을 받아들이거나 증거했다는 성경적 증거는 없다.

바울은 제2차 전도여행(AD 51년 가을) 때에 고린도에서 상봉하여 1년 6개월 동안 함께 복음을 전했던 아굴라, 브리스길라와 더불어 에베소에 들어갔는데 그곳에서 바울은 회당에서 말씀을 증거하여 처음으로 에베소에 복음의 씨가 뿌려지게 된 것이다(행 18:18-21). 그 후 그는 때가 되자 여러 사람이 더 오래 있기를 청하였음에도 불구하고 허락지 아니하고 하나님의 뜻이 있으면 너희에게 다시 돌아오리라고 말하고서 배를 타고 에베소를 떠나 가이사랴로 갔다(행 18:19-21).

두 번째는 길리기아 관문을 통하여 오늘날 터키의 중앙 고원지대로 들어가서 제2차 전도여행 때에 세운 갈라디아 교회들을 돌보기 위하여 "갈라디아와 브루기아 땅을 차례로 다니며 모든 제자를 굳게 하고"(행 18:23), "아볼로가 고린도에 있을 때에 바울이 윗 지방으로 다녀 에베소에 와서"(행 19:1a) 에베소 선교가 시작된다.

바울이 가이사랴로 떠난 후 알렉산드리아 출신의 아볼로라는 유대인이 에베소에 왔는데 그는 말에 능한 성경박사였다. 그는 일찍이 주의 도를 배워 열심히 예수에 관한 것을 말하며 가르쳤으나 요한의 세례만 알고 있을 따름이었다. 그가 회당에서 담대히 말하자 브리스길라와 아굴라가 듣고 집에 데려다가 하나님의 도를 자세히 풀어 가르쳐 주었다. 그 후 아볼로는 고린도 교회로 갈 것을 작정하였으며 신자들은 그를 격려하여 보냈고 그는 고린도 교회에 가서 예수는 그리스도라고 증거하여 성공적인 목회를 하였다.

아볼로가 고린도 교회에서 사역하는 동안 바울은 다시 에베소에 와서 많은 사람들에게 세례를 주었으며 전례대로 유대인 회당에서 3개월간 담대히 하나님 나라에 대하여 강론하며 복음을 권면하였다. 그러나 어떤 이들은 마음이 굳어 순종하지 않고 무리 앞에서 복음을 비방하였다.

이에 바울은 그들을 떠나 제자들을 따로 세우고 두란노 서원(the Lecture Hall of Tyrannus)에서 자유로이 하나님의 말씀을 전했는데 D사본은 그 시간이 매일 5시부터 10시까지였다고 전한다. 이 2년여에 걸친 기간에 바울은 하나님의 많은 기사와 이적을 행했는데 바울의 몸에서 손수건이나 앞치마를 가져다가 병든 사람에게 얹으면 그 병이 떠나고 악귀가 쫓겨나기까지 했다. 또 마술을 행하던 많은 사람들은 마술책을 모아 가지고 와서 모든 사람 앞에서 불태웠는데 그 책값만도 무려 은 5만이나 되었다고 했다(행 19:8-20).

그뿐 아니라 요한의 제자들도 성령의 세례를 받아 참도를 깨우치게 되고(행 19:1b-7), 가장 큰 역사는 에베소의 상징이며 대표가 되는 아데미 예배가 크게 지장을 받았다는 사실이다. 결국 바울의 에베소 목회를 통하여 아시아 전역에 사는 유대인이나 헬라인이 상당수 주님을 믿게 되는 역사가 일어났다(행 19:10). 바울은 3년 가까이 머물러 있으면서 우상의 도시, 황제 숭배의 중심지인 에베소를 그리스도교화 시키기 위해서 필사의 노력을 했다.

그 후 바울은 아데미 신전의 은장색 데메드리오에게 많은 핍박을 받게 되어 에베소에서 추방당하고 말았다(행 19장). 그러나 바울은 교회 장로들(행 20:17,28)과 사랑하는 믿음의 아들 디모데에게 교회를 맡기고 에베소를 떠났다(딤전 1:3,18-20).

그 후 예루살렘 성전이 무너질 무렵인 AD 69년경부터 사도 요한이 이곳에서 약 30-40년에 걸쳐 목회했으며 도미티안 황제에 의해 밧모섬으로 유배되어 그 곳에서 계시록을 기록한 후 AD 95년 이후 에베소로 돌아와 그곳에서 평생을 보냈다고 한다.

예루살렘 멸망 후(AD 70년) 사도 요한이 성모 마리아를 모시고 에베소에 와서 거기서 묻혔다는 전설도 널리 전해지고 있다.

안디옥의 이그나시우스가 순교를 당하기 위하여 로마에 가는 도중 에베소에 편지를 보내서 "당신들은 예수 그리스도의 능력에 의하여 항상 사도들과 마음을 같이 하고 있었다"라고 하였다.

참고로 에베소 교회의 교역자는 다음과 같다.

(1) 첫 번째 교역자는 바울이었다.

사도행전 19장 8절에 "바울이 회당에 들어가 석 달 동안을 담대히 하나님 나라에 대하여 강론하며 권면하되"라고 했다. 바울은 이 도시에 도착하자마자 복음 증거의 중심지로 회당(Synogogue)을 사용했다.

(2) 두 번째 교역자는 아볼로였다.

사도행전 18장 24절에 "알렉산드리아에서 난 아볼로라 하는 유대인이 에베소에 이르니 이 사람은 학문이 많고 성경에 능한 자"라 했다.

(3) 세 번째 교역자는 디모데였다.

디모데전서 1장 3-4절에 "내가 마게도냐로 갈 때에 너를 권하여 에베소에 머물라 한 것은 어떤 사람들을 명하여 다른 교훈을 가르치지 말며 신화와 끝없는 족보에 착념치(몰두하지) 말게 하려 함이라 이런 것은 믿음 안에 있는 하나님의 경륜을 이룸보다 도리어 변론을 내는 것이라"고 했다.

(4) 네 번째 교역자는 사도 요한이었다.

요한계시록 2장 1절에 "에베소 교회의 사자에게 편지하기를"이라고 하였다. 사도 요한이 에베소 교회에서 목회를 하다가 도미시안 통치하에 밧모섬으로 유배당했고, 그 후에 다시 에베소 교회에서 목회하다가 트라얀(Trajan) 통치하에서 일생을 마쳤다.

아데미 신전은 기원 262년에 불에 타 버린 후 폐허로 남았으며, 에베소 항구도 가이스터 강으로부터의 모래가 바다를 메워 지금은 그 번화하던 도시가 질퍽한 갈대밭이 되고 말았다. 에베소 교회의 현황이 몇 가지로 드러난다.

첫 번째로 에베소는 각 지방으로부터 내왕이 빈번한 도시였으므로 그 교회에도 각양각색의 정체 모를 '교회인'이 찾아드는 곳이었다. 특히 순회설교자로서 자칭 '사도'라는 자들이 무슨 권위자인 것 같이 교인들에게 설교했다. 그러나 그들은 거짓사도였다.

두 번째로 니골라당이란 자들이 있었다. 그들은 우상 숭배하는 이교제전에 동참하며, 윤리적으로 무법주의적인 자들이어서 성적으로 문란한 자들이었다. 에베소 교회는 이런 자들을 시험하여 정체를 폭로하고 교회에서 물리쳤다. 그러나 그러는 동안에 교회는 심정이 굳어져서 인간애가 고갈되었다.

말하자면 사랑이 정의에 희생된 셈이었다. 에베소 교회는 또한 핍박과 고난에도 강하게 도전하여 흔들리지 않았다. 그러나 이 사랑을 되찾지 못할 때, 그 교회는 결국 불이 꺼진 등대와 같아서 그 존재 이유를 상실하게 된 것이었다. 그래서 회개와 첫사랑의 회복을 권한 것이었다.

3. 주님이 나타나신 모습(2:1)

첫 번째 편지는 에베소 교회의 사자에게 보내는 메시지다.

'사자'에 대해서 1장 20절에서 설명한 대로 실제로 교회를 담당하고 처리하는 대표지도자로 생각된다.

그런데 에베소는 밧모섬에서 그리 멀지 않은 도시로 사도 요한이 밧모섬에 유배되었다가 석방되어 돌아와 여생을 마친 곳이며, 거기서 모든 "요한 문학"을 집필했다고 생각된다.

혹시 요한 자신이 에베소 교회의 지도자로 있었는지도 모른다. 그러므로 에베소는 요한과 더 밀접한 관계가 있다고 하겠다. 특히 요한 당시의 심한 정치적 박해가 배경이 되었기 때문에, 바울과의 관계는 고려하지 않는 것이 좋겠다. 요한은 에베소에 보낸 편지를 부탁하신 그리스도에 대한 두 가지 묘사로 시작한다.

(1) 오른손에 일곱 별을 붙잡으신 예수

요한계시록 1장 16, 20절에는 "오른손에 일곱 별이 있고"라고 하였는데, 여기에서는 "붙잡고"라고 하였다. 일곱 별은 일곱 교회의 사자라고 하였다. 교회의 사자가 복음의 빛을 어두운 세상에 별과 같이 비추고 있다. 예수님께서 교회의 사자를 친히 오른손에 붙잡고 주장하신다. "오른손"이라는 것은 "승리"를 의미하며 "능력"과 "보호"를 의미하는 것이다.

여기에 특히 "붙잡고"(κρατῶν)라는 말이 삽입되어 있는데 1장 16절의 "있고"(ἔχων)라는 말보다 강한 의미로 강하게 붙잡고 있음을 뜻하는 말이다. 즉 에베소 교회의 사자를 보호하실 뿐만 아니라 에베소 교회의 어려운 행정 문제도 통치하신다는 뜻이다. 예수님의 "손"은 "전능"(Omnipotent)을 뜻하는 것으로 결국 우리들이 예수님의 손에 잡혀 있다는 말은 예수께서 우리들을 안전하게 보호하신다는 의미라고 할 수 있다(마 28:18; 눅 1:66, 23:46; 요 10:28; 행 11:21, 13:11; 히 1:10, 2:3, 10:31).

이 말은 예수 그리스도께서 교회와 교회의 행정, 신자들 그리고 사역자들을 완전히 그의 장중에 잡고 계시다는 것을 의미한다. 교회가 예수 그리스도의 지배 밑에 있으면 잘못될 일이 없다는 것이다. 그뿐 아니라 우리들의 안전과 평안이 그리스도의 손에 달려 있다는 것이다. 요한은 예수님의 소유가 된 사람들에 대하여 예수님 자신의 말씀을 기록하고 있다.

예수님께서는 그의 양들을 아시며 양은 예수님의 음성을 알고 예수님을 따른다(요 10:27). 어느 누구도 예수님의 손에서 그의 양들을 빼앗을 수도 없다(요 10:28).

교회가 그리스도의 지배에 복종할 때는 교회의 교리와 신앙의 존재는 영원히 안전한 것이다. 그러나 또 한 가지 의미가 있는데 그 점은 희랍어만이 분명하게 드러내 보이는 것이다.

동사 크라테인(Kratein, 붙잡다)은 그 다음 보통 소유격을 취한다. 이것은 영어의 '…의'에 해당한다. 크라테인이 소유격을 취하는 이유는 우리가 물건을 잡는 경우 그 물건 전체를 잡는 것은 거의 없고 물건이 큰 경우에는 그 물건의 일부를 잡기 때문이다. 예를 들면, 책상 전체 혹은 커다란 꾸러미(보자기)를 잡을 수 없기 때문에 그 일부를 잡는다.

그런데 크라테인이 목적격(대격)을 취하는 경우가 있다. 그것은 물건 전체를 손아귀에 쥐고 잡는 것을 의미한다. 예를 들면, 우리가 작은 나무 열매나 짧아진 연필이나 호두 한 개나 계란 한 알 등은 우리 손에 집어넣을 수 있는 것과 같다.

여기서는 크라테인이 목적격을 취하고 있다. 그것은 그리스도께서 일곱 별을 모두 자기 손에 잡고 계신 것, 즉 교회 전체를 장악하고 계신 것을 의미하는 것이다. 이것을 잊어서는 안된다.

1장 16절의 "가지다"를 의미하는 에코(ἔχω)가 소유적인 의미를 암시하는 것이라면 본문의 크라데오(κρατέω)는 전능하신 그리스도의 능력으로 완벽하게 보호하시는 것을 암시하고 있다. 왜냐하면 "붙잡고"라는 단어의 의미는 그 이후를 생각하게 하는 목적이 있음을 나타내고 있기 때문이다.

그리스도의 손 안에 있는 것은 우리들의 교회만이 아니라 모든 교회이다. 그리스도는 어떤 교파, 혹은 파벌의 소유만이 아니다. 더구나 한 교회에만 속하여 계신 분일 리가 없다.

그는 모든 교회의 그리스도이시다. 교회들 사이에 담을 쌓는 자는 예수의 사람이 아니다.

(2) 금촛대 사이를 다니시는 예수 그리스도

요한계시록 1장 13절에는 일곱 촛대 사이에 서 있다고 하였는데 본문에는 '다니신다'고 함으로 더 강한 의미로 나타내고 있다. "다니시는 이"를 의미하는 페리파톤($περιπατῶν$)은 장소와 원인과 동기를 나타내는 기본 전치사 페리($περί$)와 "밟다"(Tread)를 의미하는 파테오($πατέω$)의 합성어인 페리파테오($περιπατέω$:to walk)의 관사를 지닌 능동태 현재 분사로서 현재부터 끝을 알 수 없는 영원까지 "일곱 금촛대" 사이를 다니시는 분이심을 묘사하고 있다. 즉 "붙잡다"와 "다니시는 이"는 관사 있는 분사로 사용되어 장벽이 없이 다니시는 그리스도의 영원한 사랑을 증거하는 구절이다. 주님은 전 세계, 어느 시대의 교회에나 장벽 없이 하나님과 인간 사이를 가로막고 있던 죄의 장벽을 허물어 주시고 이제는 보호해 주시는 분이심을 묘사한 것이다.

예수께서 교회를 뜻하는 금촛대 사이에 다니신다는 뜻은 맹목적으로 서성대며 걸어 다니신다는 뜻이 아니라, 쉬지 않고 계속 일하심을 가리키는 것이다.

"다니시는 예수님"이란 말은 곧 예수께서 쉬지 않고 교회에서 계속 사역하심을 뜻하는 것으로 그분은 교회의 꺼져가는 등불을 켜시고 항상 성령의 기름을 공급하시며 금촛대에 불을 붙이기 위해 다니시는 것이다.

레위기 26장 11절을 보면 "내가 내 장막을 너희 중에 세우리니 내 마음이 너희를 싫어하지 아니할 것이며 나는 너희 중에 행하여 너희 하나님이 되고 너희는 나의 백성이 될 것이니라"는 말씀이 있다. 이 말씀은 하나님께서 우리 가운데 계시며 우리를 친히 보호하신다는 뜻이다. 또한 예수님께서는 "두세 사람이 내 이름으로 모인 곳에는 나도 그들 중에 있느니라"(마 18:20) 고 말씀하셨다.

금은 예수님의 신성을, 촛대는 교회를 의미하는데(계 1:20) 교회와 예수님과의 관계를 생각하자면 예수님께서는 성전이시며(계 21:20), 교회의 대제사장이시고(히 5:4-6, 8:2; 벧전 2:5; 계 1:6, 5:10) 교회의 제단이시자(히 13:10-12) 제물이시다(히 9:11-24, 28). 또한 스스로 피로 사신 교회이시며(행 20:28) 교회의 머리이기도 하시다(엡 1:22; 골 1:18). 촛대의 기름은 성령(눅 4:18; 행 10:38; 고후 1:21; 요일 2:27)이시요 촛대에 비치는 빛은 예수님이시다(요 8:12). 그러므로 그리스도는 한 교회에 한정되시는 것이 아니라 모든 교회 안에 계신 것이다. 교회치고 그가 계시지 않는 곳은 없는 것이다. 어디든지 사람들이 그의 이름으로 예배하러 모이는 곳에는 그리스도께서 함께 계신다.

마지막으로 그리스도의 모습을 설명한 후에 그분이 "가라사대"라고 하심으로써 에베소 교회에 보내는 편지가 일반적인 편지가 아닌 신적인 권위가 있는 편지임을 증거하는 것이다.

"가라사대"를 의미하는 레게이 (λέγει)는 "말한다"(to say)를 나타내는 레고 (λέγω:To ray)의 능동태 현재 직설법으로 전능하신 그리스도의 말씀임을 나타내고 있다. 왜냐하면 에베소 교회의 예언적 의미가 사도시대를 나타내듯, 핍박과 싸우는 그들에게 보호자가 되시는 주님의 모습을 보이시며 완전한 인도자가 되시는 분이심을 소개할 필요가 있기 때문이다. 더구나 "가라사대"라는 이 단어의 의미는 구약에서 이스라엘 백성들에게 하나님의 말씀이 임재하는 것을 나타내는 상용적인 단어이기에 더욱 그러하다. 창세기의 예를 보더라도 천지를 창조하시면서 "하나님이 가라사대"라고 말씀하심으로 말씀자의 권능을 나타내 주듯이, 마지막 때에도 "주의 종들"과 "주의 교회"를 지키시는 주님이 성자 하나님의 권능을 가지시고 보호하시는 것을 알 수 있다.

4. 칭찬(2:2-3)

편지를 써서 보내라는 주님의 말씀과 그 교회에 나타나신 주님의 모습은 인상적으로 교훈을 주는 것이다. 그런데 이제는 직접적으로 칭찬과 책망을 하시는데 사랑이신 주께서는 책망을 먼저 하지 않으시고 칭찬을 먼저 하셨다. 그것은 장점을 먼저 지적하고 칭찬하는 것이 고도로 교육적이기 때문이다. 받는 자의 입장에서 칭찬보다 책망을 먼저 받는 것은 괴로운 일이다. 그러나 먼저 칭찬을 받고 나중에 책망을 받는 것은 그 책망을 잘 감당할 수 있는 가장 좋은 방법이 되는 것이다. 그런데 칭찬을 하시면서 제일 먼저 하신 말씀은 "내가 안다"라고 하신 말씀이다.

'안다'의 뜻을 지닌 헬라어는 $\gamma\iota\nu\dot{\omega}\sigma\kappa\omega$, $o\hat{\iota}\delta\alpha$, $\dot{\epsilon}\pi\acute{\iota}\sigma\tau\alpha\mu\alpha\iota$, 세 종류가 있다. $\gamma\iota\nu\dot{\omega}\sigma\kappa\omega$는 어떤 경험과 얻어진 지식을 통하여 가리키

는 동사로서, "내가 안다"(창 2:17; 시 119:75; 사 40:1; 마 6:3; 막 6:38; 행 1:7; 고후 8:9)이다. $οἶδα$는 본래의 하나님이 소유하고 계신 절대적 전지전능의 지식을 가리키는 동사로서 "내가 안다"(요 13:7, 21:17; 창 2:9; 마 6:8; 막 1:34; 갈 4:8-9; 고후 5:16; 요일 2:20-21)이다. $ἐπίατομαι$는 사실과 사건에 대하여 아는 전문적이고 과학적이고 기술적이고 산업적인 지식을 가리키는 동사로서 "내가 안다"(창 47:6; 신 28:33; 욥 13:2; 행 24:10, 26:26; 딤전 6:4; 약 4:14)이다.

요한계시록 2장 2절의 "내가 네 행위와 수고와 네 인내를 알고"에서 '알고'란 동사는 $οἶδα$이다. 이는 인간이 체득한 경험이나 학습에서 얻은 지식으로서의 '안다'($γινώσκω$)가 아니고 전문적, 과학적, 산업적, 수학적 지식으로서의 '안다'($ἐπίσταμαι$)도 아니다. 바로 신적 소유의 전지전능의 지식을 의미하는 '안다'($οἶδα$)이다. 즉 예수님은 모든 것을 아시는 분이시다.

즉 이 말은 '인식한다' 라는 말과는 달리 "알아 준다" 라고 하는 데 사용되는 특별한 용어이다.

주께서는 모든 것을 다 아시는 입장에서 특히 성도들의 아름다운 장점을 빠짐없이 다 알아 주신다는 데에 그 뜻이 깊다.

(1) 네 행위와 수고와 네 인내를 알고(2:2)

행위와 수고와 인내는 그리스도인의 신앙생활의 필수조건이라고 하겠다. 이 세 가지는 데살로니가전서 1장 3절의 "믿음의 역사와 사랑의 수고와 소망의 인내"와 연결시켜 보는 것이 좋겠다. 그러므로 요한의 "역사 곧 행위, 수고, 인내"는 바울의 "믿음, 소망, 사랑"을 근거로 한 신앙생활의 결과라고 할 수 있겠다. 이 세상에는 "믿음 없는 행위, 사랑 없는 수고, 소망 없는 인내"가 얼마든지 있기 때문이다.

그러므로 에베소 교회의 행위와 수고와 인내는 믿음과 사랑과 소망의 결과로 나타난 것이다.

① 믿음의 행위: 히브리서 11장에 의하면 성경에 나오는 모든 선진들이 믿음으로 증거를 얻고 믿음의 행위로써 주님께 영광을 돌렸음을 볼 수 있다. 믿음으로 아벨은 가인보다 더 나은 제사를 드렸고, 믿음으로 에녹은 하나님과 300년 동안이나 동행하였으며(창 5:22), 노아는 믿음으로 방주를 지었고, 믿음으로 아브라함은 부활을 믿음으로 이삭을 제단에 바칠 수 있었고, 믿음으로 라합은 이스라엘의 정탐꾼을 영접할 수 있었다.

믿음의 행위는 현실보다 먼 곳을 바라보며 능력 안에서 살 수 있게 한다. 믿음의 능력을 소유한 사람들은 행동하고 실천한다. 믿음으로 변화된 사람들, 즉 어제의 수전노가 변하여 복지가가 되고, 술주정뱅이가 변하여 착실한 생활인이 되는 것 등 우리 주변에서 얼마든지 변화의 예를 찾아 볼 수 있다. 만일 성도의 신분인데도 그의 생활 가운데서 믿음의 행위를 전연 찾아볼 수 없다면 그 믿음은 죽은 믿음일 수밖에 없는 것이다(약 2:17). 그런데 에베소 교회는 믿음을 말할 뿐만 아니라 실행하는 면에서도 온전하였다. 그래서 주님은 살아 있는 믿음을 칭찬한 것이다.

② 사랑의 수고: 웹스터(Webster) 사전에는 사랑을 희생이라고

정의하였다. 부모는 자녀를 위해 희생한다. 이렇게 희생하는 이유는 사랑하기 때문이다. 헬라어로 수고는 "코퍼스"라고 한다. 이는 희생이 따르는 수고를 말한다. 교회와 사람을 위하여 희생이 없는 수고는 수고라고 말할 수가 없다. 주님은 우리들(죄인들)을 사랑하심으로써 십자가에서 죽으시기까지 희생하셨다. 우리는 주님의 희생적인 수고를 사랑의 마음으로 감수하며 늘 사랑의 일을 해야 한다.

사랑은 반드시 수고해야 한다. 그러나 사랑의 수고는 수고가 아니고 기쁨이다. 사랑 없이 수고하는 것은 고달픈 수고이지만, 사랑으로 수고하는 것은 기쁨이다.

사랑으로 수고하는 것은 힘든 일이 아니라 쉬운 것이다. 뿐만 아니라 사랑만 있다고 하면 못할 것 없다. 이는 옛날 야곱이 외삼촌 집 밧단아람에 가서 일한 내용을 통해 알 수 있다. 창세기 29장 20절을 보면 믿음의 조상 야곱이 라헬을 아내로 얻기 위해 7년을 수고하였으나, 그를 사랑한 까닭에 수일같이 여겼던 것이다. 7년이라고 하면 날수로 계산할 때 2,555일이다. 그런데 이와 같이 긴 날이 수일같이 지나버렸다는 것이다. 365일이 하루같이 지났다는 말이다. 왜냐하면 사랑이라는 것이 있기 때문이다. 여기서 우리가 생각해 봐야 하는 좋은 교훈이 있다. 사랑만 하면 사랑은 긴 것을 짧게 하는 힘이 있다.

7년 2,555일을 한 주일로 단축시켰다. 일 년은 길고 지루하다. 그러나 사랑이 있으면 하루같이 지낸다. 7년을 정말 힘써 일했다. 얼마나 힘들었겠는가? 그러나 힘든 것이 쉬워졌다.

죽음이라도 이긴다는 이 사랑이 예수 그리스도의 사랑이다. 우리의 가슴속에 예수 그리스도의 사랑이 작용하고 예수 그리스도의 사랑이 역사한다고 하면 어려운 것이 없다. 주를 위해 몸 바치는 것이 어렵지 않다. 주를 위해 헌신하는 것이 힘든 이유는 사랑이 없기 때문이다. 그러므로 사랑의 수고는 수고가 아니라 기쁨이요 쉬운 것이다.

③ 소망의 인내: 소망을 위해서는 오늘의 고난을 참고 견디어야 한다. 야곱은 라헬을 아내로 맞이하기 위하여 14년간이나 봉사하면서 기다렸고, 욥은 후일에 나타날 주님을 앙망하면서 극한의 재앙과 질병을 참고 견디었다. 인내는 성령의 열매 중 하나이다(갈 5:22). 극한의 수고와 고난이 있을 때 더 좋은 앞날을 소망하면서 인내하는 신앙은 위대한 신앙이다(롬 8:18). 믿음과 사랑과 소망은 중심에 간직될 사실이요, 역사(행위)와 수고와 인내는 밖으로 나타나는 열매이다. 외적 결과가 없는 중심사상이란 허무한 것이요, 유해한 것이다.

주님이 알아 주시는 교회는 에베소 교회처럼 행함과 수고와 인내가 믿음과 사랑과 소망으로 조화를 이루는 교회이며, 이는 참으로 칭찬받을 만한 교회라 할 수 있다. 그러면 에베소 교회의 장점인 네 행위와 수고와 인내는 무엇을 뜻하는가?

◆ 행위(일, ἔργον)

행위는 요한이 복음서에 즐겨 쓰는 말로 의미가 다양하다.

ⓐ 하나님의 사업 (요 4:34, 5:20, 6:28, 9:3, 10:37)

ⓑ 예수가 행한 이적적인 사건(요 5:36, 7:3,21, 15:24, 17:4)

ⓒ 일반적인 인간행동(요 8:21, 9:4, 10:11, 12,32, 14:11-12)

여기서는 박해시대에 처해 있는 그리스도인의 신앙적인 마음 태도와 실제 행동을 말한다.

예수님께서는 행위를 가리켜 "나를 위하여 증거하는 것"이라고 말씀하셨다(요 5:37). 초대교회 당시 예수 그리스도를 증거한 스데반, 빌립, 아나니아, 바나바, 브리스길라와 아굴라 같은 사람들의 행위를 예수님께서 잘 알고 계셨다. 촛대 사이에 다니시는 예수님께서는 우리의 생각과 마음의 행위를 모두 아신다(암 4:13; 시 11:4-5; 요 2:24-25, 22:17; 히 4:13; 계 2:23; 행 1:24, 15:8).

그 분은 우리의 머리털까지 세시는 분으로서(마 10:30) 우리 행위의 아주 세밀한 부분까지 다 알고 계신다.

믿음의 행위, 사랑의 수고, 소망의 인내, 즉 세 가지를 독립적 덕목으로 취급하는 편과 후 이자(二者)를 첫째의 내용으로 보는 편으로 나누어진다. "행위"는 다음에 오는 "수고"와 "인내"를 총괄하는 머리말로서 "네 행위와 수고와 인내"는 "네 행위, 즉 수고와 인내"란 뜻이다.

'네 행위'는 '수고'와 '인내'로 구성되어 있다(참고 계 2:9,13,19, 3:1,8,15; 요 2:25, 21:15; 행 1:24). 한글번역 성경이 이 구절을 '행위와 수고와 네 인내'라고 번역해서 원문이 접속사 카이(καί)로 되어 있는 것처럼 보이지만, 이 카이(καί)는 접속사가 아닌 설명적 카이(καί)인 것에 주의해야 한다. 다시 말해서 원문 카이(καί)는 접속사가 아니고 '곧' 혹은 '다시 말하면'으로 번역할 수 있는 설명적(epexegetic) 카이(καὶ)인 것이다. 따라서 '네 행위'는 다음과 같은 요소를 내포한다는 것을 나타낸다. '행위'의 첫 요소는 '수고와 인내'라는 것이다. '수고와 인내'를 행위의 첫 요소로 보아야 할 것은 '네'라는 단수 대명사가 '수고와 인내'를 연결하고 통합해서 '행위'의 특성을 나타내고 있기 때문이다. 다시 말하면 '수고와 인내'는 자신을 부인하는 탁월한 수고와 궁극적인 참을성(perseverance)으로 특정지어진다(홍창표). 비중은 오히려 후자가 크나 전자를 취하고 데살로니가전서 1장 3절과 관련시키는 것은 흥미 있는 일이다.

◆ 수고(κόπος)

예수님을 증거하는(요 5:37) 수고의 내용은 요한계시록 2장 2절에 설명되어 있다. 에베소 교인의 수고의 행위로는 '악한 자들을 용납지 아니한 것'과 '자칭 사도라 하되 아닌 자들을 시험하여 그 거짓된 것을 드러낸 것'의 두 가지를 들 수 있다.

헬라어에서 수고라는 근의어(동의어)로는 어렵고 힘들고 고통스러운 노동을 뜻하는 μόχθος(살전 2:9 애쓴 것, 살후 3:8 애써, 고후 11:27 애쓰고)와 온 힘을 다하여 노동한 것을 가리키는 πόνος(계 16:10 아파서, 16:11 아파서, 21:4 아픈 것)가 있다.

κόπος가 사용된 구절들(마 26:10; 막 14:6; 눅 11:7, 18:5; 요 4:38; 고전 3:8, 15:58; 고후 6:5, 10:15, 11:23,27; 갈 6:17; 살전 1:3, 2:9, 3:5; 살후 3:8; 히 6:10; 계 2:2, 14:13) 등 도합 19회이다. κόπος(코포스)는 μόχθος(어렵고 힘들고 고통스러운 노동)와

πόνος(온 힘을 다하여 행한 수고)의 결과로 일어나는 녹초가 된 것 같은 피곤함을 말한다. 더 자세히 얘기하여 μόχθος는 어렵고, 땀나고, 고통스럽고, 힘에 겨운 일을 의미하고 κόπος는 그러한 μόχθος의 결과로 인하여 지치고, 힘 빠지고, 피곤하고, 녹초가 된 상태를 의미한다. 주께서 그들의 코포스(κόπος, 수고)를 칭찬하신다. '코포스'는 신약에서 자주 쓰이는 단어이다. 몇 가지 예를 들면 "주 안에서 수고한 드루베나와 드루보사에게 문안하라 주 안에서 많이 수고하고 사랑하는 버시에게 문안하라"(롬 16:12)는 말씀에 이 단어가 쓰였다.

바울이 한 가지 자랑하는 것은 "내가 모든 사도보다 더 많이 수고하였으나 내가 아니요 오직 나와 함께하신 하나님의 은혜로라"(고전 15:10)는 것이었다.

또 그는 갈라디아 사람들이 신앙에서 떠나자 "내가 너희를 위하여 수고한 것이 헛될까 두려워하노라"(갈 4:11)고 하였다.

"코포스"는 보통 수고가 아니라 비지땀을 흘리며(땀을 흘리기까지 일하는 것) 피로하도록(녹초가 되도록, 기진맥진할 때까지 일하는 것) 전심전력하는 노고(심신이 기진맥진할 정도로 애쓰는 것)를 가리킨다. 즉 보통 육체적으로 피곤한 정도가 아니라 피를 흘리며 쓰러질 지경으로 고통을 당하는 것을 의미한다.

자기 몸을 지나치게 아끼고 땀을 흘리는 것을 싫어하는 사람은 크리스천으로서 바람직한 생활을 할 수 없다. 크리스천은 그리스도와 그 동료들을 위하여 모든 것을 다 사용해야 하며 크리스천은 몸으로 수고할 수 없는 경우에는 기도로써 수고를 계속하는 자이다.

　이는 예수 그리스도를 위하여 뼈아픈 수고를 쓰러지기까지 감수하는 사실을 두고 하는 말이다. 에베소 교회는 주님을 사랑하는 교회였다. 그러므로 주 안에서 거하는 하나님의 자녀로서 사랑의 수고를 감당하였다.

　사랑으로 수고하는 것은 결코 짜증스러운 일이 아니다. "항상 주의 일에 더욱 힘쓰는 자들이 되라 이는 너희 수고가 주 안에서 헛되지 않은 줄을 앎이니라"(고전 15:58).

　◆ 인내(ὑπομονή)

　수고와 인내는 신약에서 자주 상호 연결되어 사용되고 있다. 데살로니가전서 1장 3절에는 데살로니가 교인들의 사랑의 수고와 예수 그리스도에 대한 소망의 인내에 대해서, 2장 9절에는 바울 사도의 수고와 애씀에 대해서, 고린도후서 6장 4-5절에서는 바울 사도의 수고와 오래 참음에 대해서, 데살로니가후서 3장 8절에는 바울 사도의 수고와 애써 밤낮으로 일함에 대해서, 요한계시록 2장 2절에는 에베소 교인의 수고와 인내에 대해서(참고 계 14:12; 벧후 1:6; 약 5:7; 딤후 2:24) 각각 언급되어 있다. 에베소 교인의 인내의 행위는 예수님의 이름을 위하여 견딘 것으로 나타나고 있다. "인내"를 의미하는 헬라어 휘포모넨(ὑπομονή)은 "~아래, 밑에"(by)를 의미하는 기본 전치사 휘포(ὑπο)와 "머무르다, 체재하다"(to stay)를 의미하는 메노(μένω)의 합성어인 휘포메노(ὑπομένω: 뒤에 남는다, 아래에 머문다 to stay behind)에서 유래한 단어로 예수 그리스도의 이름으로 인하여 환난과 핍박 아래 머물러 있는 것을 의미한다.

인내야말로 모든 고초(苦楚) 속에서도 개의(介意:마음에 둠)치 않고 머물러서는 것이며 백절불굴(百折不屈)하는 것이다. 이것은 소극적으로 견디는 것뿐만 아니라 적극적으로 극복하고 나아가는 것을 가리키는 단어이다.

본절(계 2:2)의 ὑπμονή(견딤: 골 1:11; 고후 6:4-6; 딤후 3:10) 외에도 '인내'를 뜻하는 근의어로 μακροθυμία(오래참음: 골 1:11; 고후 6:4-6; 딤후 3:10)가 있다.

μακροθυμία(오래참음)은 어떤 사람에 대하여 참는 것을 가리키는 것임에 반해 ὑπμονή(견딤)는 어떤 사건에 대한 인내를 말한다.

성도의 인내란 곧 하나님의 계명과 예수님에 대한 믿음을 지키는 인내(계 14:12)를 가리키며 주의 강림까지 견디는 것(딤후 2:24; 롬 8:25)을 말한다.

인내는 모든 것을 운명이라고 단념하고 어려움이 닥쳐오면 그저 억지로 참고 있는 것이 아니고, 고난이 닥쳐오면 그저 머리를 숙이고 가만히 있는 것도 아니다. 휘포모넨은 고난, 환난, 손실을 씩씩하게 용기를 갖고 대항하여 그것을 은혜와 영광으로 바꾸는 것이다.

"환난은 인간생활에 색채를 가한다"고 우리는 가끔 말하는데, 그리스도께서 주시는 휘포모넨을 갖고 사는 인생은 그 색이 흰색도 검정색도 아니고, 언제나 광채와 영광으로 빛나고 있다. 인내는 인간적으로 억울한 일을 억지로 참는 소극적인 태도를 말하는 것이 아니라, 신앙의 확립을 위해 담대하게 대응하는 적극적인 태도를 말한다.

인내는 요한계시록 1장 9절에서 해설한 대로 현실적 박해에 대한 적극적인 신앙태도를 말한다. 그런데 요한계시록에서는 종말적인 환난에 대처하는 그리스도인의 신앙적 인내를 가르친다.

당시 에베소 교회 교인들은 철저한 믿음을 가지고 행동하고 하나님을 사랑하는 마음으로 수고를 아끼지 않았으며, 극심한 고통 중에서도 소망을 버리지 않고 끝까지 인내하여 교회를 지켰다. 에베소 교회는 율법주의, 외식주의, 이방주의와의 싸움에서 인내하여 승리해야 했다(계 2:2). 즉, 로마 황제 숭배의 거절로 많은 성도들이 재산을 몰수당하게 되어도, 사도 요한과 같이 밧모섬에 정배를 가게 되어도, 바울과 같이 목 베임을 당하는 형편에 처하더라도 생명의 면류관을 받기 위해 에베소 교인들은 인내해야만 했다.

교회생활은 주의 역사로 인한 수고와 인내로써만 가능한 것이다. 그런데 당시의 에베소 교회는 외부적인 박해에 대한 문제만이 아니라 내부적인 이단들의 도전이 더 큰 문제였다.

(2) 악한 자들을 용납지 아니하고(계 2:2)

"악한 자"($\kappa\alpha\kappa o\dot{\iota}\varsigma$)는 요한계시록에서 여기에만 나온다. 구약 잠언에서는 하나님을 두려워하는 자, 율법을 무시하는 자로 규정되었다. 그래서 불경건한 자($\dot{\alpha}\delta\epsilon\beta\epsilon\acute{\iota}\varsigma$)와 동의어로 쓰이는 경우가 많다(잠 1:28, 9:7, 13:10, 14:6, 15:3,15, 17:11, 28:20; 욥 6:23 참조). "악한 자"는 일반적으로 도덕성이 결여된 악한 사람을 말하

며, 이러한 사람이 교회에 들어오는 것을 경계했을 것이다(김철손).

악한 자들 (κακοὺς)은 관사가 없는 것으로 보아 여러 종류의 악행 자들을 가리키는 것 같다. 여기서 악한 자들이란 에베소 시의 이방인 행악자가 아닌 교회 내의 거짓형제를 의미하는 것이다(이상찬).

부활하신 주님은 더 나아가 에베소 신자들이 악한 자들을 시험하여 그들의 거짓됨을 드러낸 것을 칭찬하였다. 수많은 악한 자들이 초대교회의 작은 청중 속에 끼어 있었다. 예수께서는 양의 가죽을 쓴 이리와 같은 거짓 선지자들을 경고하였다(마 7:15). 에베소에서 그 교회의 장로들에게 한 고별연설 가운데서 바울은 흉악한 이리가 너희에게 들어와서 그 양 떼를 해할 것을 경고했다(행 20:29).

바클레이(William Barclay)는 그의 요한계시록 주해에서 에베소 교회의 악한 자들을 다음과 같이 언급하였다.

① 유대인들이 파견한 사람들이 있었다. 사람들은 크리스천들을 다시 율법으로 속박하려고 바울이 가는 곳이면 어디든지 따라가서 복음을 방해했다.

② 자유를 방종과 혼돈하여 그리스도교를 부도덕한 것으로 곡해한 자들이 있었다.

③ 교회의 선의, 자선을 이용한 전문적인 걸인, 깡패들이 있어서 교회로 돌아다니면서 돈을 모아 상당한 생활을 하고 있었다.

에베소 교회는 다른 교회와 비교하여 이러한 뜨내기들에게 시달리는 일이 많았다. 왜냐하면, 에베소는 로마와 동방에 이르는 통로가 되어 있기 때문이었다. R. C 트렌치가 말한 대로 "온갖 악한 짓을 하는 자들"이 이 땅을 엄습하였던 것이다.

렌스키(Lenski)는 악한 자들을 속되고 비열한 사람으로 말하면서 해야 할 선의를 하지 못하는 비겁한 군병도 악한 자요, 태만한 학생도 악한 자요, 은혜스럽지 못한 교인도 악한 자라고 했다.

또한 당시 초대교회 내에는 육은 악하나 영은 선한 것이라는 교리를 주장하는 '그노시스파'가 유행하여 육은 악한 죄를 지으나 영에는 아무 상관 없다는 도덕 자유설 물결이 교회에 들어왔다. 그러나 에베소 교회는 이것을 허용하지 않고 영과 육의 생활을 모두 주님의 보혈로 씻음 받은 성도로서 중요하게 여겨, 행위 없는 믿음은 죽은 믿음이라 하여 영의 생활은 말할 것도 없고, 육의 생활도 의의 생활을 강조한 것이다(김경행).

악한 자들은 카쿠스(κακοὶς)로서 관사가 없는 점을 볼 때에 에베소 도시의 이방인을 의미하는 것이 아니라, 에베소 교회에 유별스럽게 나타나고 있었던 이간자(mischief-making)들을 의미하는 것으로 본다.

에베소 교회의 특징은 예수 그리스도로 인하여 "행위와 수고와 인내"함으로 칭찬을 받았는데, 교회 내에서 활동하는 '악한 자들'의 활동을 예수 그리스도 도 때문에 용납하지 아니한 그들의 신앙 자세는 또 다른 면에서 칭찬받을 만한 행위가 되는 것이다. 간음과 방탕함과 우상 숭배의 도시인 고린도 교회의 모습과 대조되는 에베소 교회는 내부적으로 발생하는 악행을 용납하지 아니한 신앙을 유지하였다. 따라서 교회는 믿음의 형제들을 사랑하고 하나님을 향해서는 전인격적으로는 순종하는 자세가 되어야 할 것은 자명한 이치이지만, 반면에 악행에는 단호한 대처가 있어야 함을 기억해야 한다. 왜냐하면 교회는 진리의 말씀으로 무장되어야 하는 곳이기에 비진리가 들어오면 매우 위험하기 때문이다(이광복).

용납하지 않았다는 말은 그대로 두지 않았다는 말이다. '용납'($\beta\alpha\sigma\tau\acute{\alpha}\zeta\omega$:바스타조)은 '감당'(마 3:11, 8:17; 요 16:12), '견딤'(마 20:12; 계 2:3), '가지고'(막 14:13; 눅 10:4, 22:10; 갈 6:17; 계 17:7), '지고'(눅 14:27; 요 19:17; 갈 6:2,5), '멘'(눅 7:14; 행 3:2, 15:10), '밴'(눅 11:27), '들어'(요 10:31; 행 21:35), '옮겨 갔거든'(요 20:15) 등 여러 가지로 번역되었다.

본래 $\beta\alpha\sigma\tau\alpha\zeta\omega$는 (손으로) '들다' '올리다' '운반하다' '지탱하다' '부담하다' '지다' '견디다' '참다' 등 여러 가지 뜻으로 사용되었다.

요한계시록에는 이 동사가 모두 3회 나오는데 요한계시록 2장 2절의 "악한 자들을 용납지 아니한 것과"에서는 '용납하다'의 뜻으로, 요한계시록 2장 3절의 "예수의 이름을 위하여 견디고"에서는 '견디다'의 뜻으로, 요한계시록 17장 7절의 "내가 여자와 그의 탄 바"에서는 '타다'의 뜻으로 각각 쓰였다.

갈라디아서 6장 15절은 요한계시록 17장 7절과 관계되어 각 성도가 각각 자기의 짐을 질 것을 가르치고 있다.

$\beta\alpha\sigma\tau\alpha\zeta\omega$(용납)가 $\kappa\alpha\kappa o\iota s$(악한 자들)와 연결된 것으로 보아 $\beta\alpha\sigma\tau\alpha\zeta\omega$는 곧 에베소 교회 내의 거짓 선지자와 거짓 사도들의 이

단교리를 말하는 것으로 생각할 수 있다.

이그나티우스(Ignatius, AD 98-108년 안디옥 교회의 감독으로 있었고 트라얀(Trajan) 황제시 로마 원형극장의 맹수들에게 순교당했다. 순교의 시기에 대하여 유세비우스(Eusebius)는 트라얀 황제 즉위 10년 되는 108년이라 주장하고, 현대 학자들은 정확한 시기는 알 수 없으며 단지 AD 98-117년, 즉 트라얀 황제의 재임기간 중 어느 때인 것으로 추정한다)가 에베소 교회에 보낸 서신을 보면 에베소 교회의 도케딕(Docetic 가현론자)파와 유대주의와 노스틱(Gnostics:영지주의자)파를 비판하는 것이 나오는데 '너희 가운데 씨 뿌려진 이단교리를 용납하지 아니한 것'이라고 한 것으로 보아 에베소 교회가 '이단의 교리'를 용납하지 않은 것이 분명하다(이상찬).

에베소 교회는 예수의 가르침 외의 것을 비타협한 교회로서 빛을 발했다는 말씀이다. 오늘의 교회도 어떤 이익이 있다 하더라도 악이나 불의와 타협하지 말아야 한다. 이처럼 악과 분리된 성도가 하나님의 참 성도임을 깨닫기 바란다.

(3) 거짓 사도들을 드러낸 것(2:2)

여기서는 이미 교회 안에 들어온 이단자를 교회에서 축출했다는 말이다. 그들을 가리켜 "자칭 사도"라고 했는데 그들은 과연 누구일까 하는 데 대한 논란이 많다.

ⓐ 바울 이전에 에베소에 와서 "세례 요한의 교리"를 가르친 어떤 제자들(행 19:1)이 아닐까?

ⓑ 예수의 제자들(The Original Twelve)과 사도 바울 외의 어떤 순회전도자들이 아닐까?

ⓒ 예루살렘에서 온 어떤 유대인(고후 11:13), "거짓 사도"들이 아닐까?

ⓓ 6절에 나오는 "니골라당"이 아닐까?

ⓔ 제1세기 말에 만연했던 어떤 영지주의자들(Gnostics)이 아닐까?

ⓕ "이방인의 사도 바울"이 아닐까?

이같이 주장하는 사람들이 있었으나 그것은 잘못된 것이라고 밝혀졌다. 하여튼 일찍이 바울은 에베소 교회에 "흉악한 이리"(행 20:29)가 침투한 것을 예언한 바 있는데, 지금 에베소 교회에 이단들의 세력이 구체화되어 나타났다고 할 수 있다. 그런데 에베소 교회는 이단을 적발할 수 있었고, 그 세력을 제어할 만한 신앙을 견지하고 있었다. 그래서 에베소 교회는 칭찬받았다. 그런데 거짓 사도를 판정하는 방법에 대해서는 구체적으로 설명한 바가 없다. 초대교회의 신앙생활의 지침서인 〈12사도의 교훈서〉(Didache)에 의해서 새로 나타나는 순회전도자의 생활태도와 설교 내용을 듣고 진위를 가리는 기준을 삼았던 것 같다(마 7:20, 2:13 참조). 요한은 요한계시록에서 "거짓"($\psi\epsilon\hat{u}\delta o\varsigma$)이라는 말을 많이 사용했는데(2:2, 3:9, 14:5, 16:13, 19:20, 20:10, 21:8,27, 22:15), 대체로 하나님, 예수 그리스도, 교회를 반역하는 세력으로 보고, 이 세력은 반드시 최후 심판 때 "유황불못"에 투입될 것이라고 한다(김철손).

에베소 교회는 교통이 편리한 도시에 자리 잡고 있었기 때문에 동서남북으로부터 뜨내기 교인들이 들락거렸고 그들 중에는 교회의 신앙을 송두리째 흔들어 놓으려는 이단들이 끼어 있었다. 그들은 자칭 "사도"라고 하면서 교회를 어지럽게 하고 교인들을 미혹했다. 그러나 에베소 교회는 쉽사리 거짓 선지자나 이단들의 꼬임에 넘어가는 나이 어린 교회는 아니었다.

그래서 그 교회는 악한 자는 용납하지 아니했고 자칭 사도라 하는 자들을 시험해서 골라냈고, 거짓 선지자들의 거짓을 들춰냈던 것이다.

"자칭 사도"에 대해서는 여러 가지 설이 있는데 첫째, 예루살렘에서 온 유대주의자(고후 11:13)로 볼 수 있다. 스위트(Swete)는 그들을 '거짓 사도요 궤휼의 역군으로 자신을 그리스도의 사도로 가장하는 자들'로 평하였으며, 요한계시록 3장 9절에서는 '사단의 회 곧 자칭 유대인'으로 말하고 있다. 둘째, 자칭 선지자(마 7:15; 행 20:29; 계 2:20)라 하는 자들로 볼 수 있으며 셋째, 니골라당(계 2:6, 2:15)일 수도 있다.

마지막으로 거짓 스승(행 20:28)을 가리킬 수도 있는데 사도 바울은 이미 에베소 교회에 거짓 스승이 나타날 것을 예언한 바 있다.

"시험"을 뜻하는 헬라어 단어로는 $\delta o\kappa\iota\mu\dot{\alpha}\zeta\omega$와 $\pi\epsilon\iota\rho\dot{\alpha}\zeta\omega$가 있다. $\delta o\kappa\iota\mu\dot{\alpha}\zeta\omega$는 시험하여 인증하고 확인함으로 진가를 드러내는 것으로서 베드로는 그의 서신에서 이와 연관하여 "너희 믿음의 시련이 불로 연단하여도 없어질 금보다 더 귀하여 예수 그리스도의 나타나실 때에 칭찬과 영광과 존귀를 얻게 하려 함이라"(벧전 1:7)

고 했다.

δοκιμάζω는 마치 학교에서 시험을 통해 공부한 것을 더 알게 하고, 더 깨닫게 하여, 더욱 존귀하게 하기 위한 것과 같다. 그러나 πειράζω은 넘어지게 하기 위한 미혹을 뜻하는 것으로 하나님은 결코 이러한 류의 시험을 하시지 않는다(창 22:1; 히 2:18; 약 1:13-15). 사탄에게 시험당한다고 했을 때(마 4:1, 16:1, 19:3, 22:18,35; 막 1:13, 8:11; 고전 7:5, 10:9,13; 갈 6:1; 살전 3:5; 히 2:18, 3:9, 4:15, 11:37; 약 1:13,14) 바로 이 시험을 가리키는 것이다. 이 시험에서 이기기 위하여 성경은 악령과 거짓 스승을 시험하여 거짓된 것을 드러낼 것을 가르치고 있다(요일 4:1; 계 2:3). 사도 요한은 많은 거짓 선지자가 세상에 나왔으므로 "영을 다 믿지 말고 오직 영들이 하나님께 속하였나 시험하라"(요일 4:1)고 했으며, 또한 "미혹하는 자가 많이 세상에 나왔나니 이는 예수 그리스도께서 육체로 일하심을 부인하는 자라 이것이 미혹하는 자요 적그리스도니 너희는 너희를 삼가 우리의 일한 것을 잃지 말고"(요이 1:7-8)라고 했다.

데살로니가전서 5장 21-22절에서 사도 바울은 "범사에 헤아려 좋은 것을 취하고 악은 모든 모양이라도 버리라"고 가르치고 있다. 이 외에도 마태복음 7장 15-16절에서 예수님께서는 "거짓 선지자들을 삼가라 양의 옷을 입고 너희에게 나아오나 속에는 노략질하는 이리라 그의 열매로 그들을 알지니"라고 말씀하셨다. 참 사도는 예수님의 부활하심을 증거하는 사람이어야 하고(행 1:21-22) 바울과 같이 예수를 본 자로서 사도 됨을 주 안에서 인침 받은 자(고전 9:1-3)라야만 했다.

사도 바울은 하늘로부터 온 천사라도 자신이 전하는 복음 외에 다른 복음을 전하면 저주를 받을 것이라고 했다(갈 1:8)(이상찬).

"자칭 사도"라는 자들은 바로 앞의 내용인 "악한 자들"로서 에베소 교회뿐만 아니라 초대교회 당시에 있었던 순회교사로 보는 것이 일반적인 견해이다. 사도 바울은 초대교회에서 예루살렘 교회의 사도들로부터 천거서(letters of Commendation)를 받아 순회교사의 사명을 감당한 유대인 교사들이 있었음을 증거하고 있다.

"우리가 다시 자천하기를 시작하겠느냐 우리가 어찌 어떤 사람처럼 천거서를 너희에게 부치거나 혹 너희에게 맡기거나 할 필요가 있느냐"(고후 3:1).

"사람을 택하여 우리 주 예수 그리스도의 이름을 위하여 생명을 아끼지 아니하는 자인 우리의 사랑하는 바나바와 바울과 함께 너희에게 보내기를 일치 가결하였노라 그리하여 유다와 실라를 보내니 저희도 이 일을 말로 전하리라"(행 15:25-27).

"아볼로가 아가야로 건너가고자 하니 형제들이 저를 장려하며 제자들에게 편지하여 영접하라 하였더니 저가 가매 은혜로 말미암아 믿은 자들에게 많은 유익을 주니"(행 18:27).

"내가 겐그레아 교회의 일꾼으로 있는 우리 자매 뵈뵈를 너희에게 천거하노니"(롬 16:1).

이와 같이 천거서를 받아 순회교사의 사명을 감당하는 자들 중에는 '자칭 사도'라며 거짓 진리를 전파하는 예가 초대교회에 많이 있었음을 성경은 증거하고 있다. 즉 사도 요한은 그의 서신서에서 "영들이 하나님께 속하였으나 시험하라 많은 거짓 선지자가 세상에 나왔음이니라"(요일 4:1)고 경고하고 있다. 진실한 사도들이 교회가 베푸는 환대로 기식(寄食)하지 않는 반면에, "자칭 사도"들은 교회에서 베푸는 환대에 기식하려는 것으로 당시에는 구별할 수 있음을 기록들이 증명하고 있다.

대략 2세기 중간기에 쓰인 디다케(Didache)는 이 순회설교자들을 어떻게 시험해야 하는지를 말해준다. "너에게 나아오는 모든 사도를 주님처럼 영접하라. 그러나 그는 하루 이상 더 머물지 못할 것이다. 그러나 필요하다면 다음 날까지 머물 것이다. 그러나 삼 일을 지체하면 그는 거짓 선지자이다"(이광복).

사도행전 20장 29절에서 바울은 거짓 교사들을 '흉악한 이리'라고 지탄했다. 순회선교사가 다 그런 무리라는 것은 아니지만, 그들 중에는 '사도'라는 미명을 이용하여 거짓 교리를 전파하는 사람들이 많았던 것이다. 요한이 이름을 지적하여 규탄한 '니골라당'도 그런 부류에 속하는 이들의 하나였던 모양이다. 이그나티우스(Ignatius) 교부가 에베소에 보낸 편지에도 "어떤 자들이 악한 교리를 가지고 밖에서부터 너희에게 들어왔으나 너희가 듣지 않고 그 악한 씨를 너희에게 심지 못하게 했다"고 씌어 있다(김재준).

(4) 인내심이 많고 근면한 것(계 2:3)

① 네가 참고 내 이름을 위하여 견디고(계 2:3)

"네가 참고 내 이름을 위하여 견디고 게으르지 아니했다"라고 했다. 이는 신앙의 정절(貞節)을 가리킨다. 그리고 전절(2절)에 나타난 선악의 식별력과 더불어 성숙한 신앙을 나타낸 것이다. 당시 황제 예배의 강요 때문에 교회는 박해의 와중에 놓여 있었다.

이런 와중에서 에베소 교회는 잘 참았고, 그리스도의 이름을 파수하고 신앙의 정절을 지켰다(이상근).

인내의 뜻인 '참는다' 라는 말이 요한계시록 2장 3절에 다시 나온다. '참는다' 라는 동사 $ὑπομένω$는 "밑에 억눌려 있다"는 뜻으로 무거운 짐에 억눌려 있는 것을 참고 있다는 뜻이다. 여기서는 에베소 교인들이 자주 환난과 핍박을 당했지만, 참은 것을 말한다(계 2:3). "수고하고 무거운 짐진 자들아 다 내게로 오라 내가 너희를 쉬게 하리라"(마 11:28)고 예수님께서 말씀하셨다. '참는다' 라는 뜻의 헬라어 $ὑπομένω$은 군대용어로서 '적에게 공격받고 참는다' 라는 뜻을 지니고 있다(이상찬).

내 이름을 위하여 '견디다' ($βαστάζω$)라는 말은 2절에서는 "용납한다"로 번역되어 있다. 2절에서는 악인을 허용할 수 없다는 부정적인 의미로 사용한 데 반해, 3절에서는 '감수하다' 라는 적극적인 의미로 사용되었다. 아무리 그리스도교가 사랑으로 모든 것을 포용할 수 있다고 해도 정통 신앙을 왜곡하는 일은 절대로 허용할 수 없다. 그래서 요한은 일찍이 그리스도의 반육체론자 (Anti-Incarnation 요일 1:22; 요이 1:7)들을 단언 배격할 것을 권고했다(요이 1:10). 또 바울도 말하기를 "이단에 속한 사람을 한두 번 훈계한 후에 멀리하라"(딛 3:10)고 했다.

그리고 복음서에는 예수의 이름 때문에 고난과 환난을 감수해야 한다는 말이 자주 나온다(막 13:13; 마 19:29; 눅 9:24, 21:13; 막 13:9; 마 5:11, 10:39; 행 5:41, 4:17-19).

그런데 복음서에서는 대부분 그리스도인에게 종말적 축복을 약속하는 말씀으로 결론을 내린다. 그러나 요한계시록에서는 그리스도인의 종말적 고난을 강조하기 위해서 $\beta\alpha\sigma\tau\acute{\alpha}\zeta\omega$(견디다)라는 말을 사용했다(1:9, 2:13, 3:8, 6:9, 12:17, 20:4)(김철손).

"내 이름을 위하여 견딘다"라는 말은 예수님께서 십자가를 지시고 골고다 언덕을 가셨던 것처럼(요 19:17) 자기 십자가를 지고 예수님을 좇는 것을 뜻한다(눅 14:27). 예수님께서는 자신의 이름을 인하여 받는 미움이나 핍박에 대하여 다음과 같이 말씀하셨다.

"너희가 내 이름을 인하여 모든 사람에게 미움을 받을 것이나 나중까지 견디는 자는 구원을 얻으리라"(마 10:22).

"또 너희가 내 이름을 인하여 모든 사람에게 미움을 받을 것이나 너희 머리털 하나도 상치 아니하리라 너희의 인내로 너희 영혼을 얻으리라"(눅 21:17-19).

"그때에 사람들이 너희를 환난에 넘겨 주겠으며 너희를 죽이리니 너희가 내 이름을 위하여 모든 민족에게 미움을 받으리라 그때에 많은 사람이 시험에 빠져 서로 잡아 주고 서로 미워하겠으며 거짓 선지자가 많이 일어나 많은 사람을 미혹하게 하겠으며 불법이 성하므로 많은 사람의 사랑이 식어지리라 그러나 끝까지 견디는 자는 구원을 얻으리라"(마 24:9-13).

② 게으르지 않은 것

"게으르지 아니한 것을 아노라." 새번역(공동)에는 '낙심하지 않았다'로 번역되었다.

이 단어는 마태복음 11장 28절의 "수고하다"와 예수께서 사마리아 '야곱의 우물' 가에 앉으실 때 '곤했다' '피로했다' 고 한 단어와 같은 말이므로 '피곤해하지 않았다' 의 뜻이다(요 4:6 참조).

당시 에베소 교회는 정치적인 박해로 이단에 시달리며 무척 수고하고 피곤했다. 그러나 성도들은 조금도 좌절하지 않고 강한 의지와 인내로 온갖 고난과 핍박을 이겨 나갔다. 그래서 그들은 칭찬받을 만했다(김철손).

에베소 교회는 남성적인 강한 힘과 의지로 온갖 곤고와 핍박에 견디며 교회를 바르게 지키느라고 노력해서 그에 상당한 칭찬을 받은 것이다(김재준).

이상에서 지적한 에베소 교회의 칭찬 내용을 종합해 본다면 에베소 교회는 세계 교회의 어머니교회답게 참으로 그 저력을 과시하고 있다고 할 것이고 외형상으로 볼 때에는 거의 흠잡을 만한 결점이 없는 교회였다고 할 것이다.

그러니까 신앙적으로 건전하다고 할 것이고 도덕적으로 깨끗하다고 할 것이고 이단사설을 용납하지 않고 정통의 길을 가고 있으며 거기에다가 환난과 핍박을 이기고 신앙의 절개를 지키고 있다고 하겠으니 그럴 수밖에 없다(이순한).

에베소 교회의 특징 중에 세 가지의 중요점을 소개하면, 첫째는 교리의 확립으로 이단의 사설을 막았으며, 둘째는 예수의 이름을 위하여 열심과 참음과 견딤으로 말씀을 전파하는 선교의 사역을 잘 감당하였고, 셋째는 바른 신앙관으로 도덕적인 순결을 유지하였던 훌륭한 교회였다(이광복).

5. 책망(2:4)

(1) 처음 사랑

"그러나 너를 책망할 것이 있나니 너희 처음 사랑을 버렸느니라"(4절). 갑자기 어조를 바꾸어 책망을 한다. 본문에는 "책망한다"라는 말이 따로 있는 것이 아니고, 다만 "너희에게 대해서"(κατά σου)라는 말이 있을 뿐이다(NEB-I have this against you). 이 말은 "너희를 향해 할 말이 있다"라는 말인데 결국 책망을 하겠다는 말이다. 책망의 이유는 처음 사랑을 버렸다는 데 있다. 에베소 교회는 정치적인 박해에도 잘 견디었고 이단 침투에 과감하게 대항해 정통 신앙을 고수했기 때문에 칭찬을 받았다. 그런데 "처음 사랑"을 저버린 데 대해서는 책망을 받을 수밖에 없었다.

"처음 사랑"을 에베소 교회가 당초에 신앙을 받아들였을 때 가졌던 열정적이고 순수한 사랑이라고 해석하는 사람이 있다. 그런데 단순히 시대적으로 초기의 열정을 상실했다기보다는 본질적인 사랑의 문제가 있었다고 생각한다.

사랑의 근원은 하나님이시다. 이 근원적인 사랑을 물려 받은 신도들은 실제로 형제를 사랑하는 행동을 함으로써 사랑을 완성할 수 있다(요일 4:8,16,19-20). 그런데 에베소 교회 교인들이 형제들 간의 사랑을 원만하게 실천하지 못한 것 같다. 그렇다고 어떤 뚜렷한 사실이 드러난 것도 별로 없다. 지금까지 이야기해 온 외부적인 박해와 내부적인 이단에 시달리다 보니 교회의 현실적인 사명인 형제 사랑에 대해서 적극성을 잃어 버렸다는 말이 아닌가 생각된다(김철손).

'사랑'(*àgápm*)이란 것은 "형제애"를 의미한다는 것이 주석가 대부분의 견해이다. 거짓 교사의 처단을 위하여 심사나 징벌에 신경을 쓰는 동안에 형제 간의 사랑이 없어지고 분열과 파쟁이 싹튼 것으로 생각된다. 요한문서에서 '서로 사랑하라'는 교훈이 언제나 주제가 되어 있는 것을 이런 점에 관련해서 설명할 수도 있을 것이다. '처음 사랑'이라면 신혼부부의 열렬한 사랑, 아기와 그 부모의 사랑(렘 2:2) 같은 것을 의미할 수도 있으나 여기서는 역시 형제적 사랑, 심정이 서로 통하여 즐겁게 서로 봉사하는 친교를 더 많이 의미하고 있다는 것이 사실이다(김재준).

사도 바울은 에베소서 마지막에서 사랑을 강조하여 "아버지 하나님과 주 예수 그리스도에게로부터 평안과 믿음을 겸한 사랑이 형제들에게 있을지어다 우리 주 예수 그리스도를 변함없이 사랑하는 모든 자에게 은혜가 있을지어다"(엡 6:23-24)라고 축도하고 있다.

이처럼 사도 바울은 이미 30년 전에 에베소 교회 교인들의 주님에 대한 뜨거운 사랑에 관해서 언급한 바 있다(엡 1:15-16).

주님에 대한 첫사랑이 식은 것에 대하여 예수님께서는 이미 "거짓 선지자가 많이 일어나 많은 사람을 미혹하게 하겠으며 불법이 성하므로 많은 사람의 사랑이 식어지리라 그러나 끝까지 견디는 자는 구원을 얻으리라"고 예언하신 바 있다(마 24:11-13).

구약에 첫사랑에 대하여 언급한 구절이 있는데 예레미야 2장 2절을 보면 "가서 예루살렘 거민의 귀에 외쳐 말할지니라 여호와께서 이 같이 말씀하시기를 네 소년 때의 우의와 네 결혼 때의 사랑 곧 씨 뿌리지 못하는 땅, 광야에서 어떻게 나를 좇았음을 내가 너를 위하여 기억하노라"고 되어 있다(삿 2:7,10-11; 호 2:14-16 참조). 여기서 첫사랑은 초대교회와 같은 사랑을 뜻한다(행 4:32-35).

첫사랑은 교인들끼리 상호 사랑하지 않고(요 13:35), 불법이 성행하고(마 24:12), 하나님을 사랑하지 않고(요일 4:20), 사랑의 수고가 없고(살전 1:3), 믿음이 없고(살후 1:3), 믿음을 같이하지 않을 때(빌 2:2) 점차 식어지게 된다(이상찬).

본절(4절)은 두 가지 의미를 갖고 있다고 볼 수 있다.

① 처음 열심이 없어졌다는 뜻이라고 생각할 수 있다. 예레미야는 옛날 이스라엘이 하나님에 대하여 갖고 있었던 열심에 대하여 하나님의 말씀으로서 "네 소년 때의 우의와 네 결혼 때의 사랑"을 기억하였노라고 하였다(렘 2:2). 밀월의 시절이 있었지만 지금은 그 열정이 식어버렸다. 에베소 교회의 열의, 감격이 없어져 버렸다고 부활하신 그리스도는 말씀하신다고 말할 수 있다.

② 그러나 그보다도 그리스도인의 교제와 형제에 대한 사랑, 최초의 아름다운 감격이 식어졌다는 뜻으로도 취할 수 있다.

초기에는 에베소 교회의 신자들이 서로 참되게 사랑하고 형제로서 단결하였다. 그 당시는 싸움이 없고 마음은 쉽사리 뜨거워지고, 그 손은 언제나 다른 사람을 도울 태세가 되어 있었다. 그러나 무엇인지 잘못되어 가는 데가 있었다. 아마도 이단자 색출이 사랑의 불을 껐는지, 잘못된 사람들을 일소하려던 열심을 가졌던 나머지 정통파의 신앙이 비판적으로 차가워진 것 같다. 신앙은 바로 가졌다 할지라도 그 때문에 사랑의 교제가 없어진 것이 아닐까. 만일 이런 일이 생긴다면 정통 신앙이 치른 희생의 대가는 너무도 큰 것이다. 목사가 처음 교구에 부임하였을 때에는 따뜻한 사귐과 넘치는 선의(善意)가 있게 마련이지만 후에 일이 잘못되면 우정이 분쟁으로 변하고 동지의식이 의혹으로 바뀌고 처음 사랑이 망해 가는 수가 흔히 있다. 아무리 바른 신앙이 있어도 사랑을 대신할 수는 없다(바클레이).

처음 사랑은 영적 세계의 사랑이다. 사랑의 세계와 영적 세계, 그리스도의 안과 빛의 세계는 모두 하나이다(요일 3:9-15 참조).

빛 가운데 거하면 거기 사랑이 있고 참으로 사랑하는 자는 하나님 안에 있으며 영적 생명이 있는 것이다. 사랑의 세계를 잃어버리면 생명을 잃어버리는 것이요, 빛과 하나님 안과 영적 세계를 다 잃어버리는 것이다. 처음 사랑은 영적 세계를 처음으로 발견하고 하나님 안에 있는 생명의 세계를 맛보게 될 때 하나님의 사랑을 깨닫게 되고 그 하나님을 진심으로 사랑하게 되는 것이다. 이것은 순전히 하나님의 은혜로 주어지는 것이다.

처음 사랑은 하나님 안에 있는 생명(중생한 영혼)의 본질에서부터 나오는 사랑이다. 중생한 영혼의 본질이 하나님의 말씀으로 되어 있고 사랑으로 되어 있다.

처음에 영혼이 중생하고 중생한 영혼이 역사할 때 예수를 사랑하게 된다. 이 중생한 영혼의 역사를 따라 살 때에 사랑의 역사가 있게 된다.

처음 사랑은 구원받은 것에 감사하고, 하나님으로 즐거워하고, 믿는 일이 가장 중요한 일이고, 주를 사랑하는 마음이 뜨거워지고, 주를 위해서라면 생명까지라도 바치려는 생각이 나게 된다. 처음 사랑이 있으면 항상 간절한 마음으로 기도하고, 주를 사모하는 마음이 뜨겁고, 성경말씀이 은혜가 되어 꿀보다 달다.

성도들이 처음 믿을 때에 이 사랑 안에서 살다가 얼마쯤 지나면 대개는 잃어버린다. 처음 사랑을 잃어버리지 않으려면 영이 자라서 힘(실력)이 있어야 한다. 실력은 없으나 처음 사랑을 하나님께서 맛보라고 선물로 주셨기 때문에 잘못하면 잃어버리기 쉽다. 처음 사랑을 자기 실력으로 소유하였더라면 그 사랑이 계속 유지되고 더욱 커지겠으나 실력은 없이 처음 사랑의 큰 은혜를 받았기 때문에 마귀가 그것을 빼앗으려고 역사하여 시험과 유혹이 들어오고 환난과 핍박을 당할 때에는 대개가 처음 사랑을 잃어버리는 것이다.

처음 사랑을 잃어버려도 하나님께서 회개할 기회를 몇 번 주신다. 만일 끝까지 회개하지 않고 나가면 영적 생명의 역사를 다 거두어 가신다. 이것이 촛대를 옮기는 것이다.

영적 세계와 생명의 세계, 빛의 세계와 하나님의 세계는 하나이기 때문에 사랑을 잃어버리면 영적 세계에서 떠나게 되고 영적 세계에서 떠난 교회는 빈껍데기만 남는다.

처음 사랑을 찾으려면 영적 세계에 들어가야 한다. 영적 세계에 들어가면 하나님과 하나님의 사랑을 깨닫게 되고 영적 생명의 역사가 있고 빛을 비추어 나가게 된다.

그러므로 회개하여 처음 사랑을 찾으면 촛대를 더욱 크게 만들어 주고 생명나무의 과실을 주어서 먹게 하신다(이병규 p. 50-52).

적지 않은 주석가들이 지금 여기서 우리가 말하고 있는 "처음 사랑"을 하나님께 대한 사랑으로 보지 않고 그리스도인 상호간의 사랑을 뜻한다고 한다. 그러나 그것은 잘못이다. 왜냐하면 하나님께 대한 사랑이 건전한데 형제 사이의 사랑에 결함이 있다고 구원의 등잔대를 주께서 옮기신다는 것은 있을 수 없기 때문이다.

그것보다도 하나님께 대한 사랑이 살아 있다면 형제간의 사랑은 전도로 열매를 맺기 때문이다. 하나님께 대한 사랑은 필연적으로 사람에 대한 사랑을 낳게 되어 있는데 그것은 전자가 후자의 원인이기 때문이다(마 22:37-40).

그러므로 에베소 교회가 버린 "처음 사랑"은 "하나님께 대한 처음 신앙에 대한 사랑의 감격과 이웃 성도에 대한 다정한 태도"라고 할 수 있다.

그러면 무엇 때문에 에베소 교회가 이러한 처음 사랑을 버리는 일을 가져오게 되었는가?

그것이 이미 위에서 지적한 바와 같이, 악한 자들을 용납하지 않고 거짓 사도들을 시험하여 그 거짓된 것을 드러내다 보니 신앙에 대한 덕이 있던 자리에서 "덕"이 없어져 이러한 상태에 떨어진 것으로 보인다. 이러한 상태를 "형식적인 정통주의"라고 어떤 이들이 말하는데 그것이 사실이겠고, 또한 하나님께 대한 사랑이 없으면서 사람만 사랑하여 하나님과 상관없는 "인도주의적 사랑을 인간적 방식으로 실천하려는 인본주의"도 이 범주에 들어갈 것이다.

그것은 사랑에 시작이 있는데 하나님께서 우리를 먼저 사랑하신 것이며 그 사랑을 받아 감사와 기쁨과 감격이 있는 가운데서 하나님을 사랑하고 이웃을 사랑하는 것이 그리스도교의 진정한 사랑이기 때문이다(요일 4:10,11).

바울은 믿음, 소망, 사랑, 이 세 가지는 항상 있는 것인데, 그중에 제일은 사랑이라고 하였다. 이것은 그리스도인 상호간에 주고 받는 사랑을 말한다기보다는 하나님의 사랑을 받고 그 사랑에 감격하여 하나님과 사람을 다 사랑하는 것을 이름이다. 믿음은 사랑을 낳게 하고 사랑은 소망을 얻게 하는 까닭이다(이순한 p. 85-86).

이 처음 사랑은 학자에 따라 다르다. 빈센트(Vincent)와 플럼머(Plummer)는 예레미야 2장 2절에 나오는 "네 결혼 때의 사랑"(the love of thine espousals)이라고 인용했다. 이 사랑은 신랑이 신부를 사랑하고, 신부가 신랑을 사랑하는 흠 없는 사랑, 순수한 사랑, 불타는 사랑, 정열적인 사랑을 가리킨다. 대부분의 결혼은 이런 사랑으로 시작한다. 결혼은 이런 사랑으로 시작을 해야지, 돈이나 명예나 외모나 학벌을 보고 결혼하는 것은 심히 불행하다.

찰스(Charles)나 모파트(Moffatt)나 키들(Kiddle)이나 리스트(Rist) 등등의 학자들은 마태복음 24장 12절에 "불법이 성하므로 많은 사람의 사랑이 식어지리라"는 말씀을 인용하면서 신자끼리의 사랑으로 보고 있다. 저들은 한때 뜨거운 형제애를 가졌으나

(행 20:37), 선악을 가리고 순교적 정절을 수호하는 가운데 첫사랑을 잃어버리고 말았다. 그리고 저들은 사랑과 생명이 없는 형식적인 정통주의가 되고 말았다. 교리적 순결과 윤리적 실천은 어느 하나도 버릴 수 없는 교회의 필수조건이 되는 것이다.

사도 요한이 요한계시록을 하나님으로부터 받아쓰기 약 30년 전에 바울이 에베소 교회를 개척했다. 에베소서의 기록연대는 주후 62년경이고 요한계시록의 기록 연대는 주후 95년경이다. 바울이 거기서 3년간이나 목회를 한 후 그가 로마 옥중에 있는 동안에도 초기 에베소 교회는 사랑이 넘치는 교회였다. 그 근거는 바울이 에베소서 1장 15-16절에 에베소 교회에 편지한 것을 보면 "주 예수 안에서 너희 믿음과 모든 성도를 향한 사랑을 나도 듣고 너희로 인하여 감사하기를"이라고 하였다. 에베소 교회는 믿음과 사랑이 충만한 교회였다. 고린도전서 13장 13절에서 "믿음, 소망, 사랑, 이 세 가지는 항상 있을 것인데 그중에 제일은 사랑이라"고 말씀하신 대로 그들은 신앙생활에서 믿음과 사랑이 제일 중요함을 알고 그대로 실천한 교회였다. 이 믿음과 사랑만 있으면 다른 것은 저절로 따라온다.

이렇게 사랑이 많던 에베소 교회가 30년이 지난 후에는 거짓 사도들이 들어와서 복음적인 교회를 변질시켰다. 30년 후면 상당수의 교인들이 별세하고 2대가 바통을 이어받은 때이다.

에베소 교인들은 이단을 막고 옥석을 가리는 데는 최선을 다했으나 하나님을 사랑하고 형제를 사랑하는 데는 낙제자들이 되었다는 말이다. 교리는 바로 지켰는데 윤리는 바로 실천하지 못한 교회가 되었다. 이것이 일반적으로 보수주의 교회들의 약점이다.

자유주의 교회는 남을 도와주는 구제는 잘한다. 그러나 보수주의 교회는 이 부분이 약하다. 하나님이 기뻐하시는 교회는 이 둘 다 실천하는 교회이다. 이렇게 사랑이 많던 에베소 교회가 30년이 지난 후 사랑이 식어져 냉랭한 교회가 되었으니 책망을 듣지 않을 수 없게 되었다(김병원, 소아시아 일곱 교회, p. 67-68).

"처음 사랑"은 하나님을 영접한 그 처음 사랑이 형제애로 나타나서, "하나님 사랑"이 "형제 사랑과 이웃 사랑"으로 증명되고, "형제와 이웃 사랑"은 "하나님 사랑"을 기초로 하는 유기적 관계로 발전되는 그 사랑을 의미한다고 본다.

따라서 신학과 신앙의 보수를 위하여 열심 있는 투쟁으로 바른 길을 걸었을지라도, 근본인 그리스도의 사랑을 잃어버린다면 그보다 더 큰 손실은 없다. 또한 그 손실을 메울 수 있는 다른 방법이 없을 만큼 치명적인 것이 된다. 왜냐하면 그리스도를 사랑함이 이웃이나 형제 사랑과 분리될 수 없는 것이기에 그 어느 한편만 주장하는 견해는 절름발이와 같은 사랑이 되기 때문이다.

주님은 율법사들이 "크고 첫째 되는 계명"에 대하여 질문(마 22:34-40)을 하였을 때에, "첫째는 마음을 다하고 목숨을 다하고 뜻을 다하여 하나님을 사랑하고(37절), 둘째는 네 이웃을 네 몸과 같이 사랑(39절)하는 것을 온 율법과 선지자의 강령"(40절)으로 규정하시고 순종할 것을 가르치셨다. "선한 사마리아인의 비유" (눅 10:25-37)에서는 앞서서 자기 주변의 혈육 친척만 이웃으로 생각하는 유대인들의 잘못을 지적하시며 "찾아가 주는 선한 사마리아인의 사랑"을 강조하셨다. 이와 같이 주님은 그리스도인의 기본적인 사랑인 "하나님 사랑"은 "이웃 사랑"으로 나타나야 하며, "이웃 사랑"은 "하나님 사랑"을 기초로 해야 하는 것임을 가르쳐 주셨다(이광복).

(2) 첫사랑이 식어진 원인이 무엇인가?

1. 오랜 세월 동안 신앙이 변함(엡 6:24)
2. 교리와 법을 주장하다가 떨어짐(교회사적인 면에서)

에베소 교회는 1세기의 교회를 상징한 교회인데 예수님께서 부활 승천하시고 오순절에 성령 충만 받은 사도들이 초대교회를 영도해 갈 때는 그야말로 은혜 충만, 성령 충만, 사랑 충만한 교회였는데 사도들이 복음을 위하여 모두 순교하고 난 후부터는 교회를 교부들이 인도하는 교부정치시대가 왔다. 그러므로 이때부터 교회 안에 "법이요"가 시작되었다.

교회는 은혜 위주, 사랑 위주로 이끌어 가는 것이 아니라 교리와 법으로 이끌어 가게 되었다. 교회는 그저 교리를 이탈해도 안 되지만 모든 면에서 사랑의 법이 강하게 작용되어야 한다. 이는 마치 사람의 인체가 뼈만 앙상하면 흉한 사람이지만 골격 위에 부드러운 살을 씌워 놓았을 때 부드럽고 사랑스런 사람의 모습을 갖춘 것과도 같다.

사도행전 19-20장을 보면 바울 사도가 로마를 향하여 배를 타고 밀레도란 섬에 가서 에베소 교회 장로들을 초청해 어느 다락에서 밤새껏 긴 설교를 하자 유두고가 3층루에서 졸다가 떨어지는 일까지 생겼다. 바울의 그날 밤 설교는 두 가지 대지의 말씀이었다. 하나는 "에베소 교회는 믿음 있는 교회가 됩시다"라는 것이었고, 다른 하나는 "에베소 교회는 사랑이 충만한 교회가 됩시다"라는 것이었다.

그러나 이렇게 간곡한 밀레도의 권면이 있은 후 13년 후에 바울이 에베소서를 기록했는데, 에베소서 1장 15-16절을 보니 "이를 인하여 주 예수 안에서 너희 믿음과 모든 성도를 향한 사랑을 나도 듣고 너희를 인하여 감사하기를 마지 아니하고 내가 기도할 때에 너희를 말하노라"고 했다.

그때까지만 해도 믿음과 사랑이 충만했다. 그러나 시간이 가고 교회가 커지다 보니 그로부터 20년 후에 사도 요한을 통해서 기록된 요한계시록 2장 4절에 보니 "너희 처음 사랑을 버렸느니라"고 했다(정양수).

처음 사랑은 에베소 교회 성도들이 처음 예수님을 믿을 때에 가졌던 사랑이다(엡 1:15).

이 처음 사랑은 어떤 사랑인가?

① 이기적이 아닌 순수한 사랑이었다(엡 3:17-19). 주님을 처음 믿을 때의 사랑은 주님의 사랑을 말씀으로 배우고 믿음으로 영접한 진실하고 순전한 아가페의 사랑이었다.

② 열심이 있고 뜨거운 사랑이었다.

사랑한다고 하면서도 열심과 정열이 없다는 것은 진실이 교통하지 않는 위선적 사랑이다. 주님이 주신 사랑은 뜨겁고 진실이 있는 행함이 동반된 사랑이었다.

③ 남을 위해 봉사하고 희생할 줄 아는 사랑이다.

초대교회에서 바울 사도의 사역을 돕던 브리스길라와 아굴라 부부를 비롯하여 교회 2,000년 역사에는 참으로 위대한 헌신과 봉사를 다하면서 주님의 빛을 드러낸 숭고하기까지 한 여러 성도들의 모습을 찾아볼 수 있다.

그런데 요한이 밧모섬에서 유배생활을 하고 있을 당시의 에베소 교회의 형편은 어떠했는가? 전혀 이러한 처음 사랑을 찾아 볼 수 없는 너무나도 냉랭하고 돌과 같은 단단한 교회였다.

교리와 법도를 지키려는 강인한 열심은 있으나 그보다 더 소중한 사랑을 잃어버린 교회!

어찌하여 이렇게 차가운 교회가 될 수밖에 없었을까? 그것은 너무 교리적이요, 법도를 찾는 것에 몰두한 나머지 사람들을 평가하고 판단하는 재판관과 같은 위치에서 논쟁과 투쟁에 치우친 결과로 자연히 애정이 결핍된 사람들로 그 모습들이 변질되어 버렸던 것이다.

원래 사람은 부족하기 때문에 사랑과 법도를 함께 구비하며 보존하기는 어려운 것이다.

여기에는 부단한 성령의 도우심을 받아서 사랑 안에서 교리를 찾고 사랑 안에서 법도를 구비하는 은혜 중심의 사람이 되어야 하는 것이다. 그러나 에베소 교회는 이러한 사랑을 힘써 실천하고 보존하려는 노력이 없었다(이종열).

사도시대는 이미 지나갔고 이 편지를 받은 무렵에는 그의 자녀들이 그 자리를 물려 받은 때였다. 에베소 사람들은 주님을 사랑했다. 그러나 주님을 향한 뜨거운 사랑을 잃어버리고 있었다. 이것은 매우 심각한 문제이다.

가령 인간의 경우에 비추어 생각할 수도 있는 일이다. 남편과 아내의 사랑이 신혼 시절에는 문자 그대로 밀월의 생활을 한다. 서로 사랑하는 남녀가 얼마나 간절히 사모하는가? 상대방과 결혼을 하지 못하면 이 세상이 아무런 의미가 없는 것으로 생각한다. 불행하게도 결혼을 못할 경우 함께 자살까지 하는 경우를 간혹 보게 된다.

그들에게 있어서는 결혼이 인생의 전부로 여겨지기 때문이다. 어떤 이들은 주위의 심한 반대를 무릅쓰고 기어코 결혼을 한다. "죽는다, 산다" 하고 소문을 내며 결혼을 한다.

얼마나 다행한 일인가? 그런데 어떤 경우엔 이 결혼이 얼마가지 못해서 파탄의 비극을 초래하는 것을 보게 된다. 가슴 아픈 일이다. 왜 생명을 주고 바꿀 만큼 사랑하던 사람들 사이가 비극으로 끝을 맺어야 하는가?

이유는 한 가지이다. 인격적으로 사랑하지 않기 때문이다.

어떤 이는 상대방의 가문을 본다. 어떤 이는 상대방의 재산을 본다. 어떤 이는 학벌을 본다. 어떤 이는 외모를 본다. 이런 세상적인 것은 얼마 안 가서 시들해지고 만다.

그래서 권태를 느끼고 싫어져서 종내는 비극으로 끝나게 된다. 그리스도를 사랑하는 일도 마찬가지이다. 예수님을 인격적으로 사랑해야 한다. 예수를 따르던 사람의 대부분이 세상적인 것 때문에 따랐다. 병을 고쳐 주어서 따라 다녔다. 배불리 먹게 해 주어서 따라 다녔다. 이상한 일을 행하기 때문에 따라 다녔다. 그러나 이러한 것이 없어질 때 다 떠나가고 말았다. 주님을 인격적으로 사랑하는 사람은 시간이 갈수록 더 깊은 사랑, 더 완전한 사랑의 자리에 들어가게 된다(박조준).

에베소 교회가 주님으로부터 칭찬을 들은 일이 일곱 가지나 된다. 그 일곱 가지는 "첫째는 네 행위를 안다, 둘째는 네 수고를 안다, 셋째는 네 인내를 안다, 넷째는 악한 자들을 용납하지 않은 것을 안다, 다섯째는 거짓 사도를 드러낸 것을 안다, 여섯째는 참고 견딘 것을 안다, 일곱째는 게으르지 아니한 것을 안다"는 것이다.

그들이 신앙의 열심을 내며 거짓 사도들과 투쟁하는 중에 "처음 사랑"을 잃어버림으로 형식적인 전통만 찾는 교회로 전락하게 되는 것이다. 교회는 하나님의 사랑으로 채워져서 그 사랑이 생활에 나타날 때에 신앙의 열심이 증가되는 것이다. 그러나 하나님의 사랑이 없는 열심은 결국은 허망한 것임을 본문은 증거해 주고 있다. 그러므로 오늘날 교회가 늘어나고 성도의 수가 늘어나는데 복음의 위력이 없는 가장 큰 이유는 바로 "처음 사랑"을 잃어버렸기 때문이다.

이러한 에베소 교회의 특징을 살펴보면 첫째, 영적인 사랑이 식었으며 둘째, 하나님을 향한 사랑이 세상을 향한 사랑으로 변질되었고 셋째, 믿음에서 떠나고 능력이 있는 영적인 증거가 힘을 잃게 되었다. 따라서 초대교회의 열심으로 돌아갈 것을 성경은 가르치고 있는 것이다.

사도 바울도 고린도전서 13장 1절에서 "내가 사람의 방언과 천사의 말을 할지라도 사랑이 없으면 소리나는 구리와 울리는 꽹과리가 되고"라며 "처음 사랑"의 중요성을 증거하였다. 일곱 별을 붙잡고 일곱 금촛대 사이로 다니시는 주님이 에베소 교회에 칭찬 일곱 가지를 하신 후에 "처음 사랑"을 잃어버린 잘못을 책망하시는 것이다.

주님의 가르침과 사도들의 가르침을 종합해 볼 때에 "사랑"의 정의는, 기초는 "하나님"을 향한 것이지만 그 사랑은 이웃으로 나타나야 하며, "이웃 사랑"은 바로 "하나님 사랑"을 기초로 하는 사랑이 되어야 함을 가르쳐 주고 있다.

이러므로 이광복은 주님이 책망하시는 "처음 사랑"을 하나님과 이웃 사랑이 병행되어 유기적인 신앙생활로 나타나야 함을 가리키는 것으로 본다.

왜냐하면 하나님 사랑과 이웃 사랑이 분리될 수 없듯이, 이러한 사랑을 지닌 자들의 생활도 뜨거운 신앙생활과 헌신적인 봉사활동이 분리될 수 없기 때문이다(이광복).

6. 권면(2:5)

처음 사랑을 버린 에베소 교회를 향하여 주님께서는 세 가지로 권면하신 것을 살펴보자.

"그러므로 어디서 떨어진 것을 생각하고 회개하여 처음 행위를 가지라"(5절).

"떨어지다"라는 말은 신앙의 완전 타락을 의미한다.

히브리서 2장 1절의 "흘러 떠내려간다", 히브리서 4장 11절의 "빠져 들어간다"와 같은 말로, 다시 되돌아 갈 수 없도록 타락한 상태를 말한다. 우선 요한이 에베소 교회 신도들을 보는 눈은 그렇다. 그러나 요한은 그들을 포기하지 않고 되돌아오라고 권고한다.

이러한 권고는 사데 교회에 대해서도 마찬가지다(계 3:3).

타락한 신앙의 회복은 제일 먼저 타락의 시점으로 돌아가는 데서 가능하다고 본다.

요한은 에베소 교회의 창설 당시(행 19:1-20)를 회상하며 권고한다(김철손).

'생각하고'($\mu\nu\eta\mu\acute{o}\nu\epsilon\nu\epsilon$)는 현재 능동 명령법이며 '회개하여' ($\mu\epsilon\tau\alpha\nu\acute{o}\eta\sigma o\nu$)는 능동 명령법이고 '가지라'($\pi o\acute{i}\eta\sigma o\nu$) 역시 부정과거 능동 명령법이다.

현재 명령법의 $\mu\nu\eta\mu\acute{o}\nu\epsilon\nu\epsilon$(생각하라)는 계속적 행동으로 '항상 생각하라' 또는 '계속 생각하라'의 의미이고 부정 과거 명령법의 $\mu\epsilon\tau\alpha\nu\acute{o}\eta\sigma o\nu$(회개하라)와 $\pi o\acute{i}\eta\sigma o\nu$(하라, 행하라)는 '다시 회개와 행함을 시작하라'는 의미의 명령이다.

처음 사랑을 되찾으려면 3단계의 명령을 준수해야 하는데 그 1단계는 계속 생각하는 것이고, 2단계는 회개를 시작하는 것이며, 3단계는 실천하는 것이다.

생각하라($\mu\nu\eta\mu\acute{o}\nu\epsilon\nu\epsilon$)는 현재 명령법으로 계속적 행동의 생각을, 회개하라($\mu\epsilon\tau\alpha\nu\acute{o}\eta\sigma o\nu$)는 행동을 촉구하는 회개를, 하라(행하라, $\pi o\acute{i}\eta\sigma o\nu$)는 실천의 사역을 강조하여 명하시는 것이다(이상찬).

Ⅳ. 일곱 교회로 보내는 편지(2:1-3:22)

(1) 생각하라

'생각하라' 는 말은 어디서 떨어진 것을 생각하라는 것인데 떨어지다($πέπτωκας$)는 $πίπτω$의 현재 완성형으로서 현재까지 떨어지고 있었던 것을 계속 생각하라는 것이다.

'생각하고' ($μνημόνευε$)가 현재형으로 된 것은 회개를 위한 마음의 자극에 대한 계속적인 기억행위를 표시하는 것이다.

부활하신 주님이 말씀하시는 대상은 한 번도 교회에 발을 들여놓은 적이 없는 사람이 아니라, 교회 안에 있으면서 길을 잘못 든 사람이라는 것을 주목해야 한다.

기억(생각)이 먼저 있던 곳으로 돌아가는 첫 발걸음이 되는 때가 아주 많다.

우리가 잘 아는 탕자의 비유에서 탕자가 재산을 탕진하고 허랑방탕한 생활을 하다가 스스로 돌이켜 아버지 품에 돌아올 수 있었던 것도 그 탕자가 과거의 아버지의 사랑과 은덕을 기억하였기 때문이었다(눅 15:17-32).

즉, 탕자는 자기가 아버지의 품을 떠나서 얼마나 허랑방탕했는가를 생각하였던 것이다. 그것이 곧 그의 새로운 출발의 근거가 된 것이다. 방탕한 아들은 먼 나라에서 갑자기 자기 집을 생각하였다(눅 15:17). 그것은 그가 집으로 돌아가는 첫 걸음이었다.

오 헨리(O. Henry)의 단편집 가운데 다음과 같은 내용이 있다. 어떤 시골 소년이 그 마을 학교에서 깨끗하고 순정에 넘치는 시골 소녀와 같이 공부하다가 그 시골을 떠나 도시에 그곳에서 갔다. 못된 동무를 사귀어 소매치기, 좀도둑이 되었다.

어느 날 길에서 지나가는 신사의 주머니를 깨끗이 뒤져가고, 만족한 마음으로 길을 걷다가 저편에서 오는 아름다운 젊은 여자를 보았다. 그녀는 다행히 그 소매치기를 보지 못했으나 틀림없이 예전에 시골에서 같이 공부하던 그 여자였다.

그 여자는 여전히 깨끗하고 순정에 넘쳐 보였다. 그는 갑자기 옛날을 기억하고, 현재를 생각했다. 그는 뜨거워진 머리를 전신주에 식히며 "하나님, 나는 내 꼴을 미워합니다"(나는 나 자신이 싫어졌습니다)라고 고백했다. 그의 기억은 새 출발의 첫 걸음이었다.

윌리엄 쿠퍼(William Cowper)는 기록하였다.

"내가 처음 주를 뵈었을 때 알았던 행복감은 어디로 갔나? 내 영혼을 새롭게 해 주시는 예수와 그 말씀은 어찌되었나?" 이는 슬픔과 비탄으로 들리지만, 그것이 주께로 돌아가는 첫걸음이 될 수 있다. 개선과 향상의 제일 첫 걸음은 무엇이 잘못된 것을 깨닫는 것이다(바클레이).

"처음 사랑을 기억하라"는 말씀은 매우 의미심장한 것이다.

사랑은 하나님께 속한 것이니 사랑하는 자마다 하나님께로 나서 하나님을 안다(요일 4:7)고 하였다. 또한 우리가 하나님을 사랑하고 그의 계명을 지킬 때 이로써 우리가 하나님의 자녀 사랑하는 줄을 안다(요일 5:2)고 했다. 그리고 하나님을 사랑하는 것은 그의 계명을 지키고(요일 5:3), 말씀을 지키며(요일 2:5), 성도를 섬기는 것(히 6:10)이라고 했다. 뿐만 아니라 예수께서는 "너희가 서로 사랑하면 이로써 모든 사람이 너희가 내 제자인 줄 알리라"(요 13:35)고 말씀하셨다. 처음 사랑을 되찾는 것은 성령의 열매인 사랑에서 비롯된다(갈 5:22-23).

그로맥키(Gromacki) 박사는 성령의 아홉 가지 열매를 내적 모양, 외적 모양, 상적(上的) 모양으로 나누어 묘사하고 있다.

내적 모양(Inward Aspects)은 사랑(love), 희락(joy), 화평(peace)을 말한다. 외적 모양(outward Aspects)은 오래참음(long suffering), 자비(gentleness), 양선(goodness)을 말한다. 상적 모양(upward Aspects)은 충성(faith), 온유(meekness), 절제(temperance)를 말한다.

그러나 스토트(stott) 박사는 성령의 아홉 가지 열매를 다음과 같이 구분한다.

즉, 하나님과의 관계(Our Relationship with God)에서 필요한 것으로 사랑, 희락, 화평을 들고 있다. 타인과의 관계(Our Relatianship with Others) 에서는 오래참음, 자비, 양선을 들고 있다. 자신과의 관계(Our Relationship with Ourselves)에서는 충성, 온유, 절제를 각각 들었다.

이와 같이 성령의 열매의 첫 출발은 사랑이다. '첫 사랑을 기억하라' μνημόνευε는 예수님의 명령은 계속적으로 기억해야 할 것을 가리킨다(이상찬).

하나님께로 돌아오는 "회복의 첫 번째 단계"는 바로 복음을 처음 영접하게 된 그때를 "생각하는 일"이다. 즉, 에베소 교회의 성도들은 그들의 선조가 가졌던 신앙의 열심과 믿음의 헌신을 회복하라는 것이다. 그렇게 되려면, 그들이 하나님으로부터 떨어진 지점을 살펴보고, 그 지점으로 되돌아 가야 하는 것을 가르쳐 주고 있다.

"생각"해야 할 이유는 하나님의 그 사랑에서 떨어진 이유가 어디에 있는지 그 원인을 분명히 밝혀야 하는 것이다. 왜냐하면 떨어진 원인을 발견하지 못하면 회개의 역사도 일어나지 못할 것은 당연한 이치이기 때문이다.

"떨어진 것"을 찾아 그 원인에 대해 "생각"해야 하는 것이 그 다음의 단계이다. 이러한 "생각"은 그 원어상의 의미가 일시적인 것이 아닌 계속적인 것을 의미한다.

즉, 지금 떨어진 네 상태를 보고 에베소 교회의 회중 사이에 사랑이 흘러 넘쳤던 그 시기를 간절히 사모하는 마음으로 생각하라는 것이다.

이는 누가복음 15장 11-32절에 나타나는 "아버지와 두 아들의 비유"에서 율법에 명한 유산의 분배(신 21:17)를 거스르면서까지 재산을 요구하며 아버지 곁을 떠나기를 갈망했던 둘째 아들이 먼 타국에서 흉년으로 인하여 돼지가 먹는 쥐엄열매조차 주는 이가 없어 먹지 못하고 주려 죽게 되었을 때(16절), 바로 아버지의 집을 생각하게 되었던 것이다. 아버지 집에는 품꾼들조차도 그 양식이 풍족한 가운데 있음을 회상한 둘째 아들은 "하늘과 아버지께 죄를 지었다"라고 하며 신앙적인 죄와 윤리적인 죄를 병행적으로 고백하면서 겸손한 마음으로 아버지의 집으로 달려왔던 것이다.

집을 나간 둘째 아들이 흉년 속의 궁핍을 통해 아버지 집을 생각하게 된 것이 자신의 잘못을 돌이키게 하는 강력한 힘이 되었던 것같이, 하나님의 그 사랑을 기억하고 자신들이 있는 신앙의 현주소를 살펴보면 멀어진 자신을 돌아보고 강력한 회개와 더불어 "처음 사랑의 행위"로 돌아가게 될 것이다. 그러므로 "생각하라"는 말씀 속에는 바로 과거와 현재를 비교하여 그 차이점을 발견하게 하는 것임을 알 수 있다(이광복).

(2) 회개하라

우리가 과거를 회고하여 잘못된 것을 발견할 때의 반응은 여러 가지로 나타날 수 있다.

화무십일홍(花無十日紅: 열흘 붉은 꽃이 없다는 뜻으로, 한번 성한 것이 얼마 못 가서 반드시 쇠하여진다는 뜻이다)이라, 좋은 일이 언제까지나 계속될 수 없음은 사실이니 현실로 만족하려 할 수도 있고, 공연한 원한에 불타 제 탓은 생각지 않고, 남만 원망할 수도 있으며, 자기 반성보다 세상 원망, 남의 원망으로 불평객도 될 수 있고, 옛날의 즐거움을 금지된 행위에서 찾으려 하며 범죄의 길로 달릴 수도 있다.

그러나 부활하신 주는 "회개하라"고 하신다.

회개란 잘못이 자기에게 있음을 자백하고 슬퍼하는 것이다.

방탕한 아들은 "내가 일어나 아버지께 가서 이르기를 아버지여 내가 하늘과 아버지께 죄를 얻었사오니"(눅 15:18)라고 한 것이다. 거기에는 핑계나 비난이 아니라 "오직 내가 죄를 얻었나이다"가 있을 뿐이다.

사울은 자기의 어리석은 행동을 깨닫게 되자 "내가 범죄하였도다······내가 어리석은 일을 하였으니"라고 충심으로 부르짖었다

(삼상 26:21). 회개하는 데 가장 어려운 일은 범죄나 허물에 대한 자기의 책임을 인정하는 것이다. 그러나 그 책임을 느꼈을 때, 하나님께서도 반드시 죄를 슬퍼하는 마음을 주시는 것이다(바클레이).

"회개"는 반드시 어떤 구체적인 내용을 가지고 있다. 그것은 단순히 도덕적인 행동의 변화만을 말하는 것은 아니라, 하나님께 대한 신앙문제로 종교적인 차원에서의 인격적인 변화를 말한다. 그런데 하나님께 대한 불신앙, 불복종을 회개하지 않은 사람(9:20, 16:9)은 과거 역사상 반드시 징계를 받았는데, 종말의 때에는 더 분명하다는 것을 요한은 잘 알기 때문에 "회개하지 아니한 자"에 대한 경고를 내린다.

"처음 행위"를 "처음 사랑"과 동의어로 이해할 수 있다고 했는데, 좀더 구체적으로 말하면 타락한 신앙상태에서 당초의 순수한 신앙상태로 돌아가라는 말이다(김철손).

회개와 사죄(赦罪)의 길은 오직 기독교에만 있다.

산 같은 죄라도 진심으로 회개하면 용서하시는 하나님이시다.

누가 한번 죄를 회개했다가 불행히 다시 범죄했어도 그가 참으로 회개하면 하나님은 사하시는가? 사하신다. 그것이 곧 사죄다운 사죄이다. 그것이 곧 하나님이 생각하신 사죄이다(마 18:21-22). 회개는 이와 같이 귀한 것이로되, 사람들이 범죄하고도 뻔뻔스럽게 그 귀한 회개를 하지 않는 경우가 많다. 그러므로 하나님께서 이런 죄인들로 하여금 회개하게 하기 위하여 그들을 징벌하시는 일이 있다. 그런데 이 징벌은 회개를 목적한 것이요, 영멸(永滅)을 목적한 것이 아닌 만큼, 그것은 육신적 고통을 받는 정도의 것이다. 그러나 그것도 무서운 것이 아니라고 할 수 없다.

그러므로 범죄했으면 곧 회개해야 된다. 회개하되 그 죄행의 출발점이 무엇인지 알아야 한다. 죄는 번연성(繁延性)을 가진 것이기 때문에 출발점을 완치(完治)해 버려야 근치(根治)가 된다(박윤선).

집을 나간 둘째 아들이 쥐엄열매조차 주는 이가 없어 먹지 못하는 극심한 기근 속에서 아버지의 집을 회상할 때에 회개의 고백이 강하게 나왔던 것처럼, 아버지의 사랑에서 떨어진 것을 발견한 에베소 교인들에게 바로 "회개하라"는 강한 명령이 이어지게 되는 것이다.

"회개하여"를 의미하는 메타노에손($\mu\epsilon\tau\alpha\nu\acute{o}\eta\sigma o\nu$)은 마음이나 목적(의도)을 바꾼다(To change one's mind or purpose)를 나타내는 메타노에오($\mu\epsilon\tau\alpha\nu o\acute{\epsilon}\omega$)의 제1 부정과거 능동태 명령법으로서 시간을 다투는 화급(火急)함으로 즉시 돌아서라는 의미를 지니고 있다.

아브라함이 독자 이삭을 모리아 산에서 제물로 드리려고 묶어 제단 위에 얹어 놓고 칼을 들어 치려고 할 때에 "아브라함아 아브라함아"(창 22:11)라고 부르시는 그 하나님의 음성처럼, 화급을 다투는 것이니 즉시 돌아서라는 것이다.

왜냐하면 하나님이 다급한 음성으로 아브라함을 부르지 않았다면 아브라함의 칼에 이삭이 제물로 드려지는 사건이 일어나기에 더 늦기 전에 부르신 것이다. 이처럼 너무 늦게 되면 다시는 회복의 기회가 없기에 에베소 교회를 향하여 회개를 다급하게 호소하고 있는 것이다.

에베소 교회는 일반적인 넘어짐이 아니라 완전히 떨어진 상태이기에, 떨어진 공백 사이가 굳어지기 전에 회개하고 돌아와야 함을 본문은 증거하고 있는 것이다.

그러므로 "생각하고"와 "회개하라"는 두 동사의 시제가 전자는 현재 명령법으로, 후자는 제1 부정과거 능동태로 사용되어 대조적이다. 이는 "생각"하는 것이 지속적이라면 "회개"하는 것은 다급한 순간의 결단이 필요하기 때문이다(이광복).

(3) 처음 행위를 가지라

탕자의 회개(눅 15:17-22)를 보면 세 가지 과정을 찾을 수 있다.

첫째는 과거의 아름다운 사랑의 시절을 생각하며 그때와 현재와의 현격한 차이를 생각함이 필요하다.

둘째는 회개, 즉 과거로 돌아감이 우선 필요하다. 이 낱말($μετανόησον$)은 원래 "마음을 고침"으로 근본적이며 좁은 뜻에서는 그리스도에 대한 마음을 고치는 것이었으나(마 3:2) 여기서는 넓은 의미에서 사람에게 적용되고 있다. 그리고 이 시제가 부정 과거형인 것은 단번으로 결정적인 회개를 권하신 것이다.

셋째는 처음 행위를 "행하는" 것이다. 회개에는 열매가 따라야 한다(마 3:8). 잘못된 자리에 그대로 머무는 한 참 회개는 아니다. 회개는 말이 아니라 행위의 문제이기 때문이다(이상근).

회개의 슬픔(애통)은 사람을 실망으로 몰아넣기 위한 것(빠지게 하는 것)이 아니다. 그것은 사람에게 두 가지 일을 하게 하려는 것이다.

첫째로, 하나님의 은혜(자비) 속에 자기를 던지며, "하나님이시여 죄인인 저를 불쌍히 여겨 주옵소서"라고 말하게 한다. 둘째는, 행동을 하게 하여 회개에 합당한 열매를 맺게 하기 위함이다. 회개한 사람이 나아가 다시 전과 같은 죄를 짓는 사람은 진정으로 회개한 사람이 아니다. 포스딕(Fosdick)은 말하기를, 그리스도교의 위대한 진리는 "아무도 전과 같은 방법을 고수할 필요가 없다"(아무도 제자리 걸음을 할 필요가 없다)는 것이라고 하였다.

회개의 증거와 그 결과(열매)는 변화된 생활이다. 그것은 곧 하나님의 은혜를 힘입은 우리들의 노력에 의하여 변화된 생활이다. 돌이키는 방법의 세 가지 단계는 기억하는 것과 회개와 행동이다(바클레이).

이 세 가지 행동은 서로 밀접한 관계가 있는 행동들이다.

생각은 "회개"를 낳고(눅 15:17-18), "회개"는 "처음 행위"를 낳는다. 행위를 산출하지 못하는 회개는 참된 회개가 아니다. 회개엔 열매가 있어야 한다. 처음 행위는 처음 사랑에서 나오는 행위를 뜻한다(박수암).

처음 행위들이란 형제를 향한 처음 사랑의 행위를 말함이다.

기억하고 돌이켜 선을 행한다는 것이 바로 되는 과정이다. 탕자의 비유(눅 15:11-20)에 잘 나타나 있다(김재준).

"회개"한 에베소 교회에게 "처음 행위"를 가지도록 요구하고 있는 본문의 내용을 통해서 발견할 것은 "회개"는 성도들에게 실망을 주기 위한 것이 아니라, 생명을 더욱 풍성히 넘치게 주시려는 아버지의 사랑이 담겨 있다는 것이다. 그러므로 "회개"가 주는 축복은 두 가지로 첫째는, 아버지의 그 사랑에 자신을 내어 놓는 것이며 둘째는, 회개에 합당한 열매를 맺게 하는 데 있다(마 3:8).

◆ 아버지에게 죄인 된 신분을 고백하라

"아버지와 두 아들의 비유"(눅 15:11-32)에서 보듯이, 집을 나간 둘째 아들은 아버지의 집을 생각하고 자신을 살필 때에 죄인 된 자신의 신분만 보여서 "지금부터는 아버지의 아들이라 일컬음을 감당치 못하겠나이다 나를 품꾼의 하나로 보소서"(19절)라는 고백을 하게 된다. 그러나 아버지의 사랑은 아들로부터 그 고백이 다 나오기도 전에 "좋은 옷을 입히고 반지를 끼워 주고 신을 신겨 주는 회복"의 역사가 있음을 볼 수 있다(눅 15:22).

이와 같이 "회개"한 심령에는 둘째 아들을 용납하는 아버지의 한량없는 은혜와 사랑이 있듯이, 생명을 더욱 풍성하게 하시는 아버지의 사랑이 넘치게 되는 것이다.

◆ 회개에 합당한 열매를 맺으라

세례 요한이 광야에서 이스라엘 백성들에게 "회개에 합당한 열매" 맺기를 촉구하듯이(마 3:8), 과거와 현재의 차이를 발견하고 "회개"한 에베소 교회에 "처음 행위를 가지라"고 명령하신다. 이는 진정으로 회개한 성도라면 생활이 변화가 있어야 하는 것을 가르치는 것이다. 그렇지 아니하면 "개가 그 토하였던 것에 돌아가고 돼지가 씻었다가 더러운 구덩이에 도로 누웠다"(벧후 2:22)라는 표현이 응하게 되는 것이다.

본문에서 살펴보아야 할 것은 먼저 방법으로서 가지라는 것이며 다음은 가져야 할 내용으로서 처음 행위이다. 그러므로 "처음 행위를 가지라"는 말씀을 통하여 아버지의 크신 사랑을 발견할 수 있어야 하겠다.

주님이 에베소 교회의 성도들에게 요구하시는 "처음 행위"는 주님이 제자들에게 말씀하셨듯이 "하나님의 사랑은 이웃을 향해 나타나고, 이웃의 사랑은 하나님의 사랑을 기초"로 하는 것(마 22:34-40)이어야 함을 의미하는 것이다.

이것이야말로 참 신앙의 증거이자 회개에 합당한 열매이기 때문이다. 선조들의 열심 있는 신앙과 헌신적인 봉사가 이제는 싸늘하게 식어버린 사랑으로 인하여 열매 맺지 못하는 그들(에베소 교회의 2세들)에게 "처음 사랑"을 가지도록 권면하시는 것이다(이광복).

"처음 행위"가 되려면, 반드시 그 동기는 사랑이어야 한다.

에베소 교회가 사도 바울에 의해 시작되었을 때의 "처음 행위"는 곧, "처음 사랑"의 결실이었고, 이 둘은 동일화되고 있었다. "처음 사랑"이 "처음 행위"였으므로, 본문에서는 "처음 사랑"을 버린 것을 회개하고 생각할 것을 말씀하신 후에 "처음 행위를 가지라"고 권면하시고 있는 것이다. 이처럼 "처음 행위"는 "처음 사랑"에서 비롯된 행위이다.

그러나 예수님이 명하신 사랑은 무차별적인 애교(an

undiscriminating charms)가 아니라, 사랑의 행위로 표현되는 형제에 대한 태도인 것이다(홍창표).

(4) 경고(2:5)

주님은 권면을 하신 후에 경고의 말씀을 하신다. 경고의 말씀은 "만일 그리하지 아니하고 회개치 아니하면 내가 네게 임하여 네 촛대를 그 자리에서 옮기리라"(5절)고 하신다.

주님의 이러한 경고에서 두 가지의 면을 발견할 수 있는데, 첫째는 "내가 네게 임할" 것이며, 둘째는 "네 촛대를 그 자리에서 옮기리라"는 것이다.

첫째, "네게 임하여"이다.

"내가 네게 임하여"($\check{\epsilon}\rho\chi o\mu\alpha\iota$)는 현재형이지만 미래의 의미를 갖는다. '재림'을 암시함이라고 말할 수 있다. '속히 오신다'는 것이 그 당시의 신앙이었기 때문이다.

그러나 재림 이전에 어떤 예비적인 징벌을 내리는 경우로 생각하는 것이 더 타당하다(계 2:2 참조). '에베소 교회'라는 한 지교회의 장래에 국한된 말씀이기 때문에 전반적인 심판을 연상하는 "재림"과는 그 판국이 다르기 때문이다(김재준).

간다(임한다, $\check{\epsilon}\rho\chi o\mu\alpha\iota$)라는 말은 심판자로 재림(내림)할 것을 예고하는 것이다(2:16, 3:3에도 비슷한 경고가 있다). 그런데 그리스도의 재림 사건은 결코 먼 장래의 일이 아니라, 불원 현 역사 안에서 이뤄질 것임을 암시했다.

이 경고는 에베소 개교회에 내린 것이기 때문에 현실적으로 무슨 징벌이 당장에 내릴 것을 예상할 만큼 심각하게 들어야 할 말씀이다(김철손).

둘째, "촛대를 옮기리라"이다.

요한계시록에서 촛대는 교회를 상징한다(1:12, 20, 2:1) '옮기다'(κινέω)는 한 곳에서 다른 곳으로 옮겨간다는 말이 아니고 제거해 버린다는 말이다(새번역-치워버린다. 밀어내린다. NEB-Remove). 사랑 없는 교회는 이미 교회가 아니다. 사랑만이 생명을 낳기 때문이다.

만일 에베소 교회가 실제로 회개하지 않는다면, 교회 자체를 없애 버리겠다고 경고하는 것이다. 교회는 "촛대"와 같이 어둠 속에서 길잡이가 되는 바다의 "등대"라고 하겠다.

그런데 등대 자체가 불완전할 때는 제거할 수밖에 없다. 이 경고대로 오늘날 에베소는 폐허가 되어 교회의 흔적조차 찾아 볼 수 없게 되었다고 한다(김철손).

수리아(Syria)의 안디옥 교회의 세 번째 감독이었던 이그나티우스(Ignatius: Bunton의 The Apostolic Father에 의하면 전설에 이그나티우스가 예수님의 팔에 안겼던 유아였다고 함) 감독이 서머나에서 에베소 교회에 보내는 편지의 서두를 보면 '하나님의 모방자가 되며 하나님의 피로 형제애의 행위를 불붙이고 완전히 이 일을 수행하라'는 경고의 구절이 나오는데 이것은 사도 요한이 요한계시록 2장 5절에 기록한 경고의 말씀과 대등한 것이다.

교회사가들은 에베소 교회와 에베소 시의 역사를 살펴보면서 등대가 옮겨진 사실을 실제적으로 확인한다. 즉 콘스탄틴

(Constantine) 황제가 기독교로 개종한 후, 주후 330년 5월 11일에 신로마를 축시하고 수도를 '콘스탄티노플'(Constantinople)이라 호칭하면서 대주교의 권한이 에베소에서 콘스탄티노플로 옮겨졌던 것이다.

따라서 에베소 교회의 영광은 점차 사라지게 되었다. 그 후 11세기에 가서는 감독권마저 폐지되었으며 1308년에는 터키군에게 점령되기까지 했다. 오늘날의 에베소는 볼품없는 철로와 왜소한 정거장, 허름한 여관과 빈민가만 보일 뿐이고 바울 당시 아시아 제일의 항구요, 시였던 사실은 한낱 이름뿐이며 지금은 황량한 옛 자취만 남아 있다고 한다.

오른손에 일곱 별을 붙잡고 일곱 금촛대 사이에 다니시는(계 2:1) 예수님께서는 에베소 교회에 계셨었지만 처음 사랑을 버리자 이같이 그 등대를 다른 곳(콘스탄티노플)으로 옮기셨다.

그 후 아시아의 흥성했던 등대는 다시 서구로 옮겨가게 되었다. 예수님께서는 오늘도 모든 곁길로 나가는 교회들을 향해 "너희에게 이르노니 하나님의 나라를 너희는 빼앗기고 그 나라의 열매 맺은 백성이 받으리라"(마 21:43)고 말씀하고 계신다(이상찬).

그 자리에서 촛대를 옮긴다는 말은 회개하지 않을 때 내리는 무서운 경고의 말씀이다. 이 말은 위험이 아니라 빛의 근원 되시는 그리스도와 사랑의 산 연합을 회복하기에 실패할 때 이르게 되는 자연적 결과이다. 교회나 신자가 하나님께 대한 진정한 사랑을 상실하면 동시에 더 이상 세상의 빛 됨이 없게 된다(마 5:15; 요 15:5).

그러므로 교회가 사랑에 실패하게 되면 불 꺼진 등불과 같이 교회의 빛도 실패할 수밖에 없다. 그리고 회개하여 처음 행위를 가지는 것밖에 구제책이 없다. 아무리 건물이 화려한 교회일지라도 그 속에 그리스도의 사랑이 없으면 촛대가 옮겨진 하나의 빌딩에 지나지 않는다. 한때 아시아의 빛으로 불렸던 찬란한 에베소 교회는 그 지리적인 위치 때문에 불렸던 별명인 "변화의 도시"(The City of change)처럼 졸지에 변화가 왔다.

지진과 아울러 가이스터 강이 날라온 모래와 조수가 계속 하구(河口)를 덮쳐 4세기에는 쓸모없는 항구가 되고 말았다. 외적의 침입으로 도시는 유린되고 BC 262년 세상의 자랑거리였던 다이아나 신전은 불타 없어졌고 복구되지 못하였다. 지금은 바다에서 10킬로미터나 물러난 황량한 늪지대에 불과하다(손기태).

하나님은 믿음의 사람들이 잘못을 범할 때에 일차적으로 경고를 통하여 주시고, 그 경고를 경시하며 강퍅한 심령이 된다면 촛대를 옮기시는 실행이 있음은 본문(5절)은 증거하고 있다. "만일"이라는 조건문을 사용하는 본문에서 두 가지 사건을 발견할 수 있다.

첫째는, 주님이 제시하는 조건으로 "회개하지 않으면"이 나오고 둘째는, 조건에 불응한 결과로 "촛대"가 옮겨지는 역사가 있는 것을 말씀하신다.

◆ **주님이 제시한 조건**
주님은 '회개'를 촉구하시면서 이에 불응하는 자들을 향한 경고를 말씀해 주신다. 그 첫째가 조건인데, 이와 같은 사람의 음성을 듣고서도 "회개하지 않는다면"이다.

이러한 주님의 조건 제시는 에베소의 교인들이 회개할 기간에 보내는 경고이듯이, 마지막 때를 살아가는 믿음의 사람들에게도 해당되는 말씀인 것이다.

◆ **주님이 주시는 경고**

에베소 교회의 잘못을 지적하고 일차적인 경고를 통하여 기회를 주고 그 다음에는 순종하지 않는 자에게 주시는 경고가 바로 "내가 네게 임하여 네 촛대를 그 자리에서 옮기리라"는 것이다.

첫째, "네게 임하여"이다.

"임하여"를 나타내는 에르코마이($ἔρχομαι$)는 미래적인 현재 능동태로서 예언적인 현재를 의미하는 것이다. 이러한 표현은 1장 8절에 나타나는 "장차 올 자"로서 그는 최후의 날에 심판하러 오시는 것과 또한 계속되는 환상에서 임시적 심판으로 나타내는 것이다.

그러나 본문에서는 미래적인 재림의 상황을 말하는 것이라기보다는 시간의 임박을 강조하는 현재의 시제를 살펴본다면 즉각적인 것을 나타내는 것으로 본다.

둘째, "촛대를 옮기리라"이다.

"촛대를 옮기리라"는 말씀은 1장 20절의 "일곱 촛대는 일곱 교회"라는 의미를 생각할 때에 교회가 아니라는 주님의 결정임을 알 수 있다. 즉 주님이 떠나시겠다는 의미이니 주인이 없는 교회는 무용지물이 되는 것이다.

에베소 교회에 보내는 편지에서 교회의 머리 되시는 주님이 일곱 별을 붙잡으시고, 일곱 금촛대 사이로 다니시는 분으로 나타나셔서 사랑이 없는 회중은 하나님의 교회가 아니라는 책망과 함께 회개의 기회를 거부하는 변절한 교회의 성도는 완전히 버리시겠다는 무서운 경고이다.

"아시아의 관문" "아시아의 시장" "아시아의 등대"로 불리며 화려한 위용(偉容)을 자랑하던 에베소 교회가 위치했던 항구도시(메트로폴리스)는 "만일 그리하지 아니하면……옮기리라"는 주님의 권고를 무시한 결과로 지금 가이스터 강(Cayster River)은 파도에 밀려온 침적토(沈積土)로 가득하고 바다에서 10킬로미터나 떨어진 늪이 되어 갈대만 무성히 자라는 폐허로 남아 있을 뿐이다(이광복).

7. 승리자가 받을 보상(2:6-7)

일곱 번째로 6절과 7절에 칭찬과 보상에 관해 말씀하신다.

(1) "네가 니골라당의 행위를 미워하는도다 나도 이것을 미워하노라"(6절).

"오직 네게 이것이 있으니"는 "그러나 네가 잘하는 일이 한 가지 있다"(공)와 "그러나 이 일은 네가 잘한 일이다"(새)로 번역된다.

책망에서 다시 칭찬으로 옮긴다. 그런데 그 칭찬은 2절 이하에 있는 거짓 교사에 대한 처사를 좀더 자세하게 설명한 것이다. 적어도 그 거짓 교사들 중에서도 최악에 속하는 것이 니골라당 사람들이었던 모양이다.

니골라당에 대한 말은 여기와 15절뿐이다. 이 "니골라당" "발람의 교훈을 지키는 자"(2:14) '이세벨'(2:20) 등은 다 같은 부류의 거짓 교사들이어서 우상제전에 동참하고 음란을 죄로 여기지 않는 무리들이었다. 민수기 25장 1-5절에 보면 이스라엘이 싯딤에서 모압 여자들과 종교적 간음을 범하여 그 여자들의 신 '바알브올'에게 예배했다는 기사(JE문서)가 있으나, 그것이 '발람'의 유혹에 의한 것이라는 말은 없다.

그러나 민수기 31장 16절(D문서)에는 발람이 발락을 가르쳐 이스라엘을 유혹할 것이라고 명기되어 있다.

니골라당이란 것도 우상의 제물을 먹고, 간음을 자행(恣行)했다는 의미에서 발람의 유혹에 걸려든 이스라엘과 같은 사람들이다(김재준).

니골라당($Nικολαίτης$를 따르는 자, 계 2:6,15)은 니골라의 교훈과 행동을 따르는 자들을 말한다. "당"이란 본래 어떤 사상이나 교리, 학설이나 주의를 따르는 자들을 가리키는데 특히 $Nικολαίτης$의 명사 어미가 '$της$'임을 주목할 필요가 있다. $της$, $τηρ$, $τωρ$ 등의 어미가 나오면 공적 의무와 사역자 또는 행역자(行役者)를 가리킨다(이상찬).

니골라당의 기원에 대해서는 두 가지 견해가 있다.

첫째는 역사적 기원설로서 이레니우스(Irenaeus) 이후 초대의 교부 간에 강한 지지가 있었고(Hipplytus, Tertullian 등) 근대에도 지지자가 있었다(Alford 등).

이는 예루살렘 교회의 일곱 집사의 하나인 안디옥사람 니골라가 후일에 배교하여 이 당의 개조(開祖)가 되었고 그의 제자들은 니골라의 엄격한 율법주의에의 반발로 무율법주의로 떨어졌다고 한다.

둘째는 상징적 기원설로 니골라가 "백성을 이김, νίκα λαὸν"을 뜻하며 14절의 발람 역시 "백성을 삼킴, bala am"이라는 동의어이므로 이 당의 성격에서 이 이름이 발생하였다는 것이다. 즉 니골라당은 그 퇴폐적 교훈으로 백성을 삼키고 이겼다는 것이다. 근대의 다수의 학자들이 이 설을 따르고 있다(Ewald, Bousset, Charles, Trench 등).

이 당의 특징은 14-15절에 밝혀진 대로 "우상의 제물을 먹게 하고 또 행음하게" 하였다. 즉, 무율법주의이며 무도덕주의였다. 저들은 ① 율법의 때는 지났으므로 지킬 필요가 없다 ② 육신은 악이요, 영만이 선하므로 육신으로 무슨 일을 하든 관계없다 ③ 그리스도인은 은혜로 보호를 받기 때문에 어느 곳에 가서 무엇을 행하든 해 받음이 없다고 생각하였던 것이다(이상근).

"나도 이것을 미워하노라"(6절). 진리를 사랑함은 비진리를 미워함에서 나타난다. 그리스도와의 일치는 그가 미워하시는 것을 같이 미워함에 나타난다. 다시 에베소 교회의 장점을 들어 칭찬하신 것이다(이상근).

왜 하필 '니골라당'이라고 했는가?

① 사도행전 6장 5절에 있는 일곱 집사 중에 '유대교에 입교한 안디옥 사람 니골라', 즉 헬라인으로서 유대교로 개종했다가 다시 기독교에 들어온 사람인 '니골라'가 후에 노스티시즘의 영향을 받아 그런 이단자가 되었다는 것이 대부분의 초대 교회사가들이 말하는 내용이다.

② 말뜻으로 보아 헬라어로 '니칸'(정복한다)과 '라오스'(백성)가 합하여 '니콜라오스'가 되었고, 히브리어에서는 '벨라'(정복하다)와 '하암'(백성)이 합하여 '발라암'이 되었으므로 한 도당을 두 가지 이름으로 표현한 것뿐이라는 해석도 있다.

재미있는 해석이기는 하나, 어느 것도 결정적인 학설이 되기에는 불충분하다. 어쨌든 '니골라당'이란 도당의 주창자가 '니골라'란 사람이었던 것은 사실일 것이며, 그 사람이 신자이면서도 음식이나 성욕 같은 본능적, 육체적 생활을 종교적, 윤리적인 데에 결부시키는 것을 일소에 부친 사람이었다는 것을 짐작할 수 있을 것이다.

바울이 가르친 자유를 무법주의적으로 남용한 사람들인 것 같다. 그래서 아시아 교회의 창설자인 바울에 관하여 너무 언급이 없는 것이 아닐까 하는 주석가도 있다(스위트). 특히 주후 50년의 예루살렘 사도회의에서 결정한 회한(回翰) 중 "우상의 제물과……음행을 멀리할지니라"(행 15:29) 한 교훈을 파괴하는 태도였던 것이다. 그 이론의 근거는 '무법주의'이거나 '노스티시즘'(영지주의)이었을 것이다. 특히 이교사회, 또 불신사회에 있어서는 '음행'이란 것이 아무런 수치나 경계의 대상이 되어 있지 않았다.

결혼 이전 또는 결혼 이외의 성행위가 전혀 자유에 속한 것이었으므로 기독교적인 성윤리는 몹시 옹색함을 느끼게 하였을 것이다(김재준).

니골라당의 근본사상은 그리스도교의 신앙의 자유를 유대교 율법주의와 그리스도교의 도덕주의 위에 놓고 인간의 본능적인 먹는 문제와 성욕 문제를 경시하는 데에서 도리어 불신앙적인 요소가 발생할 염려가 있다는 것이다. 게다가 영지주의(Gnosticism)의 사상이 가미되어 그리스도교 신앙의 자유사상이 성적으로 문란한 행위를 합리화하는 데에까지 이르렀다. 그래서 일찍이 예루살렘 총회 때(AD 49) 결의한 네 가지 금지령(행 15:28)이 아무 효과 없이 소멸되었으며 "거짓 선지자들"이 행세하게 되었다(벧후 2:18-19, 유 1:11). 그래서 안디옥 교회의 정통 신자들은 니골라당에 대해서 불신하기 시작했으며, 드디어 강력하게 배격하게 되었다. 니골라당의 사상이 침투해 들어온 에베소 교회가 이 이단 사상을 철저하게 배격한 데 대해서 그리스도 자신이 그들에게 신앙의 승리자로서의 축복을 약속해 주는 것으로 에베소 교회로 보내는 편지를 끝낸다(김철손).

니골라당의 교리와 신조에 대해, 이레니우스(Irenaeus)는 니골라당을 이단 종파라고 하면서 히폴리투스(Hippolytus)의 문헌을 인용하여 다음과 같이 기술했다. "바른 교리를 떠나 생활의 방도와 음식에 전연 무관심할 것을 교시했다."

알렉산드리아의 클레멘트(Clement of Alexandria)는 니골라당에 대해서 평하기를 생활이 방종하여 마치 염소처럼 향락에만 몰두하였다고 했다. 터툴리안(Tertullian)은 니골라당을 노스틱(Gnostic)파이며 자유파이고 Gaian Hetesy(이단)와 같은 사단의 종파라고 했다.

저명한 요한계시록의 주석학자들은 니골라당이 헬라의 철학과 생활방식을 기독교 생활에 옷 입혔다고 말한다. 그리고 니골라는 거짓 사도로서 교인들로 이단이 되게 하며 이교신앙을 신봉하게 하고 이방신 축제와 성개방을 허용하였다고 밝힌다.

뿐만 아니라 니골라당은 헬라, 로마의 이방사회와 타협하면서 인간은 육은 악이요 영은 선이라는 이원론적 선악의 존재이므로 기독교인들도 육이 소원하는 무엇이든 행할 수 있다고 주장한다.

그리고 니골라 자신이 집사인 바 집사가 목사나 장로 대신 주도권을 행사하고 목사와 장로들이 행하는 교회 업무를 해야 한다고 주장하는 당파이기도 하다.

하나님께서는 니골라당의 이와 같은 괴행(怪行)과 방자함을 증오하신다(사 61:8; 렘 44:4; 암 5:21; 슥 8:17; 행 16:28-29; 갈 5:13)

신약성경을 보면 하나님의 미워하시는 항목이 많이 발견되는데 대략 모아보면 하나님께서는 재물과 하나님을 겸하여 섬기는 것(눅 16:13; 마 6:24), 피차 미워하는 것(딛 3:3), 형제를 미워하는 자(요일 2:9, 11), 형제를 미워함으로 살인하는 자로 판단되어 영생이 그 속에 거하지 아니한 자(요일 3:15), 하나님을 사랑하노라 하고 형제를 미워함으로 거짓말하는 자로 판명된 자(요일 4:20),

육체로 더럽힌 옷(유 1:23), 니골라당의 행위(계 2:6), 음녀(계 17:16), 성도를 미워하는 자(마 10:23, 24:9; 막 13:13; 눅 6:22, 21;17; 요 7:7, 15:18, 19, 23, 24, 25, 17:14; 요일 3:13) 등을 미워하신다(이상찬).

성경에서 예수님이 미워하는 것은 성도들도 미워해야 한다.

① 교만한 눈(잠 6:17)

② 거짓된 혀(잠 6:17)

③ 무죄한 자의 피를 흘리는 손(잠 6:17)

④ 악한 계교를 꾀하는 마음(잠 6:18; 슥 8:2)

⑤ 빨리 악으로 달려가는 발(잠 6:18)

⑥ 거짓을 말하는 망령된 증인(잠 6:19; 슥 8:17)

⑦ 형제 사이를 이간하는 자(잠 6:19)

⑧ 니골라당의 행위(계 2:6)

이러한 행위는 하나님이 미워하시는 바니 성도들도 마땅히 미워해야 한다. 이 가운데서 특별히 에베소 교회에 침투한 니골라당의 행위를 미워하는 까닭은 교회의 첫사랑을 버리게 하는 아주 중요한 원인이 되기 때문이었다. 니골라당(Nicolaitans)은 일찍이 1세기부터 4세기에 걸쳐 초대교회를 안팎에서 크게 위협하던 영지주의의 한 파로 알려졌다. 사도행전 8장에 나오는 시몬(Simon Magus)도 초기 영지주의자로 보고 있다. 당시 에베소에도 세린더스(Cerinthus)라는 영지주의 거짓 교사가 출현하여 교회를 크게 어지럽혔다고 한다. 요한계시록에 나타나는 니골라당은 이런 영지주의자들의 한 무리로, 자신들의 기원은 전통적으로 초기 예루살렘 교회의 일곱 집사 가운데 하나인 안디옥 사람 니골라로 간주되기도 한다(손기태).

이제 교회 역사가 이러한 니골라당에 대하여 어떻게 말하고 있는가를 살펴보기로 하자. 대부분 역사가의 견해에 의하면 니골라당이란 니골라우스의 추종자를 말하는 것이라고 한다. 이 니골라우스는 안디옥의 개종자로서 일곱 집사 중 하나로 알려져 있다(행 6:5). 그는 정통 신앙을 떠나서 이단자가 된 것이다. 이레니우스는 니골라당 사람들은 "제멋대로 방종한 생활을 하고 있었다"고 기록하였다. 또 히포폴리스의 기록에 의하면, 니골라우스는 일곱 집사 중의 한 사람으로서 "바른 교리를 떠나 사람들에게 아무 음식이나 먹고 어떤 생활을 해도 관계없다고 가르치고 있었다."

"사도헌장"(6:8)은 니골라당 사람들을 "불결하며 수치를 모르는 사람들"이라고 기록하고 있다. 알렉산드리아의 클레멘트는 니골라당 사람들을 "산양처럼 자신을 다만 쾌락에 내어 맡기고 제멋대로 사는 자들"이라고 말하고 있다. 클레멘트는 니골라우스에게 모든 책임을 돌리고 말하기를 그들은 니골라우스가 말한 "육체는 혹사(abuse)되어야 한다"라고 한 것을 왜곡하였다고 말했다. 니골라우스는 육체는 억제(금욕)되어야 한다는 것을, 이단자들이 "육체는 사람이 원하는 대로 수치스럽게 사용해야 한다"는 뜻으로 곡해한 것이라고 말하고 있다. 그러니까 니골라당 사람들은 분명히 부도덕과 방종한 생활을 가르쳤던 것이다. 그러려면 좀더 자세히 니골라당의 교훈을 살펴보기로 하자.

버가모에 보낸 편지에 의하면 이들은 사람들을 유혹하여 우상에게 바쳤던 고기를 먹게 하고 간음하게 했다는 것이다. 여기서 예루살렘 회의의 결정을 회고해 본다면, 이방 사람을 교회에 받아들일 때에 두 가지 조건이 있었음을 알 수 있다. 그 하나는 우상에게 바쳤던 것을 먹지 말 것, 또 한 가지는 간음하지 말 것을 명했다(행 15:28-29). 이 두 가지 조건을 니골라당 사람들이 깨뜨린 것이다.

니골라당 사람들은 거의 확실히 다음과 같은 이론을 내세웠다고 볼 수 있다.

(ⅰ) 율법은 효력을 잃었다. 그러기 때문에 법률도, 규칙도, 규정도 없다. 우리는 마음대로 할 것이라 하며 크리스천의 자유와 비기독적 방종을 혼동했다. 바울은 그런 위험을 생각하고, "그 자유로 육체의 기회를 삼지 말라"(갈 5:13)고 권고하였던 것은 이런 사람들에 대한 것이었다.

(ⅱ) 선한 것은 영뿐이요, 육체는 어쨌든 악한 것이기 때문에 육신이 원하는 대로 무슨 짓을 하든지 관계없다. 육체는 중요하지 않기 때문에 육정에 빠져도 문제가 없다고 했을 것이다.

(ⅲ) 그리스도인은 은혜로 보호되어 있기 때문에 어디를 가든지 무엇을 하든지 해를 받는 일이 없고, 무엇을 하든지 은혜 가운데 보호를 받고 용서를 받을 것이다.

니골라당 사람들은 위대한 그리스도교의 진리를 자기들의 편리한 대로 바꾸어 놓았기 때문에 매우 위험한 존재였다. 그러면 어째서 니골라당 사람들은 진리를 왜곡하였을까?

문제는 그들이 살고 있었던 기독교적인 사회와 이교적인 사회간에 있는 필연적인 차이이다.

이교도들은 아무 주저함 없이 우상에 바친 고기를 먹었다. 그러니까 모든 연회 때나 사회적인 회합, 사교장에서는 이 고기를 내놓았던 것이다. 그러면 그리스도인들은 이러한 연회에 참석할 수 있는가? 이방인들은 정절(정조) 관념이 없었다. 혼전성교라든지 혼외정사라든지 하는 것이 극히 정상적인 것으로 받아들여졌고, 부끄럽게 여기거나 논란의 대상이 되지 않았다. 기독교인은 꼭 그렇게 달라야만 하는가? 그가 살고 있는 세상의 기준과 관례에서 스스로를 격리시켜야 하는가? 기독교인은 이같이 유리된 생활을 해야 하는가? 니골라당 사람들은 그리스도인들이 유별나게 이 세상 사람들과 함께 섞여 나가지 않을 이유가 없다고 하였다. 윌리엄 램지(William Ramsay) 경은 그들의 교훈을 설명하여 이렇게 말하였다.

"그것은 희랍, 로마 사회의 생활양식과 허락하는 데까지 적당히 타협하면서 될 수 있는 대로 기독교 생활 양식도 써 보려고 했다." 그렇기 때문에 이 교훈은 자연히 교양 있는 부유한 상류계급에 영향을 가장 많이 끼쳤다. 왜냐하면 이 사람들은 그리스도인의 생활에 철저하게 되면 손해를 가장 많이 보기 때문이다.

요한은 그 니골라당 사람들을 이방인들보다 더 위험시했으니 그들은 교회 안에 있는 원수들이기 때문이었다. 그들은 세상과 타협하여 현세와 내세를 다 향락하려 했다.

실제면에 있어서 그들은 모든 이단자들 중 가장 위험한 이단자들이었으니 만일 그들의 가르침이 득세했다면, 기독교가 세상을 변화시키기보다 세상이 기독교를 변화시켰을 것이다(바클레이).

"나도 이것을 미워하노라"(6절하).

진리를 사랑함은 비진리를 미워함에서 나타난다. 그리스도와의 일치는 그가 미워하시는 것을 같이 미워함에서 나타난다. 다시 에베소 교회의 장점을 들어 칭찬하신 것이다. 그리스도 자신도 니골라당의 교훈과 행위를 미워하였다. 그러므로 "사람"을 미워하는 것이 아니라 "행위"를 미워하신 것이다. 그러나 버가모 교회는 그들을 용인하였다.

(2) 경청하라는 호소(계 2:7)

요한계시록 2장과 3장을 보면 예수님께서 아시아 일곱 교회 모두에 대해 "귀 있는 자는 성령이 교회들에게 하시는 말씀을 들을지어다"(계 2:7,11,17,29, 3:6,13,22)라고 말씀하신 것이 나타나 있다. 이는 교회의 승리한 자에 대해 주어진 약속 있는 말씀으로 이기는 자에 앞서 언급되기도 하고 뒤에 언급되기도 하였다.

이기는 자에 앞서 나온 교회로는 에베소 교회 (계 2:7), 서머나 교회(계 2:11), 버가모 교회(계 2:17)가 있고, 이기는 자의 뒤에 언급된 교회로는 두아디라 교회(계 2:29), 사데 교회(계 3:6), 빌라델비아 교회(계 3:13), 라오디게아 교회(계 3:22)가 있다. 신앙생활의 승리는 신자의 눈이나 입, 수족에 있는 것이 아니다. 하나님의 말씀을 기꺼이 주의 깊게, 분별력 있게, 그리고 열심히 듣는 귀가 복이 있으며 승리의 신앙생활을 가져다 준다(이상찬).

"귀 있는 자는……들을지어다"(계 2:11,17,29, 3:6,13,22, 13:9).

이는 복음서에서 예수님께서 중요한 말씀을 하실 때마다 사용하신 항용어(恒用語)이다(마 11:15, 13:9,43; 눅 8:8,14 등). 마찬가지로 이는 요한계시록에 있어서 일곱 교회로 보내는 편지 결말에 다 들어 있는 항용문이다. 복음서와 다른 점은 "성령이 교회들에게 하시는 말씀"을 들으라고 한 것이다. 여기에서는 그리스도와 성령의 일체를 증언하며 말씀의 권위를 강화한다. 그런데 각 교회에 나타난 그리스도의 모습이 다 다르듯이 각 교회의 실정에 따라 약속의 내용도 다르다(김철손).

'교회들'이라는 복수가 사용되고 있는데 이는 곧 전체 교회를 뜻하는 말이다.

'성령'에 대하여는 학자들에 따라 여러 가지 설명이 따르는데 '그리스도를 따르는 자들을 계몽하기 위하여 그리스도로부터 보냄 받은 예언의 영' '그리스도 자신의 영' '예언자에게 영감을 주는 영' 등이 있다.

예수님께서는 성령을 예언의 영으로 증거하셨는데, 성령은 그리스도의 예언의 말씀에 있어서 예언의 해석자이다. 또한 성령은 거룩한 영으로 그리스도께서는 성령을 통하여 말씀하신다. 사도행전 8장 29절, 13장 2절, 요한계시록 14장 13절, 22절 17절을 보면 성령께서 직접 말씀하시는 것을 볼 수 있다.

예수님께서 '말하는 사람'으로 나타난 반면 성령께서는 예수님께서 하신 예언의 말씀을 잘 풀이한 '해석자'로 나타나고 있다. 그러나 트렌치(Trench) 박사는 인자와 성령의 사역에 관하여 성령이 말한 바 예언의 말씀을 인자는 선포한다고 했다.

교회들에게 성령이 말씀하셨다는 것은 곧 각 시대의 전체 교회에 대해 말씀하셨다는 것으로 이는 요한복음 14장 26절에 "보혜사 곧 아버지께서 내 이름으로 보내실 성령 그가 너희에게 모든 것을 가르치고 내가 너희에게 말한 모든 것을 생각나게 하시리라"는 말씀을 떠올리게 한다.

대부분의 주석가들이 성령을 교회의 계몽 선생으로 해석하는 것에 주목하라(이상찬).

신자는 두 가지 종류의 귀를 가져야 한다.

① 육의 귀이다 : 이 귀로 세상의 소리, 자연의 소리를 듣는다.

② 영의 귀이다 : 이 귀로 신령한 소리, 하나님의 음성, 복음 진리의 소리를 듣는다.

"성령이 말씀하시는 것을 들으라"란 말씀은 예수님께서 비유로 사용할 때 자주 쓰시던 말씀이다. 요한계시록 2장과 3장에도 매번 "귀 있는 자는 성령이 교회들에게 하시는 말씀을 들을지어다"라고 말씀하셨다(2:7,11,17,29, 3:6,13,22). 이 말씀 속에는 세 가지 종류의 사람이 들어 있다.

① 귀가 없는 자가 있다.

물론 이 말은 육신의 귀를 가리키는 것은 아니다. 육신의 귀는 누구든지 다 가지고 있다. 귀가 없다는 말은 영적으로 체험이 없는 사람을 가리킨다. 이런 사람은 신령한 데 대하여 전혀 알 수 없는 사람이다. 하나님이 말씀하실 때에도 하나님의 음성을 들을 수가 없다.

② 귀가 어두운 사람이다.

거듭난 체험을 했다고 하나님의 말씀에 다 귀를 기울이는 것은 아니다. 히브리서 5장 11절에 보면 "너희의 듣는 것이 둔하므로 해석하기 어려우니라"고 하였다. 성도가 하나님의 성령의 역사를 거스르게 되면 이렇게 된다.

③ 영적으로 열린 귀를 가진 사람이다.

하나님의 말씀을 알아들을 수 있는 신령한 귀의 소유자를 가리킨다.

사람치고 귀 없는 자는 없을 것이므로 모든 신자들 각자 들으라는 말씀이다. 그러나 들을 수 있는 귀를 가진다는 것은 쉬운 일이 아니다. 아무리 훌륭한 음악이라도 이해하는 귀를 갖지 못하면 들으나마나이다. 그러므로 알아들을 수 있는 귀를 가진 자가 복이 있다고 한다.

태양 빛이 온 천하를 비추지만 소경은 그 빛의 아름다움을 볼 수 없듯이 예수 그리스도의 계시는 온 천하 모든 교회에게 전달되었으나 귀 없는 자는 듣지도 못한다.

성령을 통해 심령의 귀가 열려 하나님께서 우리에게 주시는 말씀을 분명히 들을 수 있기를 바란다.

하나님의 말씀을 듣는 방법은 무엇인가?

① 묵상하면서 들어야 한다(시 1:2).

② 갈급하고 사모하는 마음으로 들어야 한다(시 119:82, 19:10).

③ 영적 귀가 열림으로 들어야 한다(계 2:7).

④ 하나님의 말씀으로 들어야 한다(살전 2:13).

⑤ 믿음과 순종으로 들어야 한다(시 119:42; 눅 8:21).

⑥ 일심과 기도로 들어야 한다(잠 2:1-3; 히 5:12).

브리지스(Charles Bridges)는 "이 세상 지혜는 학문에 의하여 얻을 수 있다. 그러나 하늘의 지혜는 기도에 의하여 얻는다. 학문은 성경학자들을 만들어 낼 수 있으나, 기도는 신령한 기독자를 만들어 낸다. 성경 말씀을 깨닫기 위해서는 하나님의 은혜와 영감을 찾아야 된다. 모든 성경 구절들이 잘 깨달아지기 위하여 우리의 기도가 요구된다. 다윗은 하나님의 말씀을 깨닫기 위하여 기도하였고(시 119:18), 솔로몬도 그러하였다(왕상 3:9-12). 성숙한 기독자일수록 신령한 지혜를 얻기 위하여 기도한다(엡 1:17-19)"라고 해설하였다.

⑦ 하나님 앞에서 주의력 있는 집중 또는 관심을 가지고 들어야 한다(잠 25:12; 행 10:33; 눅 1:39).

⑧ 열심 있게, 간절함 있게, 호기심을 가지고 듣는 것을 말한다(행 17:11).

⑨ 결단성 있게 들어야 한다(행 17:32; 삼상 3:10).

8. 이기는 자에 대한 약속(2:7)

(1) 이기는 그에게(τῷ νικῶντι)

'이기다'라는 뜻의 νικάω(니카오)는 요한계시록 저자인 사도 요한의 특이한 표현법으로 신약에 총 28회 나오는데 누가복음 11장 22절, 로마서 3장 4절, 12장 21, 24절의 4회를 제외하고는 모두 사도 요한이 사용했다. 그 중에 복음서와 서간서에서 7회[요한복음 16장 33절, 요한일서 2장 13-14절, 4장 4절, 5장 4절(3회)]를 제외하고는 모두 요한계시록에서 나오는데 2장과 3장에서 아시아 일곱 교회에 모두 1회씩 사용되었다(계 2:7, 11, 17, 26, 3:5, 12, 21).

본문에는 현재 분사형(νικῶντι, nikonti)으로 쓰고 있어 한 번만이 아니라 계속하여 이기는 자임을 뜻한다. 이는 군사적 용어로서 그리스도와 사단의 결전상을 보인 본서에 적격한 것이다. 타협이 없는 박해의 결전에서 이기는 자란 곧 순교자를 가리키는 것이다(이상근).

이 말(이기는 그에게)은 일곱 편지에 반복되는 말이며, 무엇을 이기는 것인지 아무런 설명이 없이 나왔다.

그러나 본서를 읽어갈수록 차츰 이 말이 무엇을 의미하는지 알게 된다. 아니 본서 전체가 "이기는 자"가 누구인지를 보여 주고 있는 것이다. 그것은 그리스도의 일을 끝까지 지키는 자(2:26), 그리스도와 같은 성격의 승리를 한 자(3:21), 큰 환난에서 나오며 어린 양의 피에 그 옷을 씻어 희게 한 자(7:14), 끝까지 그리스도의 피와 그의 증거를 인하여 사단을 이긴 자(12:11), 짐승과 그의 우상과 그의 이름의 수를 이긴 자(15:2)를 가리킨다.

그러므로 이는 문자적인 순교자들만을 가리키지 않고, 순교자를 포함한 넓은 의미의 성도를 가리킨다. 그것은 이 땅 위에서 순교를 했든 안했든 간에 세상을 이기고(요 15:4), 환난을 이긴(요 16:33) 모든 성도를 가리킨다. 그리하여 그가 받는 상급은 생명책에 그 이름이 기록된 성도가 받는 상급과 같다. 그가 받는 상급들은 모두 신천신지에서 이루어지는 상급들이며(20:4, 21:2, 22:2 등), 생명책에 녹명된 성도는 이 신천신지에 들어가는 것으로 되어 있다(21:27) (박수암).

예수께서는 일곱 교회 즉, 에베소(2:7), 서머나(2:11), 버가모(2:17), 두아디라(2:26), 사데(3:5), 빌라델비아(3:12), 그리고 라오디게아(3:21)의 모든 교회에 대해서 '이기는 그에게'라는 말씀을 사용하셨다. 각 교회의 승리한 면을 살펴보면 다음과 같다.

- 에베소 교회는 저들의 행위와 수고와 인내로 악한 자들을 용납하지 않고 자칭 사도라 하되 아닌 자들을 시험하여 그 거짓된 것을 드러내었으며 특히 니골라당을 미워하여 승리하였기에 하나님의 낙원에 있는 생명나무의 과실을 먹게 될 것을 약속받았다.

- 서머나 교회는 환난과 궁핍에서 승리하고 자칭 유대인의 훼방과 사단의 회를 이김으로 생명의 면류관을 약속받았다.

- 버가모 교회는 사단의 위(位)와 발람의 교훈과 니골라당의 교훈을 이겼으므로 감추었던 만나와 새 이름이 새겨진 흰돌을 받을 것을 약속받았다.

- 두아디라 교회는 자칭 선지자라 하는 여자 이세벨을 용납하지 않고 사단의 깊은 것을 이겼으므로 만국을 다스리는 권세와 새벽별을 약속받았다.

- 사데 교회는 그 옷을 더럽히지 아니한 자 몇 명이 흰옷을 입을 것이고 그 이름이 생명책에서 반드시 흐리지 않을 것이며 아버지 앞과 천사들 앞에서 시인 받을 것을 약속받았다.

- 빌라델비아 교회는 적은 능력(교인)을 가지고도 예수님의 이

름을 배반하지 아니하고 사단의 회 곧 자칭 유대인이라 하나 그렇지 않은 자들을 이겼으므로 시험의 때(7년 대환난)를 면함 받을 것이며 면류관을 받을 것이고 하나님의 성전에 기둥이 될 것이며 새 예루살렘의 이름과 예수님의 새 이름을 받을 것을 약속받았다.

- 라오디게아 교회는 불로 단련한 금을 산 자와 흰옷을 사서 입은 자와 안약을 사서 눈에 바른 자와 문 밖에서 예수님이 서서 문을 두드리시며 음성을 발하시는 소리를 듣고 문을 연 승리자가 아버지 보좌에 함께 앉게 될 것을 약속받았다(이상찬).

"이기는 그"가 주는 원어적인 의미에서 마지막 때를 살아가는 성도들이 받아야 할 영적인 교훈은 구원받을 무리는 인간의 지식으로 도무지 "셀 수 없는 큰 무리"(계 7:9)이지만, 그 구원의 길에 도달하는 것은 개개인의 믿음으로 이루어지는 것임을 기억해야 한다. 따라서 사도 요한이 에베소 교회에 보낸 편지가 언급하고 있는 것은 이러한 구원의 축복은 성도들 개개인이 "처음 사랑"을 잃어버리지 말고 신앙의 정절을 지켜야 얻을 수 있다는 것을 일깨워 주고 있다(이광복).

(2) 하나님의 낙원

"하나님의 낙원에 있는 생명나무의 과실을 주어 먹게 하리라." 이것은 약속이다. 칭찬, 책망, 권면, 약속의 순서로 되어 있다. 승리자에게 약속된 것은 영원한 생명이다(창 3:22 참조).

이것은 에베소 교회에만 국한될 성질의 것이 아니라, 모든 교회에 적용된다.

낙원(παράδεισος)이란 말은 신약에 모두 3회밖에 나오지 않는다. 다음이 그 구절들이다.

"예수께서 이르시되 내가 진실로 네게 이르노니 오늘 네가 나와 함께 낙원에 있으리라"(눅 23:43).

"낙원으로 이끌려 가서 말할 수 없는 말을 들었으니 사람이 가히 이르지 못할 말이로다"(고후 12:4).

"하나님의 낙원에 있는 생명나무의 과실을 주어 먹게 하리라"(계 2:7).

본래의 낙원이란 용어는 페르시아 왕이 살았던 선과 미와 쾌락이 가득찬 동산(Pairidaiza)으로서 페르시아에서 유래되었다고 하고 혹은 셈어(Semitic)에서 왔다고 한다. 이 말의 역사와 그 말에 대한 교회의 위인들의 생각을 알면 더욱 의미가 깊어진다.

ⓐ 파라다이스란 본래 페르시아(파사)의 말이다. 크세노폰(Xenophon)은 페르시아인에 대하여 많은 것을 기록하였는데, 이 말을 헬라에 소개하였다. 파라다이스란 본래 놀이동산, 유쾌한 공원과 목장이 가득하게 전개되어 있고, 웅장한 나무와 꽃이 만발한 동산이요, 야생의 동물이 도망가지 않고 그 안에서 자유롭게 뛰노는 곳이었다. 크세노폰이 페르시아 왕이 살던 생활환경을 묘사할 때, 위대한 왕이라면 그런 문제를 마음대로 할 수 있되 그가 어딜 가나 그곳은 그 위광에 따라 소위 파라다이스가 되고, 그곳은 대지가 생산하는 모든 아름다운 것, 좋은 것으로 가득 차 있는 곳이라 말했다. 파라다이스는 숭고한 아름다움을 나타내는 아름다운 말이다.

ⓑ 구약성서의 희랍어 역인 70인 역에서는 파라다이스란 말이 두 가지로 통용되어 있다.

첫째는 어떤 동산을 가리키는 경우에 언제나 이 말이 사용되었다(창 2:8, 3:1). 파라다이스란 동산이란 뜻이요, 에덴이란 모든 동산 중에 가장 아름다운 동산이란 뜻이다.

둘째는 훌륭한 정원을 가리킬 때 항상 사용된 것이다. 이사야가 "물 없는 동산"(사 1:30)에 관해 말할 때나, 예레미야가 "정원을 만들고 그 열매를 먹으라"(렘 29:5) 할 때에도, 전도자가 "여러 동산과 과원을 만들고 그 가운데 각종 과목을 심었다"(전 2:5)고 할 때도 이 말을 썼다.

그러므로 "파라다이스"란 비길 데 없이 아름다운 정원이란 뜻이다.

ⓒ 초대 크리스천들은 이 파라다이스란 말을 특별한 의미로 이해하고 있었다. 유대 사람들의 생각에 의하면 사람이 죽은 다음에는 모든 영혼이 다 같이 음부에 내려가게 되어 있다. 그곳은 어둠 침침하고, 음울하고, 답답하고, 유령이 나올 것 같은 그늘진 곳이었다. 확실히 초대의 크리스천들은 하늘과 땅 사이의 중간지대를 확신했고 그에 의하면 거기에 모든 영혼이 가서 최후 심판 때까지 기다린다고 믿고 있었다.

터툴리안은 그곳을 땅 아래에(지하에) 있는 광대한 동굴이라고 생각했던 것이다. 그 굴 안에는 족장들과 선지자들이 사는 특별한 곳이 있었는데 그곳이 곧 파라다이스였다.

필로는 그곳을 가리켜 "비바람이나 눈보라도 없는, 바다에서

불어오는 산들바람이 기분을 상쾌하게 하는 곳"이라고 했다. 터툴리안에 의하면 이 파라다이스에 직행할 수 있는 사람은 순교자만이라고 한다. 그는 "파라다이스(낙원) 문을 열 수 있는 유일한 열쇠는 자기의 생명의 피뿐이다"라고 했다.

오리겐은 일찍이 교회가 낳은 사상가로 가장 독창적인 인물 중 하나이다. 그는 다음과 같이 말했다. "나는 이 세상을 이별하는 모든 성도들이 먼저 성경에 말한 낙원으로 들어가 거기서 훈련을 받는다고 생각한다. 이 영혼의 학교라 할 낙원은 이 땅 어디에 있으랴. 마음이 깨끗하고 생각이 거룩하며, 언행이 아름다운 이는 빨리 발전되어 여러 층 하늘들을 차례로 올라가 마침내 주가 계신 곳에 이를 것이니, 내 아버지의 집에 있을 곳이 많다 하신 것은 그 뜻이었다."

초대 사상가들은 낙원과 하늘을 동일시하지 않았다. 낙원은 세상과 하늘의 중간지대로, 의인의 영혼들이 하나님 앞으로 나아가기에 적당하도록 훈련 받는 곳이었다. 세상에서 하늘로 단걸음에 뛰기에는 너무 높고 멀게 생각한 것이다. 세상을 떠난 영혼이 점진적으로 하나님 앞에 나아갈 수 있는 훈련 받는 곳이 필요하게 생각된 것이다. 찰스 웨슬리가 다음과 같이 노래했을 때 그가 생각한 것이 이런 것이 아니었을까?

"영광에서 영광으로 변하여 우리가 하늘에서 우리 자리를 차지할 때까지, 우리의 면류관을 주 앞에 벗어던질 때까지 경탄과 사랑과 찬양에 자신을 잃어버리리."

ⓓ 낙원은 결국 기독교 사상에서 하늘, 곧 하나님이 계신 영광

스러운 곳과 동일시되었다. 우리가 낙원이란 말을 할 때마다 십자가의 예수께서 회개하는 강도에게 "네가 오늘 나와 함께 낙원에 있으리라" 하신 말씀을 기억한다(눅 23:43). 낙원이나 하늘은 신비에 속한 것이다. 독단이 있을 수 없으나 "주 앞에서, 그와 함께 영원히 사는 생이다"라고 할 수 있을 것이다.

예수의 간단한 말씀대로, 낙원은 그리스도와 함께 사는 생명이다. 죽음이 우리의 눈을 감기고, 심장의 고동을 멈출 때 두 조각나는 너울 사이로, 당신의 모든 영광을 뵈오리다. 그것이 낙원이다(바클레이).

ⓔ 사도 바울은 낙원을 뜻하는 의미로 '셋째 하늘'이란 말을 사용하였다(고후 12:1-4). '셋째 하늘'에 관하여는 여러 가지 학설이 있다.

로버트 그로맥키(Robert G. Gromacki)는 하늘에는 첫째 하늘, 둘째 하늘, 셋째 하늘이 있는데, 첫째 하늘은 지구를 둘러싼 구름 덮인 하늘(신 11:11)을, 둘째 하늘은 태양, 달, 별이 있는 하늘(창 1:14)을, 셋째 하늘은 하나님이 계신 영적 하늘(사 63:15)을 가리킨다고 하였다.

예수님께서는 부활 후 승천하실 때 첫째 하늘과 둘째 하늘을 통하여 셋째 하늘에 오르사 하늘 우편에 앉으셨다(히 4:14; 행 1:11). 낙원과 셋째 하늘은 동일한 곳으로 구약의 에녹, 엘리야, 모세 등과 신약의 베드로, 바울, 사도 요한, 누가, 마태 등 앞서 간 성도들의 영이 거하는 곳이기도 하다. 또한 예수께서 재림하시기까지 즉, 휴거되기 전 영혼과 육체가 재합하기 전까지 성도들이 예수 그리스도와 함께 기쁨으로(빌 1:23; 고전 15:45; 고후 5:8) 거하는 곳이기도 하다. 이상의 내용은 대개의 학자들이 가진 공통된 견해이다.

신약의 낙원은 예수님과 바울의 교훈에 의하면(눅 23:43; 고후 12:4) 구원받은 신자의 영혼이 사후 거하는 곳임이 분명하다(계 21:10, 22:4) (이상찬).

ⓕ 낙원의 사상적 발전의 자취를 더듬어 볼 때, 구약에서는 선악의 구별 없이 죽은 자들의 처소는 스올(음부)이었다. 구약의 종교사상은 국가적이며 현세적이었기 때문에 개인의 사후 문제는 극히 소홀하였던 것이다. 중간시대에 이르러 종말론은 보다 더 명백해졌다. 즉, 음부는 차차 악한 자의 형벌 받는 곳으로 성격지어지고, 낙원은 의로운 자들이 기업을 받아 찬미를 부르는 행복한 곳으로 밝혀졌던 것이다(Ⅱ Esd 2:19, 8:52).

또 사후의 상태에 관해 사분설과 이분설이 있었다.

전자의 경우는 스올을 네 곳으로 구분하여 의를 위한 순교자, 순교자 아닌 의로운 자, 지상에서 형벌을 받는 악인 및 형벌을 받지 않는 악인들의 처소로 되어 있다.

후자의 경우 단순히 선인과 악인의 처소로 양분되는 것이다.

신약의 낙원관은 위와 같은 유대교의 관념을 답습한 것으로 보인다. 예수께서는 죽은 자가 갈 두 세계를 가리키시고, 선한 자의 세계를 "아브라함의 품"으로 묘사하셨으며(눅 16:19-31), 십자가에서 운명하실 때 친히 낙원에 가실 것을 밝히셨다(눅 23:43). 바울은 셋째 하늘이란 말로 말할 수 없는 세계임을 나타냈다(고후 12:1-4). 초대의 교부들도 낙원은 모든 고난의 요소가 없는 평화로운 곳이라 가르쳤다.

결국 낙원은 음부와 대치되는 죽은 자의 중간 세계인 것을 밝힐 수 있다. 그곳은 신자들이 부활하여 천국에 들어가기까지는 기다리는 상태이다(고전 15:51). 그러나 낙원과 천국을 형이하학적인 어떤 범주로도 구별하지는 못할 것이다. 웨스트민스터 신앙고백(32장)을 보면 죽은 신자의 영이 하나님 앞에 올리워 극한 영광 속에 살면서 육체의 완전한 속량을 기다린다고 하고 있다. 낙원과는 달리 신자의 영원한 상태를 천국이라 한다.

천국의 그림자는 구약의 신정정치(theocracy)에서 보였고 다윗 시대는 그 이상이 거의 달성된 것으로 간주되었다. 그리스도의 천국 비유에는 현세적인 것(마 13장)과 종말적인 것(마 25장)으로 나눌 수 있다. 전자는 현세에서 악과 더불어 같이 자라나는 것으로 교회를 가리키고, 후자는 재림에서 돌연히 실현될 영원한 생명을 말한다. 결국 전자는 후자를 위한 정신적 준비를 가리키고, 후자에 있어 신자의 영원한 소망과 생명을 달성하는 것이다(이상근).

(3) 생명나무의 과실

생명나무의 과실에 대한 언급은 창세기 2장 9절, 3장 22절과 요한계시록 22장 2절에 나타나 있는데 양자는 서로 구별되는 것이다. 즉, 전자는 지상 에덴동산의 생명나무 과실을 말하는 것이며, 후자는 하늘나라의 생명나무 과실을 말하는 것이다.

전자의 생명나무 과실은 죄로 인하여 상실되었으나, 후자의 생명나무 과실은 예수 그리스도의 십자가 공로로 하늘에서 되찾게 되는 것이다. 십자가의 나무는 곧 생명의 나무를 뜻하는 것이다 (행 5:30, 10:39, 13:29; 갈 3:13; 벧전 2:24). 십자가의 생명나무 과실은 불사(不死)의 상징으로서 에스겔 선지자는 이 과실에 대해 "강 좌우 가에는 각종 먹을 실과나무가 자라서 그 잎이 시들지 아니하며 실과가 끊치지 아니하고 달마다 새 실과를 맺으리니 그 물이 성도로 말미암아 나옴이라 그 실과는 먹을 만하고 그 잎사귀는 약 재료가 되리라"(겔 47:12)고 예언한 바 있다(이상찬).

"하나님의 낙원에 있는 생명나무의 과실을 주어 먹게 하리라" (7절). 이것은 약속이다.

칭찬, 책망, 권면, 약속의 순서로 되어 있다. 승리자에게 약속된 것은 영원한 생명이다(창 3:22 참조). 이것은 에베소 교회에만 국한된 성질의 것이 아니라 모든 교회에 적용된다.

메시아 시대에는 잃었던 에덴동산 즉, "낙원"이 회복되고, 메시아 왕국에 참예하는 자는 생명나무 열매를 먹는다는 것이 종말 사상의 상례로 되어 있다(계 22:2; 겔 47:12; 제2에스드라스 8:52; 에녹 25:4 등 참조) (김재준).

"생명나무의 과실"과 관련된 동산은 옛 에덴동산이 아닌, 새 에덴동산을 말한다.

옛 에덴동산에는 "보기에 아름답고 먹기에 좋은 나무"가 있었다(창 2:9). 그런데 아담과 하와는 그 나무 열매를 먹고 에덴동산에서 쫓겨났다(창 3:22-23). 그러므로 옛 에덴동산은 참 생명나무 동산이 아니었다. 그런데 여기에 참 생명나무가 있는 새 에덴동산이 약속된다. 그리고 이 약속은 그대로 이뤄질 것이다(계 22:1-5). 그런데 성서적으로 "생명나무"를 종말론적으로 사용한 곳은 여기뿐이고, 구약 잠언의 3장 18절, 11장 30절, 13장 12절, 15장 4절에서는 대체로 '영적 지혜'를 비유적으로 하는 말이다(김철손).

생명나무의 과실은 구약 창세기(2:9; 3:22)에 처음 나온 말인데, 풍유적(諷諭的)으로 보는 해석도 있고, 역사적으로 보는 해석도 있다.

풍유적 해석은 이 과수가 실재(實在)한 것이 아니고, 다만 "영생"의 개념을 시적(詩的)으로 이렇게 비유한 것뿐이라고 한다. 그러나 이것도 너무 지나친 독단(獨斷)이다. 우리는 이 과수를 실재한 과수로 보면서 그것이 생명의 주(主) 그리스도를 비유하였다고 한다. 몸이 영생하여 있으면서 식물을 섭취한다고 함이 역시 내세의 현상이다(계 22:2 참조). 이기지 못한 아담은 이러한 영생의 식물을 상실했지만, 그리스도 안에서 이기는 자들은 이것을 도로 받는다. 그 과수 자체가 사람을 영생하게 하는 마술적 능력을 가진 것이 아니다. 영생하게 하는 능(能)은 오직 그리스도에게만 있다. 그 과수는 내세에서 성도들의 분깃이 된다.

가경(假經)에 이 과수에 대하여 여러 가지로 이야기한 바 있으니, "성도들이 이 생명수를 향유(香油)로 사용한다"고 하였고 (2 Esd. 2:12), "이 생명나무의 향기는 모든 향기에 뛰어나고, 그 잎과 꽃과 나무는 시들지 않고, 그 실과는 대추야자의 열매와 같다"고 하였다(Ethiopoc Enoch 24:4). 그러나 가경의 이야기는 사람의 상상(想像)의 산물이고 진리는 아니다(박윤선).

생명나무 이야기는 에덴동산 이야기에서 나오는 것으로 동산 한복판에 생명나무가 있었다(창 2:9). 그것은 아담에게 먹지 못하도록 금지되었던 나무이다(창 2:16,17). 그 나무 열매는 사람을 하나님처럼 되게 하는 것이고 아담과 하와는 그 열매를 따 먹고 동산에서 쫓겨났던 것이다(창 3:22-24).

후기 유대사상에서는 생명나무는 인간의 참다운 생활을 주는 것을 의미하는 것이었다.

"지혜는 그 얻은 자에게 생명나무"(잠 3:18)요, "의인의 열매는 생명나무"이다(잠 11:30).

"소원이 이루는 것은 곧 생명나무"이다(잠 13:12). "온량(溫良)한(온순한) 혀는 곧 생명나무"(잠 15:4)였다.

생명나무는 인간이 이상으로 하는 생활의 근원을 말하는 것이 되었다.

여기에다 다른 묘사가 가해졌다. 에덴동산 이야기에서 아담은 처음에 생명나무의 열매를 먹는 것이 금지되었고, 나중에는 에덴동산에서 쫓겨났고, 생명나무는 영원히 없어졌다. 그러나 일반적으로 유대 사람들의 생각에 의하면, 메시아가 오고 새 시대가 동이 트면 생명나무는 사람들 사이에 세워지고 하나님께 충실하게 산 자는 이 나무 열매를 먹을 수 있다는 것이다. 지혜자는 말하였다. "당신이 기뻐하시는 일을 하는 사람은 불멸의 나무 열매를 받을 것이다"(집회외서 19:19).

랍비들도 낙원에 있는 생명나무에 대하여 특이한 설명을 하였다. 낙원에 있는 생명나무는 가지가 낙원 전체를 뒤덮고 50만 종류나 되는 향기가 풍성하게 떠돌고, 그 무수한 열매는 참맛이 있으며, 그 맛이 각기 다르다는 것이다. 그것은 아담이 잃은 것을 메시아가 회복하는 것을 의미하는 것이다. 생명나무의 열매를 먹는다는 것은 그리스도의 왕국에서 의의 축복에 들어간다는 것을 의미하는 것이다(그리스도 왕국의 만복을 누리는 것이다). 그것은 곧 그리스도의 지배가 확립되었을 때에 주님께 충성스런 승리자는 모든 즐거움에 참예하는 것이었다(바클레이).

부록 IV. 사랑

1. 사랑이란 무엇인가?

헬라 원어에는 사랑이라는 표현이 다음과 같이 네 가지로 표현되어 있다.

① 스톨게($στοργη$): 동족인연(同族因緣)으로 인한 잠재 애정(family love)

② 에로스($ἔρως$): 정욕적 사랑(sexual love)

③ 필리아($φιλία$): 성질상 일치나 우호(友好)로 인한 희락에서 일어나는 사랑(to give and to take)

④ 아가페($ἀγάπη$): 상대편의 귀중성에 대한 평가행위에 의한 절대적인 사랑(to give only)

본문에 있는 사랑은 '아가페' 곧 평가행위이다.

사랑을 좀더 설명하면 아래와 같다.

① 스톨게(storge): 혈통적인 사랑으로 부모가 자기의 자녀를 사랑하는 사랑을 말한다. 이런 사랑은 사람만 그런 것이 아니다. 다른 동물들도 어미는 새끼를 사랑한다. 그러므로 스톨게의 사랑은 본능적인 사랑이라 할 수 있다.

② 에로스(eros): 정욕적인 사랑이다.

남녀 간에 서로 좋아하는 사랑이 이 육체적인 에로스의 사랑이다. 이런 사랑은 사람에게 뿐 아니라 어느 동물에서도 찾아볼 수 있다. 어느 동물이나 곤충들도 모두 암컷, 수컷이 서로 좋아하는 것은 자연적인 본능이다.

③ 필리아(pilia): 우정적인 사랑이다.

동성간에 서로 성질이 맞고 사상이 맞아 서로 좋아하고 교제하는 우정적 사랑인데, 이것 역시 동물들도 마찬가지이다. 겨울날 눈 위에서 개들도 서로 물고 뒹굴고 하면서 재미있게 놀며 서로 좋아한다.

④ 아가페(agape): 하늘로부터 오는 천래(天來)의 사랑을 말하며, 곧 하나님의 사랑이다.

기독교가 말하는 사랑은 바로 이 아가페의 사랑을 말한다. 스톨게의 사랑은 부모가 자식들만 사랑하는 혈통적인 사랑이지만, 아가페의 사랑은 민족과 국가를 초월한 이타적인 사랑이다. 에로스의 사랑은 남녀간에만 좋아하는 사랑이지만 아가페의 사랑은 원수까지도 사랑하는 사랑이다.

또 필리아의 사랑은 우정적인 사랑이나 아가페의 사랑은 핍박자들도 사랑하는 인간을 초월한 천래의 사랑인 것이다.

이 사랑(agape)만이 참 사랑이요, 참으로 고상한 사랑이다. 이 사랑으로 스데반(Stephen)은 원수를 사랑하였고, 우리나라의 손양원 목사님은 아들을 죽인 원수를 양자로 삼아 아가페의 사랑을 실천하였다.

그런데 현대교회 성도들이 처음 사랑(agape)을 잃어버리고 나니 신앙에 타락이 와서 사랑을 찾되 아가페의 사랑을 가지려고 하는 것이 아니라 에로스의 사랑 같은 정욕적인 사랑을 요구하고 있다. 필리아의 사랑 같은 자기 비위에나 맞으면 좋아하는 우정적이고 동물적인 사랑을 요구하며 허덕이고 있다.

그러면 참고삼아 누구를 사랑할 것인가? 성경은 사랑해야 할 대상을 우리에게 가르쳐 주고 있다. 즉 하나님과 사람, 이웃, 원수, 나그네, 형제, 가정, 아내는 남편을, 남편은 아내를, 부모는 자식을 사랑해야 함을 가르치고 있다. 아울러서 성경은 사랑을 일으키는 방법을 말해주고 있는데 무엇보다 하나님을 사랑함(요일 4:20)과 믿음의 성장(살후 1:3)이 그 첫째이다. 또한 지식과 모든 총명이 사랑을 더욱 풍성하게 해 준다(빌 1:9).

사람에 대한 하나님의 사랑(요일 4:10,11)은 보편적 사랑(요 3:16)이며 희생적 사랑(요일 4:9,10; 요 3:16; 갈 2:20; 엡 5:2; 계 1:5)이고 공로 없이 주는 사랑(롬 5:8; 요일 3:1,4, 4:9,10)이다. 또한 긍휼한 사랑(엡 2:4)이고 구원을 얻게 하는 사랑(살후 2:13)이고 거룩하게 하는 사랑(살후 2:13)이고 승리하게 하는 사랑(롬 8:37)이고 끊을 수 없는 사랑(롬 8:39)이고 상 주시는 사랑(약 1:12, 2:5)이고 징계하시는 사랑(히 12:6)이고 확증하시는 사랑(롬 5:8)이다.

성경은 하나님의 속성을 '사랑' 자체로 묘사하고 있다(요일 4:7-8; 고후 13:11)

반면에 하나님에 대한 사람의 사랑(약 12:30; 마 22:37)은 재물을 겸하여 사랑하지 못하는 특이한 사랑(마 6:13,24)이며 이전에 죄 많았던 사람이 더 사랑(눅 7:42, 47)하게 되는 사랑이고, 또 복종하는 사랑(요 13:35, 14:15, 21, 23, 24, 15:10; 요일 2:5, 5:2; 요이 1:6)이다.

성경이 보여 주는 사랑의 특성에 대해서 생각하자면 사랑은 율법의 완성(롬 13:10)이며, 성도를 섬기는 것(히 6:10)이며, 서로 종노릇(갈 5:13)하는 것이며, 진리를 사랑(엡 4:15)하는 것이며 연합(골 2:2)하는 것이며 역사하는 믿음(갈 5:6)이며 온전하게 매는 띠(골 3:14)이며 새 계명(요 13:34; 요이 1:5)이며 의를 사랑(히 1:9)하는 것이며 허다한 죄를 덮는 것(벧후 4:8)이며 본이 되는 것(딤전 4:12)이며 위안 받게 하는 것(골 2:2)이다.

특별히 고린도전서 13장은 사랑의 특성을 잘 보여 주는 장이다.

먼저 사랑의 특성(13:1-3)이 언급되고 있는데 언사(言思, 13:1)보다도, 지식보다도(13:2), 구제보다도(13:3) 먼저 필요함이 역설되고 있다.

고린도전서 13장은 사랑의 특성(13:3-7)을 선포하고 있는 것으로 유명한데 그것은 여러 가지 측면으로 나누어 생각해 볼 수 있다.

첫째로, 타인과의 관계에 있어서(13:4) 사랑은 오래 참으며 온유하며 투기하지 않는 것이다.

둘째로, 자신과의 관계에 있어서(13:4-5) 사랑은 자랑하지 아니하고 교만하지 아니하며 무례하지 아니하며 자기의 유익을 구치 아니하는 것이다.

셋째로, 죄와의 관계에 있어서(13:5-6) 사랑은 성내지 아니하며 악한 것을 생각지 아니하며 불의를 기뻐하지 않는 것이다.

넷째로, 진리와의 관계에 있어서(13:6) 사랑은 진리를 기뻐하는 것이다.

다섯째, 모든 것에 대하여(13:7) 사랑은 참는 것이다. 즉 조용히 모든 것을 덮어두며 타인의 허물을 가리며(약 5:20) 허다한 죄를 덮으며(벧전 4:8) 모든 것을 믿으며(진리를 믿으라) 모든 것을 바라며(약속하고 될 것을) 모든 것을 견딘다(군대 용어로 적의 공격에도 참는 것을 뜻한다).

여섯째, 시간과 관련하여(13:8) 생각하자면 사랑은 언제까지든지 떨어지지 않는 것이다.

특별히 사랑의 영원성에 대하여 선포하고 있는 것(13:8-13)을 볼 수 있는데 예언, 방언, 지식은 임시적(13:8)인데 반하여 사랑은 영원하며, 은사는 부분적(13:9)이며 끝이 있고 어린아이 같은데 반하여 사랑은 온전하며 장성한 사람과 같고, 지식은 거울로 보는 것같이 희미한데(13:12) 반하여 사랑은 온전히 알게 한다. 믿음, 소망, 사랑, 이 세 가지는 항상 있을 것인데 그중에 제일은 사랑이다(13:13).

뿐만 아니라 사랑은 성령의 열매(갈 5:22)이며 하나님께 속한 것(요일 4:7)이고 계명을 좇아 행하는 것(요이 1:6)이며 우리를 강권하는(고후 5:14) 것이다.

특별히 예수님의 사랑의 특성을 생각하자면 그 사랑은 땀과 피를 쏟는 사랑(눅 22:44)이며 동정의 사랑(눅 10:33)이고 아버지의 뜻대로 하는 사랑(눅 22:42)이며 자기를 비우는 사랑(빌 2:7)이다. 또한 참는 사랑(요 21:15-17)이고 거룩한 사랑(요 2:15)이고 진리를 기뻐하는 사랑(고전 13:6)이고 십자가로 참는 사랑(히 12:2)이고 불변의 사랑(요 13:1)이다.

그러면 누가 사랑하는 자일까? 계명을 준수하는 자(요 14:15, 23, 15:10; 요일 5:2-3)이며, 그리스도의 제자 된 자(요 13:35)이며 성도를 섬기는 자(히 6:10)이며 그리스도의 사랑 안에 사는 자(요 15:19)이다.

성경을 보면 '더 큰 사랑' 이란 말이 나오는데 친구를 위해 자기 목숨을 버리는 사랑(요 15:13), 율법의 완성(롬 13:10)인 사랑, 온 율법과 선지자의 강령인 예수님의 두 계명(마 22:40), 이웃을 사랑하기를 자기 몸과 같이 하는 사랑(약 2:8) 등에 대해서 사용되었다.

성경이 가르쳐 주고 있는 사랑하는 방법으로는(말과 혀로 말고) 행함으로(요일 3:18), 깨끗한 마음으로(벧전 1:22; 딤전 1:5), 뜨겁게(벧전 1:22), 내 몸과 같이(마 22:39), 마음과 목숨과 뜻을 다하여(마 22:37), 거짓이 없게(롬 12:9; 딤전 1:5; 벧전 1:22; 고후 6:6), 무례히 행치 않음으로(고전 13:5), 수고로(살전 1:3), 진실함으로(고후 8:8, 요일 3:18), 오래 참음으로(엡 4:2), 식물로 인하여 형제를 근심하지 않게 하는 것(롬 14:15)으로, 선한 양심으로(딤전 1:5), 열심히(벧후 4:8) 등이 있다.

한편 성경은 사랑하지 말아야 할 것에 대해서도 가르쳐 주고 있는데 세상(딤후 4:10; 요일 2:15), 높은 자리(눅 11:43), 사람의 영광(요 12:43), 어두움(요 3:19), 돈(딤전 6:10, 15; 히 13:5), 자기 생명(계 12:11), 불의의 삯(벧후 2:15), 육신의 정욕과 안목의 정욕(요일 2:16; 딤후 2:22), 말과 혀로만 하는 사랑(요일 3:18), 이 세상에 있는 것들(요일 2:15)이 그것이다.

사랑의 '적극적인 면'으로는 오래 참는다(고전 13:4), 진리와 함께 기뻐한다(고전 13:6), 모든 것을 참는다(고전 13:7), 모든 것을 믿는다(고전 13:7), 모든 것을 바란다(고전 13:7), 모든 것을 견딘다(고전 13:7, 헬라어의 στέγω는 '덮어준다'는 뜻), 항상 있다(고전 13:13), 허다한 죄를 덮는다(벧전 4:8), 두려움을 내쫓는다(요일 4:18) 등을 들 수 있다. 반대로 사랑의 '소극적인 면'으로 투기하지 않는다(고전 13:4), 자랑하지 않는다(고전 13:4), 교만하지 않는다(고전 13:5), 무례히 행치 않는다(고전 13:5), 자기 이익을 구하지 않는다(고전 13:5), 악한 것을 생각하지 않는다(고전 13:5), 불의를 기뻐하지 않는다(고전 13:5), 떨어지지 않는다(고전 13:8), 이웃에게 악을 행하지 않는다(고전 13:10) 등을 들 수 있다.

성경은 누차 하나님의 자녀들이 하나님의 사랑에서 떨어져 나가지 않을 것을 약속하면서 '사망이나 생명이나 천사들이나 권세자들이나 현재 일이나 장래 일이나 능력이나 높음이나 깊음이나 다른 아무 피조물'이라도 하나님의 사랑에서 끊을 수 없을 것을 말하고 있다(롬 8:38). 하나님의 사랑은 그만큼 위대하다.

한편 성경이 약속하는 사랑하는 자의 받을 축복으로는 만사형통(롬 8:28), 만사예비(고전 2:9-10), 뿌리가 박히고 터가 굳어짐(엡 3:17-18), 생명의 면류관(약 1:12), 하나님 나라를 유업으로 받음(약 2:5), 은혜가 있음(엡 6:23-24), 성령의 열매를 맺음(갈 5:22), 좋은 날을 보게 됨(벧전 3:10), 사망에서 옮겨 생명으로 들어감(요일 3:14) 등이다(이상찬).

2. 사랑의 실행방법

아가페에 대하여 우리가 생각할 만한 몇 가지는 다음과 같다.

(1) 우리는 먼저 하나님을 사랑해야 된다.

신앙이라는 것은, 하나님이 주신 진리를 믿는 동시에 그 진리가 가르치는 하나님을 사랑함이다. 하나님을 사랑한다고 함은 어떻게 함인가? 그것은 그의 계명을 지킴인데(요 14:21), 그의 계명을 지키는 자가 마땅히 하나님을 위하여 지킬 것이고 사람 앞에서 칭찬을 받으려고 하면 안된다. 사람 앞에서 칭찬을 받기 위하여 계명을 지키는 자는, 하나님을 섬기는 자가 아니고 사람을 섬기는 자이다.

하나님을 사랑함에 있어서 중요한 것은, 마음을 다함이다. 성경은 우리가 하나님을 섬김에 있어서 마음을 다하라고 하였으니, 하나님을 찾기에 마음을 다하고(신 4:29), 그를 섬기기에 마음을 다하고(신 10:12), 그를 사랑함에 있어서 마음을 다하라(신 13:3)고 하였다. 이 밖에도 또 있으니 그를 순종함(신 30:2), 주님에게 돌아옴(신 30:10), 주 앞에 행함(왕상 2:4), 주를 따름(왕상 14:8), 주를 찬송함(시 86:12), 주를 믿음(잠 3:5)에 마음을 다하라고 한다.

그런데 위의 모든 "다하는" 행위는 신자가 하나님을 사랑하는 의미에서 그의 계명을 지키되, 모든 것을 다하여 지킴이다. 계명을 지킴은 행실에 관계된 문제이다. 하나님을 사랑하는 자는 하나님을 위하여 충성되이 일한다. 무디 선생은 말하기를 "신앙은 섭취하는 힘이 가장 많고, 겸손은 보관하는 힘이 가장 많고, 사랑은 일을 가장 많이 한다"(Love Works the most)라고 하였다.

사랑은, 하나님을 사랑함이 그 근본인 동시에 인간을 사랑하는 것을 그 열매로 나타낸다. 그런데 우리가 인간을 사랑하는 이유도 인간이 하나님의 형상인 까닭이다. 그뿐만 아니라 우리에게 사람을 사랑하라고 하신 이도 하나님이시다(마 22:39).

그러므로 인간을 사랑하는 사랑도 신본주의인 것이다.

(2) 사랑의 시작

그런데 진정한 사랑은 언제 시작되는가? 인간의 자연적 성품이 그런 사랑을 시작하여 행할 수 있는가? 그것은 불가능하다. 인간은 하나님의 속죄애(贖罪愛)를 받은 후에야 진정한 사랑을 알게 되고, 또 그런 사랑을 행하기 시작한다.

하나님께서 그 속죄애로써 인간에게 계시하시기 전에는 인간은 참 사랑을 모른다.

요한일서 4장 10-12절에 말하기를, "사랑은 여기 있으니 우리가 하나님을 사랑한 것이 아니요 오직 하나님이 우리를 사랑하사 우리 죄를 위하여 화목제로 그 아들을 보내셨음이니라 사랑하는 자들아 하나님이 이같이 우리를 사랑하셨은즉 우리도 서로 사랑하는 것이 마땅하도다 어느 때나 하나님을 본 사람이 없으되 만일 우리가 서로 사랑하면 하나님이 우리 안에 거하시고 그의 사랑이 우리 안에 온전히 이루느니라"고 했다. 이 말씀의 논리적 계단(論理的 階段)은 다음과 같다. 곧 하나님의 속죄애를 받을 때 신자들은 비로소 서로 사랑하게 된다.

그들이 서로 사랑함으로 인하여 더욱 분명히 하나님을 알게 된다는 것이다. 이것을 보면, 우리는 진정한 계시대로의 사랑을 실행함으로써 하나님을 아는 지식과 하나님을 사랑하는 사랑에 이른다.

하나님을 아는 데 이르려면, 계시의 말씀대로 하나님의 사랑이 어떠함을 알아야 하며, 그 다음으로 그 사랑대로 행해야 된다. 사랑을 행하기 전에는 하나님을 분명히 모른다는 의미가 요한일서 4장 10-12절에 있다.

요한은 하나님을 사랑이라고까지 하였으니 사람을 사랑함이 하나님을 확실히 아는 방법이 되는 이유가 여기 있다.

사랑은 사랑으로야 안다. 사랑이 하나님의 속성이지만 무엇보다도 그것이 그의 근본적 성품이고, 그 계시행위의 주요한 것인 만큼, 그 자신을 알게 한 최대의 계시이다.

이 사랑은 성경이 보이는 그대로이니, 그 사랑을 믿고 받아 자기도 그런 사랑의 원리대로, 다른 사람을 사랑하는 자는 하나님을 더욱 분명히 알게 된다.

(3) 사랑의 계속 문제

인간은 형식으로라도 선한 일을 시작하지 아니할 수 없다.

그러나 그 시작된 선행을 계속하는 것이 용이한 일은 아니다.

처음 사랑을 끝까지 가지는 자가 많지 아니하되, 계속하는 자는 복이 있고, 하나님의 상급을 받는다.

성경에 있는 인물들의 행적

① 다윗은 처음에 사울을 사랑한 대로 변심하지 않고 그를 존경하고 사랑하였다. 사울은 다윗을 여러 번 죽이려고 하였으나, 다윗은 그에게 원수를 갚지 않았다. 그리고 그는 사울을 죽인 청년을 죽였고(삼하 1:15), 사울의 아들 이스보셋을 죽인 자들을 죽이고(삼하 4:5-12) 사울의 손자 절뚝발이 므비보셋을 자기의 식탁에서 먹였다(삼하 9:1-13).

② 요나단은 자기의 부친이 미워하는 다윗을 끝까지 사랑하여 그의 아버지가 다윗을 죽이려 할 때에도, 그는 다윗을 보호하였고 숨겨주었다(삼상 19:1-7, 20:17, 35-42). 이것은 요나단이 혈통관계보다 의리(義理)를 중시한 행위이다.

그는 부친을 사랑하면서도 부친의 비행(非行)에 협종(協從)하지 않았으니, 이것은 사랑과 권징을 겸하여 가지는 견고한 인격생활이다.

③ 바울은 마가를 한동안 동역자로 여기지 아니하였으나(행 15:37-39), 후에는 그를 귀히 여겼고 사랑했다(골 4:10; 딤후 4:11; 몬 1:24). 그것은 바울이 대인관계에 있어서 징계를 세우는 동시에 사랑을 끊지 않은 증표(證標)이다.

④ 베드로는 바울에게 면책(面責) 받은 일이 있었으나(갈 2:11-12) 후에 호의로 상부상조하였다(벧후 3:15-16). 그것은 베드로 인격의 견고성을 보인다(박윤선).

서머나 교회(2:8-11)

서머나 교회의 사자에게 편지하기를 처음이요 나중이요 죽었다가 살아나신 이가 가라사대 내가 네 환난과 궁핍을 아노니 실상은 네가 부요한 자니라 자칭 유대인이라 하는 자들의 훼방도 아노니 실상은 유대인이 아니요 사단의 회라 네가 장차 받을 고난을 두려워 말라 볼지어다 마귀가 장차 너희 가운데서 몇 사람을 옥에 던져 시험을 받게 하리니 너희가 십 일 동안 환난을 받으리라 네가 죽도록 충성하라 그리하면 내가 생명의 면류관을 네게 주리라 귀 있는 자는 성령이 교회들에게 하시는 말씀을 들을지어다 이기는 자는 둘째 사망의 해를 받지 아니하리라

개요

두 번째 편지는 서머나 교회로 보내는 메시지이다. 서머나는 에베소 다음 가는 제일 아름다운 항구도시다. 일찍이 이곳에 많은 유대인들이 정착하고 있었는데, 로마 정부에 충성을 다해서 자유 도시가 되었으며 로마의 여신을 비롯하여 로마 황제의 신전을 많이 수입하여 황제 숭배의 중심지로 만들었다. 이곳의 교회의 기원은 분명히 알 수 없으나, 바울이 에베소에 있을 때(행 19:10,26) 이곳까지 와서 선교하며 교회를 세우지 않았나 추리해 본다. 그런데 AD 70년 이후 예루살렘에서 이주해 온 많은 유대인들이 도시의

주도권을 잡고 있었는데, 그리스도인들이 날로 증가하고 교회가 발전하는 것을 위험하게 느낀 유대인들은 로마 정부와 결탁해서 교회를 박해하기 시작했다. 소아시아의 교회 박해는 여기서 시작되었다고 할 수 있다. 그래서 서머나의 그리스도인들은 "환난과 궁핍"에 시달리게 되었으며, 박해자 유대인의 집단체는 "사단의 회"(2:9)라고 부르게 되었다.

AD 155년 당시 서머나 감독 폴리갑(polycarp)이 소아시아 일대에서 잡혀온 신도 11명과 함께 화형을 당한 일이 있는데, 그때에도 유대인들이 많이 가담했다고 한다. 그러나 고난과 박해 중에도 그리스도인들은 신앙 고수에 더욱 충실했다. 그래서 서머나 교회는 일곱 교회 가운데 빌라델비아 교회와 함께 책망을 받지 않았다. 서머나 교회는 육적으로는 매우 가난했지만, 영적으로는 부요한 교회라고 칭찬받았다.

지금까지도 핍박 중에 있었지만 이제 이후에 또다시 핍박이 올 것이다. 그러나 "죽음 앞에서도 끝까지 충성하라 그리하면 생명의 면류관이 주어질 것이며 둘째 사망에서 완전히 면제되리라"고 격려와 약속을 보냈다. 여기서 서머나 교회를 통해 "인내하는 교회"(ecclesia patience)의 모습을 보게 된다.

1. 서머나 시

(1) 지리

서머나는 에베소에서 직선거리로 80킬로미터 북쪽에 위치한 항구도시이며 리디아 주의 수도이다.

오늘날 인구가 200만 명이 넘는 이즈미르(Izmir)는 이스탄불과 앙카라에 이어 터키에서 세 번째로 큰 도시이다. 바로 현재의 이 즈미르가 초대교회가 있던 역사적인 도시 서머나(Smyrna)이다. 세계 1차 대전으로 오스만터키 제국이 몰락하고 공화정이 들어서면서 도시 이름도 서머나에서 이즈미르로 바뀐 것이다.

사도 바울 당시 소아시아 지방에는 에베소(Ephesus), 밀레도(Miletus), 서머나 3대 항만이 유명했으나 그중 서머나만이 아직 그 명맥을 유지하고 있다고 한다.

에베소는 소아시아에서 제일 큰 도시요, 서머나는 제일 아름다운 도시이다. 루시안(Lucian)은 서머나가 '이오니아 도시들 중에 가장 아름다운 곳'이라고 했고, 웅변가 아리스티데스(Aristides)는 멋진 서머나 찬가를 지은 사람으로서 서머나를 땅에서 하늘까지 닿은 아름다운 무지개에 비겼다. 그 아름다움에 서머나를 능가할 도시가 없었다. 그 자연만 아름다울 뿐 아니라 서머나에는 서쪽 해풍(서풍)이 그칠 때가 없었다. "신선한 서풍이 무성한 삼림처럼 서머나 섬을 시원케 했다"(아리스티데스). 언제나 불어오는 서풍에 한 가지 결점만 있었으니 바다로 흘러나가는 서머나의 하수도 냄새를 시내로 불러들이는 것이었다.

서머나는 매우 유리하게 자리 잡고 있었다. 서머나는 루디아와 브루기아를 가로지르고 멀리 동쪽으로까지 나간 대로의 맨 끝에 있었고 비옥한 허무스(Hermus) 계곡의 상업을 수중에 쥐고 있었다. 필연적으로 서머나는 대상업도시가 되어버렸다. 또한 이 도시는 돌출한 육지의 맨 끝에 있었고, 그 바다는 도시 한복판에까지 들어와 있었으며, 서머나는 모든 항구 중 가장 안전한 곳이며, 한 가지 더 유리한 점은 전쟁이 발발하면 입구가 작은 이 항구는 그 입구에 체인(쇠줄)을 가로질러 놓기만 하면 쉽사리 출입을 막을 수 있었던 것이다. 도시의 구조도 그에 못지않게 아름답다. 항구에서 시작하여 좁은 산기슭을 지나갔고, 시 뒤쪽에는 각종 신전과 웅장한 건물로 덮여 있는 파고스(Pagos) 언덕이 우뚝 솟아 있었다. 웅장한 건물들이 파고스 언덕을 둘러 쌌고, 이들은 "서머나의 면류관"이라고 불렸다. 그곳을 오늘날도 "왕자의 성"이라 부른다. 얼마나 아름다운가를 아리스티데스는 표현하기를 "발은 바닷속에, 그 몸은 들판과 산기슭에, 그리고 머리는 그 뒤쪽 파고스 언덕에 큰 건물들을 관으로 한 거대한 동상"에 비교했다. 그는 서머나를 가리켜 "창조 이래 일찍이 인간이 보지 못한 그런 아름다운 한 송이 꽃"이라고 극찬하였다.

(2) 역사

서머나의 역사도 이곳의 도시미와 적지않은 관련이 있다. 그 이유는 서머나는 당시 세계에서 몇 개 안되는 도시계획에 의하여 건설된 도시 중 하나이다.

서머나 시 최초의 거주인들은 에올리아(Aeolia) 헬라인들로 BC 1100년경에 정착했으며, 그 후 그들보다 더 강한 이오니아(Ionian) 헬라인들이 그곳을 지배하였다(BC 900). 그로부터 300여 년 뒤인 BC 650~600년경에 서머나 시는 루디아(Lydians)의 왕 알리야테스(Alyattes)에 의해 파괴되었으며 그 상태로 폐허가 된 채 300년간 존속되었다. 알렉산더 대왕이 대승을 거둔 BC 334년에 서머나 시는 재건의 기회를 맞게 되었다(참고: 알렉산더 대왕이 파고스 산에서 사냥할 때 여신이 그에게 나타나 서머나 시를 재건하도록 지시했다고 함).

특별히 알렉산더 휘하의 명장 중 한 사람이었던 리시마쿠스(Lysimachus)가 동쪽의 제우스(Zeus) 신전에서 서쪽의 키벨레(Cybele) 신전에 이르기까지 서머나 시를 현재와 같은 수준으로 재건시켰다. BC 1세기까지 도시의 아주 작은 부분만이 파고스 산 위에 남아 있게 되었고 도시의 대부분은 항구 근처로 이동되었다. BC 288년에 도시는 페르가몬 왕국에 속하게 되었고, BC 133년 아탈로스 왕의 유언에 따라 로마 제국의 식민지가 되었다.

7세기에 이곳은 아랍의 침입을 받았다. 9세기 경에 이 도시는 비잔틴의 해군 기지가 되었다. 니케아 공화국시대(1204-1260)에는 중요한 국제 항구로 사용되었다. 최초의 터키족의 침입은 11세기 말에 크탈므쉬올루 술레이만 샤의 지배하에서 행해졌고 1426년에 오토만 영토가 되었다. 해안 성벽은 1472년 베네치아인들의 공격 후 정복왕 메흐멧에 의해 재건설되었다. 18세기에 첫 섬유 공장이 세워졌고, 19세기에는 최초로 종이공장이 이 지역에 세워졌다. 1919년 5월 15일 이 지역에 대한 그리스의 점령은 터키 독립전쟁의 도화선이 되었다. 1922년 터키가 자유를 찾았을 때 이 도시의 4분의 3이 화재로 파괴되었다. 공화국 선포 후 행해진 급속한 산업화와 도시화는 원래 이 지역이 갖추고 있던 아름다운 자연 경관을 파괴시켰다. 급속히 변화하며 발전하는 현대화 속에서 고대 도시는 침묵하고 있으나, 좁은 골목 안에 숨어 있는 작은 창문이 있는 오래된 가옥들과 오토만의 시장들, 웅장한 맨션들, 사원들, 유대 회당, 그리고 교회들은 여전히 우리의 관심을 끌고 있다.

20세기 초에 이즈미르는 이스탄불과 살로니카와 견줄 수 있는 상업과 오락의 중심지였다. 이곳은 또한 건포도, 씨 없는 포도, 아몬드, 마자, 봄의 축제, 그리고 나르길레라고 불리는 물 파이프, 골드 드롭이라고 불리는 콜롱으로 유명하다. 20세기 초에 20만 명이었던 인구가 현재는 300만으로 늘어났다. 면과 섬유, 그리고 담배, 포도, 무화과, 올리브, 올리브 기름과 같은 농산물들이 전 세계에 수출되고 있다. 오늘날 이 도시는 터키에서 가장 큰 무역항으로 그 중요성을 유지하고 있다.

(3) 도시 현황

서머나 시는 에베소 시와 마찬가지로 세계적인 상업도시였으며 무엇보다 세계적으로 유명한 포도주의 명산지로서 널리 알려진 곳이었다. 이곳은 또한 순회 재판이 열리는 도시이자 자치 도시이며 자유의 시로서 중요한 정치적 도시이기도 하였다. 로마 황제 숭배가 이곳에서부터 시작된 것은 주목할 만한 사실이다. 아시아 모든 도시들 중에 서머나는 가장 로마에 충성이 컸다. 로마가 세계를 지배하는 위치에 오르기 훨씬 전에 이미 서머나는 로마와 운명을 같이 하기로 하고, 그 후 줄곧 그 신의를 지켜왔다.

키케로는 서머나를 가리켜 "우리의 가장 충성된 옛 동맹국 중의 하나이다"라고 했다. 원동(遠東)에 있는 미드라다테스(Mithradates) 원정에 있어서는 모든 일이 상당히 로마에게 불리하게 돌아갔었다. 로마 군인들이 주리고 추위에 떨고 있었을 때 서머나 사람들은 자기들의 옷을 벗어 전선에서 고생하는 로마 군인들에게 보내주었다. 로마에 대한 서머나의 경외심은 어지간하여 주전 195년에는 세계에서 처음으로 로마 여신(Dea Roma)과 로마 신을 위한 신전을 파고스 언덕 위에 세웠던 것이다. 26년에 로마 황제 티베리우스(Tiberius) 신전을 세우는 장소를 10개 도시가 경쟁했을 때 로마의 원로원은 서머나의 오랜 기간의 충성과 또 로마에 대한 많은 용역을 제공해 준 것을 참작하여 결국 서머나로 결정, 23년에 티베리우스 신전도 여기에 건립되었다.

서머나에는 유명한 경기가 매년 거행되는 경기장이 있었고, 웅장한 공공도서관, 오데이온(Odeion)이라 불렸던 음악당, 로마식 공중목욕탕(Roman bath), 그리고 아시아에서는 가장 큰 극장이 있었다. 서머나는 더구나 호머의 출생지라 하여, 호머레이온(Homereion)이라 불리는 호머 기념관이 있고, 호머의 두상(머리)을 그들의 주화에 새겼다. 이 서머나 시를 예찬한 사람들이 많았는데 역사가 몸센(Mommsen)은 이곳을 자만과 무상의 자치시(Municipality of Pride and Vanity)라고 했으며 헬라의 철인 아리스티데스는 아시아의 사랑(Love of Asia), 아시아의 꽃(Flower of Asia), 아시아의 단장(Ornament of Asia), 아시아의 면류관(Crown of Asia)이라고 하였다.

서머나에는 웅장한 건축물, 특히 구벨레, 제우스, 아폴로, 네메

세이스(Nemeseis), 아프로디테(Aphrodite), 아스클레피오스(Asclepios) 등 여러 신을 위한 신전이 꽉 들어차 있었다. 서머나에는 이교 문화의 절정과 최고로 장엄한 이방의 종교를 발견할 수 있다.

당시 로마제국 내의 어느 도시와 견주어도 손색이 없었다. 그러나 서머나의 운명은 순탄치만은 않았다. 서기 170년대 이 지역을 휩쓴 큰 지진으로 서머나는 크게 파괴되고 말았다. 이때 서머나의 웅변가 아리스티데스는 당시 로마 황제였던 마르쿠스 아우렐리우스에게 도시 재건을 호소하는 글을 올렸다. 철학자로서도 유명하였던 황제는 명문에 감동되어 눈물을 흘렸다고 한다. 이런 과정을 거쳐 서머나는 복구되었다. 그러나 그 후에 일어난 여러 번의 지진으로 서머나의 영광은 대부분 파괴되거나 땅속에 묻히고 말았다. 1930년대 이후 고고학자들은 이곳에서 활발한 발굴작업을 벌여오고 있다. 오늘날 발굴된 로마시대의 유적으로 대표적인 것이 아고라이다. 그리스나 로마식 대도시에 으레 있었던 아고라는 대형 석조건물로 된 시장터이다. 고고학자들은 발굴된 아고라의 규모로 그 도시의 크기와 경제력을 측정하게 된다. 서머나에서 발굴된 아고라는 고린도 양식의 석주(石柱)가 늘어서 있는 길이 120미터, 너비 80미터 크기의 대규모이다. 특이한 것은 물건을 저장하는 지하층 부분까지 완벽하게 만들어져 서머나가 경제적으로 융성하였던 도시임을 보여 준다.

오늘날 서머나에는 순교자 폴리갑 기념교회가 있다. 번잡한 시내 한복판이나 기념교회 주변은 의외로 조용하여 정숙한 분위기이다. 역사적 기념교회는 17세기 때 소실되고 현재 교회는 그 직후(1690년)에 재건된 것이라고 한다. 교회 구내에 수도원도 함께 있는 이 기념교회는 과히 크지 않은 규모로 가톨릭에 속한다. 교회 내부에는 성경의 주제뿐만 아니라 폴리갑의 생애와 관계된 성화들이 벽면을 채우고 있다. 이 성화들은 19세기 말 이 교회를 수리할 때 프랑스 화가 레이몽 페레가 그린 것이다. 많은 성화 중에 폴리갑의 순교 장면이 특별히 눈길을 끈다.

불길에 싸인 폴리갑을 향해 칼을 든 사나이가 달려든다. 그러나 그의 얼굴은 평화스러우며, 눈길은 하늘을 향하고 있다. 폴리갑 왼편에는 손이 묶인 또 한 사람의 순교자가 차례를 기다리고 있다. 그는 화가 자신 페레이다. 그림을 그린 화가는 자신을 폴리갑의 뒤를 잇는 순교자로 묘사한 것이다. 이 성화는 고난과 십자가의 좁은 길을 잊어가는 현대 크리스천들에게 많은 것을 가르쳐 준다.

2. 서머나 교회

(1) 명칭

'서머나'($\Sigma\mu\acute{\upsilon}\rho\nu\alpha$)란 "씀" "몰약"(myrth) 등의 뜻을 지닌 용어로서 신약성경에 모두 4회에 걸쳐 나타나고 있다(마 2:11; 요 19:39; 계 1:11, 2:8). 요한계시록 1장 11절과 2장 8절의 경우에는 서머나가 지명으로 쓰이고 있지만, 마태복음 2장 11절에는 '몰약'을 뜻하는 보통명사로 쓰이고 있다("동방박사들이 아기께 경배하고 보배합을 열어 황금과 유향과 몰약($\sigma\mu\acute{\upsilon}\rho\nu\alpha$, myrrh)을 예물로 드리니라"]. 아기 예수께 드려진 선물 중에 황금은 예수님의 신성(Deity of christ)을, 유향은 예수님의 제사직(Mediatorrial office of christ)을, 몰약은 예수님께서 우리를 위해서 치르신 고난(Suffering of Lord for sins)을 의미한다. 이상의 의미를 참조할 때 '서머나 교회'란 곧 예수님의 고난과 그의 지체 되는 서머나 교인들의 고난, 순교를 뜻한다고 할 수 있다.

요한복음 19장 39절("예수께 밤에 나아왔던 니고데모도 몰약과 침향 섞은 것을 백 근쯤 가지고 온지라 이에 예수의 시체를 가져다가 유대인의 장례법대로 그 향품과 함께 세마포로 쌌더라")의 몰약 역시 중생한 신자들이 바칠 예배와 순교를 뜻하는 것이다. 몰약이 짓눌리고 부서질수록 더욱 짙은 향기를 풍겨내듯이 고난과 핍박이 아무리 가혹할지라도 주님을 위해 바쳐진 순교의 향기는 더욱 고귀하다. 시(市)로서의 서머나는 곧 세계적인 유향과 몰약의 도시로서의 향기 풍김을 내포하고 있으나 예수님에게 있어서의 서머나는 곧 예수님께서 십자가에 못 박히실 때 풍기는 보혈의 향기를 뜻한다.

(2) 기원

서머나의 그리스도교 교회의 기원에 대해서는 알 수 없다. 〈폴리갑(polycarp) 전기〉에 의하면 바울이 에베소에 있을 때(행 19:10~26) 그가 이곳까지 와서 교회를 세웠을 것이라고 한다. 아시아의 일곱 교회 중 책망받지 않은 교회는 빌라델비아 교회와 이곳 서머나 교회 두 곳뿐이었다(계 2:8~11, 3:7~13). 서머나 시는 에베소에서 북쪽으로 약 56킬로미터밖에 떨어지지 않은 매우 근접한 곳에 있었으므로 바울이 직접 서머나를 방문했거나 혹은 다른 많은 제자들이 서머나로부터 에베소에 와서 바울의 강론을 들었을 수 있다. 그런데 예루살렘 함락시(AD 70) 대다수의 유대인들이 이 도시로 이거했는데, 처음에는 교회 안에도 유대인들이 많이 있었으나 교회 밖의 유대인들이 로마정부와 결탁해서 교회를 탄압하기 시작했다. 전하는 바에 의하면 안디옥의 이그나티우스(Ignatius of Antioch, 2세기 초)가 로마로 호송되어 갈 때 서머나에 들러서 4통의 편지를 썼다고 하며, 드로아에서 서머나의 폴리갑 감독에게 편지를 쓴 일이 있다고 한다. 그러므로 당시 서머나 교회는 건실한 감독교회로 성장했다고 생각한다.

(3) 특징

서머나 교회는 영적으로나 신앙적으로 특이한 교회로서 세상적으로 부요했던 라오디게아 교회와는 대조적이었다. 라오디게아 교회는 물질적으로는 풍요로웠으나 영적으로는 가난했던 반면에(계 3:17) 서머나 교회는 물질적으로는 몹시 궁핍했으나 영적으로 부요하였다(계 2:9). 요한계시록 2장 8-11절에 나타난 서머나 교회의 특징을 정리해 보면 다음과 같다. 라오디게아 교회와 정반대되는 교회(2:9), 믿음이 있는 교회(2:9), 사역하는 교회(2:9-19), 고난받는 교회(2:10), 환난과 궁핍을 당하고 유대인에게 훼방받으며 옥에 던지움을 당하였음, 재정적으로도 매우 궁핍한 교회, 영적으로 부요한 교회, 저주나 책망이 없는 교회, 물질적인 가난 때문에 교회 활동에 전혀 지장을 받지 않은 교회, 죽도록 충성하는 교회, 환난 중에서도 참는 교회, 하나님 말씀을 잘 듣는 교회, 성령 충만한 교회, 승리한 교회, 둘째 사망의 해를 받지 아니하는 교회이다. 이상의 특징 가운데서 특별히 서머나 교회에만 해당되었던 환난이라면 재산과 가옥과 직장, 사업 모두를 정부에 빼앗겼다는 것(히 10:34)이고, 또 유대인의 훼방으로 폴리갑(서머나 교회의 목회자)이 순교당한 것이며 몇 사람이 옥에 던져져 시험받은 것이다(이상찬).

서머나 도시는 기독교인들의 생명을 위협하는 두 가지 특징이 있었다.

① 황제 숭배의 중심지였다.

로마의 황제 숭배는 로마가 세계를 통치하는 정신적 전략 중의 하나였다. 이것은 고금을 막론하고 모든 역대 제왕들이 쓰던 방법이다. 이런 황제 숭배 강요사상은 전 로마제국 산하의 백성들로 하여금 정신적 통일을 가져오게 하기 위함이었다. 그래서 '로마의 정신은 로마의 황제'라고 하게 됐다. 그래서 로마의 황제가 신으로 격상된 것이다. 이러한 황제 숭배가 완전히 종교적 의무 수행으로 법제화되어 버렸다. 이런 종교적인 의무 수행 여부는 결과적으로 정치적 충성 여부를 테스트하는 데 사용케 됐다. 그래서 로마 황제는 모든 로마 제국에 주(主)로 군림하게 된 것이다.

② 유대주의가 있었다.

서머나에는 다수의 유대인이 집단적으로 군거(群居)했다는 사실이다. 저들은 지방장관에게 모든 계교를 써서 관심을 산 후에 기독교 박멸운동에 모든 열심을 다 기울였다. 이 서머나에서 유명한 순교자가 났으니 바로 그 교회의 감독이었던 폴리갑이었다. 이 때 이 모든 일의 주동자가 유대인들이었다는 사실이다. 유대인들은 교회에 해를 끼치는 것과 로마 관헌으로 하여금 적극적인 박해를 가하게 하기 위해서라면 무슨 일이라도 했다(석원태).

서머나 교회 신앙의 3대 특징을 열거하면, 첫째 순교적인 신앙이다.

교회사에서 서머나 교회처럼 순교적인 신앙을 발휘하는 교회는 없을 정도로 철저한 순교 정신으로 무장한 교회였다. 그 당시는 로마라는 거대한 국가가 믿음을 송두리째 흔드는 핍박이 있었지만 참된 성도들은 새로운 생활에서 순교적인 자세로 믿음의 정절을 지켰다.

둘째, 신앙적인 열정이다.

신앙의 열정이 순수하고 뜨거웠기 때문에 그들은 순교하는 데에 두려움이 없었으며, 죽기까지 '하나님의 말씀과 예수의 계명'을 지키는 원동력이 되어 주었던 것이다.

셋째, 진리를 수호하는 데 앞장서는 교회였다.

신앙의 열정이 가득하였으므로 순교하기를 두려워하지 아니하였고, 배도하는 세력이 나타났을 때에 진리 수호하기를 죽기까지 감당한 충성과 봉사가 있었던 교회였다. 기독교의 신앙은 '순교자들의 피값으로 전해져 왔다'고 교회사에서 순교자들의 고귀한 피값은 중대한 원동력이 되어 왔다(이광복).

이제 우리는 서머나의 배경 연구를 그곳에서 일어난 유명한 기독교의 사건으로 끝을 맺을 수 있다. 터툴리안(Tertullian)은 폴리갑이 사도 요한에 의해 서머나 교회의 감독으로 임명되었다고 하였다. 폴리갑은 사도 요한의 제자였으며, 이그나티우스(Ignatius)의 친구였고 포티누스(Pothinus)와 이레니우스(Irenaeus)의 스승이었다.

많은 문헌은 이레니우스가 소년시절에 폴리갑과 많은 대화를 나누었다고 전한다. 폴리갑은 충실한 목회자요 끝까지 전통을 사수한 신학자였으며, 또 우상숭배를 반대한 용사였고 순교자였다. 그의 서신으로는 빌립보 교회에 보낸 것이 있다. 터툴리안과 이레니우스, 유세비우스에 의하면 폴리갑은 사도 요한 당시에 이미 서머나 교회의 목회자로 활동했던 것 같다. 폴리갑은 헬라어로 "열매를 많이 맺다"라는 뜻이다. 순교할 당시 그의 죄목은 "로마 황제 숭배 거부죄"였다.

서머나 교회 감독 폴리갑은 주후 155년 2월 23일, 토요일에 순교당했다. 그때는 운동경기 때였고, 따라서 서머나는 인파로 들끓었다. 군중은 누구나 흥분해 있었다. 그런데 갑자기 "무신론자들을 없애라! 폴리갑을 찾아라!"고 하는 고함소리가 솟아올랐다. 물론 그는 피신할 수 있었으나 그는 벌써 순교의 꿈을 꾸었다. 꿈에 그가 벤 베개에 불이 붙었다. 꿈을 깬 폴리갑은 제자들에게 "나는 화형을 당할 것이다"(나는 산 채로 불에 타 죽을 것이다)라고 예언했다.

그의 은신처는 고문에 못이겨 자백한 한 어린 노예에 의하여 박해자들에게 알려졌다. 그들은 폴리갑을 체포하러 왔다. 그는 자신을 잡으러 온 사람에게 음식을 원하는 대로 다 주라고 명했고, 그동안 자기는 마지막 한 시간의 기도 시간을 달라고 했다. 집행관도 그의 죽음을 애석히 여겨 경기장으로 가는 길에 "가이사는 주라"고 분향만 한다면 사는데 그게 무엇이 어려우냐고 탄원했다. 그러나 폴리갑은 "예수 그리스도만이 주시라" 주장하며 굽히지 않았다.

그가 원형극장 안에 들어섰을 때 하늘에서 소리가 들려오기를 "담대하라, 폴리갑아. 그리고 남자다워라"(Be strong, Polycap. And play the man)고 했다. 총독은 그에게 마지막 기회를 주었다. 그리스도의 이름을 저주하고 가이사에게 제사(분향)를 드리든가, 아니면 죽음을 택하라고 했다. 폴리갑은 정중히 말했다. "86년간을 나는 그리스도를 섬겨 왔고 그동안 한 번도 나를 섭섭하게 하지 않았는데 내 어찌 나를 구속해 주신 내 왕을 욕하겠소?" 총독이 그를 불로 태워 죽이겠다(화형)고 위협하자 폴리갑은 대답하기를 "당신이 잠시 타다가 곧 꺼져 버리는 불로 나를 위협하나, 이는 당신이 다가올 심판날과 영원한 형벌이 악인들을 기다리고 있는 불을 알지 못함이요, 무엇 때문에 지체하는 것인가? 자, 지체하지 말고 서서 원하는 대로 하라"고 했다. 폴리갑은 박해자들까지도 간청했으나 마음을 바꾸지 않았다. 핍박하는 자들은 사방에서 화목(火木, 땔나무)을 모아 산더미처럼 만들었다. 그날은 안식일이었다. 유대인들은 나무를 가져오는 것이 안식일 규정을 어기게 됨에도 불구하고 시끄럽게 떠들어대고 나무를 가져오는 데 앞장을 섰다. 폴리갑을 기둥에 결박하려는 원수들에게 그는 "나를 이대로 내버려두라. 불을 견뎌내게 힘을 주신 그분이 나에게 이 불길 속에서도 너희들이 못으로 꼼짝 못하게 박아 놓은 것이 없을지라도 나로 하여금 움직이지 않고 남아 있게 해 주실 것이오"라고 대꾸했다. 그래서 그들은 그를 느슨히 묶은 채로 불을 질렀다. 그때에 폴리갑은 저 유명한 기도를 하였다.

"오 전능하신 주 하나님, 당신의 사랑하시는 아들 예수 그리스도의 아버지시여, 우리는 예수 그리스도를 통하여 천사와 권세와 모든 피조물과 그리고 당신 앞에서 기거하는 이의 온 가족의 하나님이신 당신에 관한 온전한 지식을 얻었나이다. 나는 당신이 오늘날 이 시간에 성령의 불멸성 안에서 영과 육이 다함께 영원한 생명으로 부활하기 위하여 순교자의 반열과 당신의 그리스도의 잔에 참여할 수 있게 허락하여 주신 것을 감사하나이다. 그리고 오늘 내가 당신 앞에 서 있는 저들의 자리에 값지고 흠향하실 수 있는 제물로 받아주시기 바랍니다. 그리고 거짓없이 진실하신 하나님이 이미 길을 예비하시고 우리에게 모범을 보이시고 이루어 주신 것이옵니다. 이를 인하여 나는 모든 것을 찬양하나이다. 나는 하늘의 대제사장 예수 그리스도 당신의 독생자를 통하여 당신께 감사와 영광을 돌리나이다. 그 아들을 통하여 오늘날과 앞으로 다가올 세세토록 독생자와 성령으로 더불어 영광을 받으시기를 기원하나이다. 아멘."

이상은 역사적 사실이다. 그 사실에 기초하여 여러 가지 전설이 생겼다. 전설에 의하면 불이 장막같이 폴리갑을 둘러싸고 그를 태우지 않아 화형 집행자들은 불길로 죽이지 못한 것을 칼로 찔러 죽이고야 말았다. 그 창자리에서 비둘기 하나가 나왔고 그 다음에 피가 어찌 나왔든지 불이 꺼지고 모든 관중은 의인의 죽음이 불신자의 죽음과 다른 데 놀랐다는 것이다. 이렇게 폴리갑은 서머나에서 죽었다. 믿음을 위한 순교자요 죽도록 충성한 것이다. 서머나에서 크리스천이 된다는 것은 결코 쉬운 일이 아니었으나, 이 서머나 교회에 보낸 서신은 칭찬만이 자자한 두 개의 서신 중 하나이다.

이와 같이 서머나 교회는 순교자 폴리갑 감독을 배출한 유명한 교회가 된 것이다(바클레이).

부록 V. 순교사

● ● ● ● ● ● 신약시대의 시작부터 초대교회의 성립, 나아가서는 교부시대에 이르기까지 교회사는 순교로 점철되어 왔다.

예수님께서 출생하신 때인 아우구스투스(Augustus, BC 27-AD 14) 황제 때 헤롯 왕에 의해 베들레헴과 그 지경에 있는 두 살 이하의 유아들이 학살당한 사건(마 2:16-17)을 필두로 하여 티베리우스(Tiberius AD 14-39) 황제 때는 헤롯 왕 2세에 의해 세례 요한이 목베임을 당하였으며(마 14:10-11; 막 6:17) 이어 예수님께서 빌라도에 의해 십자가에 못 박혀 죽으셨다(마 27:50; 막 15:37; 눅 23:46; 요 19:30).

초대교회의 순교사를 소개하면 다음과 같다.

• 스데반 집사

사도행전 7장에서 유대인들에게 성령이 충만하여 설교를 하였던 스데반은 주후 34년 예루살렘에서 돌에 맞아 순교함으로 최초의 순교자라는 영예를 얻었다(행 8:1-2).

• 야고보

요한의 형제 야고보는 로마에 충성을 하고 유대인의 환심을 사려는 헤롯 아그립바에 의해 주후 44년에 예루살렘에서 사도로서는 최초의 순교자가 되었다(행 12:2).

- 빌립

아시아 윗지방에서 전도하다 채찍에 맞고 투옥되었으며 브리기아의 헬리오 폴리스에서 못 박혀 죽었다고 한다(AD 54).

- 마태

마태복음을 기록한 세리 마태는 15년간 팔레스틴에서 전도하였으나 그 후에는 에디오피아와 마게도니아와 수리아와 바사와 파르디아와 메대 등지에서 전도하다가 도끼에 맞아 죽었다고 한다.

- 작은 야고보

그의 나이 94세 때에 유대인에게 돌로 맞은 후에 다시 방망이에 머리를 맞아 죽었다고 전한다.

- 맛디아

가룟인 유다 대신에 제비뽑기로 뽑힌 맛디아는 예루살렘에서 돌에 맞아 죽음을 당하였다고 한다.

- 안드레

스구디아와 헬라와 소아시아 지방에서 선교하다가 주후 70년 경에 파트라에서 X자형의 십자가에 못 박혀 순교하였다고 한다.

- 마가

이집트 알렉산드리아에서 잡혀 그들의 우상인 세라피스 축제일에 군중에게 끌려다니다가 찢겨 죽었다고 한다.

- 베드로

주후 67년에 로마에서 주님이 달리신 십자가 형틀에서 거꾸로 달려 죽기를 원하여 그대로 처형을 당하였다.

• 바울

주후 67년에 로마의 교외에서 참수당하여 죽었는데, 그의 목이 잘리면서 세 번이나 뛰었다는 분수대는 성지순례의 길로도 유명하다.

• 유다

야고보의 형제 다대오로서 주후 72년 에뎃사에서 못 박혀 죽었다고 한다.

• 바돌로매

인도와 알메니아와 애굽 등에서 선교활동을 하다가 분노한 우상숭배자들에게 매맞고 못 박혀서 죽었다고 한다.

• 도마

인도와 파르디아에서 선교하다가 순교하였으며, 인도의 '성 도마교회'(Mar Thomas church)의 설립자로 전해지고 있다.

• 누가

사도 바울을 끝까지 추종했던 누가는 그와 더불어 여러 나라에서 전도를 하다가 그리스에서 올리브 나무에 달려 죽었다고 한다.

• 시몬

아프리카의 모리타니아와 영국에서 전도활동을 하다가 주후 74년에 못 박혀 죽었다고 한다.

• 바나바

바울의 동역자로 알려진 바나바는 주후 73년에 순교하였다고 한다.

이외에도 사도 요한이 도미티안(Domitian, AD 81-96)에 대한 거절로 밧모섬에 유배 간 일, 니고데모가 로마에서 고난당한 것, 디모데가 에베소에서 우상숭배자들에게 매를 맞고 순교한 일, 서머나 교회의 감독이었던 폴리갑의 화형에 의한 순교(마르쿠스 아우렐리우스 황제 당시), 주피터 신 숭배 거절로 저스틴이 목베임 당한 것, 로마 교회의 감독 빅토르(victor)의 순교, 오리겐의 부친(Leonidas), 이레니우스(Irenaeus)의 순교 등 교회사는 그야말로 순교사라 할 정도로 많은 피를 쏟은 역사였다. 이는 예수님께서 걸으신 고난의 길을 충성된 종들이 그대로 따른 것이라 할 수 있다(이상찬, 이광복).

이제 서머나 교회가 열 명의 황제들로부터 핍박받은 역사를 대략 살펴보기로 하겠다.

(1) 네로 황제의 핍박(37-68년)

폭군 네로는 16세에 왕위에 오른 뒤 25세에 그의 아내 옥타비아를 죽이고 그의 모친을 칼로 찔러 죽였으며, 모든 형제들을 처형한 잔인무도한 인물이다.

그리고 난 후 마음속에 시를 짓고 싶었다. 그러나 시를 지을 감흥(感興)이 떠오르지 않는다고 하며 로마 시에 불을 질렀다. 그래서 삽시간에 온 로마 시가 불바다로 화하고 사람들은 갈팡질팡하며 죽어가는데, 그는 성루(城壘)에 앉아서 시를 짓고 있었다. 그러나 이 소문이 퍼지자 네로는 책임을 회피하기 위해 '기독교인들이 불을 질렀다'고 거짓 소문을 퍼뜨리고 기독교인들의 체포령을 내렸다.

　이렇게 해서 많은 교인들이 체포되어 투옥되고 처형되었다. 그리고 주후 67년에는 예수님의 수제자요 초대교회의 기둥이었던 베드로가 잡혀서 십자가에 거꾸로 달려 순교당했다. 전해 내려오는 말에 의하면, 베드로가 로마에 올라갔는데 마침 네로의 핍박이 극도에 달했던 때였으므로 그의 제자들이 베드로를 피신시키려고 로마를 떠날 것을 강권했다. 그래서 피신하여 알반 언덕을 넘으려 할 때 밤이 다 가고 아침 안개 사이로 태양빛이 쫙 비쳐오는데 예수님이 가시관을 쓰시고 양손과 양발에 피를 흘리면서 나타나셨다. 베드로가 놀라서 꿇어 앉자 예수님은 내려오시더니 베드로를 못 본 체하시고 로마 성문을 향하여 지나가셨다. 그래서 베드로가 예수님을 향하여 "쿼바디스"(Quovadisi, 주여 어디로 가시나이까) 하고 물었다. 그때 주님은 "베드로야, 네가 버리고 간 나의 양 무리들을 위해 다시 십자가에 못 박히기 위해 로마로 들어간다" 하고 말씀하셨다.

　여기서 베드로는 크게 깨달았다. 그 길로 로마에 되돌아간 베드로는 "내가 어떻게 예수님처럼 못 박혀 죽을 수 있겠는가. 거꾸로 못 박히겠다"라고 하며 순교당했다. 지금도 로마에 가면 베드로가 꿇어 앉아 "쿼바디스!" 하고 부르짖던 자리에 대성당이 세워져 있다.

　한편 주후 68년, 그러니까 베드로가 순교당한 다음 해에 바울도 잡혀서 순교당했다. 전하는 바에 의하면, 바울을 원형극장에서 처형할 때 땅에 떨어진 머리가 세 번 뛰었고, 뛰는 곳마다 샘물이 솟아올라 샘의 근원이 되었다는 기록이 있다.

(2) 도미티안 황제(81-96년)

그는 자기를 자칭 '주피터 신'이라고 해서 신으로 섬기고 경배하라고 했다. 이때에 사도 요한이 잡혀서 기름 가마에 던짐을 받았으나 타 죽지 않았다고 한다. 그래서 밧모섬으로 유배당하여 은혜를 체험함으로 요한계시록을 기록하게 되었고, 후에 에베소 교회로 돌아와서 목회를 하다가 하나님의 부름을 받았다.

(3) 트라얀 황제(98-117년)

그는 20년간이나 신앙을 불법화하고 핍박하였다. 이때 베드로의 후계자였던 이그나티우스가 짐승에 찢기어 순교를 당했다.

80세가 넘은 고령자 이그나티우스를 향하여 재판장이 "네가 어서 입으로 예수를 배반하라. 그러면 살려 주겠노라"고 하자 그는 이렇게 대답했다. "내가 어릴 때부터 지금까지 예수를 믿어 왔는데 그는 한 번도 나를 배반하지 않았습니다. 그런데 내가 어찌 예수님을 배반하겠습니까?" 마침내 사자굴에 던짐받은 그는 사자들이 자신의 허벅다리를 물어 뜯자 웃으면서 "사자야! 어서 허벅다리를 깨물고 내 갈비뼈를 헤치고 허파나 심장을 끌어내라. 그래서 나를 어서 내 사랑하는 예수님 앞으로 보내다오" 하면서 순교한 기록이 있다. 이와 같은 순교사건이 원형극장에서 일어날 때마다 보는 사람들의 마음속에 그리스도의 은혜가 임하였다. 그들은 그리스도인들이 그와 같이 두려움없이 영광스럽게 죽어 가는 것을 보고 감동 감화를 받아 예수님을 믿게 되었다. 기독교는 마치 타오르는 모닥불과 같다. 불길이 오른다고 하여 몽둥이로 모닥불을 내리치면 칠수록 그 불씨들이 사방 각지로 흩어져 나가 수백 수천의 불꽃을 이룬다.

(4) 마르쿠스 아우렐리우스 황제(Marcus Aurelius, 161-181년)

그는 복고주의(復古主義) 철인으로서 옛날 로마인의 종교와 생활을 내세우며 기독교인을 핍박하였다. 이 시기에 폴리갑과 순교자의 대명사로 불리는 저스틴이 순교당했다.

(5) 셉티머스 세브러스 황제(Septimus Serverus, 202-211년)

그는 신앙 금지령을 내리고 아프리카 지역의 위대한 신학자 오리겐의 부친을 처형시켰다.

(6) 맥시미누스 황제(Maximinus, 235-237년)

이때에 기독교인들을 무더기로 처형해서 50~60명씩 합장(合葬)시킨 비인간적인 폭군이었다.

(7) 데시우스 황제(Decius, 248-253년)

전국에서 조직적으로 기독교의 뿌리를 뽑아버리겠다고 하면서 무섭게 핍박했다. 그야말로 최대, 최악의 박해자였으나 다행히 하나님께서 그의 영혼을 일찍 불러가셨다.

(8) 발레리아너스 황제(Valerianus, 257-260년)
카르타고의 감독이었으며 당대 최고의 저술가인 시프리안 (Cybrian, 200~258)이 순교당했다.

(9) 아우렐리안 황제(Aurelian, 270-275년)
그는 모든 성경을 압수해서 다 태워 버리는 박해자였다.

(10) 디오클레시안 황제(Diocletian, 303-312년)
그는 모든 성경을 압수하여 교회와 함께 불태워 버렸다. 그리고 조직적으로 철두철미하게 기독교를 핍박하여 기독교인을 로마에서 더 이상 찾아볼 수 없게 했다. 이에 만족한 디오클레시안은 '기독교 박멸(撲滅) 성공 기념비'를 세웠다. 그러나 그가 죽고 난 뒤 25년 만에 이 박멸되었던 기독교가 로마의 국교(國敎)로 되어버리고 말았다.

이렇듯 주후 37-312년에 열 명의 박해자들이 대를 이어가며 철두철미하게 말살시키려 하였으나 기독교는 결코 망하지 않았던 것이다. 이것이 바로 교회사적으로 본 서머나 교회로서 "10일 동안 환난을 받으리라"는 예언이 그대로 성취된 셈이다(조용기, 정양수).

3. 주님이 나타나신 모습(2:8)

서머나 교회는 죽도록 충성한 수난의 교회이다. 죄 많은 곳에 은혜가 풍성하다고 하신 진리는 서머나 교회에서도 예외는 아니었다. 부활하신 주께서 절대적이고도 진정한 칭찬을 주신 극소수의 교회 중 하나가 서머나 교회였다. 서머나 교인들은 진정으로 영웅적인 신앙의 투사들이었다. 저들은 질식할 만한 황제숭배 강요의 어두움 속에서도 그리스도께서 주신 진리의 말씀 안에서 순전을 지킨 교회였다. 서머나라는 이름 스뮈르난(σμύρναν), 뮈론(μύρον, myrrh)은 "몰약"(죽은 사람에게 바르는 약)이라는 뜻을 가진 말인데, 그 이름과 같이 이곳에는 많은 그리스도인들이 피를 흘리고 죽어서 사자(死者)의 도시가 되었다. 실제로 AD 133년에 수많은 그리스도인들이 순교당한 일이 있다. 이러한 이름은 죽기까지 충성한 서머나 교회의 영적 절개를 잘 말해 주고 있는 것으로 느껴진다.

서머나 교회에 나타난 그리스도의 모습은 두 가지로 표현되었다. "처음과 나중"(1:8, 18), "죽었다가 살아나신 이"(1:8)라는 것이다.

(1) 처음과 나중

여기서 '처음'은 하나님께서 세상을 창조하신 시작의 기점으로서 '처음'이며, '나중'은 창조하신 것을 종결짓는 의미에서의 '나중', 곧 '끝'을 가리킨다.

"창조를 통해 처음이요, 심판을 통해 나중이라. 만물은 내게서 나갔기 때문에 처음이요, 만물은 내게로 돌아 오기 때문에 나중이라. 나는 사랑의 원인이기 때문에 처음이요, 나는 심판자이며 종말이기 때문에 나중이라."

홉스(Hobbs)는 처음과 나중이 하나님과의 동등성을 의미한다고 하였다. 그리고 칠턴(Chilton)은 처음과 나중이란 말을 절대의 주시요, 역사의 결정자시요 실재의 계획자이시며 통치자로 해석하고 있다. 발보드(Walvoored)는 '처음과 나중'을 예수님께서 당신의 시간의 영원성을 말하려고 하신 말씀으로 받아들이며 따라서 이 내용이 과거에도 계셨을 뿐만 아니라 미래에도 계신 것을 의미하는 것으로 보고 있다.

따라서 "처음과 나중"이라는 말씀은 "역사의 시작"을 거슬러 올라가 "태초"부터 "역사의 종말"까지 계시면서 그 이후를 주관하시는 예수 그리스도가 모든 역사의 주권자가 되심을 증거하는 것이다. 그러므로 핍박과 순교의 길을 넘나드는 서머나 교회의 성도들에게는 주님의 위로가 큰 소망이 되는 것이다(이광복).

(2) 죽었다가 살아나신 이

죽었다가 살아나신 예수의 인성 3단계는 요한계시록 1장 18절("곧 산 자라 내가 전에 죽었었노라 볼지어다 이제 세세토록 살아 있어")과 2장 8절("죽었다가 살아나신 이")에 나타났다. 예수님께서는 동정녀 마리아에게서 출생하고 33년 동안 이 땅에서 사시다가 십자가에 못 박혀 대속의 죽음을 죽으시고 장사지낸 바 되었다가 3일만에 부활하사 부활의 첫 열매가 되셨다(고전 15:20-22).

'죽었다'(ὃς ἐγένετο νεκρός)라는 말은 문자 그대로 '사자가 되었다' 라는 뜻으로 예수께서 십자가에 못 박혀 죽으신 것을 말한다(고전 15:3). 그리고 '살아나신 이'(ὃς ἔζησεν)란 곧 부활하신 그리스도를 가리키는 말로(고전 15:4; 딤후 2:8) 이상의 내용은 사망과 생명을 주관하시는 예수그리스도를 보여주는 것이며(마 16:19; 요 11:25, 14:19; 고전 15:21-22) 궁극적으로는 살아계신 예수님을 강조하는 말이다(수 3:10; 시 42:2, 84:3; 마 16:16; 행 14:15; 롬 9:26) (이상찬).

바클레이(W. Barclay)는 그의 저서 계시록 주해에서 예수님께서 죽었다가 살아나신 일에 대하여 다음과 같은 두 가지로 언급하고 있다.

첫째로 부활하신 주님은 인간의 생이 그에게 가할 수 있는 최악의 것을 경험하신 분이다.

그는 죽으셨다. 더구나 십자가의 고통속에서 죽으셨다. 서머나 교인들에게 여하한 일이 닥쳐온다 하더라도 예수 그리스도가 우리에게 도움을 주실 수 있는 것은 그분은 인생의 최악의 경지가 어떤 것인가를 알고 계시며 죽음의 쓰라림을 경험하셨기 때문이다. 그분에게 일어나지 않았던 것으로 우리에 일어나는 일이란 아무것도 없다.

둘째로 부활하신 주님은 우리의 생이 할 수 있는 최악의 것을 정복하셨다.

그는 고통을 정복하셨다. 그는 십자가의 고통을 이기셨다. 그는 죽음을 이기셨다. 그는 자신이 해보지 않은 것을 우리에게 제시하시지는 않는다. 그는 우리에게 자기 자신을 통해 승리의 생활로 가는 길을 제시하신다(바클레이).

"죽었다"(제2 부정과거)가 "살아나신"(제1 부정과거) 이에 대하여 두 부정과거가 사용된 의미는 갈보리 언덕 위에서 세상 죄를 지시고 죽으신 그 과거적인 사건과 아리마대 요셉의 동산에 있는 무덤에서 발생한 두 부활의 두 사실을 증거하는 것이다.

다른 표현으로 한다면, 예수 그리스도는 "죽었다가 살아나신 분"이시기에 사망의 열쇠를 가지신 분으로 핍박을 받는 서머나 교회와 성도들에게 "환난과 핍박"이 있을지라도 "두려워 말라"는 엄청난 축복의 위로를 주시는 것이다. 왜냐하면 투옥과 처형을 앞둔 서머나의 회중에게 "죽었다가 살아나신 이"가 "사망과 음부의 열쇠"를 가지셨으니 너희는 두려워 말라는 것이기 때문이다. "사망과 음부의 열쇠"를 가지신 예수 그리스도를 보았기에 폴리갑같은 순교자들이 오직 "하나님의 말씀과 예수 그리스도의 계명"을 지키려고 순교자의 길을 걸었다고 볼 수 있다(이광복).

'처음이요 나중이요 죽었다가 살아나신 이'는 고난 받는 서머나 교회에 대해서 가장 적절한 그리스도의 모습이라고 하겠다. 그리스도 자신이 십자가에서 '순교' 하시고 다시 사셔서 지금도, 그리고 영원히 살아계신다. 창조로부터 종말에 이르기까지 모든 것이 그의 권세 아래 있는, '처음이시요 나중이신' 그이가 말씀하신 것이다. 그런 이가 우리의 주요, 세상 끝날까지 우리와 함께 계신다. 그러므로 우리도 그의 안에서 죽어도 살고, 죽어서 산다. 이 그리스도의 모습 자체가 근원적인 격려의 말씀이 되는 것이다. 그리스도는 역사의 시작이며 역사의 완성자이기 때문에 죽음을 이긴 영존자이다. 그가 바로 이 편지의 주인공이 된다(김재준, 김철손).

4. 칭찬(2:9)

전자(환난)는 압박한다($\theta\lambda\iota\beta\omega$)에서 온 말로 신앙적 핍박을 가리키고 후자(궁핍)는 그 결과로 인한 생활의 가난을 뜻한다(이상근). "환난"은 그리스도 신앙을 인하여 받는 외래(外來)의 압박이고, "궁핍"($\pi\tau\omega\chi\epsilon\iota\alpha\nu$)은 그 압박의 결과로 당한 생활상 빈곤을 가리킨다. 이런 핍박은 그때에 기독자들이 불신 유대인 또는 이방인 폭도로 말미암아 당했던 것이다(박윤선).

(1) 환난을 아신다
첫째, 라틴어로서 환난의 의미
라틴어 tribulum에서 tribulation이라는 영어가 파생되었는데, 곡식을 탈곡할 때 사용하는 도리깨를 의미한다. 따라서 라틴어가 주는 의미는 껍질에서 알곡을 가려내기 위하여 도리깨로 두들겨 맞는 타작마당의 곡식 모습을 전달해 주는 것이다.

둘째, 헬라어로서 환난의 의미
헬라어 들립시스($\theta\lambda\iota\psi\iota s$)는 포도즙틀을 통하여 익은 포도에서 즙을 내기 위하여 틀을 밟는 것을 전달해 주는 것이다. 즉 '환난'을 뜻하는 헬라어 $\theta\lambda\iota\psi\iota s$의 동사는 $\theta\lambda\iota\beta\omega$로 "큰 돌에 눌려 찌그러지다"라는 의미이다. 즉 환난은 견디어내기 어려운 압제 하에서 당하는 고통과 고뇌를 뜻한다.

계시록에는 예수님께서 받으신 환난(1:9), 서머나 교회가 받은 환난(2:9), 장차 받을 환난(2:22), 큰 환난(2:22), 7년 대환난(7:14) 등 여러 가지의 환난이 언급되어 있다. 여기서의 환난은 로마 황제 숭배를 거절함으로 말미암은 환난으로, 그 환난이 어떠했음은 히브리서 11장 36-38절에 잘 나타나 있다("악형을 받되 구차히 면하지 아니하였으며 또 어떤 이들은 희롱과 채찍질뿐 아니라 결박과 옥에 갇히는 시험도 받았으며 돌로 치는 것과 톱으로 켜는 것과 시험과 칼에 죽는 것을 당하고 양과 염소의 가죽을 입고 유리하여 궁핍과 환난과 학대를 받았으니 광야와 산중과 암혈과 토굴에 유리하였느니라"). 뿐만 아니라 산업을 빼앗기기까지 하였다.

로마의 황제 숭배

참고 삼아 로마 황제의 통치시기와 성경과의 관계를 정리해 보면 다음과 같다.

황제	통치기간	성경과의 관계
Caesar Augustus(Octavian)	BC 27-AD 14	눅 2:1
Tiberius Julius Caesar Augustus	14-37	눅 3:1
Gaius Caesar Augustus Germanicus(Caligula)	37-41	
Tiberius Claudius Caesar Augustus Germanicus	41-54	행 18:2, 11:28
Nero Claudius Caesar Augustus Germanicus	54-68	행 25:10, 28:19

Servius Galba Caesar Augustus	68	예루살렘 포위
Marcus Otho Caesar Augustus	69	
Aulus Vitellius Germanicus Augustus	69	
Caesar Vespasianas Augustus	69-79	60년 예루살렘에 반란이 있었을 때 장군으로 활동했으며 그의 아들 Titus장군은 예루살렘을 함락시킴
Caesar Titus Vespasianus Augustus	79-81	70년에 유다에 연당을 소탕
Caesar Domitianus	81-96	Dominus et Deus 라 함. 요한을 밧모섬에 정배 보냄

로마황제 숭배는 공식적으로는 Gaius Caesar Augustus Germanicus(Caligula) 황제가 전 황제인 티베리우스(Tiberius) 황제를 숭배하기로 결정한 데서 시작되었다. 칼리굴라는 로마시민이 아닌 사람들에게도 황제 숭배를 강요하였는데, 예루살렘 성전에다 자신의 상을 세우고 숭배하도록 명했으나 실제로 그 자신은 시행되기 전에 사망하고 말았다.

그 후 Claudius(41-54), Nero(54-68), Galba(68), Otho(69), Vitellius(69), Vespasian(69-79), Titus(79-81) 황제들 때에도 황제 숭배를 공공연히 행하다가 도미티안(Domitian) 황제 때에 가서는 그 법령이 강화되었다.

도미티안 황제는 스스로를 주와 신(Dominus et Deus)으로 칭하면서 자신을 숭배치 않는 자들에게는 큰 핍박을 가했다. 사도 요한이 에베소 교회에서 쫓겨나 밧모섬으로 유배를 갔던 것이 바로 이 당시였다(이상찬).

로마는 네로에서부터 디오클레티아누스 황제에 이르기까지 10대에 걸쳐 240년여간 교회를 박해했다. 이때 예수 그리스도를 믿는다는 이유로 옥에 갇히고 죽임을 당한 성도의 수는 이루 헤아릴 수조차 없다. 로마의 감옥들은 붙잡혀 온 성도들로 가득 찼으며 더 이상 감금할 여지가 없었다고 역사가들은 기록하고 있다. 실로 거의 모든 성도들이 악하고 흉포한 로마제국에 의해 엄청난 고난을 당했다. 로마의 고(古)도시이며 황제 숭배의 중심지인 서머나(오늘날의 이즈미르)에 위치한 서머나 교회가 당한 고난은 당시 로마의 잔악함을 여실히 드러내는 것이었다. 서머나 교회 성도들은 모두 재산을 몰수당하고 여자와 아이들은 노예로 팔려 갔다. 불의한 로마 권력에 굴종하고 황제 숭배에 참여하기만 하면 얼마든지 무사하게 살 수 있었지만 서머나 교회는 성도의 의로움과 신앙을 지키기 위해 고난을 선택했다. 고난을 오히려 의로움을 증명하는 증거로 여겼던 것이다. 고난을 의로움의 반증으로 여기는 신앙, 서머나 교회가 지녔던 이같은 신앙은 교회가 겪은 고난의 의미를 일러준다. 거짓과 불의가 만연한 시대에 진실로 의롭고 신실한 교회라면 고난을 당하는 것이 당연하다. 패역한 시대의 흐름을 거스르는 자만이 의로움을 지킬 수 있으며, 이것은 곧 고난의 소지가 되기 때문이다.

예수님은 우리에게 이르기를 "너희가 세상에서는 환난을 당하나 담대하라 내가 세상을 이겼노라"라고 하였다(요 16:33). 신자는 이 세상에서 여러가지 압력을 받는다. H. G 웰스는 이렇게 그의 자서전에서 표현했다.

"대개의 개체는 생이 시작되고 난 뒤, 그 생에 대항하여 움직여 왔다. ……그들은 자기 환경의 불안한 반대에 부닥쳐 반응하지 않으면 안되었다. 생에는 언제나 압력이 있다. 그 압력 아래서 붕괴하는 사람도 많다. 그들에게는 인생이 너무 부담스러운 것이 된다. 그들에게는 인생을 누르는 힘을 감당하지 못한 셈이 된다. 육제척으로, 정신적으로 그들은 긴장을 감당할 수가 없는 것이다."

그러나 예수 그리스도의 서머나 교회는 이러한 '환난' 즉, 압력 앞에서도 죽거나 망하지 아니하고 예수 그리스도께서 주시는 능력으로 능히 든든히 서 있게 된다. 그것은 승리하는 믿음의 인내이다. 성경은 우리에게 환난 받는 자의 태도가 어떠해야 할 것과 또 환난 받는 자의 상급이 무엇인지에 대해서 잘 보여 주고 있다.

먼저 환난 받는 자의 태도에 있어서 '이상히 여기지 말 것' (벧전 4:12), '참예하는 것으로 즐거워할 것' (벧전 4:13), '부끄러워 말 것' (벧전 4:16), '선을 행할 것' (벧전 4:19), '그 영혼을 조물주께 부탁할 것' (벧전 4:19), '담대할 것' (요 16:33; 히 10:35), '즐거워할 것' (롬 5:3), '참을 것' (롬 12:12), '낙심치 말 것' (엡 3:13), '인내와 믿음을 가질 것' (살후 1:4) 등이 제시되고 있다.

한편 성경이 명시하고 있는 환난 받는 자의 상급으로는 '하나님의 나라에 들어감' (행 14:22), '안식을 얻게 됨' (살후 1:7), '영원한 산업이 있음' (히 10:34), '흰 옷을 입게 됨' (계 7:14) 등이 있다.

또한 환난 받는 자가 위로와 용기를 얻을 수 있는 말씀들이 있는데 이는 환난에 인내를 이룬다(롬 5:3)는 것이며, 어떤 환난도 그리스도의 사랑에서 우리를 끊을 수 없다(롬 8:35)는 것이고 그 환난이 우리에게 나타날 영광과 족히 비교할 수 없다는 것(롬 8:18)이다.

(2) 궁핍을 아신다

궁핍은 아무것도 없는 극빈자를 의미한다. 궁핍은 환난과 동시에 오는 것으로 환난의 결과로 말미암은 것이라고 할 수 있다(고후 8:2). 즉 황제 숭배를 거절한 사도들은 재산과 산업, 나아가 집마저 몰수 당하여(히 10:34) 그야말로 "여우도 굴이 있고 공중의 새도 집이 있으되 인자는 머리 둘 곳이 없도다"(마 8:20; 눅 9:58)라고 말씀하신 예수님과 마찬가지의 처지가 되고 만 것이다.

헬라어에서 '가난'을 뜻하는 용어는 모두 세 가지가 있다.

첫째로 $\pi\tau\omega\chi\delta s$(프토코스)로서 이는 자기 능력으로 자활이 불가능한, 즉 전적으로 타인의 원조에 의해 생활해야 하는 가난을 가리킬 때 사용되는 것이다.

둘째로 $\pi\acute{\epsilon}\nu\eta s$(페네스)로서 박봉의 가난, 즉 일을 할 수 있으나 생활이 어려운 것을 가리킬 때 쓰이는 '가난'이란 용어이다. 신약에 고린도후서 9장 9절 한 군데만 쓰였다. 이는 생계를 위해서 일을 하지 않으면 안되는 사람(날품팔이)의 빈궁을 의미한다.

셋째로, $\pi\tau\omega\chi\epsilon\acute{\iota}a$(프토케이아)가 있는데 $\pi\acute{\epsilon}\nu\eta s$보다 훨씬 가난한 상태를 가리키는 말로 본절을 비롯하여 신약에 모두 3회에 걸

쳐 나타나고 있다(고후 8:2, 9). 이는 철저한 빈곤이며 완전한 궁핍을 의미한다. 즉 페니아(penia)는 여유가 없는 사람의 상태를 뜻하고 프토케이아는 아무것도 없는 사람의 상태를 말하는 것이다.

$πτωχὸς$와 $πτωχεία$의 어근은 동사 $πτύσσω$('가리우다', '덮다')로서 거지가 부끄러워 자기 얼굴을 가리고 사람들에게 나타나는 것을 뜻하는 말이다. 당시의 크리스천의 빈곤의 원인은 두 가지이다.

첫째로 당시 그리스도인이 되는 대부분의 사람들이 사회적으로 하류계층에 속한 서민층이 아니면 노예가 많았으므로 자신들의 소유라고는 아무것도 없었다. 초대교인들은 뼈에 사무치는 가난이 무엇을 의미하는지 알고 있었다.

둘째 이유로는 당시의 그리스도인들은 설사 상류계급에 속한 부자라 할지라도 핍박에 이르면 토지와 가옥 등의 모든 재산을 몰수 당하고, 직장에서 쫓겨나고, 추방당하여 하루 아침에 아무것도 없는 거지의 빈곤에 이르게 된다. 서머나는 부유한 도시였으나 핍박이 혹심했던 서머나 신자들에게 가난은 뼈저린 경험이었다. 당시 그리스도인이 된다는 것은 실제로 극도의 가난과 굶주림, 추방되거나 투옥, 불구 또는 야수에게 던져지거나 불에 태워 죽임을 당하는 것을 의미했다. 서머나에서나 고대 세계 어느 곳에서도 기독교인이 되기란 쉬운 일이 아니었다.

차라리 단번에 죽는 것은 쉬워도 시름시름 죽게 하는 것은 참기 힘든 일이다. 그럼에도 불구하고 서머나 교회는 이와같은 곤경 속에서도 신앙을 잘 지켰다. 참으로 칭찬받을 만한 귀한 신앙이다.

서머나 교회에 핍박이 가해지면서 믿는 사람들이 물건을 팔 수 없게 되고 일자리를 잃어 돈 벌 수 있는 기회를 빼앗기고 말았다. 결국 교회는 재정적으로 아주 어려운 자리에 이르게 되었다. 이것은 서머나 교회뿐 아니라 초대교회가 직면했던 문제였다.

"아노니"라는 말씀은 예수님께서 알아 주신다는 뜻이다. 여기서는 성도들의 환난과 궁핍을 다 알고 계신 예수님의 온전하고 완전한 지식을 말한다.

마태복음 10장 32절에 "누구든지 사람 앞에서 나를 시인하면 나도 하늘에 계신 내 아버지 앞에서 저를 시인할 것이요"라고 하였다. 이것은 사람이 믿음을 지키면 나도 하나님 앞에서 저를 인정하여 주겠다는 뜻이고 사람이 믿음을 지키지 않으면 나도 하나님 앞에서 저를 부인하겠다는 뜻이다.

환난과 궁핍을 당하면서도 믿음을 지키는 자가 있고 반대로 환난과 궁핍을 당하지 않으려 믿음을 팔아 먹는 사람도 있다.

성도 가운데 영에 속한 성도가 있고 육에 속한 성도가 있고, 좁은 길로 가는 성도가 있고 넓은 길로 가는 성도가 있다. 시험을 이기고 믿음을 지켜 나가는 사람이 있고, 시험에 넘어가서 믿음을 지키지 못하는 사람이 있다.

(3) 부요한 자로 위로 받는다

신앙을 위한 환난의 결과로 나타나는 "궁핍"은 주님으로부터 "실상은 부요한 자"라는 위로를 받는다. 이 말씀의 의미는 육적인 환난과 궁핍을 통하여 영적인 신앙의 정절이 지켜지는 상태를 나타내는 것이다.

라오디게아 교회는 물질적, 세상적으로는 부요했지만 영적으로 가난하였다(계 3:17). 그러나 서머나 교회는 반대였다. 분명히 서머나 교회 교인들은 물질적인 면에서는 궁핍해보였다. 그러나 영적인 면에서는 "부요"하다고 그리스도는 칭찬했다.

예로부터 구약에서는 "가난한 자"에 대한 예찬의 말씀이 많이 있다(잠 13:8, 31:9; 시 44:24-26, 109:22, 140:12; 사 11:4, 61:1; 습 3:12).

복음서에서 예수는 "가난한 자가 하나님 나라에 더 가깝다"고 했다(눅 6:20). 그리고 야고보서 2장 5절의 "하나님이 세상에 대하여는 가난한 자를 택하사 믿음에 부요하게 하시고 또 자기를 사랑하는 자들에게 약속하신 나라를 유업으로 받게 하지 아니하셨느냐"라고 했다. 여기 계시록에서 서머나 교회의 가난한 자들의 구원이 더 확실해졌다(고후 6:10 참조) (김철손).

사도 바울은 가난한 자 같으나 많은 사람을 부요하게 하는 자였으며 아무것도 없는 자 같으나 모든 것을 가진 자였다(고후 6:10). 그리고 성도들에게 가르치기를 선한 사업에 부하여 나누어 주기를 좋아하라고 하였다(딤전 6:18). 그가 고린도 교회에 쓴 글에 나오는 다음 내용은 주목할 만하다.

"우리 주 예수 그리스도의 은혜를 너희가 알거니와 부요하신 자로서 너희를 위하여 가난하게 되심은 그의 가난함을 인하여 너희로 부요케 하려 하심이라"(고후 8:9).

우리의 신앙은 환난과 궁핍속에서 더욱 부요해진다.

서머나 교회는 주님을 위한 신앙의 정절을 지키기 위해서 이 세상에서 모든 것을 다 빼앗기고 알거지가 되었으나 주님이 보시기에 그들의 실상은 영적으로 매우 부요한 자들이었다. 세상에서 모든 것을 다 가지고도 그리스도를 잃는다면 결국은 모든 것을 잃는 것이며 또한 모든 것을 다 잃었다 할지라도 그리스도를 소유하면 결국 모든 것을 소유한 자이다(손기태).

사도 바울은 이 세상의 물질은 아무것도 소유한 것이 없었다. 그리스도를 소유하기 위하여 있던 것까지 다 버렸다. 그러나 그는 모든 풍요를 누릴 수 있었으며 스스로도 모든 것을 가진 자라고 말하고 있다. 그런 의미에서 정말 귀중한 것을 소유하고 있는 부자는 그리스도인들이다. 참된 부(富)는 결코 이 세상에서 얻을 수 있는 것이 아니다. 그리스도와 연합되었 때 우리는 이 세상에서 참으로 부요한 자라는 것을 깨닫게 될 것이다. 다윗은 "여호와는 나의 목자이시니 내가 부족함이 없으리로다……나의 잔이 넘치나이다"라고 했다.

예수님 자신이 말씀하셨다. "내가 온 것은 양으로 생명을 얻게 하고 더 풍성히 얻게 하려는 것이라." 그렇다. 우리가 예수님과 가까이하면 할수록 우리는 그만큼 부요한 자가 될 것이다. 반면에 주님께로부터 멀어지면 멀어질수록 우리의 예금 잔고가 얼마이든지 간에 우리는 실상 가난해지고 말 것이다(박조준).

그런데 '부요'를 뜻하는 $πλούσιος$는 먼저 나온 '가난'이란 용어와는 반대되는 것으로 성경에 나오는 부요를 여러 측면으로 조명해 보면 다음 몇 가지를 생각해 볼 수 있다.

먼저 '부'를 부정적으로 언급하고 있는 측면인데 그 대목들은 다음과 같다.

· 부자는 천국에 들어가기 어려우니라(마 19:23; 막 10:25)
· 화 있을진저 너희 부요한 자여(눅 6:24)
· 어리석은 자여 오늘 밤에 네 영혼을 도로 찾으리니⋯⋯자기를 위하여 재물을 쌓아두고 하나님께 대하여 부요치 못한 자가 이와 같으니라(눅 12:20)
· 점심이나 저녁이나 베풀거든⋯⋯부한 이웃을 청하지 말라. 그 사람이 큰 부자인고로 이 말씀을 듣고 심히 근심하더라 예수께서 저를 보시고 가라사대 재물이 있는 자는 하나님의 나라에 들어가기가 어떻게 어려운지 약대가 바늘 귀로 들어가는 것이 부자가 하나님의 나라에 들어가는 것보다 쉬우니라(눅 18:23-25)
· 나는 부자라 부요하여 부족한 것이 없다 하나 네 곤고한 것과 가련한 것과 가난한 것과 눈 먼 것과 벌거벗은 것을 알지 못하도다(계 3:17)(참고 약 1:11, 2:6, 5:1, 5:2-3; 계 6:15-16)

반대로 '부'를 긍정적인 측면으로 언급하고 있는 곳들을 찾아보면 '선한 사업에 부하라'(딤전 6:17), '부한 형제는 자기의 낮아짐을 자랑할지라'(약 1:10), '소유를 팔아 가난한 자들을 주라 그리하면 하늘에서 보화가 네게 있으리라'(마 19:21; 눅 18:22), '오직 보물을 하늘에 쌓아두라'(마 6:20) 등을 들 수 있다. 특별히 영적으로 부요한 자들을 생각하자면 '하늘에 보화를 쌓아둔 자'(마 6:20), '불의한 재물에 충성치 않은 자'(눅 16:11), '가난한 자 같으나 많은 사람을 부요하게 하고 아무것도 없는 자 같으나 모든 것을 가진 자'(고후 6:10), '그리스도의 은혜를 아는 자'(고후 8:9; 엡 2:4), '환난과 궁핍을 잘 견딘 자'(계 2:9) 등이라고 할 수 있다.

성경에는 가난한 자의 축복된 면과 관련하여 언급된 구절들이 많은데 몇 가지를 생각하면 '긍휼에 풍성케 함'(엡 2:4), '심령이 가난한 자의 경우 천국이 저희 것임'(마 5:3; 눅 6:20), '그들에게 복음이 전파됨'(마 11:5; 눅 4:18, 7:22), '그들을 택하여 믿음에 부요케 하심'(약 2:5), '주께서 생각해 주심'(시 40:17) 등이 있다.

특정인과 관련된 것으로는 두 렙돈을 연보한 과부와 거지 나사로가 그 대표적인 인물들이다(막 12:42; 눅 16:22). 특별히 부자이면서도 경건했던 사람들이 몇 명 있는데 '아리마대 요셉'(마 27:57), '삭개오'(마 19:1-10), '욥'(욥 1:1-15), '아브라함'(창 13:2) 등이 그들이다(이상찬).

(4) 사단의 훼방을 아신다
① 자칭 유대인

"자칭 유대인이라고 하는 자들의 훼방도 아노니 실상은 유대인이 아니요 사단의 회라"(2:9).

서머나 교회의 또 하나의 문제는 유대인과의 알력이다. 유대인들은 자칭 선인이라고 하지만, 현실적으로는 하나님의 아들 예수를 죽인 사람들이며 예수를 그리스도(메시아)로 믿지도 않고 다시 오실 예수 그리스도를 기다리지도 않는 사람들이다. 상당히 오래 전에 예루살렘에서 서머나로 이주해 온 유대인들은 유대교의 공동체인 "회당"을 중심으로 민족적, 종교적으로 단합하고 결속하여 하나의 강력한 세력을 형성했다. 그들은 특히 로마 정부와 야합하여 그리스도교를 박해하는 일에 주동역할을 했다. 서머나 교회의 초대 감독인 폴리갑이 155년에 빌라델비아 교인 11명과 함께 화형을 당할 때에도 유대인들이 많이 있었다고 한다. 서머나의 유대인들은 로마의 잡신을 끌어 들였고 황제 숭배를 허용했다(김철손).

서머나 교회의 감독 폴리갑이 원형극장에 끌려가 순교당할 때 자칭 유대인이라 하는 자들은 이같이 고함을 질렀다고 한다.

"서머나에 살고 있는 많은 이방인과 유대인들이 제어할 수 없는 노기와 큰 소리로 외쳐 가로되 이 폴리갑은 아시아의 선생이요 기독교인들의 아버지요 우리 신들의 박멸자라. 저가 황제에게 드리는 제물과 숭배는 거절한다"고 하면서 Philip Ariarch에 와서 사자를 풀어 폴리갑을 해하려고 하였다.

폴리갑의 순교사화는 계속해서 이렇게 이어진다.

"군중이 갑자기 몰려들더니 작업장과 목욕실로부터 장작과 불쏘시개를 준비하였다. 특히 유대인들은 그들의 습성대로 매우 과격하게 폴리갑을 죽이는 일을 열심히 도왔다."

교부 저스틴(Justin Martyr)은 안토니우스(Antonius Pius)에게 보내는 그의 변증서(Apolopy)에서 유대인들은 마치 전쟁터에서 적군에게 하듯 우리를 죽이고 이방인을 고문하듯 했다고 증거하였다.

사도 요한 당시 안티오커스(Antiochus) 대제에 의해 바빌론(Babylonia)과 메소포타미아(Mesopotamia)에서 유대인이 대거

이주해 옴으로 약 2,000세대의 유대인이 서머나 시에 거주했으며 그외 아시아의 여러 도시에도 많은 유대인이 산재해 살았는데 서머나 시의 기독교인들은 실상은 '사단의 회'인 자칭 유대인이라 하는 자들로부터 많은 핍박을 받았다. 그들은 사단의 수종자로서, 종교의 탈을 쓰고 그리스도의 사도를 가장하였으나(고후 11:13) 실상은 그리스도를 섬기지 아니하고 자기의 배만 섬기며 공교하고 아첨하는 말로 순진한 자들의 마음을 미혹하는 자들이었다(롬 16:18).

역사상 가장 악하게 기독교인들을 핍박하고 죽인 네로 황제의 총애를 받던 연극배우 알리투누스(Alitunus)가 유대인이었으며 창기였다가 황후의 자리에까지 오른 포피아(Poppaea) 역시 유대인으로서 배교자였다. 그들은 네로 앞에서 기독교인들을 중상모략하고 미움을 불러 일으켜 수백 수천의 기독교인들을 학살케 만들었다(이상찬).

이처럼 그리스도인들을 박해한 이 모든 행위가 하나님 앞에서 '훼방죄'가 된다. "훼방"을 나타내는 블라스페미안($\beta\lambda\alpha\sigma\phi\eta\mu\iota\alpha\nu$)은 양면성을 지니고 있는 단어이다. 즉 인간을 향할 때와 하나님을 향할 때에 다르게 사용되는 단어이다. "중상적인, 헐뜯는"을 나타내는 블라스페모스($\beta\lambda\alpha\sigma\phi\eta\mu o s$)에서 유래되어 인간을 향할 때는 "비방"(slander)이라고 하여 블라스페미아($\beta\lambda\alpha\phi\eta\mu\iota\alpha$)로 사용되고 있으며, "하나님"을 향할 때는 "신성모독, 훼방"이라는 의미로 블라스페메오($\beta\lambda\alpha\sigma\phi\eta\mu\epsilon\omega$)가 사용된다. 훼방은 '이간시키다'라는 뜻으로 영어의 slander와 같은 말이다. 여기에 언급된

'유대인'은 육적으로는 유대인이나 영적으로는 기독교인의 무서운 원수들이다(마 3:9; 요 8:33; 롬 2:28; 고후 11:22; 빌 3:4 참조).

성경은 이러한 유대인들을 표현하기를 '표면적 육신의 유대인'(롬 2:28), '할례당'(갈 6:15), '손할례당'(빌 3:2), '교회를 핍박하는 자'(빌 3:6), '율법주의자'(행 15:2; 롬 2:17; 갈 2:14; 골 2:16; 히 13:8), '메시아를 알지 못하는 자'(요 8:39; 롬 2:28, 9:6-8), '자기들만 선민이라 하는 자'(롬 2:17, 3:1; 빌 3:5) 등으로 나타내었다.

② 사단의 회

"환난"이 원인이라면 "궁핍"은 결과이듯, "자칭 유대인들"과 "훼방"과 "사단의 회"는 상호 밀접한 관계가 있음을 알 수 있다. "사단의 회"라는 것은 원어적 의미가 사단의 지배를 받는 무리들을 지칭하는 단어이다. 즉 마귀는 교사자(敎唆者)가 되며, "자칭 유대인"은 마귀의 수종자가 되고, 마귀의 교사로 인하여 일어나는 현상들이 "훼방"이라는 것이다.

"회"(會)를 의미하는 쉬나고게(συναγωγη)는 유대인들이 "하나님을 경배"하기 위하여 모이는 회당을 의미하는데, "사단의 회"라는 단어는 "빌라델비아 교회"(계 3:9)에 나오는 표현으로서, 주님을 위해서 모이는 회당(민 16:3, 20:4)이 그 목적을 상실한 채 사단을 옹호하고 추종하는 무리들의 모임(요 8:44)이 되어 "형제들을 참소하는 자"(계 12:10)로서 사단의 백성들이 회집된 것을 의미하는 것이다(이광복).

예수께서 아시아의 일곱 교회에 말씀하신 가운데 '사단'과 관련된 표현을 살펴보면 서머나 교회와 사데 교회는 '사단의 회' (계 2:9, 3:9), 버가모 교회에 대해서는 '사단의 위' (계 2:13) 두아디라 교회에 대해서는 '사단의 깊은 것' (계 2:24) 등의 표현이 사용되었다. 에베소, 빌라델비아, 라오디게아 교회에 대해서는 사단과 관련된 언급이 나타나 있지 않다. 성경을 보면 마귀와 사단이 함께 사용되고 있는 것을 볼 수가 있는데 마귀의 기원에 대해서는 구체적으로 알 수 없으나 사단과 마찬가지로 타락한 천사인 것으로 추정된다(마 25:41; 계 12:7). 사단은 마귀의 괴수(마 12:22-28)로서 악의 정사와 권세와 흑암의 세상 주관자들과 하늘에 있는 악의 영들을 다스리는 존재이다(엡 6:12).

그들(자칭 유대인)은 분명히 하나의 백성이라고 하지만 메시아인 예수 그리스도를 영접하지 않고 그리스도를 박해하는 사람들이기 때문에 하나님의 백성인 유대인이라고 할 수 없다(롬 2:29 참조). 그리고 그들의 공동체인 "회당"은 "사단의 회"라고 할 수밖에 없다. 구약에서는 "여호와의 회"(민 16:3, 20:4)라는 말과 대조적으로 "악인들의 회"(민 14:27, 35; 시 21:16)가 있었다. 신약시대에는 위선적인 자선가들이 회당 안에 있었던 것 같다(마 6:2). 이와 같이 유대인의 회당은 불순하며 악의에 찬 기관이라고 할 수 있는데, 여기서는 극단적으로 사단의 집단이라고 단언했다(3:9).

바클레이(W. Barclay)는 그의 계시록 주해에서 크리스천들이 반복해서 당할 수 있는 유대인의 훼방은 다음 여덟 가지가 있었다고 한다.

첫째, 성만찬의 오해가 있었다.

기독교인들은 날마다 모였으며, 모일 때마다 떡을 뗐다(행 2:46). 그들은 주님의 명하신 바를 따라 "성만찬"을 행하면서 "떡을 먹는 것"은 "예수 그리스도의 살을 먹는 것"으로, "포도즙"을 마시는 것을 "예수 그리스도의 피"를 마시는 것으로 행하던 것을 보고 "사람의 피를 먹고 마시는 식인종"이라고 비판을 했다.

둘째, 방화범으로 비판을 받았다.

"재림의 주님은 불로 심판하시리라"는 예언의 말씀과, 불의 혀 같이 갈라지는 성령의 역사와 "불을 내려 주옵소서"라는 그들의 기도를 통하여 "방화자" 내지는 "방화광"으로 몰아 붙였다. 네로가 로마의 재건을 꿈꾸며 불을 지른 후에 이러한 여론에 편승하여 기독교도들에게 그 누명을 씌웠던 사실은 교회사가 잘 증명하고 있다.

셋째, 무신론자라는 비판을 받았다.

우상을 배격하고 아무런 신상도 없이 예배드리는 기독교인들이 그들의 눈에는 '무신론자'라는 인식에 사로잡혀 "기독교인들은 무신론자"라는 비판을 하게 되는 원인이 되었다.

넷째, 성적 범죄자로 비판 받았다.

기독교인들이 그들의 공동식사는 아가페(agape) 즉 사랑의 잔치라고 지칭하였으므로, 그들의 모임을 정욕과 부도덕의 방탕한 모임이라고 규정지었다.

다섯째, 가정파괴자로 비판 받았다.

기독교가 간혹 어느 가족 중 어떤 이는 교인이 되고 나머지는 교인이 되지 않을 때, 그 가족을 분리시켰기 때문에 기독교인들은

Ⅳ. 일곱 교회로 보내는 편지(2:1-3:22) **389**

가정을 파괴하고 "가족 관계를 악화시킨다"는 비난을 받았다.

여섯째, 정치적 반역자로 비판을 받았다.

"황제 예배"를 거역하는 기독교인들은 시민들로부터 양면적인 비판을 받았다. 왜냐하면 그들은 "가이사(황제)는 주"라는 고백을 하며, 일 년에 한 번씩 제단에 예배를 드렸으며, 그 의식을 행한 자들에게만 통행증을 배부하는 시기가 있었다. 기독교인들은 "가이사는 주"라고 말하기를 거부하기 때문에 정치적으로 불충성된 시민이요, 잠재적인 혁명가라는 비판을 받았다.

일곱째, 율법 파괴자로 비판을 받았다.

로마 정부에 편승하여 눈엣가시같은 기독교인들을 핍박하는데 앞장을 섰던 유대인들은 안식일을 거부하며 "주일"에 예배 드리는 기독교인들을 "율법 파괴자"로 비판하였다.

여덟째, 혹세무민을 한다고 비판을 받았다.

유대인 사회에서는 그리스도인이 모세를 무시하고 율법을 폐기하고 유대인의 긍지를 훼손하며 한 사형수(십자가에 죽은 죄수)를 메시아라 선전하며, 특히 그가 부활했다고 증언하는 일 등을 혹세무민하는 소행이라고 간주하여 그 박멸에 광분한 것 따위를 들 수 있을 것이다.

"표면적 유대인들"이 로마의 관헌들을 선동하여 "이면적 유대인"의 전도대열을 박해하며 "사단의 회"로 충실했던 성경의 기록을 살펴보면 다음과 같다.

첫째, 안디옥 교회에서의 박해가 있다.

"이에 유대인들이 경건한 귀부인들과 그 성내 유력자들을 선동하여 바울과 바나바를 핍박케 하여 그 지경에서 쫓아내니 두 사람이 저희를 향하여 발에 티끌을 떨어 버리고 이고니온으로 가거늘 제자들은 기쁨과 성령이 충만하니라"(행 13:50-52).

안디옥 교회에서 바울과 바나바를 핍박한 유대인들의 자세는 전형적인 매국노와 같은 유형임을 보여주는 것이다. 일제의 통치 시대에 일본의 세력가들에게 붙어 사는 한국 사람들이 동포를 박해하는데 앞장을 섰듯이, 주님을 영접해야 할 유대인들이 복음전파의 사도들을 핍박하였음을 증거하고 있다.

더구나 복음의 전도를 환영하지 않은 그들에게 "발에 티끌"까지도 떨어 버리는 사도들의 자세는 열두 제자들을 가르치면서 영접지 않는 마을이 있으면 그 성에서 나가 "발의 먼지를 떨어 버리라"(마 10:14)는 주님의 가르침을 따르는 것이다.

둘째, 이고니온에서의 박해가 있다.

"이에 이고니온에서 두 사도가 함께 유대인의 회당에 들어가 말하니 유대와 헬라의 허다한 무리가 믿더라 그러나 순종치 아니하는 유대인들이 이방인들의 마음을 선동하여 형제들에게 악감을 품게 하거늘……이방인과 유대인과 그 관원들이 두 사도를 능욕하며"(행 14:1-2, 5).

완악한 유대인들은 "경건한 유대교"를 사모하던 헬라인들과 더불어 관원을 선동하여 세 부류의 사람들이 혼합하여 복음을 전하는 사도들을 박해하였다.

셋째, 루스드라에서의 박해가 있다.

"유대인들이 안디옥과 이고니온에서 와서 무리를 초인하여 돌로 바울을 쳐서 죽은 줄로 알고 성 밖에 끌어 내치니라. 제자들이 둘러 섰을 때에 바울이 일어나 성에 들어갔다가 이튿날 바나바와 함께 더베로 가서"(행 14:19-20). 표면적 유대인들이 "안디옥과 이 고니온"에서 루스드라까지 원정을 와서 무리를 선동하여 복음의 사도들을 핍박하였다. 여기에서 사도 바울의 자세가 바로 "죽도록 충성하는 성도"의 모범이 되는 것이다. 돌에 맞아 성 밖에 버리운 바 되었다가 회복하니 다시금 그 성 안으로 들어간 그의 자세야말로 "죽도록 충성"하는 종이 아니고 무엇이겠는가?

넷째, 데살로니가에서의 핍박이 있다.

"그러나 유대인들은 시기하여 저자의 어떤 괴악한 사람들을 데리고 떼를 지어 성을 소동케 하여 야손의 집에 달려들어 저희를 백성에게 끌어내려고 찾았으나……이 사람들이 다 가이사의 명을 거역하여 말하되 다른 임금, 곧 예수라 하는 이가 있다 하더이다 하니"(행 17:5, 7).

표면적 유대인들이 "시기"하여 복음을 전하는 사도들을 박해하였으며, 영접하여야 할 예수를 팔아 로마의 관원들을 선동하는 무지한 죄악까지 서슴지 아니한 그들의 죄악은 하나님 앞에서는 가증한 것일 뿐이다. 요한은 이 유대인들을 사단의 회라고 부른다. 여기에서 요한은 유대인들이 즐겨쓰는 표현을 취하여 역으로 사용한 것이다. 이스라엘 백성이 모였을 때 그들은 자신들을 "여호와의 총회(회중)"라고 즐겨 불렀다(민 16:3, 20:4, 31:6). 요한은 유대인들에게 "너희는 너희 모임"(수나고게)을 "여호와의 회"라 지칭하나 사실은 "사단의 회"라 했다.

오늘날 많은 핍박과 환난을 당하는 회교권이나 중국, 북한이나 기타의 교회들이 곧 사단의 회로 인해 신음하는 교회들이라고 할 수 있다. 철의 장막에 갇혀 사단의 불법과 훼방과 거짓과 탄압으로 갖은 환난을 당하는 이들 교회야말로 20세기의 서머나 교회라고 칭해 족할듯 싶다. 오늘날도 곳곳에서 삼킬 자를 찾아 미쳐 날뛰며 돌아다니는 이 사단의 회는 자기의 때가 이를 때까지 그리스도인들과 교회들을 계속 핍박할 것이다(행 6:9-15, 13:10, 14:2-5, 17:5-8, 18:6, 12-13, 19:9, 21:27-36; 24:1-9, 25:2-3).

주님은 "자칭 유대인들의 훼방도 아노니"라고 했다. 여기 '안다'는 말은 샅샅이 살펴 다 알고 계신다는 말이다. 주님이 아신다고 할 때, 위로가 되고 안심이 되며 더 분발할 마음이 생긴다.

주께서는 이러한 일에 대하여, 이러한 사실들을 "내가 아노니" 하시면서 서머나 교회의 처지를 위로하시고 격려하시는 것을 잊지 않으셨다. 사랑하시는 교회에 대한 주님의 따뜻한 배려를 느낄 수 있다.

5. 권면(2:10)

"네가 장차 받을 고난을 두려워 말라"(2:10).

서머나 교회가 앞으로 더 큰 고난을 받을 것을 예시한다. 계시록에서 "고난"($πάσχειν$)이라는 말은 여기뿐이다.

(1) 고난의 원인

박해의 선동자들은 유대인들이다. 크리스찬에 대한 비방이 그들에게서 왔다. 사도행전에 보면 유대인들이 어떻게 관헌들을 선동하여 크리스천 전도인들을 박해하게 했는지를 알 수 있다. 안디옥(행 13:50), 이고니온(행 14:2,5)과 루스드라(행 14:19)와 데살로니가(행 17:5) 등 여러 지방에서 그리하였다.

안디옥에서 일어났던 사건은 유대인들이 어떻게 관헌들을 움직여 크리스천들을 박해하게 하는데 성공하였는지를 보여주는 것이다. 거기에 보면(행 13:50) 유대인들이 경건한 부인들과 성내 유력자들을 선동하였다고 했다. 유대인의 회당에는 많은 "하나님을 경외하는 자들"이 늘 있게 마련이다.

이방인들 중에는 전적으로 유대교에 입교하여 유대교를 다 받아들이지는 못했지만 다신교 대신 유일신 교리에 매혹되고 특히 이방인의 난잡한 성생활에 비하여 유대 도덕의 순결성에 매혹된 사람들이 있었다.

특히 부인들이 바로 이런 이유 때문에 유대교에 매력을 지녔다. 왕왕 이런 부인들은 그 지위가 높은 사람들이고 지방장관이나 총독들의 부인이었으며, 유대인들이 이 부인들을 통하여 관헌들에게 접선이 되어 박해를 하게끔 한 것이다. 관헌들이 크리스천들을 박해하도록 하기에 압력을 가하는데 그들 나름의 방법, 그것도 아주 효과적인 방법을 갖고 있었다.

(2) 고난

계시록에서는 고난의 내용이 구체적으로 설명된다. 여기에 당시 교회를 박해하고 있던 세력집단을 '유대인의 회' 또는 '사단의 회'라고 했다. 13장 이하에 보면 로마의 행정기구를 몽땅 사단의 화신으로 다루고 있다.

사단의 화신이 되어 있는 로마 행정기구의 지배 아래 있는 서머나 교회가 박해를 받는다는 것은 자명한 일이다. 서머나 교회가 당한 고난은 ① 환난과 궁핍의 고난(2:9) ② 자칭 유대인이라 하는 자들의 훼방(2:9) ③ 사단의 회의 고난(2:9) ④ 마귀의 고난, 투옥의 고난, 시험의 고난(2:10) ⑤ 10일 동안의 환난의 고난(2:10) ⑥ 두려움의 고난, 해받음의 고난, 죽음의 고난(2:10-11) 등이다.

그러나 서머나 교회 성도들을 비롯하여 모든 성도들은 장차 있을 고난에 대하여 전혀 두려워할 것이 없다. 이는 다음과 같은 하나님의 말씀의 약속이 있기 때문이다.

"사망이나 생명이나 천사들이나 권세자들이나 현재 일이나 장래 일이나 능력이나 높음이나 깊음이나 다른 아무 피조물이라도 우리를 우리 주 그리스도 예수 안에 있는 하나님의 사랑에서 끊을 수 없으리라"(롬 8:38-39).

"시험을 참는 자는 복이 있도다 이것에 옳다 인정하심을 받은 후에 주께서 자기를 사랑하는 자들에게 약속하신 생명의 면류관을 얻을 것임이니라"(약 1:12).

"우리의 잠시 받은 환난의 경한 것이 지극히 크고 영원한 영광의 중한 것을 우리에게 이루게 함이라"(고후 4:17).

세상에서 고난 받는 자들로는 "예수의 이름을 믿는 자"(행 9:16; 고후 1:5-6; 빌 1:29), "성령을 받은 자"(갈 3:4), "은혜 받은 자"(빌 1:29), "예수 안에 있는 자"(살전 2:14), "복음을 전하는 자"(딤후 1:8), "경건하게 살고자 하는 자"(딤후 3:1), "선을 행하는 자"(벧전 2:20), "그리스도를 위하는 자"(벧전 2:21), "의를 위하는 자"(마 5:10-21; 벧전 3:14), "하나님의 뜻을 따르는 자"(벧전 4:19) 등으로 성경에 나타나고 있다.

성경에서는 아울러 고난을 이기는 방법과 고난 받은 후의 상급에 대해서도 가르쳐 주고 있다. 먼저 고난을 이기는 성경적 방법으로는 "기도"(약 5:13), "성령의 도우심"(롬 8:26; 갈 3:4), "하나님의 능력"(딤후 1:8), "인내"(벧전 2:19), "부끄러워하지 않음"(벧전 4:16) 등이고 고난 받은 후의 상급으로는 "위로와 구원받음"(살후 1:5), "하나님 앞에 아름답게 됨"(벧전 2:19-20), "복 있는 자가 됨"(벧전 3:14), "하나님께 영광을 돌리게 됨"(벧전 4:16), "하나님께서 그 영혼을 받으심"(벧전 4:19), "생명을 구원받음"(마 16:25), "왕노릇 하게 됨"(딤후 2:12), "영원한 영광의 중한 것을 이루게 됨"(고후 4:17), "장차 우리에게 나타나게 될 영광이 그보다 비교할 수 없을 정도로 큼"(롬 8:10) 등이 제시되고 있다.

(3) 두려워 말라

서머나 교회는 이 현실을 회피할 수 없었다. 그런데 그리스도는 "두려워 말라"고 말씀하신다. 두려움의 감정을 인간의 마음에서 완전히 제거한다는 것은 불가능한 일이다. 특히 그리스도인에게 있어서 어떤 위기에 처해 있을 때 진정 두려워할 것과 그렇지 않은 것을 구별하기란 매우 어려운 일이다. 그래서 예수는 "몸은 죽여도 영혼을 죽이지 못할 자를 두려워하지 말라"(마 10:28)고 했다. 그리고 바울은 경건한 자들은 박해를 받을 것이라고 경고한 바 있다(딤후 3:12). 그리스도인으로서 박해에 대해서 두려워하는 마음은 근본 자기 자신의 신앙부족이라고 할 수밖에 없다(마 1:20; 막 4:40; 눅 1:13,30, 2:9, 24:5; 계 21:8). 서머나 교회의 교인들은 외적 박해와 내적 고통을 신앙적으로 잘 대처한 모범적인 교인들이라고 하겠다(김철손).

"두려워 말라"($\mu\eta\delta\grave{\epsilon}\nu$ $\phi\acute{o}\beta o\nu$, Don't be afraid).

서머나 교회에 주어진 명령은 "두려워하지 말라"는 것이었다. 여기서 $\mu\eta\delta\grave{\epsilon}\nu$ $\phi\acute{o}\beta o\nu$는 $\phi o\beta\acute{\epsilon}\omega$의 현재 부정 명령법으로 영어의 "stop"(지금까지 두려워하던 것을 멈춰라), "avoid"(지금까지 두려워하던 것을 피하라), "do not continue"(계속해서 두려워하지 말라)의 개념을 담고 있는 것이다(이상찬).

"두려워 말라." 이사야 41장 10절에 보면 "내가 너와 함께 하나니 두려워 말라" 하였다.

히브리서 13장에 "내가 과연 너희를 버리지 아니하고 과연 너희를 떠나지 아니하리라 그러므로 우리가 담대히 가로되 주는 나를 돕는 자시니 내가 무서워 아니하겠노라 사람이 내게 어찌하리요"(5-6절) 했다.

우리가 두려워하여야 할 때 두려워하지 않는 것은 만용이요, 두려워하지 않아야 할 때 두려워하는 것은 비겁이다.

우리는 하나님밖에 두려워할 필요가 없다. 그리고 하나님을 두려워하는 사람은 세상을 두려워하지 않는다.

왜 우리가 두려워하는가? 한마디로 말하면 믿음이 없어서 그렇다. 풍랑 만난 제자들이 그들의 한계를 느낄 때 곤히 주무시는 예수님을 깨웠다. 이때 예수님은 일어나서 풍랑을 잔잔케 하신 후에 제자들을 향해 말씀하셨다.

"왜 무서워하느냐? 너희가 이다지도 믿음이 없느냐?" 여기서 말하는 믿음이란 하나님의 보호하심에 대한 확고한 신앙이다. 믿음이 있는 곳에 생의 두려움이 없어진다. 생과 사를 하나님께 맡기고 태연하고 안심할 수 있는 거기에 참 신앙이 있는 것이다. 어머니 품에 안겨 있는 어린애가 밖이 어둡다고 무서워하는가? 아니다. 어머니를 의지하기 때문에 무서워하지 않는다(박조준).

예수님은 세상에 계실 때 그 숱한 수난의 인생여정을 복음전파에 헌신하느라고 고생을 하셨으며 끝에는 붙잡히시어 자유 없는 몸으로 십자가에 못 박히게 되었다. 그러한 주님이 서머나 성도들에게 "두려워 말라"고 용기와 위로를 주시고 있다. 두려움은 불신앙으로 파생되는 비겁한 마음이요, 행위이다(마 10:28, 눅 1:13, 30; 계 21:8). 성경에는 믿음으로 산 사람들마다 모두 하나님의 보호와 도우심을 받아 인생을 승리한 사실을 보여주고 있다.

다윗은 사울 왕의 올무에서 그 많은 고초와 수난을 겪으면서도 주님의 보호를 믿고 기도하여 승리한 사람이다. 다니엘은 사자 굴 속에 던져졌음에도 죽음을 두려워하지 않았고 사드락과 메삭과 아벳느고는 극렬히 타는 풀무불 가운데에서 여호와 하나님을 찬미하고 구원을 얻었다.

바울과 실라는 옥중에서도 하나님을 찬미함으로 오히려 옥을 지키는 간수들을 구원하는 대사역을 이룰 수가 있었다. 그래서 주님은 서머나 교회 성도들을 향하여 "두려워 말라"며 힘있게 권면하고 계신다(이종열).

"주는 나를 돕는 자시니 내가 두려워 아니하겠노라 사람이 내게 어찌하리요." 꼭 이 신앙으로 사시기를 바란다.

2. "마귀가 장차 너희 가운데서 몇 사람을 옥에 던져 시험을 받게하리니"(10절).

"마귀"는 히브리어의 사단(שָׂטָן)을 그대로 옮긴 것으로 신약에 36회 나타난다. 이것은 "양자간에 던지다"라는 뜻으로 선전자 혹은 이간질하는 사람을 말한다. 이 단어는 영어로 "거짓선전자"(Slander, 계 12:9), "비난자"(Accuser, 계 20:2), 거짓말쟁이(Deceiver, 계 20:2) 등으로도 표현되었다. 성경은 "마귀"와 "사단"을 동의어로 사용하고 있다. 요한계시록 12장 9절의 "큰 용이 내어 쫓기니 옛 뱀 곧 마귀라고도 하고 사단이라고도 하는 온 천하를 꾀는 자"라는 말씀과 마태복음 4장 10절의 예수님을 시험한 마귀를 사단이라고 한 말씀이 이 사실을 잘 보여준다.

마귀는 하나님 앞에서는 인간을 비난하고(욥 1:9, 2:5; 슥 3:1-2), 인간 앞에서는 하나님을 비난한다(창 3:1-5). 성경에 의하면 마귀는 예수님을 시험하고 비난하였으며(마 4:1-10; 눅 23:2; 요 19:2), 예수님을 따르는 종들을 비난할 뿐만 아니라 고통을 주었다(행 17:5-8; 24:2). 또한 성도들을 밤낮 참소하고(계 12:10), 그들의 선행을 비방하며 옥에 가두고 잔악한 행위를 일삼으며(마 10:16-26; 벧전 3:16, 5:8; 계 2:10; 요 21:8), 칼로 죽이고(행 12:2), 환난과 시험을 준다(행 14:22; 약 1:2; 계 2:9,10). 그러나 성경은 마귀가 성도들을 그리스도의 사랑에서 끊으려고 갖은 핍박과 고통을 가하나 결코 그들을 그리스도 예수 안에 있는 하나님의 사랑에서 끊을 수 없다고 말하고 있다(롬 8:35-39).

한편 마귀는 다음과 같은 자들을 통해서 성도들을 시험하고 핍박한다. 즉 자칭 유대인이라 하나 실은 유대인이 아닌 자(롬 2:18,29). 마귀의 자식들(요일 3:10; 요 8:44), 양의 옷을 입은 악한 이리(행 20:29), 독사의 자식들(마 3:7, 12:34, 23:33), 사단의 회(계 2:9, 3:9) 등이 곧 그들이다(이상찬).

마귀는 9절의 사단과 동의어로 사용할 수 있는데, 사단을 악의 존재 양상(3:1, 12:9, 13, 24, 20:2, 7 참조)으로 이해한다면, "악마"는 악의 행동자(2:10, 12:12, 20:10)라고 할 수 있다.

당시 서머나에서 어떤 투옥 사건이 있었는지 자세한 기록은 없지만, 실제로 많은 그리스도인들이 투옥되었으며 사형당한 일이 있다고 본다. 그런지 이 투옥 사건이 그리스도인에게는 하나의 "시험"이라고 했다. "시험"($πειρασμός$, 2:2, 3:10)은 타락으로 유인하는 "유혹"이라는 부정적인 뜻과, 신앙의 강화를 위한 "시련"이라는 긍정적인 뜻을 지니고 있다. 여기서 "유혹"으로 해석한다면, 시험하는 자는 악마가 될 것이다. 그러나 "시련"으로 해석한다면, 시험하는 이는 하나님이라고 할 수 있겠다.

하나님은 그리스도인을 훈련시키기 위해 악마를 시켜 고통을 당하게 하는 경우가 있기 때문이다(마 4:1 참조). 하여튼 시험 자체는 괴로운 것이며 고통스러운 것이다. 여기에서 보면 그리스도인에게는 시험(유혹)을 피할 것과 시험(시련)을 극복할 책임이 주어진다. 구약의 욥의 기사에서 이 사실을 볼 수 있으며 예수가 시험 받은 사실에서도 찾아볼 수 있다(눅 4:1-15)(김철손).

신약성경을 보면 주의 이름으로 인하여 많은 핍박을 받을 뿐만 아니라 투옥까지 된 사람들을 찾아 볼 수가 있다. 헤롯이 그 동생 빌립의 아내 헤로디아를 아내로 취한 것을 비난하다가 옥에 갇혀 결국에는 목베임을 당한 세례 요한(마 14:1-11; 막 6:17-21; 눅 3:20)을 비롯하여 복음을 전하다가 대제사장과 그와 함께 있던 무리 즉 사두개인의 당파에 의해 옥에 갇혔던 베드로(행 5:19), 그리고 바울이 되기 이전의 사울에 의해 옥에 끌려간 많은 남녀 성도들(행 8:3), 나아가서는 훗날 바울 자신의 투옥에 이르기까지(행 16:23-27; 고후 11:23) 많은 투옥 사례가 나타나 있다. 구약의 경우로는 애굽에 팔려가 시위 대장 보디발의 아내의 유혹을 거절한 연유로 옥에 갇힌 요셉(창 39:7-8)과 느부갓네살 왕이 세운 금신상 숭배를 거절함으로 옥고를 치른 다니엘과 그의 세 친구 사드락, 메삭, 아벳느고를 들 수 있다. 이처럼 성도들이 당하는 시련에 대해 야고보는 이같이 말하였다.

"너희가 여러 가지 시험을 만나거든 온전히 기쁘게 여기라 이는 너희의 믿음의 시련이 인내를 만들어 내는 줄 너희가 앎이라"(약 1:2,3).

"시험을 참는 자는 복이 있도다 이것에 옳다 인정하심을 받은 후에 주께서 자기를 사랑하는 자들에게 약속하신 생명의 면류관을 얻을 것임이니라 사람이 시험을 받을 때에 내가 하나님께 시험을 받는다 하지 말지니 하나님은 악에게 시험을 받지도 아니하시고 친히 아무도 시험하지 아니하시느니라"(약 1:12, 13).

베드로 역시 다음과 같이 말하였다.

"너희 믿음의 시련이 불로 연단하여도 없어질 금보다 더 귀하여 예수 그리스도의 나타나실 때에 칭찬과 영광과 존귀를 얻게 하려 함이라"(벧전 1:7).

예수님께서도 환난 가운데서 죽도록 충성한 자에게 생명의 면류관을 주겠다고 약속하셨다(계 2:10). 신약의 기록자들이 증거하는 일치된 견해는 시험은 정금 신앙을 드러내는 시험대라는 것이다. 그러므로 한결같이 시험을 두려워하라고 가르치지 아니하고 정금 같은 신앙으로 연단 받는 첩경임을 가르쳐 주고 있다.

"마귀"가 시험을 주관하여 서머나 교회의 성도들이 받게 될 시험의 장소를 밝혀 주는 본문은 "너희 가운데서 몇 사람을 옥에 던져" 시험하게 될 것을 나타내고 있다. 이들이 옥에서 받게 될 환난은 또 다른 면에서의 고통으로서 서머나 교회가 겪어야 할 신앙의 연단이 되는 것이다.

첫째, 옥(獄)에 던져진다.

이 당시의 "옥"은 재판의 결과 처형이 결정된 자들이 그 형의 집행을 기다리는 동안 감금되는 장소로서 "베드로와 바울"이 처형을 기다리는 동안 감금되었던 장소로 언급된 사도행전의 기록과 "죽음을 앞둔 사도들"이 감금되어 있던 장소로 언급된 바울 서신의 기록이 증거하고 있다.

"잡으매 옥에 가두어 군사 넷씩인 네 패에게 지키고 유월절 후에 백성 앞에 끌어내고자 하더라"(행 12:4).

"많이 친 후에 옥에 가두고 간수에게 분부하여 든든히 지키라 하니"(행 16:23).

"저희가 그리스도의 일군이냐 정신없는 말을 하거니와 나도 더욱 그러하도다 내가 수고를 넘치도록 하고 옥에 갇히기도 하고 더 많이 하고 매도 수없이 맞고 죽을 뻔하였으니"(고후 11:23).

초대 교회와 1세기 당시 팔레스틴의 사회적 배경을 볼 때에 백성들 앞에 끌어내는 것은 바로 처형을 의미하는 것인데 옥에 던져 넣는 것은 그들이 처형을 기다리는 신세가 된 것을 의미하는 것으로 본다. 바클레이에 의하면 "고대 세계에서 투옥(投獄)이란 단순히 죽음의 전주(前奏)라고 할 수 있다. 그 당시에 국가나 정부는 죄수를 돌보려고 하지 않았기 때문이다. 사람이 한번 투옥되면 죽기 전에는 나올 수 없는 곳이었다"고 하였다.

투옥은 지금의 유치장이나 감옥과는 다른 형벌이어서 대개는 거기서 버림받은 자로 죽는 것이었다. 죽일 때까지 또는 죽을 때까지 버려두는 곳이라 해도 과언이 아닌 것이었다. 그러므로 투옥은 무서운 "시련"이 아닐 수 없다.

둘째, "너희 중에 몇 사람"이다.

"옥"에 던져지는 사람은 "너희 중에 몇 사람"으로서 한정적인 복수를 나타내고 있지만, "너희가 받으리라"는 말씀은 범위를 알 수 없는 "복수"로 사용되고 있다.

"너희 가운데서 몇 사람을"이라는 말씀은 서머나 교회에서 지도자급 몇 사람이 던져지는 고난이 일어날 것을 의미하는 것으로 본다. 왜냐하면 초대교회에서 믿음이 연약한 사람들은 두려움으로 인하여 예수 그리스도를 부인하는 경우도 종종 있었기 때문이다.

따라서 "너희가 받으리라"는 고난은 많은 사람을 나타내는 이유로 보는 것을 서머나 교회가 "지도자급"(예를 들면, 폴리갑) 몇 사람이 옥에 던져지는 고난을 받을 것이지만, 그 사건을 보는 서머나 전체 교인들도 다른 면에서의 고난이 될 것이기 때문이다.

몇 사람을 옥에 던져 시험하는 그 환난을 통하여 믿음이 연약한 어린애 같은 신앙의 소유자들은 돌아서는 경우도 종종 있었지만, 반면에 믿음을 더욱 굳건히 하는 청량제가 되었음을 교회사가 증거하고 있다(이광복).

그러면 서머나 교회가 실제로 당한 고난은 어떠했는가?

조직적인 군대로부터 핍박의 전주가 시작되었다.

동방의 부제(父帝) 갈레리우스는 먼저 그의 군대로 모든 그리스도인을 제거하고자 295년에 전군에게 로마의 신들에게 제사하라는 명령을 내렸다. 297년과 298년의 핍박은 군대 안의 신자들에게 집중되었다. 거절하는 자는 추방되었고 완강히 버티며 열심있는 신자들은 처형되었다. 대마침 303년 니코메디아 왕궁에서 두 차례나 불이 나자 그 혐의는 즉시 핍박 받던 그리스도인들에게 돌려지고 그 해 곧 디오클레시안 재위 19년 2월 23일에 전국에 제1차 포고령이 내려지고 잇달아 2차, 3차, 4차 포고령이 반포되었다.

유세비우스의 교회사에서 밝혀진 내용은 다음과 같다.

제1차 : 모든 교회당을 완전히 부수어 없애고 성경을 불태워 버릴 것이며 관직에 있는 자가 그리스도인이면 직위를 해제하고 하급인들은 자유권을 박탈할 것

제2차 : 감독, 장로, 집사 등 모든 지도자들을 투옥하고 어떠한 강제적 수단을 써서라도 로마의 신들에게 제사드리게 할 것

제3차 : 제사하는 날(祭日)에는 감옥의 문을 열고 신들에게 제사하는 신자들을 석방할 것이며 거절하는 자는 죽음의 고통을 불사하고 고문할 것

제4차 : 로마제국의 모든 인민들을 로마의 신들에게 절하게 하고 제사하게 할 것(손기태)

3. "너희가 십 일 동안 환난을 받으리라"(2:10).

서머나 교회에 주어진 이 말씀은 요한 당시 로마의 모진 핍박을 받은 기독교인들의 실상을 증명해 주는 말씀으로, 본문의 배경은 주님을 향한 열심있는 성도와 기독교를 핍박하는 로마, 이를 배후에서 조종하는 유대인들의 음모를 잘 대변해 주고 있다. 유대인과 로마가 마귀의 도구였다면, 모진 고통과 핍박 속에서도 복음의 사수(死守)를 위하여 헌신하는 성도들의 자세는 하나님의 백성으로서 손색이 없는 것이기에 생명의 면류관을 준비하신 주님의 위로가 오늘을 사는 우리들에게도 소망과 기쁨을 주는 것이다.

본문의 해석에 있어서는 어떤 학설에 따라 견해가 다른 경우는 없으며 단지 계시록의 수의 상징의 의미를 살려서 보려는 여러 견해가 있음을 아울러 밝혀 둔다.

1. 상징설 : 날수(日數)를 햇수(年數)의 상징이라 하여 로마의 디오클레시안(Diocletian) 황제 아래서의 10년간(주후 303-312년)에 있은 혹독한 핍박을 가리키는 것으로 보는 견해이다(박윤선).

2. 로마 열 황제의 핍박설

네로(Nero) 때부터 디오클레시안 황제 때에 이르기까지의 약 250년 간의 환난을 말하는 것이라고 주장하는 견해이다.

① 네로(Nero) AD 54-68년

② 도미티안(Domitian) AD 81-96년

③ 트라얀(Trajan) AD 98-117년

④ 하드리안(Hardrian) AD 117-138년

⑤ 셉티미우스 세베루스(Septimius Severus) AD 193-211년

⑥ 막시미우스(Maximius) AD 235-238년

⑦ 데키우스(Decius) AD 249-251년

⑧ 발레리안(Valerian) AD 254-260년

⑨ 아우렐리안(Aurelian) AD 270-275년

⑩ 디오클레시안(Diocletian) AD 284-305년

한편 각 황제와 박해 시대와 관련한 특정적인 박해 사건을 윌밍턴(Willmington) 박사는 다음과 같이 기술하고 있다.

① 네로(Nero, AD 64-68) : 베드로와 바울이 순교함

② 도미티안(Domitian, AD 81-96) : 기독교를 '무신주의'라고 함

③ 트라얀(Trajan, AD 98-117) : 기독교를 반대하는 정식 법령을 공포하였으며 이그나티우스(ignatius)를 화형에 처함

④ 마르쿠스 아우렐리우스(Marcus Aurelius, AD 161-180) : 기독교를 일종의 미신으로 간주하였으며 대신학자인 저스틴(Justin Martyr)이 순교함

⑤ 셉티미우스 세베루스(Septimius Severus, AD 193-211) : 오리겐의 부친 레이니다스(Leonidas)가 옥에 갇혔다가 참수형을 당함

⑥ 막시미우스(Maximius, AD 235-238) : 기독교인을 야만인으로 보고 기독교의 지도자를 사형시킬 것을 명함

⑦ 데키우스(Decius, AD 249-251) : 기독교를 말살시키려고 했음

⑧ 발레리안(Valerian, AD 253-260) : 카르타고의 감독인 키프리안(Cyprrian)을 죽임

⑨ 디오클레시안(Diocletian, AD 284-305) : 10년간에 걸쳐 굴과 산 속에 숨어 지내는 기독교인들을 찾아내어 화형시키고 맹수의 밥이 되게 하였음. 그러나 그의 아내와 딸은 기독교인이었다고 전해짐(정양수).

3. "네가 죽도록 충성하라"(계 2:10).

예수님께서는 서머나 교회에 두 가지 명령을 하셨는데 하나는 이미 생각한 내용으로 '두려워 말라' 는 것이었고, 또 하나는 지금 생각하고자 하는 내용으로 '죽도록 충성하라' 는 것이다. 처음에 주어진 명령이 소극적인데 반해 두번째 주어진 명령은 보다 적극적인 것이었다.

먼저 충성하라는 뜻을 지닌 $\gamma\iota\nu o\upsilon\ \pi\iota\sigma\tau o\varsigma$가 계속적인 진행의

의미를 담고 있는 현재 명령형임을 주목할 필요가 있다. 즉, 이는 '계속적으로 충성하라'는 뜻이라고 하겠다. γίνου는 γίνομαι의 현재 명령으로 계속해서 지시받은 대로 행할 것을 묘사하는 것이다. 한글개역성경에는 '하라'로 번역되었으나 본래는 '되라'는 뜻이다. 즉 문자 그대로 번역하자면 "충성스러이 되라" "진실하게 되라"는 의미라고 하겠다. '충성'을 뜻하는 πιστός는 두 가지 의미로 사용되는데 하나는 '믿는'(요 20:27; 딤전 6:2)이고, 또 하나는 '충성' '신실'(마 24:45, 25:21, 23; 계 1:5, 2:10, 13)이다.

ἄχρι(까지)라는 불변사를 해석함에 있어 두 가지의 설이 있다. 하나는 '시간적 관념의 연장설'로 곧 환난과 핍박을 받음에 있어 죽을 때 '까지'는 시간의 연장설을 말하는 것이다. 즉 '죽을 때까지 충성하라'는 의미로 본절을 해석하는 설이다. 또 하나는 '결의설'로 한글개역성경의 '죽도록' 충성하라고 한 번역은 이 설을 잘 살린 것이라고 할 수 있다. 신앙생활을 함에 있어 환난이 올 때 성도들의 충성의 자세는 '죽을 때까지'가 아니고 자연 '죽기를 각오하고' 하는 충성이어야 할 것이다. 많은 신학자들이 이 '결의설'을 지지한다(이상찬).

요한은 먼저 현실적인 고난에 대해서는 '두려워 말라'는 정도로 권면했으나, 앞으로 다가올 종말적 대환난에 대해서는 '죽도록 충성하라'고 간곡하게 경고한다. 그런데 이 말씀은 반드시 그리스도인들이 순교의 죽음을 당해야 한다는 말이 아니다. 왜냐하면 이 세상 모든 그리스도인들이 다 순교의 죽음을 당할 것은 아니기 때문이다. 이 말씀은 그리스도인은 누구나 순교정신을 가지고 죽는 날까지 믿음의 순수성을 지켜 나가라는 말이다. 그래서 "주 안에서 죽는 자는 복이 있도다"(14:13)라고 했다(12:11; 히 12:4 참조, 김철손).

서머나 교회에 주시는 말씀은 두 가지의 측면으로 생각해 보아야 한다. 첫째는, 방법적인 면으로 '죽도록'이며, 둘째는 내용적인 면으로 '충성'이다. 즉 이러한 환난이 닥쳐올 것인즉 이제는 순교적인 신앙의 자세가 요구되는데, 그 방법은 '죽도록'이며, 그 내용은 '충성'이라는 것이다.

1) 방법적인 면으로는 '죽도록'에 사용되는 전치사 아크리($\check{\alpha}\chi\rho\iota$)는 기본 불변사로서 "…까지"(until)를 의미하며, 죽기까지 전심전력 및 사력(死力)을 다하라는 의미가 있다. 그러므로 주님이 요구하시는 성도는 '죽기까지' 충성하기를 기쁨으로 받는 자들이어야 한다.

그렇다고 전 교인을 순교시켜야 한다는 차원으로 생각하는 오류도 범하지 말아야 한다. 왜냐하면 순교는 우리가 원한다고 되는 것이 아니라 하나님의 뜻대로 되는 것이다. 다만 성도들은 '죽기까지' 충성하는 믿음의 자세가 요구된다 하겠다.

2) 내용적인 면으로는 '충성하라'는 말씀에서 주체는 바로 '네가'로서 서머나 교회의 성도들에게 해당되지만, 영적으로는 전 세계의 전 성도들에게 해당되는 것이기도 하다. "네가 …하라"를 나타내는 기누($\gamma\acute{\iota}\nu o\upsilon$)는 "일어나다, 생기다"(to happen)를 의미하는 기노마이($\gamma\acute{\iota}\nu o\mu\alpha\iota$)의 현재 중간태 명령법으로 "계속적으로 충성하라"는 의미이다.

그러므로 "죽도록 충성하라"는 것은 그 기간이 중단없는 계속적이고도 지속적인 방법으로 충성하라는 것을 의미한다. 바로 주님이 우리를 위하여 죽기까지 순종하셨던 것처럼, 순교자들이 죽기까지 충성했던 것처럼, 그 끝이 없는 충성을 주님은 우리에게 요구하시는 것이다(이광복).

6. 약속과 허락(2:10-11)

(1) 예수 그리스도께선 아무에게도 빚을 지지 않고 충성을 다한 자에게는 반드시 상급을 주신다. 이 구절에서는 두 가지 상급이 언급되어 있다.

"내가 생명의 면류관을 네게 주리라"(계 2:10). 헬라어로 '면류관'이라는 말은 두 종류가 있다. '스데파노스'($\sigma\tau\acute{\epsilon}\varphi\alpha\nu o\varsigma$)는 승리 후에 주어지는 월계관(crown)이고, '디아데마'($\delta\iota\acute{\alpha}\delta\eta\mu\alpha$)는 왕적 권위를 나타내는 왕관(diadem)이다. 요한계시록에는 다음과 같이 나타나 있다($\sigma\tau\acute{\epsilon}\varphi\alpha\nu o\varsigma$ 2:10, 3:11, 4:4, 10, 6:2, 9:7, 14:14, $\delta\iota\acute{\alpha}\delta\eta\mu\alpha$ 12:1, 12:3, 13:1, 19:12).

그러면 여기에서 고대인들이 써 온 여러 가지의 스데파노이(stephanoi, stephanos의 복수형)을 연구해 보자.

(가) 첫째로 운동경기에서의 승자의 면류관을 생각케 된다. 서머나는 전 아시아에서 유명했던 운동경기를 하였다. 가장 유명한 올림픽 경기에서와 같이 우승한 선수에게 주어지는 면류관은 월계수로 만든 것이다.

기독교인은 생의 경기에서 승리의 면류관을 얻을 수 있다. 기독교인은 생의 경주를 뛰되 마지막 날에는 그리스도의 승리자가 될 수 있다.

(나) 직무를 열심히, 그리고 충성스러이 이행해 나간 장관에게는 그 임기 끝에 면류관이 주어지는 것이다. 면류관은 충성된 봉사의 상급이다. 일생을 통하여 충성되이 그리스도와 이웃을 섬기는 사람은 면류관을 받게 될 것이다.

(다) 이방세계에서는 무도회에서 꽃으로 만든 화관을 쓰는 관습이 있었다. 화관은 축제의 기쁨의 표시이다. 그날의 마지막에 기독교인이 충성스러웠다면 그는 하나님의 잔치자리에 하나님의 손님으로 앉는 기쁨을 누리게 될 것이다.

(라) 이교도들은 그들의 신전에 나아갈 때에 관을 쓰는 관습이 있었다. 이때의 관은 신의 존전에로의 입장의 표시였다. 그날의 마지막에 기독교인은 그가 충성스러웠다면 하나님의 존전에 더 가까이 들어가는 기쁨을 얻게 될 것이다.

(마) 끝으로 어떤 학자들은 그림에서 간혹 보는 신상의 머리에 그려진 후광을 생각하기도 한다. 그것이 사실이라면 기독교인은 만약 그가 충성하면 하나님에게 속한 그 신적 생명으로 씌움을 입을 것이다. 요한은 "우리가 그와 같을 줄을 아는 것은 그의 계신 그대로 볼 것을 인함이라"(요일 3:2)라고 말했다. 이 세상에서는 기독교인의 충성이 가시 면류관을 동반할지도 모르지만 장차 올 세상에서는 틀림없이 영광의 면류관을 가져올 것이다(바클레이).

한편 승리한 성도들이 상급으로 받을 면류관에 대해 성경이 가르쳐 주는 바는 다음 다섯 가지이다.

첫째, '생명의 면류관'(약 1:12; 계 2:10)으로, 이는 예수 그리스도로 인해 욕을 당하고 핍박을 받고 모든 악한 말을 듣는 가운데서도 기뻐하고 즐거워하며(마 5:11) 환난이나 곤고나 기근이나 위험이나 칼 앞에서도(롬 8:35-36) 죽도록 충성한 자에게 주어지는 면류관이다.

둘째, '의의 면류관'(딤후 4:8)으로, 선한 싸움을 싸우고 달려갈 길을 마치고 믿음을 지킨 자와 예수님의 재림을 고대하는 자에게 주어지는 면류관이다.

셋째, '영광의 면류관'(벧전 5:4)으로, 이는 하나님의 양무리를 치되 부득이함으로 더러운 이(利)를 위하여 하지 않고 오직 하나님의 뜻을 좇아 즐거운 자세로 목회한 종들에게 주어지는 면류관이다.

넷째, '썩지 아니할 면류관'(고전 9:25)으로, 모든 일에 절제하면서 하나님이 명하신 모든 법도를 잘 지켜 복종하고 희생한 성도들에게, 그리고 최선을 다하여 경주함으로 승리한 이들에게 주어지는 면류관이다.

다섯째, '기쁨의 면류관'(살전 2:19-20)으로, 이는 충성을 다해 전도한 전도자들에게 주어지는 면류관이다.

이상의 면류관들은 승리한 성도들에게 주어지는 면류관으로 명백하게 면류관의 종류를 보여 주는 것이 아닌 면류관의 등급(degree)을 보여 주는 것이다. 이는 또한 성도 개개인이 느끼고 즐거워하고 감사하는 면류관이다. 즉 믿음으로 구원받은 성도는 은혜로 말미암아 면류관을 얻으나 그 면류관의 등급은 성도 혼자만이 느끼는 면류관인 것이다(이상찬).

그런데 본문에는 '생명의 면류관'을 주겠다고 했다. 이것은 서머나 교회가 순교적인 신앙으로 주를 섬긴 결과, 이 세상에서 빼앗긴 생명을 되찾아 주시는 의미도 된다. 야고보서 1장 12절에 "시험을 참는 자는 복이 있도다 이것에 옳다 인정하심을 받은 후에 주께서 자기를 사랑하는 자들에게 약속하신 생명의 면류관을 얻을 것임이니라"고 하였다(석원태).

이것은 내세의 생명을 받을 뿐 아니라 영광까지 가리킨다. 우리가 현세에서 그것이 어떠한 것이라고 형언하기는 어렵다. 그러면 이 세상에서 순교에 참예하는 자가 죽음에 아주 빠지는 것이 아니라 오히려 살고, 살 뿐만 아니라 그 삶의 극치에 빛나기까지 하는 영화로운 생명에 이른다(박윤선). 이는 죽도록 충성한 자에게 약속된 최고의 영광의 표상이다. 면류관(4:4, 6:2, 12:11, 14:14; 고전 3:14, 9:25)은 보통 왕관이나 제관이 아니라 운동경기에서 우승한 자에게 씌워 주는 극히 간단한 화관이다. 외관상으로는 전혀 볼품 없는 풀잎 두건(頭巾)이지만, 그것이 상징하는 영광은 대단한 것이다. 죽도록 충성한 자에게 주어질 "생명의 면류관"은 성경적으로 의미가 다양하다. "의의 면류관"(딤후 4:8), "소망의 면류관"(살전 2:10), "영광의 면류관"(벧전 5:4), "생명의 면류관"(약 1:12) 등이 있다(김철손).

'면류관'은 왕이 쓰는 왕관, 즉 "디아데마"가 아니라, 경기에서 승리하거나 무슨 기쁜 일이 있을 때 사회인으로서 누구나 쓸 수 있는 면류관인 '스데파노스' 이다. 이 '스데파노스'는 경기에서 승리했을 때, 무슨 탁월한 공적을 세웠을 때, 특별히 즐거운 잔치 때, 신 앞에 나아갈 때 등에 사용했다. 신약에는 신자에게 면류관이 주어지는 구절이 많다. 여기와 야고보서 1장 12절에는 '생명의 면류관', 디모데후서 4장 8절에는 '의의 면류관', 데살로니가전서 2장 19절에는 '생명의 면류관', 디모데후서 4장 8절에는 '의의 면류관', 데살로니가전서 2장 19절에는 '소망, 기쁨, 자랑의 면류관', 베드로전서 5장 4절에는 '영광의 면류관' 등으로 되어 있다. 요컨대 이 모든 것은 밖에서부터 덧붙여 준 어떤 '감투' 같은 것이 아니라 그의 생명, 그의 영혼, 성격, 말하자면 그리스도로 말미암아 새로 지음받은 '속사람'의 품격이 그대로 나타나는 데서 빛나는 '면류관'이다. 이것은 그리스도의 속죄와 성령의 은사와 신자 자신의 응답이 어울려 이루어진 영의 사람에게만 있을 수 있는 영광이다(김재준).

(2) "이기는 자는 둘째 사망의 해를 받지 아니하리라"(계 2:11).

둘째 사망이라는 말은 요한계시록에만 나타나는 말이다(20:6, 14, 21:8). 랍비들이 "악한 자(죄인)들이 내세에 둘째 사망을 당한다"는 말을 썼다. 이 둘째 사망이란 말은 두 가지 기원을 갖고 있다.

(가) 유대인들 간에는 사두개인들이 사람이 죽으면 그만이라 생각했고, 헬라인들 중에도 에피큐리아인들이 같은 의견을 가졌다. 구약에도 비관적인 전도서에 그런 생각이 있는 바 그것은 사

두개파의 글이라 한다. "산 개가 죽은 사자보다 나음이니라 무릇 산 자는 죽을 줄을 알되 죽은 자는 아무것도 모르며"(전 9:4-5). 사두개인과 에피큐리아인들에게는 죽음이란 멸절이요 말살이요 소멸이요 그 뒤에는 아무것도 없는 맨 끝이다. 정통적인 유대인에게는 이것은 아주 쉬운 길이었다. 왜냐하면 우매자나 지혜자의 최후가 다 마찬가지가 아니냐 했다(전 2:15-16, 9:2). 그러므로 그들은 소위 두 가지 죽음, 즉 누구나 맛볼 육신의 사망과 그 후에 있을 하나님의 심판인 또 다른 사망이 있다고 믿게 되었다.

(나) 2장 7절에서 논한 '낙원' 관념과 밀접한 관계가 있다. 거기서 본 대로 유대인들과 초대 기독교 사상가들은 사람이 죽으면 하늘과 세상 중간 어딘가에서 최후 심판을 기다린다고 믿었다. 그렇다면 죽음은 둘이 된다. 첫째 죽음은 누구나 다 당하는 육체의 죽음이요, 둘째 죽음은 악한 자들이 최후 심판 이후에 들어갈 영혼의 죽음이다.

이런 문제에 대해서 아무도 자신 있는 단언을 할 수 없으나 요한이 충성된 자들은 둘째 사망의 해를 받지 않을 것이라 한 것은 바울이 생명이나 사망이나, 현재 일이나 장래 일이 우리를 예수의 사랑에서 끊을 수 없다고 한 것과 똑같은 뜻이다. 예수를 사랑하는 자는 생이 가할 수 있는 모든 재난과 죽음이 가할 수 있는 모든 불행에서 안전하다(롬 8:38~39, 바클레이).

첫째 사망은 자연적 죽음, 둘째 사망은 영원한 죽음이다. 전자는 신자와 불신자가 다같이 죽는 죽음이며 후자는 불신자만 죽는 죽음이다(21:8). 순교하는 교회는 첫째 죽음은 죽을지 모르나 둘째 죽음은 당하지 않을 것이다. 그리스도교인들이라 해서 모든 사람이 다 동참하는 고난이나 육체적 죽음을 피할 수 있다는 약속을 받은 것은 아니다. 다만 성도가 불신자와 다른 것은 둘째 사망을 당하지 않는다는 점이다. 이 둘째 사망이 진짜 죽음이다. 그리하여 본서는 '첫째 사망'은 언급하지도 않으며, 그것은 죽음이라고 보지도 않는다(박수암).

첫째 사망은 신자나 불신자가 모두 당하는 육의 사망으로서 몸과 영혼들의 분리를 말하는 것이나(롬 8:36; 계 2:10), 둘째 사망은 불신자에게만 해당되는 것으로 곧 영원한 사망을 말한다(계 20:6, 14, 21:18). 그러한 의미에서 예수님께서는 "몸은 죽여도 영혼은 능히 죽이지 못하는 자들을 두려워하지 말고 오직 몸과 영혼을 능히 지옥에 멸하시는 자를 두려워하라"(마 10:28)고 말씀하셨다.

둘째 사망에 대해 가장 많은 것을 언급한 이는 사도 요한이다. 그는 본절 외에도 다음과 같은 내용들을 기록하였다. "사망과 음부도 불못에 던지우니 이것이 둘째 사망 곧 불못이라"(계 20:14). "그러나 두려워하는 자들과 믿지 아니하는 자들과 흉악한 자들과 살인자들과 행음자들과 술객들과 우상숭배자들과 모든 거짓말하는 자들은 불과 유황으로 타는 못에 참예하리니 이것이 둘째 사망이라"(계 21:8). "이 첫째 부활에 참예하는 자들은 복이 있고 거룩하도다 둘째 사망이 그들을 다스리는 권세가 없고 도리어 그들이 하나님과 그리스도의 제사장이 되어 천 년 동안 그리스도로 더불어 왕노릇 하리라"(계 20:6) (이상찬).

해를 받지 아니하리라(οὐ μὴ ἀδικηθῇ), 아디케데(ἀδικηθῇ)는 부정 과거 가정법으로서 $ἀδικέω$에서 온 말이다. $ἀδικέω$는 $δικαιόω$의 부정으로 "의롭게 행하지 않다" "불의를 행하다"의 뜻이 된다. 우메($οὐ\ μή$)는 부정적인 미래 가정법의 강조 용법이다. 이중 부정을 취한 용법으로 "결단코 …않으리라"는 의미를 나타낸다.

그렇다면 죽었다가 살아나신 예수 그리스도께서 왜 이처럼 강한 이중(二重) 부정을 서머나 교회에게 들려주신 것일까? 그것은 바로 그리스도 밖에 있는 자들이 받을 '둘째 사망의 해'로부터 철저한 보호를 의미하는 것이기 때문이다. 그러므로 이 편지는 역사적으로는 서머나 교회에 주시는 것으로 순교시대를 예표하지만 영적으로 전 세계의 전 교회에게 주시는 생명의 말씀인 것이다. 따라서 그리스도를 믿는 성도들은 '어느 곳, 어느 장소'에 있든지 오직 예수로 소망을 삼게 되는 것이다.

'부자와 나사로의 비유'(눅 16:19-31)에서도 부자와 나사로가 동일하게 육신의 죽음인 첫째 사망(눅 16:22)을 맞이하였다. 그러나 그 후에 부자는 음부(눅 16:23)에서 고통 중에 있었는데 이것이 둘째 사망이며, 나사로는 아브라함의 품(눅 16:23)에서 둘째 사망의 해를 받지 않았음을 증거하고 있다.

둘째 사망이라는 용어는 요한계시록에서만 나타나는데, 이러한 표현은 묵시문학에서 랍비들이 사용한 표현으로, 약속의 메시아가 오셔서 새로운 세상이 되면 악인들이 가게 될 죽음을 가리키는 것이다(신 33:6; 렘 51:39, 57; 사 52:14, 65:6, 15 참고).

본문에서 가르치고 있는 바를 보면, 죽도록 충성하는 자들에게는 동이 서에서 먼 것같이 둘째 사망의 해가 멀리 있어 생명의 영원한 면류관을 받게 될 것이다. 그러나 첫째 사망의 두려움으로 인하여 박해를 피하는 자들에게는 동이 서에서 먼 것같이 생명의 영원한 면류관이 멀리 있어 둘째 사망의 해가 영원한 고통으로 이어지게 될 것이다.

그러므로 사도 바울의 기록처럼 "맡은 자들에게 구할 것은 충성"(고전 4:2)이라는 말씀이 서머나 교회에게 확대되어 주어지고 있는 것이다. 따라서 이 약속이 역사적으로는 서머나 교회에 주어진 것이지만, 영적으로는 전 세계 전 교인에게 주는 영원한 생명의 약속임을 기억해야 한다.

사단의 회인 '자칭 유대인의 회'와 로마 군병들이 합작한 박해 속에 신앙의 정절을 지켜가는 서머나 교회의 교인들에게 '둘째 사망의 해'를 결단코 받지 아니하리라는 주님의 약속은 "죽었다가 살아나신 이"의 모습으로 주시는 것이므로 더욱 귀한 생명의 말씀이 되는 것이다. 다른 교회와는 달리 짧은 네 구절의 말씀 속에 영원한 축복만이 담겨 있는 서머나 교회에 보내는 이 말씀은 축복 중의 진수(眞髓)임을 알 수 있다(이광복).

'첫째 사망'은 누구나 당하는 자연사일 것이요, 둘째 사망은 최후 심판에서 영원한 죽음이 주어지는 것(20:6, 14, 21:8)을 의미한다. 서머나 교회에서 핍박 중에 순교한 자는 이미 영원한 생명의 책에 그 이름이 기록된 사람이므로 다시는 사망에 이르지 않는다는 것을 말하며 격려한 것이다(김재준).

부록 VI. 마귀, 사단, 귀신

(1) 마귀는 악한 신들을 인격화해서 하는 말이다.

그래서 성경에 나오는 마귀(ὁ διάβολος)는 단수형으로 관사 '호'(ὁ)가 붙어 있다(2:10, 12:9, 12:12, 20:2, 20:10 20:2에만 관사가 없음). 그렇게 되면 "마귀"는 어떤 실제 인물로 지적될 수 있다. 계시록 2장 10절의 "마귀"는 장차 나타날 정치적 박해자 로마 황제를 상징적으로 표현한 것이라고 하겠다(요 6:70, 가룟 유다를 "마귀"라고 지칭한다). 그런데 원시 이방종교에 있어서 인간에게 재난, 병 질고, 죽음을 가져다 주는 악한 신을 마귀라고 하였는데, 성경은 이 악신 사상을 그대로 받아들여 유대교적 마귀 개념을 확립시켰다. 이 사상에 의하면 하나님께서 천지창조 이전에 마귀를 만들었는데 뱀과 동일시 되는 사단을 마귀의 두목으로 만들었다는 것이다(욥 38:4-5). 따라서 여기 계시록 12장 9절에도 뱀과 마귀와 사단을 동일시 하였다.

마귀는 성경에 80번이나 나오는데 때로는 "악마"(devil)와 동일시하는 경우도 있다(35번). 일본에는 악마로 통일하여 사용한다. 또 때로는 귀신(demon)의 동의어로 사용한다.

(2) 마귀의 히브리어가 "사단"(שָׂטָן)이다.

그래서 사단과 마귀는 동의어로 사용할 수 있다. 그런데 사단은 모든 악령과 악신의 두령으로 마귀보다 근원적으로 더 사악한 존재로 인식되어 있다. 사단의 원시적 상태와 타락에 대해서 에스겔 28장 1-19절, 이사야 14장 3-21절에 충분히 설명되어 있다. 본래 사단은 총명한 천사 중의 으뜸가는 그룹계급으로 세워졌는데 그 영광과 자만과 사치로 인하여 마음이 교만해져서 하나님을 반역하여 에덴동산에서 쫓겨나게 되었다. 그의 최후 형벌은 "영원한 불"(마 25:4)이라고 예수께서 말씀하신 대로 계시록에 있어서 "유황불 못"으로 던져질 것이다(계 20:10).

이 타락한 천사를 이교의 신의 이름을 빌려 부르자면 루시퍼(Lucifer) : "계명성" 하나님의 거룩한 빛으로 빛내던 자, "아침의 별, 새벽의 아들"(사 14:11)이 이제는 하나님을 대적하여 사단이 되어 "음부 곧 구덩이의 맨 밑에 빠질"(사 14:15) 운명에 떨어졌다고 하겠다.

사단은 본래 선한 천사들과 동등한 위치에 있었으나 타락해서 저주받은 뒤에는 거짓말쟁이(요 8;44), 살인자(요 8:44), 하나님과 진리를 대적하는 자, 형제를 참소하는자(욥 1:9-11, 2:4-5; 계 12:10), 하나님의 백성을 송사하는 자(슥 3:1; 롬 8:33)로 변하여 보이지 않는 하늘의 세력으로 악의를 다해 그리스도인에게 도전하는 존재가 되었다.

이 사악한 사단의 세력은 일찍이 서머나 교회에 침투해 들어갔고(계 2:9-10), 버가모 교회는 완전히 사단이 거하는 곳이 되었고

(계 2:13), 두아디라 교회(계 2:20-24)와 빌라델비아 교회(계 3:9)에도 사단의 세력은 작용하고 있었다. 이 세력은 오늘날도 계속 작용하고 있다. 그리스도교의 정통교리와 온건한 신앙생활을 방해하며 그릇된 종교를 가르치는 거짓 사도들이 많이 배출되었다(고후 11:13-15). 그들의 가르침에서 발견되는 것은 "거짓 그리스도" 곧 "적 그리스도"이다. 적그리스도의 출현은 말세현상의 하나로(막 13:32; 살후 2:2-4; 요일 2:18). 그리스도 교회 안에 들어와서 왜곡된 신앙(교리)을 가르쳐 정통신앙을 전복시키는 일을 한다. 오늘날의 교계의 혼란도 사단의 장난이라고 보아야 하겠다. 그러나 사단의 세력도 세상 끝날에 천 년 동안 무저갱에 감금될 것이며 잠시 석방되어 최후 발악을 하다가 영원한 유황불 못에 떨어짐으로 사단의 역사가 끝난다(계 20:10).

(3) 귀신(τὸ δαιμόνιον)의 기원을 세상 창조 이전에 만든 사단(Lucifer)과 동시적으로 보는 사람이 많이 있다.

이 사단에 의해서 태초의 인간들이 타락했으며 타락한 인간들의 영을 귀신이라고 하는 사람도 있다. 또 헬라 전설(신화)에 의하면 죽은 사람들의 영을 귀신이라고 하는 사람들도 있다. 그러나 코흐(K. Koch)는 성서적으로는 죽은 자의 혼령에 대하여 전혀 언급이 없다고 하였다.

귀신이라는 말이 신약성경에만도 63회나 언급되었는데 인격적인 존재(demon)는 마태복음 8장 31절("귀신들이 예수께 간구하여 이르되 만일 우리를 쫓아내시려면 돼지떼에 들여 보내 주소서 하니") 단 한 번뿐이고, 그 밖에는 대체로 악한 영(Demonic) 더러운 영(unclean spirit)으로 표현했다. 그래서 귀신에 의해서 여러 가지 질병에 걸린 사람들이 있고(막 9:17-18) 또 직접 귀신이 접해서 사단적 인간으로 변한 사람도 있다(막 1:23, 마 4:23; 막 5:2). 귀신은 인간을 파멸시킬 목적으로 인간의 몸에 들어오기를 원한다. 일단 들어 오면 정신적인 분열을 일으켜 본래의 정상적인 사람을 악령으로 지배하게 된다(악령 들린 현상 : ① 속이는 영 ② 강한 완력 ③ 성격분열증 ④ 거부반응 ⑤ 천리안 ⑥ 변음성 ⑦ 급속한 구출 ⑧ 전이현상(transference)).

그러므로 귀신은 일종의 영적 존재이며 인격적 존재라고 할 수 있다. 귀신의 영적 능력은 육체적으로 초인간적 위력을 발휘할 때도 있고(눅 8:29) 초자연적인 지식을 과시할 때도 있다(겔 28:12; 막 1:14, 34, 5:6-7; 마 8:28-29). 그리고 귀신은 세계 어느 곳이나 활동무대로 삼을 수 있으며(약 2:19), 그 세력의 강도를 집단적으로 표시할 수도 있다(눅 8:30). 귀신은 큰 집단체를 형성하고, 그 왕을 "바알세불"이라고 하였다(마 12:24). 구약에서는 팔레스틴의 에그론 신을 말한다(왕하 1:2-16). 이 신은 인간을 타락시킨다. 음주, 음란, 약물 복용으로 육체 타락과 뇌물, 태만, 음모, 권리남용으로 사회타락, 왜곡된 교리와 부도덕한 생활로 신앙타락, 이러한 타락을 꾀하는 악귀, 우리 나라의 마귀, 사귀, 사신, 악귀, 악마, 악신, 악령이 거의 다 같은 뜻으로 사용된다(요한계시록 신학 김철손, p. 317-320).

부록 Ⅶ. "네가 죽도록 충성하라"(2:10)

• • • • • • '충성하라'는 말씀은 주로 세 가지를 생각할 수 있다. 첫째, 진리를 알고 그대로 지킴이고 둘째, 직책파수(職責把守)에 힘을 다함이고 셋째, 절개를 지킴이다.

1. 진리를 알고 그대로 지킴

'충성'이란 말은, 헬라원어로 피스토스($\pi\iota\sigma\tau\acute{o}\varsigma$)인데, 신실(信實)을 의미한다(바빙크). 성경에 나오는 피스토스라는 단어는 무엇을 가리켜 말하는가? 이것은 먼저 하나님의 속성을 의미하는데 하나님의 진리성(우상과 반대되는 진리성)과 그의 언약의 불변성을 가리킨다.

바빙크는 하나님의 피스토스적 성격에 대하여 "하나님은 질적(質的)으로 진정한 하나님이시고 그의 말씀은 견실하게 세워 지키심에 완전히 미쁘시다"라고 해석했다.

(1) 신자들이 가지는 충성은 무엇인가? 그것은 하나님의 신실성에서 유래된 것이다.

그것은 먼저 하나님(혹은 진리)을 바로 알고 그대로 참되이 파수하며 전파함이다(고전 4:1). 동양적 충성이란 것은 진리 본위가 아니고, 맹목적 수구주의(守舊主義)에 치중하는 그릇된 경향이 있었다. 성경이 말하는 충성은, 맹목적 수구주의가 아니고 진리를 본위로 한다. 그러므로 그것은 먼저 성령님의 교도화(敎導化)에서 지적활동(知的活動)으로 출발한다. 어느 것이 진리냐 하는 것이 충성의 첫걸음이다. 그러므로 우리는 무엇보다도 먼저 성경을 바로 알도록 만반노력(萬般努力)을 다해야 할 것이다. 교역자가 성경을 모르면 가장 거짓말을 많이 하는 자가 되기 쉽다. 그 이유는, 교역자는 누구보다도 말을 많이 하는 사람이니만큼 그가 진리를 모르면 거짓말을 많이 하게 되기 때문이다. 잠언에 말하기를, "거짓 증거하는 사람은 방망이요 칼이요 뽀족한 살이니라"(잠 25:18), "거짓 증인은 벌을 면치 못할 것이요 거짓말을 내는 자도 피치 못하리라"(잠 19:5), "가난한 자는 거짓말하는 자보다 낫도다"(잠 19:22)라고 하였다.

(2) 우리가 진리를 안 후에는 그대로 생활하면서 그것을 전해야 된다.

진리대로 생활하지 아니하면서 전하는 자는, 연극 배우와 같아서 진리를 거짓말인 듯이 무력하게 말한다. 하나님은 많은 거짓 경건보다, 작으나 참된 경건을 사랑하신다.

스퍼전(Spurgeon)은 말하기를 우리가 황언자(謊言者)들 중에서 사는 것보다 사자들 사이에서 사는 것이 낫다고 하였다. 능하기만

하고 진리에 신실히 좇지 아니하는 자들은 도리어 교회에 해독을 끼친다.

2. 직책파수(職責把守)에 힘을 다함

하나님께서는, 우리가 사업에 있어서 올리는 성과보다 그 드리는 정성을 보신다. 교역자들은 괴로우나 즐거우나 복음을 전해야 된다. 때를 얻든지 못 얻든지 자기의 직책을 다해야 된다(딤전 4:2). 복음을 전하는 자에게는 환난의 때가 복음의 열매를 많이 거두는 시기이다. 존 번연(John Bunyan)이 옥중생활로 복음을 증거한 것은 만고에 빛나고 있다(그의 저서:천로역정).

암브로스(Ambrose, 340년경)는 불법과 타협하지 아니함에 있어서 강하였다. 그는 데오도시우스 황제(Theodosius, 329-395)가 교회당에 들어와 평신도석을 취하지 않고 교직석에 서게 될 때 금제(禁制)하였고, 그 후에 그 황제가 무죄한 백성의 피를 흘리고도 교회에 올 때 암브로스는 그를 책벌(責罰)하였다. 황제는 그렇게 책벌을 받고 8개월간 궁중에 있으면서 울었다. 데오도시우스는 암브로스 감독에 관하여 말하기를, "나는 나에게 감히 진리를 말해 주는 사람 하나를 처음으로 보았다. 그 사람은 과연 감독 될 자격이 있는 사람이다. 그는 밀란(Millan)에 있다"고 하였다. 그 황제는 주후 395년에 암브로스 감독에게 안겨서 별세하였다.

순교자 주기철 목사가 의성옥(義城獄)에 수금(囚禁)되었을 때 형사가 때리려 하니, 그는 그 형사의 영혼을 생각하여 말하기를,

"당신이 나를 때리고 하나님의 심판을 받을 때 때린 이유를 말할 수 있는가? 그 심판시에 무엇이라고 답하려고 하는가?"라고 하였다. 그때 그 형사는 가만히 생각해 보다가 가고 말았다고 한다.

3. 절개를 지킴

절개(節介) 없는 사람은 뼈 없는 사람과 같다. 이 세상에는 나라를 위하여, 혹은 개인을 위해서도 절개를 지키는 자들이 있다. 친구를 사귐에 있어서도 절개가 필요하다. 그렇지 않으면 그것은 친구를 사귐이 아니고 사람을 농락함이다. 옛날에 관중(菅仲)과 포숙(鮑叔)은 절개 있는 우교(友交)를 가졌다. 관중이 포숙으로 더불어 장사하던 때에 관중이 그 이익을 더 많이 차지하였다. 그때에 포숙은 관중을 이해하여 말하기를, 그가 가난하여 그리했을 것이라고 하면서 우정을 잃지 않았다. 이렇게 불신자들도 친구를 이해하고 우정을 끝까지 유지하였거든, 하물며 성령과 함께 있는 신자로서 하나님에게 대한 절개를 끝까지 지키지 못하겠는가?

4. '죽도록' 이란 말과 '충성' 과의 관계

(1) 충성이란 것은 진리에 대하여 우리의 생명을 제물로 바침이다.

우리는 '살도록' 충성할 것이 아니고 '죽도록' 충성해야 한다. 살도록 충성하면 그것은 하나님 앞에서 나의 생을 우상으로 섬기는 반역 행위이다. 기독신자는 하나님을 섬기는 자니, 그런 우상은 없어야 한다. 그는 생명을 날마다 바쳐야 된다. 그리고 날마다 십자가를 져야 한다.

(2) 그러나 우리가 고의(故意)로 자기 생명을 죽는 지경에 빠뜨릴 필요는 없다.

우리가 주님의 은혜로 살기도 하고 주님의 은혜로 죽기도 해야 한다. 우리가 은혜로 죽는다면 그것도 어려운 일은 아니다. 그러므로 '죽도록 충성함'은 어려운 일이 아니다. 은혜로 죽는다 함은 무엇인가? 그것은 다음과 같다. 죽는 여부는 하나님이 정하신 것이니, 사람이 스스로 그것을 생각하여 염려할 것은 없다. 그러므로 신자는 죽음의 위협 아래서도 하나님께 충성할 따름이다. 죽음의 문제를 하나님이 홀로 좌우하시는 증거는, 인류의 경험에 여실히 나타났다(박윤선).

5. 어떤 충성된 일꾼이 될 것인가?

집이 가난할 때 어진 아내를 요구하고, 나라가 어지러우면 어진 신하를 요구한다는 말과 같이 교회가 비상시를 당할 때 참된 일꾼을 요구한다. 충성은 말로만 하는 것이 아니고, 맡은 일에 믿음과 힘을 다하는 것이다. 아무 일이든지 마음을 두지 않고, 힘을 다하지 아니하면 되는 것이 하나도 없을 것이다.

농사도 그렇고 상업, 학업 등 모든 것이 그렇다. 하물며 교회 일이야 두말할 것도 없다. 사도 바울은 그는 주님만을 위해서 온 정력을 기울였다. 그는 말하기를 "내가 선한 싸움을 싸우고 나의 달려갈 길을 마치고 믿음을 지켰으니 이제 후로는 나를 위하여 의의 면류관이 예비되었으므로"(딤후 4:7-8)라고 말하였다. 주님께서도 말씀하시기를 "아무든지 나를 따라오려거든 자기를 부인하고 자기 십자가를 지고 나를 좇을 것이니라"(막 8:34)고 하셨다. 예수님은 하나님의 형상을 버리시고 종의 모양을 취하여 세상에 강림하셔서 십자가에 죽으심으로 자기의 천직을 다하셨다. 우리들도 하나님 나라의 달란트를 맡은 청지기이다. 두 달란트, 다섯 달란트를 맡은 청지기처럼 맡은 바 일을 충성하여 하나님 앞에 영광돌리는 생이 되기를 바란다.

또한 충성은 두 마음을 품지 말아야 한다. 마태복음 6장 24절에 " 한 사람이 두 주인을 섬기 못할 것이니 혹 이를 미워하며 저를 사랑하거나 혹 이를 중히 여기며 저를 경히 여김이라 너희가 하나님과 재물을 겸하여 섬기지 못하느니라"고 가르쳤다. 이 말씀은 하나님만을 공경하고 또 그를 사랑함에 대한 절대성을 의미한 말씀이다. 마태복음 22장 37-39절의 "예수께서 가라사대 네 마음을 다하고 목숨을 다하고 뜻을 다하여 주 너의 하나님을 사랑하라 하셨으니 이것이 크고 첫째 되는 계명이요 둘째는 그와 같으니 네 이웃을 네 몸과 같이 사랑하라"고 하신 말씀은 이웃을 네 몸처럼 사랑하고, 하나님을 네 자신보다 더 사랑하라고 하신 것이다. 사도행전 4장 19절에는 "베드로와 요한이 대답하여 가로되 하나님 앞에서 너희 말 듣는 것이 하나님 말씀 듣는 것보다 옳은가 판단하라"고 하셨다. 5장 29절에서는 "베드로와 사도들이 대답하여 가로되 사람보다 하나님을 순종하는 것이 마땅하니라"고 말씀하셨다. 과연 그들의 신앙은 반석 같고 담대하며 충성스런 종들이었다.

6. 충성의 시금석

충성을 시험해 보는 데 세 가지 시금석(試金石)이 있다.

첫째는 양(量)의 시금석이다. 예수님께서 분명히 말씀하시기를 작은 일에 충성하는 이가 큰 일에도 충성한다고 했다.

다윗은 베들레헴에서 자기 아버지를 위해서 양을 칠 때 충성된 목동이었다. 그 후에 예루살렘 왕이 되었을 때 그 백성을 충성스럽게 다스렸던 것이다. 요셉이 보디발의 집에서 사환으로 있을 때 충성되었다고 한다. 그가 애굽의 총리대신이 되었을 때에도 충성된 대신이 된 것이다. 다섯 달란트, 두 달란트, 한 달란트의 돈(金)을 받은 사람들이 장사를 했다. 주인이 돌아왔을 때 다섯 달란트 받았던 사람은 다섯 달란트를 더 남기고 두 달란트 받은 사람도 두 달란트 더 가지고 왔다. 주님께서 그것을 받을 때 그 두 사람에게 "이 착하고 충성된 종아 네가 작은 일에 충성하였으니 내가 더 많은 것으로 네게 맡기리라"고 칭찬하셨다. 만일 한 달란트 받았던 사람이 충성을 해서 한 달란트를 남겨 왔다고 해도 주인에게 같은 칭찬을 받았을 것이다.

그러므로 우리가 충성된 사람이 되려면 먼저 작은 일에 충성해야 되겠다. 신앙생활을 해나가는 데도 먼저 작은 일에 충성해야 한다. 저녁에 잘 때나 아침에 깰 때에 기도하는 것은 작은 일이다. 그러나 그 시간을 꼭 지키는 것이 충성된 사람이다. 주일날 교회에 나오고 주일 저녁, 삼일기도회에 나올 때에 시간을 지키는 것은 작은 일이다. 그러나 이런 작은 일에 충성된 사람이 큰 일에 충성된 사람이다.

우리가 교회에서 한 구역을 맡는다든지 혹은 교사, 혹은 성가대원이 되는 것은 작은 일이다. 그러나 이런 일을 맡아서 충성되게 감당하는 사람이 큰 일을 맡아도 충성된다. 충성은 작은 데서부터 시작된다.

둘째, 시간의 시금석이다. 얼마나 오래 충성하였느냐가 문제이다. 고사성어에 '작심삼일' 이라는 말이 있다. 처음에는 무엇이나 맡아서 충성할 수 있으나 그 열심이 얼마나 오래 가느냐가 문제이다.

가룟 유다 같은 사람도 처음에는 예수를 따를 때 한 2년쯤은 열심으로 충성스럽게 일을 했기에 회계의 책임을 맡은 줄로 안다. 그러나 3년째 되는 해에 예수를 따라다녀 보아야 별 볼일 없으니까 예수를 배반했다.

사도 바울이 노년에 쓴 디모데후서 끝부분에 보면 디모데에게 겨울이 오기 전에 "너는 속히 내게 오라"고 하면서 데마는 나를 버리고 데살로니가로 갔다고 기록했다. 데마 같은 사람은 처음에는 열심히 도와주고 따라다녔을 것이다. 그래서 충성된 제자인 것 같았으나 얼마 후 사도 바울을 버리고 다른 데로 달아났다.

충성에는 시간의 시금석이 있다. 요컨대 얼마나 오래 충성하느냐 하는 것이다.

　스코틀랜드 에딘버러 지역의 어떤 교회 묘지에는 2개의 무덤 앞에 충견비, 즉 충성된 개의 비가 섰다고 한다. 거기에 어떤 사실이 기록되었느냐 하면, 어떤 사람이 좋은 개를 길렀는데 그 주인이 죽었다. 여러 사람들이 상여에 그 시체를 메어다가 묘지에 장사하고 다른 사람은 다 돌아왔지만 이 개만은 절대로 돌아오지 않았다. 아무리 다른 사람들이 끌고 오려고 해도 이 개는 그 주인의 무덤에서 절대로 돌아오지 않았다. 하루 이틀이 지나도 돌아오지 않으니까 하는 수 없이 그 다음에는 먹을 것을 날마다 주었다고 한다. 이 개는 그때부터 14년 동안 주인의 무덤을 지키다가 죽었다고 한다. 이런 개는 사람보다 낫다.

　충성은 시간의 요소가 있어야 한다. 얼마 동안 지나보아야 충성된 사람임을 알 수 있다. 교회의 일을 보는 것도 몇 달, 몇 해 동안은 열심히 하기 쉽다. 그러나 20년, 30년, 40년 꾸준히 주님을 위해서 충성하는 데는 시간의 요소가 있다.

　어느 잡지에 고등학교의 건물을 짓는데 그 건물의 이름을 그 학교 이사장이나 교장의 이름으로 짓지 않고 그 학교 사찰의 이름을 붙여서 짓는다고 했다. 그 내용을 읽어보니까 그 사찰은 30년간 그 학교에서 충성되게 일해서 그 사람의 이름으로 집을 짓는다고 하였다.

　이것이 충성이다. 충성하려고 하면 우리가 처음에 먹은 그 마음을 꾸준히 끝까지 지켜야 한다.

　셋째, 충성은 환경의 시금석을 지나서 이겨야 된다. 녹음방초

(우거진 나무 그늘과 꽃다운 풀), 따뜻한 봄여름에는 송죽의 절개를 알지 못한다. 그러나 찬바람이 불고 눈이 내리게 될 때 송죽의 참 절개를 안다. 옛글에도 나라가 어지러울 때 양상(良相,어진 재상)을 안다고 한다. 집안이 가난할 때 어진 아내를 안다고 하였다. 충성이 언제 나타나느냐 하면 어지러운 환난이 있고 핍박이 올 때 나타난다. 이와 같이 어떤 환경을 당하든지 꾸준히 자기의 책임을 지켜 나가는 것이 충성이다.

영국 런던 워커미술관에 화가 콘트러라는 사람의 '충성'이라는 유명한 그림이 걸려 있다. 그 그림을 자세히 보면 옛날 폼페이라는 로마의 도시가 베수비어스 화산이 폭발해서 화산재에 묻혀 전멸을 당하는 그런 비참한 사실이 있는데, 그때의 광경을 상상해서 그린 그림이다. 화산재와 불이 눈이나 서리와 같이 폼페이 성 안에 내린다. 많은 사람들이 살 길을 찾으려고 성문으로 조수와 같이 밀려 나간다. 그런데 그 가운데 문을 지키는 책임을 맡은 군인이 한 사람 서 있다. 이 사람은 본래 로마 사람이다. 그는 성문을 지키라는 사명을 받았다. 다른 사람들은 살기 위해서 내려오는 재를 피해 성문을 자꾸 빠져 나가지만 이 군인만은 자기의 창을 잡고 아무리 눈과 같이 재가 내리고 불이 내려도 꼼짝하지 않고 그냥 서서 죽음을 기다린다. 이것이 충성이다. 충성은 끝까지 자기의 의무를 하는 것이다.

우리 역사에 고려 말기 포은 정몽주의 절개를 보여 주는 시조가 있다. "이 몸이 죽고 죽어 일백 번 고쳐 죽어 백골이 진토 되어 넋이라도 있고 없고 님 향한 일편단심이야 가실(변할) 줄이 있으랴." 또한 조선시대 단종에게 바친 성삼문 이하 사육신의 그 굳은 절개를 보여 주는 시조가 있다. "이 몸이 죽어가서 무엇이 될고 하니 봉래산 제일봉에 낙락장송 되었다가 백설이 만건곤할 제 독야청청하리라(이몸이 죽어서 무엇이 될 것인고 하니, 저 신선이 살고 있다는 봉래산 가장 높은 봉우리에 우뚝 솟은 큰 소나무가 되었다가 흰눈이 온누리를 덮어서 만물이 시들거나 죽어도 나만은 홀로 푸르고 푸르리라)."

"너희는 충성하라, 죽도록 충성하라, 그리하면 내가 네게 생명의 면류관을 주겠노라." 우리 모두 충성된 성도가 되자.

참 고 문 헌

강신명.『강신명 신앙 저작집 ② 강해』. (기독교문화사. 1987)
김재준.『요한계시록』. (대한기독교서회. 1969)
김철손.『요한계시록』. (대한기독교서회. 1993)
─────『요한계시록신학』. (대한기독교서회. 1994)
─────『해설 요한계시록』. (대한기독교서회. 1997)
김경행.『요한계시록』. (성서연구사. 1986)
김병원.『소아시아 일곱 교회』. (영문사. 2004)
김상복.『요한계시록 강해』. (나침판사. 1993)
신성종.『요한계시록강해』. (엠마오. 1983)
박윤선.『요한계시록』. (영음사. 1955)
방지일.『요한계시록강해』. (동진문화사. 1988)
이광복.『계시록 강해(상)』. (흰돌. 2006)
─────『일곱교회 특별 강해(상)』. (흰돌. 2006)
─────『일곱교회 특별 강해(하)』. (흰돌. 2006)
─────『계시록 강해(난해해설①)』. (흰돌. 1993)
박조준.『요한계시록 강해』. (한길. 1986)
손기태.『일곱 촛대의 비밀』. (마라나다예언연구원. 1990)
석원태.『요한계시록 강해』. (경향문화사. 1996)
박수암.『요한계시록』. (대한기독교출판사. 1989)
박준서.『성지순례』. (조선일보사. 1992)

원세호.『요한계시록 성경주석』. (국제신학연구소. 1985)

이병규.『요한계시록』. (크리스챤비젼사. 1978)

이상근.『요한계시록』. (성등사. 1968)

이상찬.『요한계시록의 아시아 일곱 교회』. (두레마을. 1989)

이순한.『요한계시록 강해』. (한국기독교교육원. 1985)

이종열.『역사와 그리고 종말(요한계시록강해)』. (지혜문화사. 1985)

정양수.『요한계시록 강해 설교』. (보이스사. 1979)

조용기.『요한계시록 강해』. (서울서적. 1976)

천정웅.『요한계시록』. (말씀의 집. 1988)

한경직.『한경직목사 설교집 ⑤』. (대한예수교장로회총회 교육부. 1951)

홍창표.『요한계시록 해설』. (크리스챤북. 1999)

Barclay. 고영춘 역.『시리즈 성서 주석(16) 계시록(상)』. (총판교문사. 1973)

H. Kraft.『국제성서주석 - 요한묵시록』. (한국신학연구소. 1983)

페테리코 바르바루 신부. 김창수 역.『요한묵시록』. (크리스챤출판사. 1982)

제임스 칼라스. 박창환 역.『요한계시록』. (컨콜디아사. 1977)

강변도 편.『호크마 종합 주석 - 요한계시록』. (기독지혜사. 1992)

류형기 편.『성서주해(4)』. (한국기독교문화원)

E. 스위든북. 정인보 역.『요한계시록 풀이』. (정문사. 1979)

『풀핏 성경주석 - 요한계시록』. (한국 광보 개발원)

『베이커 성경주석 - 요한계시록』. (기독교문사. 1988)

『200주년 신약성서 주해』. (분도출판사)

『기독교 대백과사전(12)』. (기독교문사)

[판권소유]

요한계시록의 소아시아 일곱 교회(상)

2009년 7월 20일 인쇄
2009년 7월 30일 발행

지은이 | 박홍무
발행인 | 이형규
발행처 | 쿰란출판사

주소 | 서울 종로구 이화동 184-3
TEL | 02-745-1007, 745-1301~2, 747-1212, 743-1300
영업부 | 02-747-1004, FAX / 02-745-8490
본사평생전화번호 | 0502-756-1004
홈페이지 | http://www.qumran.co.kr
E-mail | qumran@hitel.net
　　　　　qumran@paran.com
한글인터넷주소 | 쿰란, 쿰란출판사

등록 | 제1~670호(1988.2.27)

책임교열 | 최진희 · 동경익

값 15,000원

ISBN 978-89-5922-771-6 94230
　　　978-89-5922-774-7 (세트)

* 이 출판물은 저작권법에 의해 보호를 받는 저작물이므로 무단 복제할 수 없습니다.
　잘못된 책은 교환해 드립니다.